KB002173

제3판

디자인보호법 개설

노 태 정 저

세창출판사

이 도서의 국립중앙도서관 출판예정도서목록(CIP)은 서지정보유통지원시스템 홈페이지 (http://seoji.nl.go.kr)와 국가자료공동목록시스템(http://www.nl.go.kr/kolisnet)에서 이용하실 수 있습니다.(CIP제어번호: CIP2017002212)

■ 제3판 머리말 ■

본 개정판은 그동안 축적된 디자인에 관한 중요 대법원 판결과 디자인심사의 통일적 운용을 위해 시행되고 있는 디자인심사기준의 개정내용을 반영함과 동시에 각 항목 전반에 걸쳐 미흡한 부분을 보완하였다.

특히 디자인보호법에 있어서 디자인보호의 외연을 결정짓는 중요한 개념인 디자인의 유사에 관해서 최근까지의 대법원 판결의 입장을 분석·정리하고, 디자인보호의 요건에 관한 공업상 이용가능성, 신규성, 창작비용이성, 1디자인1출원원칙, 선출원주의 등의 항목에 대해서는 더욱 심도 있는 설명이 되도록 하였으며, 또한 헤이그협정에 따른 국제출원, 우선심사제도에 관한 항목을 추가하여 설명하였다.

아무쪼록 본서가 디자인보호법의 연구나 실무에 조금이나마 도움이 되었으면 하는 마음 간절하다.

끝으로 본서의 발간에 힘써 주신 세창출판사 이방원 사장님과 임길남 상무님을 비롯, 관계하신 직원 여러분께 깊은 감사의 말씀 올린다.

2016년 12월
노 태 정

■ 머 리 말 ■

1961년에 제정된 의장법은 그간 국내외의 여건 변화에 따라 여러 차례 개정되어 왔고, 현행의 디자인보호법은 2004년 개정되고 2005년 7월 1일부터 시행되고 있다.

2004년 개정법은 종전의 '의장'이란 용어를 '디자인'으로 변경하고 지금까지 의장법이나 저작권법 등에 의해 보호대상이 되지 못하였던 글자체를 디자인의 범위 속에 포함시켜 보호하도록 하며, 또한 높은 수준의 디자인창작을 유도하기 위해 창작비용이성의 요건을 강화하는 것 등을 주요 개정내용으로 하고 있다.

저자는 기존의 의장법 기본서에 대해서는 상기 개정법에 입각하여 전반적인 손질을 가하여 「디자인보호법」이라는 제호로 다시 발간한 바 있다.

그러나 이 분야에 처음 입문하는 분들의 입장에서는 우선 기본서의 분량에 압도되어 선뜻 접근하기 어렵고 또한 디자인보호법의 기본적 내용이 무엇인가를 판단하는 것도 용이하지 않다는 점에서 이 분야에 대해 아무런 사전지식이 없는 일반인이나 수험생들이 디자인보호법의 기본적 · 핵심적 내용을 쉽게 파악하고 이해할 수 있는 간결한 책자의 발간이 요청되고 있다.

본서는 이러한 요청에 부응하기 위한 것으로서 디자인이 등록되기 위한 실체적 · 절차적 요건 규정과 디자인보호법의 특유제도 등에 관해서는 비교적 많은 지면을 할애하였으나, 디자인권 및 심판제도의 상세한 규정 등에 대하여는 자세히 취급하지 않았다. 이것들에 대해서 상세한 내용을 알고 싶은 분들은 디자인보호법에 관한 기본서를 참고하기 바란다.

끝으로 본서의 발간을 맡아주신 세창출판사 이방원 사장님 이하 관계 임직원 여러분께 깊이 감사드린다.

2005년 8월
저자 씀

■ 차 례 ■

제1장 서 론

제2장 디자인등록을 받을 수 있는 자

제3장 디자인등록을 받을 수 있는 디자인

제4장 디자인등록을 받을 수 없는 디자인

제5장 디자인의 특유제도

제6장 디자인등록에 관한 절차

제7장 디자인권 · 실시권

제8장 심판 · 재심 등

제9장 벌 칙

xiv

■ 일러두기 ■

§33① i ─ 디자인보호법 제33조 제1항 제1호

시령─디자인보호법 시행령

시규─디자인보호법 시행규칙

특─특허법

실─실용신안법

상─상표법

특등령─특허권 등의 등록령

수수료징수규칙─특허료 등의 징수규칙

헌─헌법

저─저작권법

부정─부정경쟁방지 및 영업비밀보호에 관한 법률

민─민법

민소─민사소송법

형─형법

형소─형사소송법

파리협약─산업재산권 보호를 위한 파리협약

행소─행정소송법

행심─행정심판법

질서─질서위반행위규제법

발명─발명진흥법

■ 참고문헌 ■

1. 국내문헌

강동세, 「지적재산권의 형사적 이해」, 세창출판사, 2003.

김기영·김병국, 「특허와 침해」, 육법사, 2012.

노태정·김병진, 「디자인보호법」, 세창출판사, 2009.

송영식·이상정·황종환, 「지적소유권법(상)(하)」, 육법사, 1998.

오승종·이해완, 「저작권법」, 박영사, 2000.

유미특허법률사무소 역, 「특허법개설」(13판), 대광서림, 2000.

이상경, 「지적재산권소송법」, 육법사, 1999.

이수웅, 「의장법」, 한국공업소유권법학원, 1992.

齋藤瞭二 저, 정대련 역, 「의장법」, 세창출판사, 1993.

정상조·설범식·김기영·백강진, 「디자인보호법주해」, 박영사, 2015.

천효남, 「산업재산권법」, 법경사, 2001.

특허법원, 「특허재판실무편람」(2002), 「특허소송연구(제1 내지 5집)」(1999~2011).

특허심판원, 「특허법원·대법원 의장판결요지집(상·하)」(2003), 「디자인 판례(1호 내지 43호)」(2004~2015).

특허청, 「TM5(한국·미국·일본·OHIM·중국) 상표법 및 디자인보호법 비교 고찰」, 2012.

특허청, 「디자인보호법 전부개정 신·구조문 대비표」(2013), 「일본의장관계법령집」(2003), 「디자인심사기준」(2015).

황종환, 「의장법」, 한빛지적소유권센터, 1997.

2. 외국문헌

高田 忠, 「意匠」, 有斐閣, 1996.

牛木理一, 「意匠法の研究」, 發明協會, 1994.

齋藤瞭二, 「意匠法」, 發明協會, 1985, 「意匠法概說」, 有斐閣, 1991.

蕚 優美, 「改訂工業所有權法解說」, ぎょうせい, 1982.

荒木好文,「圖解意匠法」, 發明協會, 2003.

末吉 瓦,「意匠法」, 中央經濟社, 2003.

加藤恒久,「改正意匠法のすべて」, 日本法令, 1999.

日本特許廳,「意匠審査の運用基準」, 1999.

寒河江孝允,「意匠法コンメンタール」, LexisNexis, 2007.

森 則雄,「意匠の實務」, 發明協會, 1990.

工業所有權法研究會,「工業所有權法質疑應答集(1)」, 第一法規, 1978.

제3판

디자인보호법 개설

제1절 서　설

Ⅰ. 디자인보호제도의 개요

　　오늘날 세계 대다수의 국가에서는 창조적인 지적 활동의 소산에 대하여 그 가치를 인정하고 창작자에게 일정기간의 권리보호를 인정하는 지식재산권제도를 설치하고 있다.[1] 지식재산권에는 〈도1-1〉 지식재산권의 분류에서 표시한 바와 같이 지적 창작물에 대한 권리와 영업상 표지에 대한 권리가 있으며, 그 중에서 산업발전을 궁극의 목적으로 하는 특허법, 실용신안법, 디자인보호법, 상표법의 4법(산업재산권법)에 의해 각각 발생된 특허권, 실용신안권, 디자인권 및 상표권을 산업재산권이라 한다. 산업재산권에 관한 법질서의 하나를 형성하는 디자인보호법은 새롭게 창작된 산업상의 디자인을 보호하는 법이다. 이 법에 의해 디자인을 창작한 사람은 그 창작에 근거를 두고 디자인등록을 받아서 그 디자인을 독점배타적으로 실시할 디자인권이라고 하는 권리를 취득한다. 이와 같은 디자인보호법에 의한 디자인보호의 시스템을 디자인보호제도라고 하며, 디자인보호제도는 디자인의 보호와 이용을 도모하는 것에 의해 디자인의 창작을 장려하여 산업발전에 이

---

[1] 애써서 창조한 새로운 창조물에 대하여 어떠한 보호도 하지 않는다면 그것은 곧 타인에게 모방될 것이고, 그렇게 되면 새로운 것을 창조하려고 하는 의욕이 상실되어 버릴 것이다. 그래서 창작자에게 일정기간 권리를 인정하여 보호함으로써 창작의욕을 자극코자 하는 것이 지식재산권제도이다.

바지함을 목적으로 한다(§1). 우리나라 디자인보호법은 위의 목적을 달성하기 위하여 선출원주의, 1디자인1출원주의, 심사주의와 일부심사주의의 병행, 부분디자인제도, 관련디자인제도, 한 벌 물품의 디자인제도, 비밀디자인제도, 동적 디자인제도, 실시권제도, 심판·재심제도, 심결취소소송제도 등을 채용하고 있다.

〈도 1-1〉 지식재산권의 분류

	발 명	특허법	(산업재산권법)
	고 안	실용신안법	(산업재산권법)
지적 창작물에 대한 권리	디자인	디자인보호법	(산업재산권법)
	상품의 형태	부정경쟁방지법	
	저작물	저작권법	
	저작인접권	저작권법	
	반도체집적회로	반도체집적회로의배치설계에관한법률	
	식물신품종	종자산업법	
	영업비밀	부정경쟁방지법	
영업상 표지에 대한 권리	상표·서비스표	상표법	(산업재산권법)
	상 호	부정경쟁방지법	상 법
	저명상표·원산지표시	부정경쟁방지법	

■ 디자인에 관계하는 법률
□ 디자인에 직접 관계하지 않는 법률

II. 디자인보호법의 목적

1. 서 언

디자인보호법의 보호대상인 디자인은 물품의 미적 외관이고, 최종적인 공업제품이다. 따라서 디자인은 수요자의 시각에 호소하여 구매의욕을 환기시켜 수요를 증대시키는 기능을 가진다. 이러한 수요증대기능을 가지는 디자인을 보호하여 그 상품화를 촉진하면 관련 산업의 발전에 이바지할 수 있게 된다. 그래서 디자인보호법은 산업정책적인 관점에서 공업제품인 디자인의 창작을 보호, 장려하기 위하여 법의 목적을 제1조에서 규정하고 있다.

즉 디자인보호법은 제1조에서 "이 법은 디자인의 보호와 이용을 도모함으로써 디자인의 창작을 장려하여 산업발전에 이바지함을 목적으로 한다."라고 규정하고 있다. 이 규정에 의하면 디자인보호법은 디자인의 보호와 이용을 도모함으로써 직접적으로는 디자인의 창작을 장려하고, 종국적으로는 산업발전에 이바지함을 목적으로 하고 있다.[2]

2. 디자인보호법의 목적

(1) 디자인의 보호

디자인의 보호에는 실체적 보호와 절차적 보호가 있고 또한 디자인보호법 특유의 제도에 의해 디자인을 보호한다.

1) 실체적 보호

㈎ 디자인권의 부여 설정등록에 의해 디자인권이 발생하고(§90①) 디자인권자는 업으로서 등록디자인 또는 이와 유사한 디자인을 실시할 권리를 독점한다

---

2) 디자인보호법은 법률의 명칭만을 놓고 볼 때에는 디자인을 보호하는 법률로 인식되고 있으나, 디자인 보호제도는 디자인의 보호와 이용을 도모하는 것에 의해 디자인의 창작을 장려하여 산업발전에 이바지함을 목적으로 하고 있다. 원래 디자인의 보호와 이용은 이율배반적인 배경을 갖고 있으나, 디자인보호법에 있어서 디자인의 보호와 이용은 어느 한쪽이 과중되어서는 아니되고 양자가 조화된 상태에서 디자인의 창작을 장려하고 나아가 산업발전을 의도하는 것이어야 한다.

(§92).[3] 이 독점권에 의하여 제3자에게는 불가침 의무가 부과되고 타인이 정당한 권원 없이 등록디자인 또는 이와 유사한 디자인을 업으로서 실시하면 디자인권의 침해가 되어 디자인권자는 금지청구권(§113), 손해배상청구권(§115, 민§750), 신용회복조치청구권(§117) 등 민사상의 구제조치와 침해죄(§220)로 고소하여 형사제재를 가할 수 있다. 이 디자인권의 부여에 의한 독점권은 디자인의 강력한 보호수단[4]이 되고, 이로 인해 새로운 디자인의 창작을 유도하며 이를 통해 산업발전에 이바지코자 하는 법 목적을 달성할 수 있게 된다.

(나) 디자인등록을 받을 수 있는 권리   디자인의 창작자에게는 디자인권의 발생 전에 디자인등록을 받을 수 있는 권리를 부여하여 디자인을 보호한다(§3①). 이 권리는 양도성이 있는 재산권으로서 디자인의 창작자는 디자인등록출원 여부에 관계 없이 사용, 수익 또는 처분을 할 수 있고 또 이 권리에 기초하여 디자인등록출원을 할 수 있다.[5]

(다) 선출원의 지위   최선의 출원자에게는 디자인등록출원한 디자인과 동일하거나 유사한 후출원 디자인의 디자인등록을 배제하는 선출원의 지위를 인정하여 디자인을 보호한다(§46).

2) 절차적 보호

디자인보호법은 타 산업재산권법과 마찬가지로 다음과 같은 절차적 보호규정을 설정하여 디자인을 보호한다.

(가) 신규성 상실의 예외   디자인이 그 출원 전에 공지되었다 하더라도 그 공지된 날부터 6개월 이내에 일정한 절차에 따라 디자인등록출원을 하면 그 디자인은 신규성이 상실되지 않는 것으로 간주하는 신규성 상실의 예외를 규정하여 디자인을 보호한다(§36).

---

3) 디자인보호법은 동일성 범위만으로는 디자인보호의 실효성을 확보할 수 없으므로 유사범위까지 디자인권의 효력을 확장하고 있다. 이 점에서 특허발명의 동일성 범위로 한정된 특허권(특§94)이나 유사범위에는 금지권만이 인정되고 있는 상표권(상§108)과 상위하다.

4) 디자인의 보호수단으로는 표창, 영전의 부여, 세의 감면, 장려금의 교부 등 여러 가지를 생각할 수 있으나 우리나라를 포함, 세계 대다수의 국가는 독점배타적인 디자인권이라는 권리의 부여에 의해 디자인을 보호하는 입법을 취한다. 아직까지는 이보다 더 좋은 디자인의 보호수단은 없다고 생각하기 때문이다.

5) 디자인등록을 받을 수 있는 권리에 대하여 디자인등록출원 전의 이전은 객관적인 공시방법이 없으므로 그 승계인이 출원하지 아니하면 제3자에게 대항할 수 없다고 되어 있고 또 출원 후의 이전은 출원인변경신고가 효력발생요건으로 되어 있다(§57① · ③).

⒩ 출원의 보정　　최초 출원한 사항에 흠결이 있거나 불비한 경우에 이를 명료하게 정정, 보충할 수 있는 기회를 부여하여 디자인을 보호한다(§47, §48).

⒟ 출원의 분할　　디자인보호법은 1디자인1출원 원칙 또는 복수디자인1출원 요건에 위반되는 출원의 구제를 위하여 출원을 분할하는 것을 인정하여(§50) 디자인을 보호한다.

⒠ 조약에 따른 우선권　　파리협약 동맹국에서의 제1국 출원일부터 6개월 이내에 우리나라에 디자인등록출원한 경우 그 제1국 출원일에 출원한 것과 동일한 효과를 부여하는 조약에 따른 우선권제도를 설치하여 디자인을 보호한다(§51).

⒨ 거절이유의 한정열거　　디자인등록출원에 대한 심사관의 자의적 판단을 배제하여 디자인의 적정한 보호를 도모하기 위해 법정한 거절이유 이외에는 거절할 수 없도록 하고 있다(§62). 법 제62조의 규정은 한정열거 규정이라고 해석한다.

⒩ 의견서의 제출　　거절이유에 해당하는 디자인등록출원에 대하여 디자인등록거절결정을 하기 전에 출원인에게 변명의 기회를 부여하기 위하여 거절이유를 통지하고 기간을 정하여 의견서를 제출할 수 있는 기회를 주도록 하고 있다(§63 ①).

⒪ 심판·재심·소송 등　　하자 있는 행정처분의 시정을 위하여 심판·재심·소송 등에 관한 절차 규정을 두어 디자인의 적정한 보호를 도모하고 있다(§119, §120, §121, §158, §166 등).

3) 디자인보호법 특유제도에 의한 보호

⒢ 부분디자인제도　　물품의 부분에 관하여 독창성이 높은 특징 있는 창작을 한 경우 부분디자인으로 보호받을 수 있도록 하는 제도이다(§2 ⅰ). 부분디자인은 물품의 부분의 형상·모양·색채 또는 이들의 결합(물품의 부분의 형태)이라고 정의되며 물품의 전체 중에서 일정한 범위를 차지하는 부분의 형태로서 다른 디자인과 대비의 대상이 되는 부분이다.[6]

⒣ 관련디자인제도　　디자인보호법은 하나의 디자인 컨셉에서 창작된 관련

---

6) 종전에는 물품의 부분에 독창적이고 특정적인 창작을 한 경우에도 물품의 전체로서 1디자인권을 취득할 수밖에 없었으므로 그것이 모방되어도 디자인 전체로서 모방을 피할 수 있으면 디자인권의 효력이 미치지 못하는 상황이었다. 2001년 법개정에서는 이러한 문제 등을 해결하고 또 이미 미국, 일본 등의 국가에서도 부분디자인제도를 도입하고 있으므로 제도의 국제적 조화의 관점에서 부분디자인제도를 도입하게 된 것이다.

된 디자인에 대하여 기본디자인의 출원일부터 1년 이내에 출원된 경우에 한해 기본디자인과 동등한 가치를 가지는 것으로 보호하고, 각각의 디자인에 대하여 권리행사를 가능하게 하는 관련디자인제도를 설치하여 디자인을 보호한다(§35).

2013년 법개정에서 관련디자인의 독자적인 효력 범위가 있음을 명확하게 하기 위해 종전의 유사디자인제도를 폐지하는 대신 관련디자인제도를 도입하였다.

㈐ 한 벌 물품의 디자인제도   2 이상의 물품이 한 벌의 물품으로 동시에 사용되고 한 벌의 물품 전체로서 통일성이 있는 때에는 1디자인으로 권리청구를 가능하게 하는 한 벌 물품의 디자인제도를 설치하여 출원인의 편의를 도모하고 있다(§42).

㈑ 비밀디자인제도   디자인은 물품의 미적 외관이므로 타인의 모방이 용이하고 유행성이 강한 점을 고려하여 디자인권의 설정등록 후 일정기간 동안 디자인의 내용을 비밀로 할 수 있는 비밀디자인제도를 설치하여 디자인권자를 보호하고 있다(§43).

㈒ 동적 디자인제도   물품의 정형성(일정성)을 결한 것이라 하더라도 그 물품 자체의 특별한 기능에 의하여 변화하는 디자인, 소위 동적 디자인에 대하여 1디자인등록출원으로 완전한 권리취득을 가능하게 하여 출원인의 편의를 도모하고 있다.

(2) 디자인의 이용

디자인의 이용에는 실시에 의한 이용과 공개에 의한 이용이 있다.

1) 실시에 의한 이용

디자인권의 존속기간 중에는 실시권에 의해 제3자가 이용할 수 있도록 함으로써 산업발전을 가져올 수 있다. 즉 디자인보호법은 제3자에게 등록디자인 또는 이와 유사한 디자인의 실시를 허락하여 줄 수 있는 허락실시권제도(§97, §99)와 공평의 견지에서 또는 기존의 사업보호를 위한 법정실시권제도(§84⑤, §100, §101, §102, §110, 발명§10① 등)를 두고 있으며 또한 현실적인 실시를 확보하기 위해 이용, 저촉관계에 의한 강제실시권제도(§123)를 설치하여 이들 실시권자가 정당하게 등록디자인 또는 이와 유사한 디자인을 실시하는 것에 의해 이용할 수 있도록 하고 있다. 그러나 디자인보호법에는 강제실시권 중 특허법 규정의 불실시, 공공의 이익을 위한 재정실시권(특§107)에 관해서는 규정되어 있지 않다.[7] 디자인은 대체성이 강하고 불실시가 공공의 이익에 영향을 미치는 일이 적기 때문이다. 또한 디자인권은 동산·부동산 등의 소유권[8]과는 달리 유한한 권리로 하고 있으므로 그 존속기간 만료 후는 물론 존속기간 중이라 하더라도 산업발전을 도모하는 취지에서 등록료의 불납·포기 등에 의해 디자인권이 소멸된 경우에는 그 디자인등록된 디자인 또는 이와 유사한 디자인에 대해 누구든지 자유로이 실시하는 것에 의해 이용할 수 있다.

2) 공개에 의한 이용

디자인공보에 공개되는 것에 의해 디자인이 이용된다. 그러나 디자인은 외재적 목적을 달성하기 위한 수단가치인 발명·고안과는 달리 공개에 의한 기술의 진보라는 측면이 적기 때문에 발명·고안과 같은 연구적·문헌적 이용가치는 낮다.[9]

(3) 디자인의 창작장려

디자인의 적절한 보호와 이용을 법적으로 보장하고 디자인의 창작을 장려하는 것에 의해 디자인의 창작활동을 활성화해서 디자인으로서 우수한 공업 제품의 생산을 촉진함으로써 결국 산업발전에 이바지하게 된다. 디자인의 창작이란 시각을 통하여 미감을 일으키는 물품의 외관을 안출하는 것을 말하며, 또 장려는 디자인의 창작뿐만 아니라 창작된 디자인의 실시·육성·개발·기업화 등의 장려까지 포함하는 넓은 의미로 해석되고 있다. 한편, 디자인의 창작이 디자인보호법상 보호되기 위하여는 일정한 요구조건을 구비하여야 한다.

(4) 디자인과 산업발전

디자인보호법의 궁극적인 목적은 산업발전에 이바지함에 있다. 그러나 디자인을 보호하는 것으로 하여 산업발전에 이바지한다고 하지만, 디자인의 보호가 왜

---

7) 특허법·실용신안법은 산업계의 요청 또는 공익상의 요청에 따라 적당한 실시가 이루어지도록 특허권자(실용신안권자)에게 실시의무를 부과하고, 이를 위반하는 경우에는 일정한 제재를 가하는 규정을 두고 있다(특§107, 실§28준특).

8) 소유권은 목적물의 멸실이 없는 한 항구적으로 존속하는 권리이다.

9) 특허법·실용신안법은 기술인 발명·고안의 문헌적·연구적 이용을 유도하기 위해 발명·고안을 공개하고 그 공개에 의해 중복연구, 중복투자방지와 그 공개된 발명·고안을 자유롭게 이용토록 하여 더욱 진보된 발명·고안의 탄생을 촉진할 수 있도록 한다.

산업발전에 이바지하게 되는가, 이에 대해서는 다음과 같이 설명되고 있다.[10]

1) 부정경쟁방지

디자인은 물품의 외관이기 때문에 일견하여 모방된다. 애써 디자인을 창작하였다 하더라도 곧 타인이 모방한다. 모방자는 대개 조악품을 만들어 싸게 팔아서 부정경쟁을 하게 된다. 디자인보호법은 신규한 디자인을 등록하여 이것을 모방자로부터 보호하고, 모방으로부터 생기는 부정경쟁을 방지함으로써 산업의 건전한 발전에 이바지하게 되는 것이다.

2) 수요의 증대

디자인보호법은 신규한 디자인을 등록하여 이것을 모방으로부터 보호하고 그 상품화를 촉진하여 내외의 수요를 증대시켜서 산업의 건전한 발전에 이바지하게 되는 것이다.

3) 우수한 기술 및 디자인의 발생

장식적인 디자인은 차치하고 기능적인 디자인으로서 우수한 것은 동시에 기술적으로도 우수하여 그것이 기초가 되어 다음의 새로운 기술의 디자인을 생산하게 하여 그것에 의하여 산업의 건전한 발전에 이바지하게 된다.

4) 생산능률의 향상

공작기계 기타 생산재라고 불리어지는 우수한 디자인은 그 사용으로 인해 생산능률을 높이게 되고 결과적으로 산업의 발전에 이바지하게 되는 것이다.

3. 디자인보호법의 목적에 관한 해석론

디자인보호법의 목적과 관련하여 디자인의 본질가치에 대하여 서로 다른 관점에서 파악하여 발전시킨 이론으로서 다음과 같은 3가지의 견해가 대립한다.[11]

(1) 창 작 설

창작을 디자인의 본질적인 요소로 파악하고, 디자인보호법의 주목적은 디자인의 창작적 가치를 보호하는 것에 있다고 하는 설이다. 이 설은 디자인의 유사 여부 판단에 있어서 창작내용의 공통성을 기준으로 하는 창작설(창작동일설)로 발전

---

10) 高田 忠, 「意匠」, 有斐閣, 1996(이하 "高田, 「의장」"이라 함), 3면.
11) 齋藤瞭二, 「意匠法槪說」, 有斐閣, 1991(이하 "齋藤, 「의장개설」"이라 함), 35 · 36면.

된다.

(2) 경 업 설

디자인의 본질을 상품시장에 있어서의 질서유지로 파악하고, 디자인보호법의 주목적은 부정한 경쟁행위의 방지, 즉 경업질서를 형성하기 위한 것이라고 하는 설이다. 여기서의 경업질서란 지적 소산에 관한 공정한 경쟁질서를 의미한다 (상표법이나 부정경쟁방지법과는 다르다). 즉 사람의 두뇌에서 유출된 무체의 재에 관한 부분의 공정한 경쟁질서를 말하는 것이다. 이 설에서의 디자인의 유사 여부 판단은 혼동설로 발전된다.

(3) 수 요 설

디자인의 본질가치를 신규디자인에 의한 수요야기 효과에 있다고 파악하고, 디자인보호법의 주목적은 산업발전을 도모하는 것이며 그것은 경제발전을 내용으로 하는 것이라고 하는 설이다.

디자인보호법의 목적에 관한 위의 3가지 학설 · 견해는 각기 일면의 타당한 논거를 제공하고 있다. 생각건대, 디자인의 본질에 관해서는 창작설이 설득력이 있어 보이고, 디자인보호의 작용면에서는 경업설, 디자인보호의 효과에 있어서는 수요설이 각각 설득력이 있어 보인다. 따라서 디자인보호법의 목적에 관한 해석은 어느 한 설만에 의하는 것보다 위의 3가지 설을 종합하여 해석함이 타당할 것이다.[12]

Ⅲ. 디자인보호의 기조

우리나라 디자인보호제도는 권리성립의 과정을 볼 때, 몇 가지 기조에 서 있음을 발견할 수 있다. 즉 권리주의, 등록주의, 심사 · 일부심사주의의 병행, 선출원

[12) 같은 취지, 이수웅, 「의장법」, 한국공업소유권법학연구소, 1992(이하 "이수웅, 「의장」"이라 함), 127면. 한편, 각 설의 비판에 관해서는 황종환, 「의장법」, 한빛지적소유권센터, 1997(이하 "황종환, 「의장」"이라 함), 77면에서 81면까지에서 자세하다.

주의가 그것이다.

1. 권리주의

　권리주의란 국가(내지 통치자)가 그 재량에 의해 은혜적으로 디자인 독점권을 부여하는 것을 내용으로 하는 은혜주의에 대응되는 개념으로서 디자인독점의 근거는 디자인의 창작에 의해 창작자가 원시적으로 취득하는 권리에 기초를 두는 주의를 말한다. 권리주의 하에서는 디자인의 창작자는 그 창작에 의해 원시적으로 디자인등록을 받을 수 있는 권리를 취득하고 그 디자인이 법에 규정한 요건을 충족시키는 한 당연히 디자인등록을 받을 수 있고, 여기에 국가가 권리설정을 할 것인가, 안 할 것인가의 재량의 여지는 존재하지 않는다. 그 디자인이 객관적으로 창작된 것일 것, 창작이 용이하지 않을 것, 최선의 출원일 것 등의 요건을 구비한 것이 국가에 의해 확인됨으로써 디자인등록이 되며 법에 의해 독점배타적인 효력이 승인된 권리가 되는 것이다.[13]

　디자인의 창작에 의해 취득되는 디자인등록을 받을 수 있는 권리, 이것을 기초로 하여 국가에 대하여 디자인권의 설정 등록을 해줄 것을 청구하는 이 권리는 창작자에게 보장된 권리인 것이다.

　디자인보호법 제3조 제1항에서의 "디자인을 창작한 사람 또는 그 승계인은 이 법에서 정하는 바에 따라 디자인등록을 받을 수 있는 권리를 가진다."는 규정, 제33조 제1항 본문에서의 "공업상 이용할 수 있는 디자인으로서 다음 각호의 어느 하나에 해당하는 것을 제외하고는 그 디자인에 대하여 디자인등록을 받을 수 있다."는 규정 등은 모두 디자인의 창작에 의해 취득되는 권리의 존재를 전제로 국가에 대한 청구권의 행사를 보장한 것이다. 즉 국가는 법정요건을 구비한 디자인에 대하여 디자인권의 설정을 거부할 수 없는 것이다.

2. 등록주의

　디자인권은 설정등록에 의하여 발생하도록 되어 있다(§90①). 즉 설정등록에

---

13) 齋藤瞭二, 정태련 역, 「의장법」, 세창출판사, 1993(이하 "齋藤, 「의장」"이라 함), 86면.

의해서 디자인권이 발생하며 실체적 보호가 개시된다. 따라서 디자인의 창작자는 그 창작이 완성된 때부터 디자인권의 설정등록이 있기까지는 디자인등록을 받을 수 있는 권리는 가지는 것이지만, 디자인권이 발생된 것은 아니므로 그 기간 사이에 타인의 실시를 배제할 수 없다.[14]

3. 심사주의와 일부심사주의의 병행

디자인등록출원에 대해 등록할 것인가의 여부를 결정하는 방식은 일반적으로 심사주의와 일부심사주의로 나뉜다.[15]

심사주의란 디자인등록을 받는 데 필요한 형식적·실체적 요건에 대한 구비여부를 당해 행정관청(주로 특허청)에서 심리한 후에 등록여부를 결정하는 주의를 말하며, 일부심사주의란 디자인등록을 받는 데 필요한 요건 중에서 비교적 간단히 할 수 있는 방식적 요건 또는 형식적 요건만을 심사(방식심사 또는 형식심사)하고 신규성, 창작비용이성, 선원성 등 조사·판단에 시간이 걸리는 주로 실체적 등록요건에 대해서는 심사(실체심사) 없이 디자인등록을 허여하고 디자인등록의 유·무효는 디자인등록 후 분쟁이 발생한 경우에 사후적으로 심리하는 주의를 말한다.[16]

심사주의는 디자인등록에 관한 신뢰도, 디자인권의 안정도가 높아 권리의 유·무효를 둘러싸고 문제되는 경우가 적다. 그러나 이 주의는 특허청이 심사하는 데 많은 인원과 경비가 소요되며 디자인등록출원을 심사하는 데 상당한 시일이 걸려서 디자인등록 되기까지 기간이 길어져 디자인보호가 늦어질 염려가 있는 등의 결점이 있다. 이에 반해 일부심사주의는 심사주의의 결함이 장점이 되고 장점이 결점이 되어 양 주의의 이해는 표리관계에 있다. 즉 일부심사주의는 디자인등

---

14) 이 점은 저작권의 경우와 상위하다. 저작권은 저작한 때로부터 권리가 발생하며 어떠한 절차나 형식을 필요로 하지 않는 무방식주의에 의한다(저§10②).

15) 심사주의를 채택한 국가로는 미국, 일본, 캐나다, 영국(등록디자인권), 호주 등이 있으며 일부심사주의를 채택한 국가(지역)는 유럽연합, 프랑스, 독일, 이탈리아, 베네룩스 3국, 중국 등이 있다.

16) 일부심사주의는 권리의 존재를 전제로 하여 미리 그 권리의 유효성에 대해서는 심사하지 않고 그 확인은 침해에 대한 대처와 동시에 사후적으로 사법작용에 의해 행해지는 것이 보통이다.

록에 대한 신뢰도, 디자인권의 안정도가 낮아 권리의 유·무효를 둘러싸고 문제되는 경우가 많은 결점이 있으나 심사하기 위한 인원, 경비, 시간이 적게 들어 디자인의 조기보호가 가능하다는 장점이 있다.

우리나라 디자인보호법은 심사주의를 기본으로 하면서 일부 물품의 디자인에 대해 일부심사주의를 병행하는 특이한 심사방식을 취한다.[17] 즉 디자인권 발생의 전제조건으로서 그 디자인이 등록되어야 할 일정한 요건을 구비한 것인지의 여부에 대하여 실질적인 심사를 거치도록 하는 심사주의를 기본으로 하고, 법정한 일부 물품의 디자인에 대하여는 방식적·형식적 요건 외에 실체적 요건의 일부사항만을 심사하여 등록을 허여하는 일부심사주의를 병행하고 있다(§62).

일부심사주의는 라이프사이클이 짧고 유행성이 강한 물품에 관한 디자인의 조기보호라는 관점에서 1997년 법개정에서 도입한 것이다.[18]

4. 선출원주의

선출원주의란 동일하거나 유사한 디자인에 대해 2 이상의 출원이 경합되어 있는 경우 최선의 디자인등록출원인에게만 디자인등록을 인정하는 주의를 말한다.[19]

즉 동일하거나 유사한 디자인에 대하여 다른 날에 2 이상의 디자인등록출원이 있는 때에는 먼저 디자인등록출원한 자만이 그 디자인에 관하여 디자인등록을 받을 수 있는 것으로서(§46①), 이는 선창작자를 우위로 하는 선창작주의에 대비된다. 선출원주의는 창작의 선후를 확정짓는 곤란성에 비해 출원의 선후는 일견하

---

17) 디자인보호제도상 이러한 입법예는 국제적으로 찾아보기 어렵다.

18) 일부심사주의의 도입은 직물디자인에 대해서는 저작권법에 의한 보호대상이 되지 않는다는 대법원의 판결(1996.2.23.선고 94도3266)에 기인한 면도 없지 않다. 동 판결의 요지는 다음과 같다. "응용미술작품 중 염직도안이나 실용품의 모델 등과 같이 본래 산업상의 이용을 목적으로 하여 창작되는 경우에는 저작권을 인정할 수 없다 할 것이고, 다만 이러한 경우에는 위 도안이나 모델이 그 실용품의 기능과 물리적 혹은 개념적으로 분리되어 식별될 수 있는 독립적인 예술적 특성이나 가치를 가지는 경우에만 예외적으로 저작물로서 보호될 수 있다."

19) 선출원주의는 동일하거나 유사한 디자인에 대하여 설령 그것이 별개의 창작과정에 의한 것이었다 하더라도 하나의 권리만을 발생시키는 주의(1객체1권리주의)를 전제로 한 것으로서 이 점은 저작권의 경우와 다르다. 저작권법에서는 우연의 일치인 동일 저작물이라 하더라도 그것이 별개의 창작과정에 의한 것이라면 각각 별개의 저작권이 발생하는 것으로 되어 있다.

여 명백하다는 데 따른 절차상의 요청에 의한 것이다(제3장 제3절 Ⅲ.선출원주의 참조).

제2절 디자인보호법과 인접법

Ⅰ. 서 언

산업상 이용할 것을 목적으로 창작된 디자인은 주로 디자인보호법에 의해 보호되나 경우에 따라서는 특허법, 실용신안법, 상표법, 저작권법 또는 부정경쟁방지 및 영업비밀보호에 관한 법률에 의해서도 보호되기도 한다.

여기에서 '디자인'이라 함은 주로 산업디자인(industrial design)으로 공업디자인인 것이다. 따라서 포스터나 광고 등의 그래픽 디자인(graphic design)이라고 하는 것은 포함되지 않는다. 이들은 저작권법에 의해 보호될 수 있기 때문이다.

실무에 있어서 디자인보호를 생각할 때에 잊지 말아야 할 것은 디자인보호법의 주변에 있는 법이다. 즉 특허법, 실용신안법, 상표법, 저작권법, 부정경쟁방지 및 영업비밀보호에 관한 법률 등이다. 따라서 디자인보호법이야 말로 지식재산권법 체계의 중심에 서 있는 법률이다(본장 제1절 Ⅰ.〈도1-1〉참조).

이와 같이 디자인은 많은 법률에 의해 둘러싸인 특이한 분야라 할 수 있다.

Ⅱ. 디자인보호법과 인접법과의 관계

1. 디자인보호법과 특허법 · 실용신안법

(1) 제도적 목적

디자인보호법은 디자인의 보호와 이용을 도모함으로써 디자인의 창작을 장려하여 산업발전에 이바지함을 목적으로 한다(§1). 즉 디자인보호법은 물품의 상품가치를 높여 당해 물품에 대한 수요를 증대시킴으로써 산업발전에 이바지하고자 하는 것이다. 이에 대하여 발명·고안을 보호대상으로 하는 특허법·실용신안법은 발명이나 실용적인 고안을 보호·장려하고 그 이용을 도모함으로써 기술의 발전을 촉진하여 산업발전에 이바지함을 목적으로 한다(특§1, 실§1). 즉 특허법·실용신안법은 산업기술발전에 이바지코자 함을 목적으로 하는 것으로서 이러한 의미에서 디자인보호법에 비해 공공적 성격이 강하게 작용하는 법이다.

(2) 보호의 대상

디자인보호법상의 디자인은 물품(물품의 부분 및 글자체를 포함한다)의 형상·모양·색채 또는 이들을 결합한 것으로서 시각을 통하여 미감을 일으키게 하는 것(§2ⅰ)인 데 대하여, 특허법·실용신안법상의 발명·고안은 자연법칙을 이용한 기술적 사상의 창작(발명은 고안에 비해 고도한 것을 요한다)을 말한다(특§2ⅰ, 실§2ⅰ). 따라서 디자인은 물품의 미적 외관의 창작인 것에 대하여 발명·고안은 기술적 사상의 창작인 점에서 근본적인 차이가 있다. 다음으로 디자인은 물품의 형상·모양·색채 또는 이들의 결합의 창작인 것에 대하여 고안은 물품의 형상·구조·조합의 창작인 것이다.[20] 따라서 물품의 구조에 관한 창작은 디자인의 대상으로 되지 아니하고, 물품의 모양이나 색채의 창작에 대해서는 고안의 대상이 되지 않는다. 그러나 물품의 형상을 대상으로 하는 경우에는 발명·고안과 디자인이 동일하여 중첩적으로 보호되는 경우가 있다.

예컨대 자동차용 타이어의 표면에 나타난 특수한 요철형상이 소음을 적게 하는 경우 기술적 사상의 창작이라는 관점에서 보면, 그것은 발명·고안이 된다. 그러나 소음을 적게 한다는 것은 별개로 치고 시각을 통하여 미감을 일으키게 한다는 관점에서 본다면 디자인이 되는 것이다. 선풍기의 형상이 시각을 통하여 아름답다 또는 멋있다고 한다면 디자인이 되고, 관점을 달리하여 풍력이 강하다거나 위험방지가 되는 등의 기술적 효과의 측면에서 보면 고안이 되고, 그 정도가 높은 경우에는 발명이 되는 것도 마찬가지이다.

따라서 동일물에 대하여 기술적 사상의 창작이라고 하는 주장이라면 발명·

---

20) 고안과 디자인은 물품에 대한 창작이므로 양자 모두 물품과 불가분의 관계에 있다는 점에서는 일치한다.

고안이 되고 기술적 가치는 고려하지 않은 물품의 형상으로 출원한다면 디자인인 것이다.

이와 같이 디자인과 발명·고안과의 관계는 관념적으로는 전혀 별개의 것이나 운용의 실제에 있어서는 상호 공통하여 각 법에 의한 별개의 권리가 성립한 경우가 있다. 이에 각 법은 이들 권리 관계를 상호 조정하는 규정을 두고 있다(§45, 특§98, 실§25).

(3) 권리의 존속기간

디자인권은 설정등록한 날부터 발생하여 디자인등록 출원일 후 20년이 되는 날까지이다(§91). 이에 대해 특허권·실용신안권은 설정등록한 날부터 출원일 후 각 20년, 10년이 되는 날까지이다[21](특§88①, 실§22①). 또한 특허법의 경우에는 특허발명에 대하여 존속기간을 일정기간 연장하여 주는 존속기간 연장제도[22](특§89)가 있으나 디자인보호법에는 이러한 제도가 없다.

(4) 권리의 효력

특허권·실용신안권의 독점배타적 효력은 동일성 범위로만 관념되고 있으나(특§94, 실§23) 디자인권의 독점배타적 효력은 유사한 범위에까지 확대되고 있다(§92).

디자인은 발명, 고안과는 달리 개념으로서의 창작이 아니라 물품의 형태로서 구체적, 명시적으로 표상되므로 동일성 범위만으로는 디자인 보호의 목적을 달성할 수 없기 때문에 구체적, 명시적으로 나타난 것의 유사한 범위에 대해서까지 권리가 미치도록 한 것이다.

(5) 권리의 이용·저촉

동일물에 대하여 디자인권 및 특허권·실용신안권이 중첩되는 경우 디자인보호법은 "디자인권자는 자기의 등록디자인 또는 이와 유사한 디자인이 그 출원

---

21) 디자인권은 설정등록에 의해 보호되고 존속기간은 출원일부터 계산되므로 보호기간과 존속기간이 상이한 개념이다. 이 점은 특허권, 실용신안권의 경우와 동일하다.

22) 특허권의 존속기간 연장은 실시에 허가, 등록을 요하거나 그 허가, 등록에 필요한 경제성, 활성 등 시험에 장기간이 소요되는 경우 5년의 범위 내에서 연장 가능하다.

일 전에 출원된 타인의 특허발명 또는 등록실용실안을 이용하거나 또는 타인의 특허권·실용신안권과 저촉되는 경우 그 특허권자·실용신안권자의 허락을 받지 않거나 통상실시권 허락의 심판에 의하지 않고는 자기의 등록디자인 또는 이와 유사한 디자인을 업으로서 실시할 수 없다."라고 하여 디자인권의 효력을 제한하고 있다(§95①·②). 또한 특허법·실용신안법에서는 "특허권자·실용신안권자는 그 특허발명·등록실용신안이 그 출원일 전에 출원된 타인의 등록디자인이나 그 디자인과 유사한 디자인을 이용하거나 또는 타인의 디자인권과 저촉되는 경우에는 그 디자인권자의 허락을 받지 않거나 통상실시권 허락의 심판에 의하지 않고는 자기의 특허발명 또는 등록실용신안을 업으로서 실시할 수 없다."라고 하여 각각 특허권·실용신안권의 효력을 제한하고 있다(특§98·§138, 실§25·§32).

2. 디자인보호법과 상표법

(1) 제도적 목적

디자인과 상표는 모두 산업재산권을 이루는 권리의 대상이라는 점에서 공통하지만, 디자인은 발명·고안과 마찬가지로 인간의 정신적 창작활동의 성과인 데 비해 상표는 자타 상품을 구별하기 위하여 사용하는 식별표지라는 점에서 각 법의 목적을 달리한다. 즉 디자인보호법은 물품의 상품가치를 높여 당해 물품에 대한 수요를 증대시킴으로써 산업발전에 이바지코자 하는 것이나(§1) 상표법은 상표의 식별작용을 통하여 산업질서유지에 공헌하고 나아가 산업발전에 이바지함을 목적으로 하는 것이다(상§1).

(2) 보호의 대상

디자인보호법상의 디자인은 물품(물품의 부분 및 글자체를 포함한다)의 형상·모양·색채 또는 이들을 결합한 것으로서 시각을 통하여 미감을 일으키게 하는 것(§2ⅰ), 즉 물품의 외형상 나타나는 미적 창작물이나 상표법상의 상표는 자기의 상품(지리적 표시가 사용되는 상표의 경우를 제외하고는 서비스 또는 서비스의 제공에 관련된 물건을 포함)과 타인 상품을 식별하기 위하여 사용되는 표장(標章)(§2ⅰ), 즉 자타상품을 구별하기 위해 사용하는 식별표지이다.[23][24]

상표는 자타상품을 식별하기 위하여 상품에 붙이는 것이기 때문에 물품을 구성하는 것이 아니지만, 디자인은 물품의 형상 등이므로 물품 자체의 외관이라는 점에서 디자인과 상표는 전혀 상이한 것이다. 또 상표에는 문자를 주체로 한 문자 상표가 많으나 디자인에서는 신문, 서적의 문장부분이나 성분표시, 사용설명 등을 보통의 형태로 나타낸 문자와 같이 오로지 정보전달만을 위해 사용되고 있는 문자의 경우에는 디자인을 구성하지 않는 것으로 한다.

위와 같은 점에서 디자인과 상표는 전혀 별개의 것이지만 상표라고 하더라도 아름답고 멋있게 하기 위해 디자인화되는 경우가 있다. 유명상표의 경우에는 유명 디자이너에 의해 디자인된 것이 많다. 따라서 상표의 특별현저성도 디자인적 창작에서 생기는 경우가 있음을 부인할 수 없다. 그러나 아무리 상표가 디자인화 되었다 하더라도 상표의 본질이 변경되는 것은 아니다.[25]

디자인과 상표는 위에서 본 바와 같이 전혀 다른 것이나 운영의 실제에서 볼 때 디자인과 상표와의 관계에서도 그 접촉점이 존재한다.[26]

예컨대 종이로 된 용기가 디자인등록의 대상이 되는 경우가 있다. 그러나 동일한 종이로 된 용기가 전개된 상태에서 상표가 되는 경우 상표로서도 등록받을 수 있다. 이때 상표등록은 전개된 상태이나 사용할 때에는 조립되어 입체적인 종이로 된 용기가 되는 경우이다(담배갑 등). 이와 같이 각 법에 의해 별개의 권리가 성립된 경우를 상정하여 디자인보호법과 상표법은 각각 권리관계를 조정하는 규정을 설정하고 있다(§45, 상§92).

(3) 권리의 존속기간

디자인권은 설정등록한 날부터 발생하여 디자인등록출원일 후 20년이 되는 날까지 존속한다(§91). 그러나 상표권은 무한하게 존속될 성질을 가지나 불사용

---

23) 디자인은 정신적 창작활동의 성과로서 보호의 본질이 창작행위에 있는 데 비해 상표는 정신적 창작활동의 성과라고 보기 어렵고 그 보호의 본질은 선택, 선정에 있는 것이다.

24) 2016년 개정 상표법은 상품의 개념에 서비스가 포함되도록 하고, 상표를 사용하는 주체에 관한 기준을 삭제하여 새로운 유형의 상품 또는 서비스업이 포함될 수 있도록 하며, 상표의 식별기능의 중요성을 명확히 하기 위하여 상표의 정의 규정을 개정하였다.

25) 高田, 「의장」, 15면.

26) 디자인과 상표는 배타적, 선택적인 관계에 있는 것이 아니므로 디자인이 될 수 있는 형상이나 모양이라 하더라도 그것이 상표의 본질적인 기능이라고 할 수 있는 자타상품의 출처표시를 위하여 사용되는 것으로 볼 수 있는 경우에는 위 사용은 상표로서의 사용이라고 보아야 할 것이다(대법원 2000.12.26. 선고 98도2743 판결).

등록상표의 정리적 의미에서 설정등록이 있는 날부터 10년으로 되어 있다(상§83 ①). 그러나 계속하여 사용코자 하는 자에 대해서는 상표권의 존속기간갱신등록신청에 따라 10년씩 갱신할 수 있다(상§83②, §84).

(4) 권리의 효력

디자인권의 적극적 효력은 등록디자인뿐만 아니라 이에 유사한 디자인에도 미치지만(§92), 상표권의 적극적 효력은 등록상표에 한정되어 있다(상§89).

따라서 상표권에 있어서는 등록상표에 유사한 상표에 대해서는 타인에게 사용허락 등을 할 수 없다. 그러나 상표권의 소극적 효력은 그 등록상표에 유사한 상표 및 그 지정상품에 유사한 상품에까지 확대되어 있다(상§108).

(5) 권리의 이용 · 저촉

디자인과 상표는 관념적으로는 구별이 되나 운용의 실제면에서 구별이 곤란한 경우가 있다. 따라서 디자인보호법은 디자인과 상표와의 사이에 이용 · 저촉관계가 발생하게 되면 다음과 같이 조정하는 규정을 두고 있다.

디자인권자는 자기의 등록디자인 또는 이와 유사한 디자인이 그 출원일 전에 출원된 타인의 등록상표를 이용하거나 또는 타인의 상표권과 저촉되는 경우에는 상표권자의 허락을 받지 않거나 통상실시권 허락의 심판에 의하지 아니하고는 그 등록디자인 또는 이와 유사한 디자인을 업으로서 실시할 수 없다[27](§95).

한편, 상표법에서는 상표권자는 그 등록상표를 사용할 경우에 그 사용상태에 따라 그 출원일 전에 출원된 타인의 디자인권과 저촉되는 경우에는[28] 디자인권자의 동의를 받지 아니하고는 그 등록상표를 사용할 수 없다고 되어 있다(상§92).

---

27) 일본 디자인법은 등록디자인 또는 이와 유사한 디자인이 선출원 등록상표의 이용 또는 상표권과의 저촉관계 발생시 허락규정이나 강제사용권 규정을 설정하고 있지 않다. 이것은 상표는 출처표시의 기능을 가지므로 강제사용권의 허여는 공중에게 출처 혼동을 일으킬 우려가 있게 된다는 이유에서이다. 그러나 선출원 상표권자의 상표사용허락이 있는 경우에는 후출원인 등록디자인의 실시가 가능한 것으로 해석한다.

28) '사용상태에 따라 그 출원일 전에 출원된 타인의 디자인권과 저촉되는 경우'란 상표를 구성하는 도형이 디자인의 구성과 동일 또는 유사한 경우로서 그 등록상표를 디자인의 대상이 되는 물품 또는 유사물품에 사용하는 경우를 말한다. 예컨대 넥타이를 지정상품으로 한 말도형 상표를 선출원하여 디자인등록된 말도형이 표현된 넥타이에 관한 물품의 모양으로 사용하는 경우이다.

3. 디자인보호법과 저작권법

(1) 제도적 목적

디자인보호법과 저작권법은 모두 지식재산권법의 일종이라는 점에서는 유사하지만, 디자인보호법은 디자인의 보호와 이용을 도모함으로써 디자인의 창작을 장려하여 산업발전에 이바지함을 목적으로 한다(§1). 그러나 저작권법은 저작자의 권리와 이에 인접하는 권리를 보호하고 저작물의 공정한 이용을 도모함으로써 문화 및 관련산업의 향상발전에 이바지함을 목적으로 한다(저§1).

즉 디자인보호법은 물품의 수요를 증대시켜 물질문화의 발전에 이바지함을 목적으로 하는 것인 데 대하여 저작권법은 저작자의 인격적 이익과 밀접하게 관련하여 주로 정신문화 및 이와 관련한 산업의 발전에 기여함을 목적으로 하는 점에서 제도적 목적을 달리한다.

(2) 보호의 대상

디자인은 물품(물품의 부분 및 글자체를 포함한다)의 형상·모양·색채 또는 이들을 결합한 것으로서 시각을 통하여 미감을 일으키게 하는 것으로 물품의 외형상 나타나는 미적 창작물이나, 저작권의 대상이 되는 저작물은 문학·학술 또는 예술의 범위에 속하는 창작물로서 소설·시 등의 어문저작물, 음악저작물, 회화·서예·도안·조각·공예·응용미술저작물 그 밖의 미술저작물 등을 말하므로(저§2, §4①) 이 중에서 특히 미술의 범위에 속하는 저작물은 디자인의 범위와 유사하다. 미술의 범위에 속하는 저작물의 미술이라는 것은 원래 회화, 조각, 판화 등과 같은 순수미술(fine arts)을 뜻하는 것이다. 순수미술이란 사상이나 감정의 외부적 표백이고 개성의 표현이며 그 외의 목적이나 용도를 지니는 것이 아니다. 따라서 주로 일품제작인 것이기 때문에 디자인의 대상인 물품이 실제로 생활에 사용되고 실용적 용도를 지닌 물품이고 그리고 공업적으로 양산되는 점 등에서 양자는 원칙적으로 구별된다. 그러나 베른협약의 로마규정(1928년) 및 브뤼셀(1948년)규정에서 저작권법의 미술에는 응용미술(applied arts)29)을 포함한다고 규정하고 있다. 응용미

---

29) 응용미술이라 함은 일반적으로 순수미술에 대하여 실용품에 제공되고 또는 산업상 이용되는 미적 창작물을 말한다. 그러나 저작권법에서는 응용미술저작물은 "물품에 동일한 형상으로 복제될 수 있는 미술저작물로서 그 이용된 물품과 구별되어 독자성을 인정할 수 있는 것을

술 중 일품제작의 수공예적인 미술공예품은 저작권법으로 보호되며 모형·도안
이 실용품에 이용될 것을 목적으로 하는 경우에는 디자인보호법으로도 보호된다.
그러나 위와 같은 목적의 판단은 용이한 문제가 아니다.

(3) 권리의 발생 및 존속기간

디자인권은 설정등록이라는 국가의 행정처분에 의해 발생하며 출원일 후 20
년이 되는 날까지 존속하나(§91①) 저작권(저작재산권)은 저작물의 완성과 동시에
발생하며(심사, 등록은 불요) 저작자의 개인적 이익과 문화의 발전이라는 공공적 이
익과의 조화를 도모하기 위하여 비교적 장기로 되어 있으며 원칙적으로 창작시부
터 저작자의 사후 70년이다(저§39).

(4) 권리의 효력

디자인권은 등록디자인 또는 이와 유사한 디자인을 업으로서 독점적으로 실
시할 수 있는 권리이다(§92). 디자인은 물품의 외관에 표현된 미적 창작이므로 디
자인권의 독점배타성은 디자인의 창작 자체에 대하여 인정된다. 따라서 그 효력
은 창작의 모인뿐만 아니라 별개 독립으로 한 창작에도 미친다. 그러나 저작권은
저작물을 독점적으로 이용할 수 있는 권리이다. 저작권법상의 저작권은 사상·감
정의 외부적 표현 형태에서의 당해 독창성을 대상으로 하므로 저작권의 독점배타
성은 당해 독창성에 대하여만 인정된다. 따라서 그 효력은 독창성의 도용에 대해
서만 미치며 별개 독립으로 창작된 동일 저작물에는 미치지 않는다.[30] 이러한 의
미에서 디자인권은 동일 또는 유사한 내용의 창작에는 하나의 디자인권만이 존재
하나(절대적 독점배타권), 저작권은 동일 내용의 저작물에 대하여 복수로서도 존재
할 수 있다. 이러한 의미에서 저작권은 상대적 독점배타권이다.[31]

    말하며 디자인 등을 포함한다.”고 정의하고 있다(저§2 x ⅴ).
 30) 우연의 일치인 경우에는 저작권의 침해로 되지 않는다. 예컨대 어떤 정물을 여러 사람이 그
    린 경우 또는 사진 촬영한 경우라면 복제나 모방이 아니더라도 서로 동일하거나 비슷한 작품
    이 다수 존재할 수 있고 이 경우에는 각기 별개의 저작권이 존재한다.
 31) 디자인권은 절대적 독점배타권이므로 함부로 권리를 얻어서 일반 공중의 이익을 희생하는
    폐해를 방지하기 위해 권리의 존속기간 중에 소정의 등록료 납부의무를 부과하고 있다. 그러
    나 저작권은 상대적 독점배타권이고 권리의 존속으로 인한 일반 공중의 폐해도 크지 않으므
    로 권리의 존속 유지를 위한 등록료의 납부의무가 없다.

(5) 권리의 이용·저촉

미술저작물과 디자인과는 일품제작을 목적으로 하는 것인가, 대량 생산을 목적으로 하는 것인가에 따라 일응 구별되는 것이지만, 운용의 실제에서는 그 구별이 곤란한 경우가 있다. 예컨대 미술공예품으로서의 꽃병이나 찻잔과 대량생산품으로서의 꽃병이나 찻잔과의 사이에는 그 한계점의 식별이 곤란하다. 따라서 디자인보호법은 저작물과 디자인과의 사이에 이용·저촉관계가 발생하면 다음과 같이 조정하는 규정을 두고 있다.

디자인권자는 등록디자인 또는 이와 유사한 디자인이 그 디자인등록출원일 전에 발생한 타인의 저작물을 이용하거나 저작권에 저촉되는 경우에는 저작권자의 허락을 받지 아니하고는 자기의 등록디자인 또는 이와 유사한 디자인을 업으로서 실시할 수 없다(§95③). 여기에서 말하는 '이용·저촉'은 저작권자의 저작물을 복제 또는 변형하는 것으로서 당해 저작권의 침해로 되는 경우에 한정되는 것으로 해석되고 있다.[32]

4. 디자인보호법과 부정경쟁방지 및 영업비밀보호에 관한 법률

(1) 제도적 목적

디자인보호법은 디자인의 보호 및 이용을 도모함으로써 디자인의 창작을 장려하여 산업발전에 이바지함을 목적으로 한다(§1). 그러나 부정경쟁방지 및 영업비밀보호에 관한 법률[33](이하"부정경쟁방지법"이라 한다)은 국내에 널리 알려진 타인의 상표·상호 등을 부정하게 사용하는 등의 부정경쟁행위와 타인의 영업비밀을 침해하는 행위를 방지하여 건전한 거래질서를 유지함을 목적으로 한다(부정 §1). 즉 디자인보호법은 물품의 상품가치를 높여 당해 물품에 대한 수요를 증대시킴으로써 산업발전에 이바지코자 하는 것이나 부정경쟁방지법은 부정경쟁행위 및 영업비밀 침해행위를 방지하여 건전한 경업질서를 유지함을 목적으로 한다.

---

32) 저작물의 존재를 모르고 별개 독립으로 창작하여 디자인등록 받은 경우에는 저작물의 복제 또는 변형에 해당되지 않으므로 저작권의 침해가 되지 않는다.

33) 현행 부정경쟁방지 및 영업비밀보호에 관한 법률의 전신은 부정경쟁방지법(1961.12.30.공포 법률 제911호)이다. 이 법은 1986.12.31. 법률 제3897호로 전문 개정되고, 그 후 여러차례 개정되어 현재에 이르며 현행법은 2016.2.29. 법률 제14033호로 개정된 법이다.

(2) 보호의 대상

디자인보호법은 물품의 미적 외관을 보호의 대상으로 하는 것이나 부정경쟁방지법에서 열거하고 있는 부정경쟁행위 중 디자인의 보호와 관련 있는 사항은 이하의 두 가지이다.

1) 상품주체혼동행위

상품주체혼동행위란 국내에 널리 인식된 타인의 성명·상호·상표·상품의 용기·포장 기타 타인의 상품임을 표시한 표지와 동일하거나 유사한 것을 사용하거나 이러한 것을 사용한 상품을 판매·반포 또는 수입·수출하여 타인의 상품과 혼동하게 하는 행위를 말한다(부정§2ⅰ가목). 이른바 주지상품표지의 모용에 의한 혼동초래행위이다.

따라서 국내에서 널리 인식된 타인의 상품표지는 다른 법에 의한 등록이나 등기 등의 여부에 불문하고 부정경쟁방지법의 보호를 받으므로 등록된 상품표지가 주지로 되면 디자인보호법, 상표법 등과 부정경쟁방지법에 의해서 중복적으로 보호받을 수 있게 된다.

2) 상품형태모방행위

상품형태모방행위란 타인이 제작한 상품의 형태(형상·모양·색채·광택 또는 이들을 결합한 것을 말하며 시제품 또는 상품소개서상의 형태를 포함한다. 이하 같다)를 모방한 상품을 양도·대여 또는 이를 위한 전시를 하거나 수입·수출하는 행위를 말한다(부정§2ⅰ자목). 다만, ⅰ) 상품의 시제품 제작 등 상품의 형태가 갖추어진 날부터 3년이 지난 상품의 형태를 모방한 상품을 양도·대여 또는 이를 위한 전시를 하거나 수입·수출하는 행위, ⅱ) 타인이 제작한 상품과 동종의 상품(동종의 상품이 없는 경우에는 그 상품과 그 기능 및 효용이 동일하거나 유사한 상품을 말한다)이 통상적으로 가지는 형태를 모방한 상품을 양도·대여 또는 이를 위한 전시를 하거나 수입·수출하는 행위 중 1에 해당하는 행위를 제외한다(부정§2ⅰ자목 단서). 본 항목은 2004년 부정경쟁방지법의 개정에서 신설한 것으로서 주지성이 인정되지 않은 상품의 형태에 대해서도 보호가능하게 된 것에 커다란 의의가 있다. 본 규정에 의한 소극적 보호기간은 상품의 시제품 제작 등 상품의 형태가 갖추어진 날부터 3년이 경과되지 아니한 상품 형태의 모방으로 되어 있으므로 3년 이상 보호받기 위해서는 디자인보호법에 의한 디자인등록이 필요하다.

이상의 부정경쟁방지법(§2ⅰ가목·자목)의 개략에 관하여 디자인보호법과의 비교를 정리하면 〈도1-2〉와 같다.

〈도 1-2〉 디자인보호법과 부정경쟁방지법(§2 i 가목·자목)의 비교

구 분		디자인보호법	부정경쟁방지법	
			상품주체혼동행위 (§2 i 가목)	상품형태모방행위 (§2 i 자목)
등록여부		○	×	×
보 호 요 건	신 규 성	○	×	×
	창작비용이성	○	×	×
	주 지 성	×	○	×
	모 방	×	×	○
보호기간		설정등록한 날부터 출원일 후 20년	제한 없음	시제품제작 등 상품형태가 갖추어진 날부터 3년

※ ○ - 요구, × - 불요구

제2장 디자인등록을 받을 수 있는 자

Ⅰ. 서 설

디자인등록을 받을 수 있는 자란 디자인등록을 받을 수 있는 권리를 가진 자를 말하며 구체적으로는 디자인을 창작한 사람 또는 그 승계인이다. 디자인보호법은 "디자인의 보호와 이용을 도모함으로써 디자인의 창작을 장려하여 산업발전에 이바지함을 목적으로 한다."라고 하고 있다(§1). 또한 이 법의 목적을 달성하기 위한 수단으로서 디자인등록을 받을 수 있는 권리를 인정하고 있다(§3①). 이 권리는 디자인을 창작함으로써 생기는 것으로서 국가에 대하여 디자인등록을 청구하는 권리이므로 공권임과 동시에 청구권이고 또한 재산권의 일종이므로 이전할 수 있다.

따라서 디자인등록을 받을 수 있는 권리의 주체로 될 수 있는 자는 먼저 우리나라의 법률상 권리능력을 가진 자이고, 다음은 디자인을 창작함으로써 디자인등록을 받을 수 있는 권리를 인정하고 보호하는 것이므로 디자인등록을 받을 수 있는 자는 이 권리를 가진 자이어야 한다. 또한 디자인권은 동일 또는 유사한 디자인에 대하여 중복등록은 허용할 수 없기 때문에 선출원자일 것이 요구된다.

Ⅱ. 디자인등록을 받을 수 있는 자의 요건

1. 권리능력을 가진 자일 것

권리능력이란 법률상의 권리·의무를 향유할 수 있는 자격 또는 지위를 말한다.[1] 디자인보호법상 권리능력에 관하여는 별도의 규정을 두고 있지 아니하므로 민법상의 규정에 따를 것으로 해석되고 있다. 민법상 모든 자연인과 법인은 평등한 권리능력(권리능력평등의 원칙)을 가진다(민§3, §34). 외국 체류자는 우리나라 국적을 가지는 한 권리능력을 가진다.

(1) 자 연 인

민법 제3조는 "사람은 생존하는 동안 권리와 의무의 주체가 된다."라고 규정하고 있으므로 우리나라의 국적을 가지는 자연인은 출생한 때부터 사망할 때까지 권리능력을 가진다.

(2) 법   인

우리나라의 법률에 의하여 법인격을 인정받은 법인은 권리능력을 가진다(민 §34). 이 권리능력의 범위는 정관으로 정한 목적의 범위 안에서 제한을 받는다. 저작권법에서는 법인이 아닌 사단 또는 재단[2]으로서 대표자 또는 관리인이 정하여져 있는 경우에는 법인과 동일하게 취급되어 권리능력을 인정하지만 디자인보호법에서는 이와 같은 단체는 심판의 청구 또는 재심의 청구 등을 할 수 있는 절차능력에 한정되며(§5) 디자인등록출원하여 권리를 향유하는 것은 인정하지 않는다.

(3) 외 국 인

외국인이라 함은 대한민국의 국적을 가지지 아니한 자로서 외국의 국적을 가진 자 이외에 무국적자를 포함한다. 외국인은 법령 또는 조약에 제한이 없는 한 권리능력을 가지는 것이 일반적이다. 그러나 디자인보호법은 산업상의 이유에서 재외자(국내에 주소나 영업소를 가지지 않는 자)인 외국인에 대하여는 다음의 경우에

---

1) 디자인등록을 받을 수 있는 자에 권리능력이 요구되는 것은 그것이 디자인등록을 받을 수 있는 권리의 주체가 되기 위한 전제조건이기 때문이다.

2) 법인이 아닌 사단이라 함은 사단의 실질을 갖추고 있으나 법인등기를 하지 아니하여 권리능력을 가지지 않는 단체(예를 들면 종중과 교회 및 동·리 등이 있다)를 말하며, 법인이 아닌 재단이라 함은 재단법인의 실질, 즉 목적재산이 존재하되 아직 등기를 하지 아니하여 법인격을 취득하지 못한 재단(예컨대 유치원, 한정승인을 한 상속재산, 상속인이 없는 상속재산, 기타 특별법에 의한 특수재단 등이다)을 말한다(이영준, 「민법총칙」, 박영사, 1997, 841면 이하).

한하여 권리능력을 인정하고 있다(§27).

　㈎ 그 외국인이 속하는 국가에서 대한민국 국민에 대하여 그 국민과 같은 조건으로 권리를 인정하는 경우(상대국의 평등주의)

　㈏ 대한민국이 그 외국인에 대하여 권리를 인정하는 경우에는 그 외국인이 속하는 국가에서 대한민국 국민에 대하여 그 국민과 같은 조건으로 권리를 인정하는 경우(상대국의 상호주의)

　㈐ 조약 및 이에 준하는 것에 따라 권리가 인정되는 경우. 이에는 파리협약 및 WTO/TRIPs 협정이 있으며 또 우리나라와 개별조약을 체결하고 있는 국가(미국, 일본 등)도 있다. 파리협약은 동맹국 국민에 대한 내국민 대우에 관한 규정과 (파리협약§2) 동맹국에 속하지 않는 나라의 국민이라도 어느 동맹국의 영역내에 주소 또는 공업상 또는 상업상의 영업소를 가진 자는 동맹국의 국민과 같이 취급되는 준동맹국민에 관한 규정을 두고 있다(파리협약§3). 또 파리협약에 가입하고 있지 않더라도 WTO에 가입한 국가의 국민에 대하여는 파리협약에 의한 내국민 대우를 받는다.[3] 그리고 외국인으로서 국내에 주소나 영업소를 가지고 있는 경우에는 권리를 인정받을 수 있음은 물론이다(§27의 반대해석).

2. 디자인등록을 받을 수 있는 권리를 가진 자일 것

(1) 창 작 자

디자인등록을 받을 수 있는 권리는 디자인의 창작의 완성에 의하여 발생하며 이 권리의 원시적 취득자는 자연인인 창작자이다. 디자인의 창작행위는 법률행위가 아니고 인간의 두뇌의 창조적 활동인 사실행위이므로 민법상의 법률행위능력을 갖는 것을 필요로 하는 것은 아니다. 따라서 법률행위능력이 없는 미성년자 등도 창작자가 될 수 있다.

(2) 공동창작자

법은 디자인의 창작이 복수인에 의해 공동으로 된 경우에는 공유자 전원이 창작자이므로 디자인등록을 받을 수 있는 권리는 공동창작자 전원에게 있다고 하

---

3) WTO/TRIPs 협정 제1조 제3항: 회원국은 다른 회원국의 국민에 대하여 이 협정에 규정된 대우를 제공한다(이하 생략).

며(§3②), 2인 이상이 공동으로 디자인을 창작한 때에는 공유자 전원이 공동으로 디자인등록출원하도록 한다(§39). 이것은 공동창작에 의한 경우에 디자인등록을 받을 수 있는 권리가 각자에게 발생하는 것이 아니라 공동으로 하나의 권리가 발생하는 것으로 관념하는 데 기인한다. 이에 반하여 공유자 중의 일부의 자만이 출원하였을 때에는 거절이유가 된다4)(§62①ⅱ). 공동창작자인지의 여부는 디자인의 창작으로서 실질적인 협동공유관계의 유무에 따라 결정되고 단순한 관리자, 보조자, 후원자 또는 위탁자 등은 공동창작자가 아니다.

(3) 승 계 인

디자인등록을 받을 수 있는 권리는 재산권이므로 자유롭게 이전할 수 있다(§54①). 따라서 상기의 창작자 이외의 법률상 권리능력이 있는 자(자연인이나 법인)이면 모두 승계인으로서 디자인등록을 받을 수 있는 권리의 주체가 될 수 있다.5) 승계는 계약 이외에 상속 기타 일반승계에 의해서도 이루어진다. 디자인등록을 받을 수 있는 권리가 공유에 관한 것일 때에는 각 공유자는 타 공유자의 동의를 얻지 않으면 그 지분을 양도할 수 없다(§54③). 공유자의 변경에 의해 타 공유자의 지분의 가치가 변동될 수 있기 때문이다. 그리고 이 승계는 디자인등록출원 전 또는 출원 후 모두 가능하고, 출원 전의 승계는 승계인이 디자인등록출원하지 않으면 제3자에게 대항할 수 없다(§57①). 디자인등록출원 후에 있어서는 상속 기타 일반승계의 경우를 제외하고는 디자인등록출원인변경신고를 하지 않으면 그 효력이 발생하지 않는다(§57③). 권리의 귀속관계를 명확히 할 필요에서이다.

(4) 직무디자인에 대하여 디자인등록을 받을 수 있는 자

직무디자인이란 종업원 등이 그 직무에 관하여 디자인 창작한 것이 사용자 등의 업무범위에 속하고 그 디자인을 창작하게 된 행위가 종업원 등의 현재 또는 과거의 직무에 속하는 디자인을 말한다(발명§2ⅱ). 직무디자인은 사용자 및 종업

---

4) 이 경우 모인(타인의 디자인의 창작을 자기의 창작으로 사칭하여 출원하는 행위)이 일어나는 행위로 보는 견해(高田, 「의장」, 124면)가 있으나, 공동출원(§39) 위반으로 해석함이 타당할 것이다.

5) 미국 특허법은 창작자 출원주의를 채용하고 있다. 따라서 특별한 사정(제118조, 제119조)이 없는 한 출원 전의 양도는 인정되지 않는다. 따라서 창작자 본인이 일단 출원을 한 후에 출원 중에 있는 디자인등록(특허)을 받을 수 있는 권리를 양도받는 형식을 취하여야 한다.

원이 수행하는 각각의 역할·공헌도 등을 공평하게 비교 형량하여 산업의 발전이라는 공익적 입장에서 양자의 이해의 조화를 도모하려고 한 것이다. 디자인등록을 받을 수 있는 권리의 원시적 취득자는 종업원 등이지만 직무디자인에 대해서는 예약승계가 인정되고 있으므로 사용자 등은 당해 권리의 취득자로 될 수 있다(발명§13①). 만약 예약승계제도가 없어 종업원 등이 디자인등록을 받은 경우에는 사용자는 그 디자인권에 대해서 법정통상실시권을 가진다(발명§10①).

3. 선출원자일 것

우리나라는 선출원주의를 채용하고 있으므로 동일하거나 유사한 디자인에 대하여 다른 날에 2 이상의 디자인등록출원이 있는 때에는 최선의 출원인만이 디자인등록을 받을 수 있다(§46①). 선출원의 판단은 출원일을 기준으로 한다. 시각 증명의 곤란함과 동일하거나 유사한 디자인에 대해 동일출원이 희박하기 때문이다. 동일하거나 유사한 디자인에 대하여 같은 날에 2 이상의 디자인등록출원이 있는 때에는 출원인이 협의하여 정한 하나의 출원인만이 디자인등록을 받을 수 있다(§46②). 또한 디자인보호법은 디자인권의 독점권을 담보하기 위하여 중복등록배제의 원칙이 채용되어 있다(제3장 제3절 Ⅲ.선출원주의 참조).

Ⅲ. 디자인등록을 받을 수 없는 자

1. 특허청 및 특허심판원 직원

특허청 또는 특허심판원 직원은 상속 및 유증의 경우를 제외하고는 재직 중 디자인등록을 받을 수 없도록 제한하고 있다(§3①단). 이들은 직무상 타인의 출원을 모인할 가능성이 있을 뿐만 아니라 심사관으로서의 직무를 수행하고 있는 직원은 자기가 출원을 하여 디자인등록을 허여할 가능성도 있으므로 이러한 폐해를 방지하기 위한 취지이다.

2. 무권리자

(1) 의 의

무권리자란 디자인 창작자가 아닌 자로서 디자인등록을 받을 수 있는 권리의 승계인이 아닌 자를 말한다.[6] 무권리자는 디자인등록을 받을 수 있는 권리를 가지고 있지 않은 자이므로 디자인등록을 받을 수 없다(§3①). 따라서 그 출원은 등록이 거절되고(§62① ⅰ) 잘못 등록된 경우에는 그 등록은 무효심판청구에 의하여 무효가 된다(§121① ⅱ).

(2) 정당권리자의 보호

디자인보호법은 무권리자의 출원 후에 된 정당권리자의 출원을 보호하기 위한 특별규정(§44, §45, §46④)을 두고 있다.

즉, 법 제44조는 무권리자의 출원이 출원 중에 있을 때 그 후에 한 정당권리자의 출원을 보호하는 규정이고, 법 제45조는 무권리자의 출원이 디자인등록된 경우 그 후에 한 정당권리자의 출원을 보호하는 규정이다. 또 법 제46조 제4항에서는 무권리자가 한 출원은 선출원의 지위를 가지지 않는다고 규정되어 있다.

1) 무권리자의 출원과 정당한 권리자의 보호

무권리자가 한 출원으로 인하여 디자인등록을 받지 못하게 된 경우에는 그 무권리자의 출원 이후에 한 정당한 권리자의 출원은 그 출원일이 무권리자의 출원일로 소급된다. 그러나 절차의 신속을 기하기 위하여 출원일을 소급해 줄 수 있는 기간을 제한하고 있다. 즉, 무권리자가 디자인등록을 받지 못하게 된 날부터 30일이 지난 후에 출원한 경우에는 무권리자의 출원일로 소급되지 않는다(§44).

2) 무권리자의 디자인등록과 정당한 권리자의 보호

무권리자의 출원이 디자인등록된 때에는 그 디자인등록에 대한 취소결정 또는 무효로 한다는 심결이 확정된 경우, 그 출원 후에 한 정당한 권리자의 출원은 취소 또는 무효로 된 그 등록디자인의 출원일로 소급된다. 그러나 이 경우에도 절차의 신속을 기하기 위하여 제한을 두고 있다. 즉, 취소결정 또는 심결이 확정된 날부터 30일이 지난 후에 한 출원은 무권리자의 출원일로 소급받지 못한다(§45).

---

6) 디자인등록을 받을 수 있는 권리의 승계인이 아닌 자란 모인자로부터 디자인등록을 받을 수 있는 권리를 승계한 자 등을 의미한다.

| 제3장 | 디자인등록을 받을 수 있는 디자인 |

제1절 디자인의 성립요건

디자인등록출원디자인이 디자인권으로서 법에 의해 보호받기 위하여는 우선 디자인보호법 제33조 제1항 본문의 디자인의 요건(디자인등록의 요건)을 구비할 필요가 있으나 이를 위한 필수적 전제로서 법 제2조 제1호에서 정하는 디자인의 요건(디자인의 성립요건)을 충족하여야 한다. 이 디자인의 성립요건은 요식절차 행위로서 법정된 디자인보호법 제37조에 의해 제출된 "출원서 및 첨부도면 등에 기재 또는 표현된 디자인"에 의하여 판단된다.

I. 디자인의 정의

디자인이란 말은 영어의 design을 그대로 쓰고 있는 것으로 프랑스어의 데쌩(dessin 소묘), 이탈리아어의 디세뇨오(disegno 의장, 원안)와 같이 라틴어의 데시네레(designare 표시하다)라고 하는 말에서 유래하며 "계획을 부호에 의하여 표시한다."고 하는 의미로 발전하여 왔다. 일반적으로 디자인이라 함은 넓은 의미로는 모든 조형에 대한 계획을 가리키고 기계의 설계에서 회화의 밑그림까지 포함되며 또 좁은 의미로는 재래의 도안이나 의장과 거의 동의어로서 사용되어 왔다. 그러나 오늘날의 디자인이란 말은 이보다 새로운 개념으로 변화되어 현대의 디자인은 대량생산에 의한 제품의 기능이나 구조 등의 종합적인 조형계획을 의미한다.[1]

그러나 디자인보호법에서는 그 의미를 한정적으로 정의하여 사용되고 있다. 즉 디자인보호법 제2조 제1호에서 디자인이라 함은 "물품[물품의 부분(제42조를 제외한다) 및 글자체를 포함한다. 이하 같다]의 형상·모양·색채 또는 이들을 결합한 것으로서 시각을 통하여 미감을 일으키는 것을 말한다."고 규정한다. 이 규정으로부터 법상의 디자인이 성립하기 위해서는 '물품'으로서의 성립(물품성)이 전제되고, 다음에 물품의 '형상·모양·색채 또는 이들의 결합'임이 필요하며(형태성), 나아가서 '시각을 통하는 것'(시각성)과 '미감을 일으키게 하는 것'(심미성 또는 미감성)이어야 한다. 이들 요건을 모두 충족시키는 것이 이 법에서 말하는 디자인이다. 또한 2004년 법개정에서 글자체를 물품으로 의제하여 디자인보호법상의 보호대상이 될 수 있도록 하였기 때문에 글자체에 대해서도 위의 형태성, 시각성 및 심미성의 요건을 충족시키면 법상의 디자인으로 성립하게 되었다(본절 VI. 글자체디자인 참조).

II. 물품성

1. 디자인과 물품의 불가분성

물품성이란 디자인의 본질적인 성립요소의 하나이고, 통상 물품이란 부동산을 제외한 유체물을 말한다. 디자인은 물품(물품의 부분 및 글자체를 포함한다)의 형상·모양·색채 또는 이들을 결합한 것으로서 시각을 통하여 미감을 일으키게 하는 것이며, 물품과 일체불가분의 관계에 있기 때문에(디자인과 물품의 불가분성이라 한다)[2] 물품에 표현 또는 화체되지 아니한 추상적인 모티브(motif)만으로는 디자인은 성립되지 않는다. 디자인보호법은 디자인의 정의에서 '물품의'라고 하여 디자인은 물품에 표현 또는 화체되어 있는 것임을 분명히 하고 있다.[3]

---

1) 이우성, 「디자인개론」, 대광서림, 1986, 15면; 김홍명 외 4, 「디자인의 이해」, 울산대 출판부, 2003, 13면.
2) 디자인을 물품과 일체불가분의 관계에 있다고 해석한다면, 뒤집어 말하면 물품이 다르면 디자인은 별개의 것이 된다는 것을 의미한다. 예를 들면 형상을 동일하게 한 자동차와 완구, 모양을 동일하게 한 직물지와 벽지는 각각 별개의 디자인을 구성한다. 이와 같은 해석은 우리나라 디자인제도 창설 이래 일관된 해석이고, 이 법 전체를 관통하고 있다.

2. 디자인등록의 대상이 되는 물품

디자인보호법상 물품에 관한 정의규정이 없기 때문에 디자인등록의 대상이 되는 물품은 통상의 물품의 개념을 참작해서 법의 목적, 사회통념, 등록요건 등에서 합목적적으로 물품의 개념을 해석할 필요가 있다. 이러한 이유에서 디자인등록의 대상이 되는 물품(법상의 물품)이란 독립성이 있는(독립성) 구체적인 유체동산(유체성과 동산성)을 말한다고 할 수 있다.[4)]

(1) 독 립 성

디자인등록의 대상이 되는 물품은 경제적으로 한 개의 물품으로 독립거래의 대상이 되는 것이어야 한다. 따라서 양말의 뒷굽, 병 주둥이, 양복 가슴부분의 원포인트(one point) 모양 등에 관한 것은 독립한 물품의 기능을 갖지 못하고 또한 그 부분만으로는 독립거래의 대상이 되지 않으므로 디자인보호법상의 물품을 구성하지 못한다. 합성물의 구성각편 등도 그 각편은 특정한 형상을 가지고 있으나 그것만으로는 물품의 본래 기능을 수행하지 못하므로 물품의 부분에 관한 것으로 인정되어 디자인보호법상의 물품을 구성하지 않는다.

이와 같이 '물품의 부분'은 독립성의 요건을 갖추지 못하므로 법상의 물품을 구성하지 못하지만 부분디자인제도에 의하여 부분디자인으로 디자인등록을 받을 수 있다(제5장 Ⅰ. 부분디자인제도 참조). 그러나 부분디자인이 경우에도 디자인의 대상이 되는 물품은 통상의 물품과 마찬가지로 독립성이 있는 구체적인 유체동산이어야 한다.

물품의 부분과는 달리 부품(부분품)은 전체를 구성하는 일부이지만, 그것만을 떼어낼 수 있고 게다가 그것만으로 하나의 교환가치를 갖는 것은 부품이라고 하여

---

3) 이와 달리 유럽공동체 디자인법은 제품(product)의 전체 또는 일부의 외관을 보호대상으로 하고 있고, 제품 등에는 그래픽 심볼(graphic symbol) 등을 포함하고 있어 2차원의 디자인 전반이 물품과의 일체성과 분리되어 보호대상으로 되어 있다(동법§3).

4) 구 의장법 제2조 제1호에서 말하는 물품이란 독립성이 있는 구체적인 유체동산을 의미하는 것으로서 이러한 물품이 디자인등록의 대상이 되기 위해서는 통상의 상태에서 독립된 거래의 대상이 되어야 하고 그것이 부품인 경우에는 다시 호환성을 가져야 하나, 이는 반드시 실제 거래사회에서 현실적으로 거래되고 다른 물품과 호환될 것을 요하는 것은 아니고 그러한 독립된 거래의 대상 및 호환의 가능성만 있으면 디자인등록의 대상이 된다고 할 것이다(대법원 2001.4.27.선고 98후2900 판결).

디자인보호법상의 물품을 구성한다〈도3-1〉. 그러나 현실적으로 물품은 다수의 구
성부재에 의해 성립하는 것이 보통이며 그러한 구성부재의 어디까지가 독립가치
를 갖는 부품이며 어디서부터가 물품의 부분인가의 구분이 곤란한 경우가 많다.
이 점에 대하여 통설은 부품이 디자인보호법상의 물품이라고 할 수 있기 위하여는
ⅰ) 호환성이 있을 것 또는 호환성이 있는 단일물일 것, ⅱ) 통상의 상태에서 독립
되어 거래의 대상이 되는 것이 필요하다. 대법원 판례는 독립거래의 대상 및 호환
성은 그 가능성만 있으면 된다고 하고 있다〈도3-2〉. 또 완성 전의 생산과정 중의
형태에 관한 반제품이 법상 물품을 구성하는가. 반제품은 그 경제적 행위에 착안
하면 독자의 경제적 가치를 갖는 것이지만 디자인보호법상의 물품은 그 자체로 용
도가 있는, 즉 일정한 기능을 갖는 것이므로 그 자체가 그 물로서의 기능을 갖지
못하는 반제품은 물품을 구성하지 못한다고 해석한다.[5]

〈도3-1〉 디자인보호법상의 부품으로
인정되어 등록된 예 「구두 뒤축」
(등록 제0320498호)

〈도3-2〉 독립성과 호환성이 인정되어
등록된 사례(대법원 98후2900 판결)
「스위치」 (등록 제0123687호)

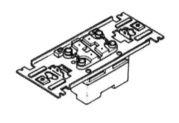

(2) 유 체 성

　법률상 물은 유체물과 무체물로 대별되고 유체물은 다시 동산과 부동산으로
나누어지는바, 디자인보호법상의 물품은 원칙적으로 유체물에 한하며 전기, 열,
빛, 기체 등 유형적으로 존재하지 않은 무체물은 디자인보호법상의 물품으로 인정
되지 않는다. 또한 밤하늘을 수놓는 불꽃, 레이저 광선을 응용한 입체상 홀로그램
등 빛의 색을 엮은 조형에 관한 것은 시각에 호소하여 여러 가지 심리효과를 일으

5) 齋藤, 「의장」, 139면.

키는 것이지만 유형적이라 할 수 없어 디자인보호법상의 물품을 구성하지 못한
다. 그러나 무체물이라 하더라도 특정한 방법에 의하여 일정한 형상·모양·색채
로 파악될 수 있는 경우에는 디자인보호법상 물품의 대상이 될 수 있다. 예를 들면
빛의 점멸 등에 의해 나타내어지는 네온사인은 무체물이지만 이것을 표현하는 매
개물인 네온관은 유형적인 것이므로 디자인보호법상 물품이 되는 것이다.

(3) 동 산 성

디자인보호법상의 물품은 유체물 중에서도 동산에 한하고 토지와 그 정착물
인 정원, 도로, 건조물, 건축물 등 부동산은 원칙적으로 디자인보호법상의 물품으
로 인정되지 않는다. 동산에 한정되고 있는 점에서 부동산이더라도 일정의 형태
를 가진 물(경기장의 형상, 입체교차로 등)이면 물품으로 취급되는 실용신안법과 다
르다. 그러나 조립가옥, 조립교량, 방갈로 등은 최종적으로 토지에 정착하여 부동
산이 되는 것이지만, 이들은 생산, 유통과정에 있어서 동산과 마찬가지로 관념되
고 있으므로 디자인보호법상의 물품으로 취급된다〈도3-3〉. 이동판매대, 이동화장
실 등과 같이 일시적으로 어떤 장소에 고정 설치하는 것도 마찬가지이다. 이러한
것들은 모두 그 물의 최종적인 사용의 태양(물 본래의 가치를 실현하는 상태)뿐만 아
니라 그 생산, 유통 과정에 있어서의 동산성에 착안하여 '물품'이라고 보는 것이
다. 즉 그 자체의 형태를 토지와의 관련 없이 독립적으로 성립시키는 독자성에 착
안하여 동산이라고 관념한다.

또한 디자인은 물품의 형상 등으로써 파악되기 때문에 정형성(일정성)을 가지
고 있어야 하는 것으로 해석된다. 정형성이란 일정기간 일정의 형상을 가지는 것
을 말한다. 따라서 동산이라 하더라도 일정한 형체를 갖추지 못하거나 통상의 방
법으로 그 형태를 파악할 수 없는 액체, 기체, 유동체, 반유동체, 분상물·입상물
의 집합 등은 디자인보호법상의 물품에 해당되지 않는다.[6] 다만, 아이스크림 등
과 같이 거래시에 일정의 형상을 가지는 것이면 그 후에 일정의 형상을 유지할 수
없는 것이라도 정형성을 가진다고 말할 수 있다.

---

6) 분상물·입상물은 유체물이기는 하지만 육안으로 인식할 수 있는 상태의 특정한 형상을 지
   니지 않고 미세한 입자상의 집합체로 취급되는 것이어서 디자인보호법상의 물품으로 인정되
   지 않는 것이다. 다만, 각사탕과 같이 사탕의 결정을 특정한 형상으로 고형화한 것은 법상의
   물품을 구성한다.

〈도3-3〉건조물의 등록 예「조립가옥」(등록 제0472784호)

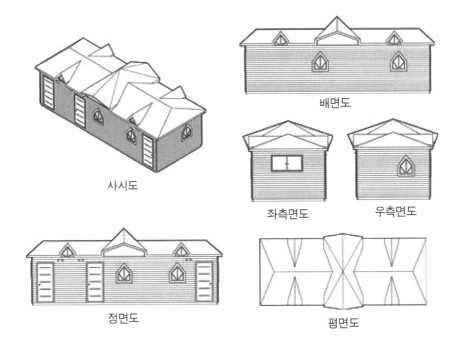

사시도

배면도

좌측면도

우측면도

정면도

평면도

(4) 자연물과 물품성

디자인보호법에 있어서 자연물에 관한 해석은 크게 두 가지로 나뉜다. 하나는 자연물은 물품이 아니라고 하여 디자인의 성립을 부정하는 설이고, 다른 하나는 일단은 디자인의 성립을 인정하되 자연물은 공업성의 요건을 결여한 것이라고 하는 설이다.[7]

전자는 디자인보호법이 두뇌적 노동의 소산을 보호하는 법이라는 점에서 당연히 거기에 전제되는 것은 지적 소산을 대상으로 하는 것으로 인지의 소산에 해당되지 않는 자연물은 이 법에서 말하는 물품에 해당하지 않으며 따라서 자연물의 형태는 디자인을 구성하지 않는다고 해석하는 것이고, 후자는 법에서 말하는 물품은 단순히 유체적인 동산을 가리키는 것에 불과하므로 거기에는 천연자연의 산물

---

7) 자연물은 물품이 아니라는 것에 薄 優美,「改訂工業所有權法解說(四法編)」, ぎょうせい, 1982(이하 "薄 優美,「공업소유권」"이라 함), 549면, 공업성의 요건을 결한 것이라고 하는 것에 高田,「의장」, 94면.

도 포함되고 그런 것들의 형태도 디자인이라고 해석하는 것이다.[8]

위 해석론 중 어느 설도 자연물은 디자인등록의 요건이 결여된 디자인으로 보는 결론에는 변함이 없지만 그 논거로 하는 바는 전혀 다르다.

디자인보호법은 지적 소산을 대상으로 하여 그 노동의 소산에 가치를 인정하고 무체의 재로서의 권리를 인정하는 데 있는 것이므로 인지에 관계없는 자연의 생성물은 법의 대상으로서 당초부터 예정되어 있지 않은 것이라고 이해하는 것이 타당할 것이다. 따라서 천연자연의 힘에 의해서만 생성되는 자연물은 이 법에서 말하는 물품에 해당되지 않으며 그 형태는 디자인을 구성하지 않는다고 보아야 할 것이다.

3. 심사실무상 물품성이 인정되지 않는 것

디자인심사기준에 의하면 물품성이 인정되지 않는 것의 예로서 이하와 같이 정하고, 다만, (4) 및 (5)의 경우에는 부분디자인으로 출원하여 디자인등록을 받을 수 있도록 한다.[9]

(1) 부동산, 다만, 부동산이라도 다량생산이 될 수 있고 운반이 가능한 경우에는 예외로 한다.

예) 방갈로, 공중전화박스, 이동판매대, 방범초소, 승차대, 이동화장실, 조립가옥 등

(2) 일정한 형체가 없는 것

예) 기체, 액체, 전기, 광, 열, 빛, 음향 및 전파 등

(3) 분상물 또는 입상물의 집합으로 된 것[10]

---

8) 齋藤, 「의장」, 140면은 자연물에 대해서도 디자인이라는 후자의 해석은 너무나도 자구에 구애된 것이며, 법의 대전제를 등한히 한 것이라고 하지 않으면 아니 된다고 비판하고 있다.

9) 디자인심사기준 4부 1장 2. 1) (1).

10) 분상물 또는 입상물의 집합으로 된 것에 대해 디자인의 성립을 부정하는 근거는 두 가지로 나뉜다. 하나는 법에서의 규정은 그 법이 목적으로 하는 바에 따라 합목적적으로 이해해야 하는 것이므로 디자인보호법에서 말하는 '물품'을 공간상의 위치관계에 있어서 어떤 일정한 성상을 나타내지 않는 분상물 · 입상물의 집합은 그 성질, 형상 등을 변화시키지 않고 이전할 수 있는 유체물이라고는 할 수 없다고 하며 그 물품의 성립을 부정하는 입장(디자인심사기준 4부 1장 2. 1) (1) ③)과 다른 하나는 물품의 해석에 있어서 말하는 동산은 부동산 이외의 물을 말하는 것이라는 데서 이것들에 대해서도 물품의 성립은 인정하나 특정한 형상의 용기에 따라 그

예) 시멘트, 설탕 등

(4) 합성물의 구성각편. 다만, 완성형태가 다양한 조립완구의 구성각편과 같이 독립거래의 대상이 되고 있는 것은 디자인등록의 대상이 된다.

(5) 독립하여 거래의 대상이 될 수 없는 물품의 부분

예) 양말의 뒷굽모양, 병 주둥이 등

(6) 물품 자체의 형태가 아닌 것

예) 손수건 또는 타월을 접어서 이루어진 꽃모양과 같이 상업적 과정으로 만들어지는 디자인으로서 그 물품 자체의 형태로 볼 수 없는 것〈도3-4〉

〈도3-4〉 상업적 과정으로 만들어지는 디자인의 예 「스카프」

Ⅲ. 형 태 성

1. 의 의

형태성이란 디자인의 성립요소의 하나이고, 형태란 형상·모양·색채 또는 이들의 결합을 말한다. 디자인보호법상의 디자인은 물품으로서의 성립(물품성)이 전제되기 때문에 여기서의 형태는 무성격의 물체의 외형을 말하는 것이 아니라 어떤 개념에 포섭되는 목적, 기능과 형태를 지닌 '물품'에 대한 형태를 의미하는 것이며 추상적 개념으로서의 형태(예를 들면 기하학상의 형태)를 말하는 것이 아니다. 바꾸어 말하면 물품에 기초하여 의미가 부여된 형태인 것이다. 그러므로 디자인보호법상의 물품으로 인정되는 것이라 하더라도 물품 그 자체의 형태가 아닌 것은 디자인을 구성한 것으로 인정하지 않는다. 이를테면 윈도, 디스플레이 등에서 볼

형상이 바뀌어지므로 물품 자체의 자율적인 특정의 형상성을 가지지 못함을 이유로 디자인의 성립을 부정하고자 하는 생각이다(森 則雄,「意匠の實務」, 발명협회, 1990(이하 "森 則雄,「의장실무」라고 함), 96면. 그러나 어떤 견해에 의해서도 분상물 또는 입상물의 집합으로 된 것은 디자인의 성립요건이 결여된 것이 되므로 양자 견해의 실제상의 이익은 희박하다(齋藤,「의장」, 147·148면).

수 있는 여러 가지 형태로 나타낸 의류의 형, 포장할 때 볼 수 있는 특별한 포장법에서 생기는 형, 꽃의 태양으로 접어진 손수건이나 타월의 형 등은 모두 물품을 판매할 때의 판매효과를 높이기 위한 형상이고, 물품 자체의 형태에 해당하지 않으므로 이들은 디자인보호법상의 물품에 관한 것이기는 하지만, 디자인보호법상의 디자인을 구성하지 않는 것이다.[11]

2. 형태 구성요소

(1) 형 상

형상이란 유형적 존재인 물품이 공간을 점유하는 윤곽을 말한다. 물품의 형상은 3차원의 공간적 넓이를 가지는 입체적 형상과 2차원의 평면적 넓이만을 가지는 평면적 형상으로 나누어 관념한다. 아무리 평면적으로 보이는 손수건, 비닐지, 직물지, 벽지 등도 두께가 있고 이념적으로는 3차원의 공간적 넓이를 가지는 입체임은 분명하나 이들은 권리의 내용면에서 볼 때 그 두께는 실질적인 의미가 없으므로 법률상 평면적 형상으로 관념한다. 이 구별은 출원절차, 도면의 표현에서 나타나게 된다.[12]

(2) 모 양

모양이란 물품을 장식하기 위하여 물품의 외관에 나타내는 선도, 색구분, 색흐림(선염이라고도 한다)을 말한다. '선도'란 선으로 그린 도형의 의미이고 '색구분'이란 공간이 선이 아닌 색채로써 구획되어 있는 것을 의미하며 '색흐림'이란 색의

---

11) 이 점에서 디자인심사기준 4부 1장 2. 1)(1)⑥에서 '물품 자체의 형태가 아닌 것'에 대해서 물품성의 요건이 결여된 것으로 취급하는 것은 타당하지 않다고 생각된다. 물품 자체의 형태가 아닌 것은 물품성의 요건이 결여된 것이 아니라 물품 자체의 형태(물품 자체가 가지고 있는 특징 또는 성질에서 생기는 형태)가 아니기 때문에 디자인을 구성하지 않는다고 보아야 할 것이다(齋藤, 「의장」, 143면).

12) 3차원의 공간적 넓이를 가지는 입체적 형상에 대해서는 등록받으려는 디자인의 창작내용과 전체적인 형태를 명확하고 충분하게 표현할 수 있는 한 개 이상의 도면(전체적인 형태, 정면, 배면, 좌·우측면을 표현하는 도면 등)이 요구되는데 비해 2차원의 평면적 넓이만을 가지는 소위 평면적 형상에 대해서는 표면 및 이면을 표현하는 도면이 필요하다. 포장용 포대와 같이 중합부가 있어 사용시에 입체적인 것, 식모지와 같이 두께가 있는 것 등은 입체적인 것으로 취급한다.

경계를 흐리게 하여 색이 자연스럽게 옮아가는 것같이 보이게 한 것을 의미한다. 디자인은 물품의 미적 외관이기 때문에 모양은 물품의 형상의 표면에 나타낸 것이란 전제가 필요하다. 따라서 시계의 내부구조와 같이 물품의 내부구조는 원칙적으로 모양을 구성하지 않는다. 그러나 시계의 문자판과 같이 외부에서 인식 가능한 투명체의 내부는 모양을 구성한다.

형상은 형태구성의 본질적인 요소이므로 이것 없이는 형태 그 자체가 존재할 수 없는 것인 데 비해 모양은 형태구성요소로서는 2차적·부가적인 존재에 불과하다. 따라서 그 자체만으로는 디자인을 구성하지 못한다. 모양은 직물지, 커텐지, 벽지 등과 같이 평면적이고 넓은 표면적을 지니는 물품, 화려한 것이 요구되는 물품 분야에서는 불가결한 것인 반면, 산업용 기계기구 등 입체적이고 좁은 표면적을 지니는 기능본위의 용도를 가진 물품분야에서는 드물게 나타난다고 할 수 있다.

(3) 색 채

디자인보호법상 색채에 관한 정의는 없지만, 일반적으로 반사되는 빛에 의하여 인간의 망막을 자극하는 물체의 성질의 하나를 말한다고 되어 있다.[13] 색채는 무채색과 유채색으로 대별된다. 무채색은 백색·회색·흑색 계통에 속하는 색으로 소위 색미를 지니지 않는 색이다. 유채색이란 무채색 이외의 모든 색으로서 색상·명도·채도의 세 가지의 성질로서 성립되고 이것을 색의 3속성이라 한다. '색상'이란 하나의 색을 다른 색과 구별하여 유채색을 종류별로 나누는 기본이며 무채색에는 색상이 없다. '명도'란 색의 밝기의 정도를 말하며 무채색은 명도만 지닌다. '채도'란 색의 선명도, 즉 색의 선명도와 탁도의 비율을 말하며 무채색은 채도도 없다. 색채학상의 색채는 이상 설명한 바와 같으나 디자인보호법에서는 색채학상의 색채는 아니지만 금속색과 투명에 대해 색채에 준하는 것으로 하여 색채에 포함시켜 취급한다.[14] 이들도 미감을 일으키게 하는 요인이 되고 견본 등으로 특정될 수 있기 때문이다. 그러나 도면 등에 객관적으로 특정될 수 없는 질감이나 광택은 색채에 포함되지 않는다. 색채 또한 모양과 마찬가지로 단독으로는 디자인

---

13) 高田,「의장」, 46면; 디자인심사기준 4부 1장 2. 1) (2) ③.
14) 금속색과 투명에 대해 색채에 준하여 취급하는 것은 디자인보호법은 도면 외에 사진 또는 견본에 의해 형태를 표현하는 것이 허용되기 때문이다. 금속색이란 금색, 은색, 크롬색 등을 말하고, 투명에는 무색투명, 유색투명, 반투명 등이 있다.

을 구성하지 못한다. 색채는 장식을 목적으로 형상에 부가되는 종속적인 요소이기 때문이다.

(4) 이들의 결합

이들의 결합이란 형상·모양·색채의 자유로운 조합을 말하며 디자인보호법상의 물품은 반드시 형상을 수반하므로 형상 등의 조합태양에 의한 디자인은 ⅰ) 형상의 디자인, ⅱ) 형상·모양의 결합디자인, ⅲ) 형상·모양 및 색채의 결합디자인, ⅳ) 형상·색채의 결합디자인으로 관념된다.

1) 형상의 디자인

현실로 존재하는 물품에 있어서는 형상만으로 된 것은 있을 수 없다. 왜냐하면 질량을 가진 물체로서 현실적인 인식의 대상으로서는 형상과 함께 항상 색채를 동반하여 존재하기 때문이다. 그러나 디자인보호법은 물품의 형태 위에 어떤 가치의 지배를 직접적인 목적으로 하여 그 객체에 대하여 형상에 의해서만 성립하는 디자인에 대해서도 인정해 오고 있다. 그것은 관념적으로는 물품에서 형상만을 추상하는 것이 가능하며 또한 디자인에 따라서는 창작과정에서 먼저 형상을 정하고 그것에 모양이나 색채가 부가되는 경우가 있기 때문이다.

그러나 형상만의 디자인이 등록된 경우 그 해석이 문제가 된다. 이에 대해서는 크게 ⅰ) 무색설과 ⅱ) 무모양설의 입장이 대립한다.

무색설은 형상만을 추상적으로 상정한 것이어서 도면의 여백부분은 아무것도 정하고 있지 않다고 해석하는 입장이고, 무모양설은 도면의 여백부분은 도면용지의 색도, 공백도 아니고 무모양, 즉 1색(구체적으로 한정하지 않은 1색)이라고 해석하는 입장이다.[15] 이와 같은 해석의 차이는 이용관계의 성립 유무에 있다. 가령 형상만의 디자인 A가 등록되어 있고, 그 후 형상을 동일하게 하는 형상·모양·색채의 디자인 B가 등록된 경우 무색설로 해석하면, 디자인 A는 형상만이 추상적으로 권리가 되어 있고 디자인 B는 디자인 A의 형상과 동일하기 때문에 디자인 A와

---

15) 무색설의 입장에 일본 千葉地裁 1980.1.28.선고 1977년(요)제253호 판결이 있고, 무모양설의 입장에 高田, 「의장」, 51면이 있다. 또 출원서에 색채 및 투명·불투명에 관한 기재가 없는 등록디자인의 보호범위 해석에 관하여 '출원서에 어떠한 색채에 관한 기재가 없는 이상, 당해 디자인은 색채의 요소를 결한 것, 환언하면 착색의 한정이 없는 것으로 해석해야 할 것이다' [일본 前橋地裁 1964.12.22.선고 1964년(요)제61호 판결].

디자인 B는 비유사하다 하더라도 디자인 B는 디자인 A의 형상의 권리를 이용하는 것이 되어 양자 사이에는 항상 이용관계를 발생케 한다.[16) 반면 무모양설로 해석하면 디자인 A는 무모양 1색의 형상의 디자인이고 디자인 B는 모양 및 색채가 있는 형상디자인인 것이다. 그런데 디자인의 유사 여부 판단은 형상·모양·색채는 모양이나 색채대로 별개로 구분하여 판단하는 것이 아니고 형상·모양·색채를 불가분의 일체로서 전체관찰을 하고, 그 결과 디자인 A와 디자인 B는 이미 비유사한 디자인으로 판단된 경우이기 때문에 비록 형상이 동일하다 하더라도 양자 사이에는 이용 관계가 성립하지 않는 것이다.[17)

생각건대, 형상만의 디자인이 법상 인정되고 있고, 또한 등록디자인의 보호범위는 출원서의 기재사항 및 그 출원서에 첨부된 도면 등과 도면에 적힌 디자인의 설명에 따라 표현된 디자인에 의하여 정하여진다고 하는 디자인보호법 제93조 규정의 취지를 고려하여 보면, 도면에는 문자 그대로 물품의 형상만이 그 윤곽을 나타내는 선에 의해 그려져 있는 것으로서 여백부분에는 모양도 색채도 존재하지 않는다고 해석하는 것이 객관적, 합리적이다. 따라서 형상만의 디자인이란 형상만이 디자인의 구성요소이고, 모양이나 색채의 한정이 없는 디자인이라고 해석된다.

2) 형상·모양의 결합디자인

형상의 디자인과 마찬가지로 현실로 존재하는 물품은 반드시 색이 존재하지만 무착색디자인을 인정하고 있다.[18) 이 경우 형상 및 모양의 결합디자인으로 파악된다.

3) 형상·모양 및 색채의 결합디자인

모든 물품은 반드시 재질에 의해 만들어지고, 재질은 자연재질과 인공재질이 있으나 대개의 경우에는 그 자체에 모양과 색채가 있으므로 디자인은 보통의 경우 형상·모양·색채의 결합이라는 상태로 파악된다. 이 경우 법에서 규정된 형태구

---

16) 齋藤,「의장」, 380면.

17) 高田,「의장」, 509면.

18) 무착색디자인에 대하여: 출원할 디자인의 표현을 농묵, 흑색에 의한 도면 또는 사진(흑색의 명도차에 의한 표현)으로 하고 한편 백색, 회색, 흑색에 대해서도 색채로서 생각하고 있으므로 그 디자인이 형상·모양의 결합디자인인가, 색채까지 포함한 디자인인가에 대하여 의문이 생긴다. 이에 대해 실무상은 그 출원절차에 따라 판단하는 것으로 하고 있다. 즉 색채에 관한 디자인을 나타내는 선을 농묵으로 도시하도록 정하였기 때문에 이에 의한 것 이외에 대해서는 색채와 관계없다고 해석하고 있다(齋藤,「의장」, 160면).

성요소의 모든 것을 포함한 디자인이다.

4) 형상·색채의 결합디자인

디자인은 보통의 경우 형상·모양·색채의 결합이라는 상태로 파악되나 만약 모양이 없는 경우에는 형상 및 색채의 결합으로 된다.[19]

3. 형태성에서 문제가 되는 대상

(1) 문자 등

문자는 그 서체(typeface)와 함께 현실이 디자인에 있어서는 커다란 구성요소가 된다. 그러나 문자 등에 대한 종래의 실무상의 해석은 모양을 구성하지 않는다고 하였다. 즉 연속모양의 모티브(motif)로 쓰여진 문자, 장식되어 있는 문자 이외의 문자에 대해서는 이것을 모양으로 보지 않았던 것이다. 그것은 ⅰ) 의미전달기호인 문자는 공공성이 있는 것이므로 특정인에게 독점권을 줄 수 없으며, ⅱ) 문자는 이미 공지공용된 것이므로 독창성이 결여되어 있으며, ⅲ) 문자를 포함한 디자인을 등록하면 문자가 가지는 의미관념에도 독점권을 부여한 결과를 가져올 염려가 있다는 이유 때문에 문자에 대하여는 디자인을 구성하는 요소로 보지 않았던 것이다.[20]

그러나 모양을 구성하는 도형과 문자와의 불가결한 관계, 형상이나 도형에도 의미전달기능을 갖는 것이므로 문자만을 디자인의 구성요소에서 제외하는 것은 실정에 맞지 않는다.

그래서 실무상은 2003년 디자인심사기준을 개정하여 물품에 표시된 문자, 표지는 오로지 정보전달을 위해 사용되고 있는 경우를 제외하고 디자인을 구성하는 요소로 취급한다.[21] 따라서 물품에 표현된 문자, 표지가 물품의 장식을 위해 사용

---

19) 실제로 존재하는 물품은 모두 색채가 있으나 권리청구에 있어 색채를 포함하여 청구하는 경우는 드물다. 색채를 포함하여 권리청구함은 권리내용을 한정하는 것으로 작용하여 디자인에서 색채를 한정하는 이익이 없다고 보기 때문이다. 그러나 색채가 디자인의 중심을 차지하는 경우에는 특정한 색채 그 자체에 의의가 있으므로 색채를 한정하는 이익이 있고 따라서 색채로 권리청구하는 출원이 된다(주로 평면디자인인 벽지, 직물지 등에서 많이 나타난다). 이러한 연유로 디자인의 유사 여부 판단에서 색채는 극히 한정적인 효과를 미치는 요소에 그치고 있다.

20) 齋藤, 「의장」, 150면.

21) 디자인심사기준 4부 2장 2. 9) (1).

되고 있거나 정보전달 및 물품의 장식을 위해 사용되는 경우에는 모양으로 인정되고 디자인의 구성요소가 된다. 이러한 문자, 표지에 대하여는 물품의 장식기능을 평가할 필요가 있기 때문이다.22) 여기에서 문자, 표지가 오로지 정보전달을 위해 사용되고 있는 경우란 예를 들면 ⅰ) 신문, 서적의 문장부분, ⅱ) 성분표시, 사용설명, 인증표지 등을 보통의 형태로 나타낸 문자를 말한다. 이러한 문자, 표지 등은 물품을 장식하는 것이 아니고 또한 물품에 관한 디자인이라고 할 수 없으므로 모양으로 인정되지 않고 디자인을 구성하지 않는 것으로 취급하는 것이다. 다만, 이러한 문자, 표지 등이 도형 중에 표시되어 있어도 삭제하는 것은 오히려 부적당하므로 삭제할 것까지는 없는 것으로 한다〈도3-5〉.

〈도3-5〉 문자가 포함된 디자인의 등록 예「식품포장용 포대」
(등록 제0517832호)

도면대용 사시사진   도면대용 정면사진   도면대용 배면사진

현재의 디자인 중에는 문자가 그대로 표시된 형태의 등록디자인이 디자인공보에서는 많이 발견되고 있다. 디자인 중의 문자가 모양의 범위에 있는지 아닌지의 판단은 최종적으로 법원에 맡겨지고 있다.

---

22) 디자인을 취급하는 문자가 타인의 주지, 저명상표 등과 저촉되는 경우에는 디자인보호법 제34조 제3호의 '타인의 업무와 관련된 물품과 혼동을 가져올 우려가 있는 디자인'에 해당되는 것으로 거절하고, 만약 이에 위반하여 등록된 경우에는 무효사유가 된다(§62, §121).

(2) 화상디자인[23]

최근 정보통신기술의 급속한 발전에 따라 정보통신기기 등의 분야를 중심으로 다양한 기능을 갖는 제품이 시장에 다수 등장하게 되었고, 특히 사용자와 정보통신기기와의 중요한 인터페이스 부분인 액정화면 등의 표시부에 과거와 같이 단순한 도형 등을 표시하는 것에 그치지 않고 여러 가지 독창적이고 특징 있는 도형 등이 표시되는 디자인이 다수 등장하고 있다.

이러한 창작에 대해서도 그 창작에 많은 비용과 시간이 소요되고 있으며 디자이너에 의해 창작이 이루어지고 있다는 관점에서 그 보호의 필요성이 인정되고 있으나 디자인보호법은 디자인의 성립에 물품성을 요구하고 있으므로 이들 자체만에 대하여는 디자인으로 보호대상이 되지 않는다.

그러나 2001년 법개정에서 부분디자인제도를 도입하여 부분디자인을 보호하고 있고 종래부터 디자인보호법은 물품의 정형성(일정성)을 결한 것의 예외로서 동적 디자인을 인정하고 있으므로 부분디자인의 경우에는 독창적이고 특징 있는 물품의 액정화면 등 표시부에 표시되는 도형 등(화상디자인)에 대해서도 디자인을 구성하는 모양으로 취급한다. 따라서 화상디자인이 물품에 일시적으로 구현되는 경우에도 그 물품은 화상디자인을 표시한 상태에서 공업상 이용

〈도안 3-6〉 화상디자인의 등록 예
「화상디자인이 표시된 이동통신기기」
(등록 제0538666호)

■ 디자인의 설명: 실선으로 표현된 부분이 부분디자인으로서 디자인등록을 받고자 하는 부분임

---

23) 화상디자인이란 용어는 근래 사용되기 시작한 용어로서 아직 그 개념이 명확치 않은 듯하나 물리적 표시 화면상의 일시적인 발광현상에 의해 시각을 통해서 인식되는 이차원적으로 형성되는 형상 및 색채를 구성하는 화상으로 정의되는 창작물(한국과학기술원 디지털미디어연구회, "화상디자인의 보호범위 및 유사성 판단기준 등에 관한 연구," 특허청, 2003, 1면)을 말한다고 정의되고 있다. 그러나 디자인심사실무상은 화상디자인에 관해 '물품의 액정화면 등 표시부에 표시되는 도형 등'을 의미하는 것으로 하고 있다. 화상디자인은 선, 도형, 색, 아이콘, 픽토그램, 캐릭터, 문자를 기본요소로 하고 있으며 이들 요소간의 조합이 활용되기도 한다.

할 수 있는 디자인으로 취급하고 있다[24]〈도3-6〉.

또한 특허청은 화상디자인의 보호범위를 확대하기 위하여 도형 등 화상이 일시적으로 표시되는 액정표시판 등 부품인 경우에는 "화상디자인이 표시된 액정표시판", "화상디자인이 표시된 전자기기표시판", "화상디자인이 표시된 디스플레이패널" 등과 같은 명칭을 사용하여 출원할 수 있도록 하였다.[25] 화상디자인은 하나의 디자인을 동일한 운영체제를 사용한 여러 기기에 작용하는 특징이 있으므로 하나의 출원절차에 의해 화상디자인이 적정한 보호를 도모하기 위한 것이다.[26]

IV. 시 각 성

1. 의 의

시각성이란 디자인의 성립요소의 하나이고, 시각 이외의 오감을 제외하고 육안으로 식별할 수 있고 외부에서 파악할 수 있는 것을 말한다. 디자인은 물품의 외관에 관한 것이며 이 경우 외관의 인식은 시각에 의한다. 그러나 시각에 의한다 하더라도 육안에 의한 것과 현미경 등의 광학기기의 이용에 의하는 것과는 인식에 커다란 차이가 있다. 디자인보호법에서 시각이라 하는 경우 이것은 물품의 외관을 통상적으로 인식하는 상태를 생각하고 있는 것이므로 광학기기 등을 이용하지 않으면 인식할 수 없는 것은 시각성을 가진다고 할 수 없다.

2. 시각성을 가지지 않는 것

(1) 시각 이외의 감각에 의해 파악되는 것

'시각 이외'란 청각, 미각, 후각, 촉각(소리, 맛, 냄새, 촉감 등)의 감각을 제외한

---

24) 디자인심사기준 4부 2장 1. 1) (4) ②.
25) 디자인심사기준 2부 2장 3. 1) (4).
26) 그러나 "화상디자인이 표시된 액정표시판"등과 같은 물품의 명칭이 통상의 상태에서 독립된 거래의 대상이 되어야 하고 그것이 부품인 경우에는 다시 호환성을 가져야 한다(대법원 2001.4.27.선고 98후2900 판결)는 요건을 충족시키는 물품에 해당한다고 볼 수 있을지는 의문이다.

것을 말한다. 물품의 디자인은 시각으로 인식되기 때문이다.

(2) 육안으로 식별할 수 없는 것

디자인은 시각을 통하여 미감을 일으키게 하는 것을 말하므로 육안으로 식별할 수 없는 것은 디자인의 성립이 부정된다. 분상물, 입상물의 1단위와 같이 물질의 덩어리이지만 지나치게 작아 육안으로 그 형태를 판별하기 어려운 것 또는 극소부품의 형태 등은 시각에 비추어지는 것이 아니므로 원칙적으로 디자인을 구성하지 않는다.

(3) 외부에서 볼 수 없는 곳

디자인은 물품의 외관을 보호하는 것이므로 외부에서 보이는 곳만이 디자인의 대상이 된다. 따라서 분해하거나 파괴하지 않으면 볼 수 없는 기계의 내부구조 등은 디자인의 대상이 되지 않는다. 다만, 사용상 뚜껑이나 문을 여는 것과 같은 구조로 된 것은 그 뚜껑이나 문을 열면 보이는 부분, 예를 들면 오르간의 건반, 냉장고 등은 그 내부도 보이는 곳이기 때문에 디자인등록의 대상이 된다. 이 경우 내부의 형태에 대해서도 디자인으로 보호받기 위해서는 디자인등록출원 시에 그 뚜껑이나 문을 연 상태의 도면을 도시할 필요가 있다.

3. 시각성에 관한 문제

종래 디자인의 시각성은 육안으로 그 형태를 식별할 수 있는 것에 한하여 인정되고, 육안으로 식별할 수 없는 크기의 형상 등에 대하여는 시각성이 인정되지 않는 것으로 해석되어 왔다. 그러나 최근 고정밀의 성형기술, 가공기술의 발달에 따라 통상의 육안으로 그 형태를 판별하기 어려운 미소한 물품의 형태가 제작, 판매되고 있어 이러한 미소한 물품의 형태에 대해 시각성의 인정여부 문제가 제기되고 있다. 실무상 우리나라에서 이 문제를 정면으로 다룬 판례를 찾아보기 어려우나 일본의 경우 특허청 심판소의 심결이 '커넥터 접속단자' 디자인의 시각성에 대한 인정판단을 잘못한 것이기 때문에 위법하여 취소되어야 한다는 원고의 주장에 대해 지적재산고등재판소 2006.3.31.선고 2005년(행게)제10679호 판결에서는 "디자인에 관한 물품의 거래에서 당해 물품의 형상 등을 육안에 의해 관찰하는 것이 통상인 경우에는 육안에 의해 인식할 수 없는 물품의 형상 등은 시각을 통하여 미감을 일으키게 하는 것에 해당되지 않고 디자인등록을 받을 수 없다고 해야 하지만, 반대로 디자인에 관한 물품의 거래에서 현물 또는 샘플을 확대경 등에 의해 관찰하는 확대사진이나 확대도를 카탈로그, 시방서 등에 게재하는 등의 방법에 따라 당해 물품의 형상을 확대해 관찰하는 것이 통상인 경우에는 당해 물품의 형상 등은 육안에 의해 인식할 수 없다고 하여도 시각을 통하여 미감을 일으키게 하는 것에 해당되는 것으로 해석함이 상당하다."고 판시하였다. 이 판결은 디자인보호법의 목적과 특히 미소한 물품에 대한 성형기술, 가공기술이 발달하여 정교한 물품이 제작되어 거래되고 있는 현대사회의 실정에 비추어 매우 설득력이 있어 보인다.

최근 특허청 심사실무에서는 이와 같은 실정을 반영하여 디자인에 관한 물품의 거래에서 확대경 등에 의해 물품의 형상 등을 확대하여 관찰하는 것이 통상적인 경우에는 시각성이 있는 것으로 보도록 하고 있다(예, 발광다이오드).[27]

V. 심미성(미감성)

1. 의 의

심미성(또는 미감성)이란 디자인의 성립요소의 하나이고, 미감을 일으키게 하는 것을 말한다. 미감은 아름다움에 대한 느낌을 말하므로 '미감을 일으키게 하는 것'이란 아름다움에 대한 느낌을 불러일으키도록 처리되어 있는 것을 말한다.[28] 미감은 사람마다 그 디자인에 대한 미적 감흥이 다르므로 디자인보호법상 요구되는 미감은 미학상에서 말하는 순수미를 의미하는 것이 아니라 시대, 민족, 지역을 초월하여 개인을 떠나 공통점을 넘지 않는 범위 내에서의 미감을 일으킬 수 있으면 족하며 물품의 외관의 장식미에 한하지 않고 기능으로부터 우러나오는 기능미도 포함된다고 해석한다.[29] 수요를 증대시킨다고 하는 점에서는 공통되기 때문이다.

---

27) 디자인심사기준 4부 1장 2. 1)(3)④.
28) 디자인의 성립에 이와 같은 감각적인 요건의 존재는 이 법의 해석을 난해하게 하는 하나의 요인이 되고 있다. 외국의 입법례에서 디자인의 성립에 미감을 요건으로 하는 나라는 일본, 중국이 있다.
29) 이러한 의미에서 디자인보호법상의 디자인은 만인이 아름답다고 느끼는 것만이 디자인이라

디자인보호법에서 디자인 성립요건으로서의 심미성의 요구는 디자인제도가 물품의 상품가치를 높여 당해 물품에 대한 수요의 증대를 통해 산업발전에 이바지함에 있으므로 이러한 디자인제도의 목적을 달성하기 위한 것이다.

2. 미감에 관한 학설

디자인보호법상 미감문제는 여러 가지 견해로 논의되어 왔다. 즉 주의환기성설, 취미성설, 심미성설, 미적 처리설 등으로 불리는 것이 그것이다.[30]

(1) 주의환기성설(또는 자극설)

디자인이 신규인 것에 의해 주의를 환기시키는 것이 미감을 일으키게 하는 것이고 또는 디자인에 있어서의 미감은 사람의 주의를 끄는(자극하는) 것으로 충분하다는 설이다. 자극설이라고도 한다.[31] 이것은 미의 관념은 주관적인 것이며 누구에게나 공통하는 일반적인 개념의 확정은 불가능하거나 곤란하다는 것에 기초하는 설이다.

(2) 취미성설(또는 취미감설)

디자인이 시각을 통하여 형태를 지각할 때 거기서 어떠한 특수한 감정, 즉 취미감을 생기게 할 필요가 있다고 하는 것이다.[32] 이 설은 주의환기성설에 비하여 보다 적극적으로 미감을 공유할 필요성을 인정하고 있다. 여기에서의 취미는 미

든가 또는 장식적인 것만이 디자인이라고 하는 의미가 아니다.

30) 齋藤,「의장」, 162~166면.

31) 齋藤은 이 입장에 대해 적극·소극의 2가지로 나누어 설명한다. 즉 전자는 미의 인식은 미적 가치판단의 영역이므로 공권력을 개입시킬 수 없다는 생각이고, 후자는 미의 관념·경험은 전혀 개별적인 것이므로 경험에 의해 미의 경험을 확정시킬 수 없다는 생각이다. 따라서 이 설은 미감 판단에 있어 다른 설에 비해 가장 객관적이라 할 수 있으나 반면 가장 소극적인 입장이다.

32) 蕚 優美는 "취미감설은 여러 가지로 잘못 이해되고 있는데, 사람은 시각을 통해 대상에 존재하는 조화, 통일 또는 리듬 등을 지각할 때에는 특수한 감정을 일으키게 하는 것이고, 이러한 대상에 존재하는 요소에 의해 생기는 특수한 감정을 취미감이라고 하며 이러한 취미감을 생기게 하는 대상이 디자인법에서 이른바 미감을 일으키게 하는 것이다."라고 설명하고 있다(蕚 優美,「공업소유권」, 553면).

를 지각하는 능력이나 대상을 미로서 파악하는 내부감각 등을 말한다. 판례는 이 설의 입장인 것이 많다.[33]

(3) 심미성설

디자인이 성립하기 위하여는 그것에 심미적 가치가 있어야 한다는 것이다. 이 설은 디자인의 미감에 대한 여러 설 중에서 가장 기간이 되는 설로서 위 두 설에 비해서는 좀 더 고도의 미감을 요구하고 있다. 이 설에서는 미적인 어떠한 요소를 적극적으로 디자인의 필요요건으로 하고 있지만, 디자인은 공업적 수단을 통해서 양산되는 것이므로 미술공예품과 같은 고도의 미감을 필요로 하는 것은 아니다. 공업상 이용하는 디자인에 대하여 미학상의 관념 등을 적용하는 것은 디자인 본래의 취지에 반하는 것이 된다. 여기서 심미란 일반적 어의는 미와 추를 식별함을 말하지만 이 법의 해석에 있어서는 미를 느끼는 것 또는 미적 가치를 가지고 있다는 뜻으로 쓰이는 것이 일반적이다.

(4) 미적 처리설

이 설은 디자인이 성립하기 위해서는 미를 느낄 수 있도록 형태적 처리가 되어 있어야 할 필요가 있다는 것이다.[34] 즉 번잡한 느낌을 줄 정도가 아니라 형태상에 일정한 통합, 어떤 질서에 기초한 통합이 있으면 그것이 디자인의 미감이라고 하는 생각이다.[35] 이 설은 특허청 심사실무상의 해석이다.[36]

---

33) 대법원 1982.6.8.선고 81후7 판결(「디자인의 본체는 보는 사람의 마음에 어떤 취미감을 환기시키는 것에 있다」라고 판시, 같은 취지 대법원 1984.9.11.선고 83후56 판결, 1993.2.9.선고 92후1110 판결, 1996.6.28.선고 95후1449 판결 등).

34) 하지만, 미감을 설명하는 데 '미적 처리'라고 한 것은 순환론이 되어 바람직하지 않지만, 이 설도 결국 '미적 처리'로써 대상이 조화적·통일적 또는 리듬적으로 처리되었는가 아닌가에 의한 것이므로 취미성설과 실질적으로는 차이가 없다(粤 優美, 「공업소유권」, 553면).

35) 요건의 구체적 적용의 면에서 보면, 이 설도 기본적으로는 심미성설과 다르지 않다. 즉 심미성설이 물품의 형태로 결실된 가치면에서 설명하고 미감의 성립성을 파악하는 것에 대해서 이 설은 그것을 실현하는 행위와 그 결과로서의 현상면에서 설명하는 것이다(齋藤, 「의장개설」, 74면).

36) 디자인심사기준 4부 1장 2. 1)(4) : '미감을 일으키게 하는 것'이라 함은 미적 처리가 되어 있는 것, 즉 해당 물품으로부터 미를 느낄 수 있도록 처리되어 있는 것을 말한다.

3. 심사실무상 미감을 일으키게 하지 않는 것으로 보는 예

(1) 기능·작용효과를 주목적으로 한 것으로서 미감을 거의 일으키게 하지 않는 것

디자인은 기능이나 작용효과를 무시할 수 있는 것은 아니지만, 디자인은 이점에 충분한 주의가 기울여짐과 아울러 보는 사람에게 미감을 느끼게 하는 어떠한 미적 처리가 되어 있어야만 한다. 우수한 디자인은 기능이나 구조 또는 형태의 아름다움이 훌륭히 조화되고 융화되어 있는 것이 일반적이다. 미적인 처리가 되었다고 판단되는 어떠한 것도 발견되지 않는 경우 요컨대 물품의 형상·모양·색채 또는 이들의 결합인 것이라 하더라도 시각효과라는 관점이 아니고 단지 기능, 작용효과만을 주목적으로 한 경우에는 디자인의 창작을 의도한 것도 아니고 미감을 거의 일으키게 하지 않는 것이기 때문에 디자인을 구성하지 못한다.

(2) 디자인으로서 짜임새가 없고 조잡감만 주는 것으로서 미감을 거의 일으키게 하지 않는 것

디자인으로서 짜임새가 없고 조잡감만 주는 것은 기능이나 작용효과만을 주목적으로 한 것과 마찬가지로 보는 사람에게 적극적인 인상을 줄 수 없어 거의 미감을 일으키게 하지 않기 때문에 디자인을 구성하지 않는 것으로 취급한다.

VI. 글자체디자인

1. 의 의

디자인보호법상 글자체(typeface)라 함은 기록이나 표시 또는 인쇄 등에 사용하기 위하여 공통적인 특징을 가진 형태로 만들어진 한 벌의 글자꼴(숫자, 문장부호 및 기호 등의 형태를 포함한다)을 말한다(§2 ii).[37]

---

37) 1973년의 글자체의 보호 및 국제기탁에 관한 빈협정 제2조(i)에서는 글자체에 대해 다음과 같이 정의하고 있다.
    a) 악센트 부호 및 구두점과 같은 부속물을 수반한 문자 및 알파벳 자체
    b) 숫자 및 정식기호, 부호 및 과학기호와 같은 도형적 기호

종전에 디자인은 "물품(물품의 부분을 포함한다)의 형상…" 이라고 정의하고 있었기 때문에 글자체는 물품의 형태에 해당되지 않아 디자인보호법의 보호대상이 되지 못하였다.

그러나 2004년 법개정에서 디자인의 정의규정을 개정하여 디자인이라 함은 "물품[물품의 부분(제42조를 제외한다) 및 글자체를 포함한다. 이하 같다]의 형상…"이라고 하여(§2ⅰ) 물품의 개념 속에 글자체를 포함하도록 함으로써 글자체에 대해서도 법상의 디자인으로 성립되고 따라서 디자인보호법의 보호대상이 되었다〈도 3-7〉.

〈도3-7〉 한글글자체 디자인의 등록 예 「한글글자체」

(디자인등록 제0538555유사1호)

보기문장 도면　　　　　대표글자 도면

새로 스물여덟
자를 만드니
사람마다 쉽게
익혀 늘 씀에
편케하고자
함이라

새로 스물여덟 자를 만드니 사람마다 쉽게 익혀
늘 씀에 편케하고자 함이라

가 낡 더
떴 끼 릭
맺 료 콤
으 숲 황

2. 글자체디자인의 성립요건

글자체의 정의규정(§2ⅱ)에 따라 글자체가 법상의 디자인으로 성립되기 위해서는 이하의 요건을 만족시키는 것이어야 한다.

---

c) 테두리장식, 꽃무늬장식 및 당초 문양과 같은 장식, 이것들은 방법의 여하를 묻지 않고 인쇄기술에 의해 문장을 구성하기 위한 수단의 제공을 의도하는 것이다. 다만, 그 형상이 순수한 기술적 필요에 기인하는 형태의 글자체는 글자체란 용어에 해당되지 않는다.

(1) 글자체를 구성하는 것일 것

1) 기록이나 표시 또는 인쇄 등에 사용하기 위한 것일 것

글자체디자인의 보호취지에서 글자체는 기록이나 표시 또는 인쇄 등에 사용하기 위한 목적으로 개발된 것이어야 한다. 따라서 글자체가 독특한 형태로 디자인되었다 하더라도 정보전달이라고 하는 실용적 기능을 수행하는 것이 아니라 미적 감상의 대상으로 할 의도로써 작성된 서예(calligraphy)나 회사 또는 상품의 이름 등을 표상하는 조립문자인 로고타입(logotype) 등은 여기서 말하는 글자체를 구성하지 않는다. 글자꼴을 기록, 표시 또는 인쇄 등의 구체적인 표현에 이용할 수 있도록 같은 크기의 글자의 형상, 표현의 집합으로서 기억모체에 기록한 정보를 폰트(font)라고 한다.[38]

2) 공통적인 특징을 가진 형태로 만들어진 것일 것

공통적인 특징을 가진 형태란 글자꼴이 지니는 형태, 규모, 색채, 질감 등이 서로 비슷하여 시각적으로 서로 닮아 있거나 같은 그룹으로 보이는 형태를 말한다. 현재 한글 글자꼴의 분류방법에는 글자꼴이 지니는 형태적 유사성을 통한 분류방법과 글자꼴이 사용되는 용도에 따른 분류방법, 창작의도(concept)에 의한 분류방법 등이 있다.[39]

또 글자꼴의 형태적 유사성을 강조한 분류에는 여러 가지가 있으나 그중 한국글꼴개발원의 분류 예를 들면 ⅰ) 바탕체류, ⅱ) 돋움체류, ⅲ) 그래픽류, ⅳ) 굴림체류, ⅴ) 필사체류, ⅵ) 상징체류, ⅶ) 고전체류, ⅷ) 탈네모꼴체류, ⅸ) 기타체류 등 9가지를 제시하고 있다.

3) 한 벌의 글자꼴(숫자, 문장부호 및 기호 등의 형태를 포함)일 것

한 벌의 글자꼴이란 개개의 글자꼴이 모인 그 전체로서의 조합을 의미한다. 따라서 디자인보호법상의 글자체란 글자 하나하나를 가리키는 것이 아니라 글자들 간에 공통적인 특징을 가진 형태로 만들어진 한 벌의 글자꼴을 말한다.

한 벌의 글자꼴이 성립하기 위해서는 문자 이외에 숫자, 기호 등이 반드시 포

---

38) 한글 폰트 한 벌은 일반적인 문장을 무난히 쓸 수 있는 한글문자 종류 수로 보아 대체로 2,350종류의 문자를 기본으로 삼고, 여기에 같이 쓰이는 숫자, 영자, 약물〈기호〉를 포함시킨 것을 지칭한다(박병천, "현대한국대표서예가 한글서체의 컴퓨터글자체 개발실태와 조형적 고찰," 글꼴 2004, 한국글꼴개발원, 387~388면).

39) 홍익대학교 미술디자인공학연구소, 「한글 활자꼴 보호범위와 유사성 판단기준에 관한 연구」, 2003(이하 "홍익대, 「한글 활자꼴 보호범위」"라 함), 40면.

함되어야 하는지에 대하여는 디자인보호법 시행규칙 제38조 제1항 「별표3」의 물품류 구분에 따라 특허청장이 고시한 물품에 한글글자체, 영문자글자체, 숫자글자체, 특수기호글자체 등으로 구분하고 있어 디자인보호법은 문자, 숫자, 기호의 각각에 대하여 독자적으로 한 벌의 글자꼴의 성립을 예정하고 있다. 이것은 한글과 영문 또는 숫자 등이 모두 갖추어져야 한 벌의 글자체가 되는 것이 아니며 한글이나 영문 또는 숫자 각각만이 있어도 한 벌의 글자꼴을 구성할 수 있다고 보기 때문이다.

또한 한 벌은 일반적인 문장을 무난히 쓸 수 있는 문자의 수를 필요로 하는 것이지만, 디자인보호법 시행규칙 제35조 제3항 「별표1」에서는 등록용 지정글자에 대해 한글글자체 500자, 영문자글자체 52자(A~Z, a~z), 숫자글자체 10자(0~9), 특수기호글자체 119자, 한자글자체 900자의 낱글자를 정하고 있다. 따라서 글자체의 구분에 따라 상기의 지정글자(지정된 낱글자)를 구비하면 글자체디자인으로 디자인 등록을 받을 수 있다. 디자인보호법 시행규칙에서 글자체의 구분에 따라 지정글자를 정하고 있는 것은 지정글자만으로 글자체의 전체적인 인상과 구조 및 특징을 파악할 수 있고 또한 한 벌성 요건의 판단의 곤란성을 회피하여 신속한 처리를 도모하기 위해서이다.

(2) 글자체의 형상·모양·색채 또는 이들의 결합일 것

디자인이란 "물품[물품의 부분(제42조를 제외한다) 및 글자체를 포함한다]의 형상·모양·색채 또는 이들을 결합한 것…"을 말하므로 글자체디자인에 있어서도 글자체의 형상·모양·색채 또는 이들을 결합한 것이어야 한다.

그러나 글자체는 기록이나 표시 또는 인쇄 등에 사용하기 위한 것으로서 유체물의 표면에 자형으로 나타내어지는 것이므로 디자인보호법상의 형태구성요소 중에서는 주로 모양에 해당한다고 할 수 있다.

(3) 시각을 통하여 미감을 일으키게 하는 것일 것

일반적인 디자인의 성립요건과 마찬가지로 글자체에 있어서도 시각을 통하여 미감을 일으키게 하는 것이어야 한다.

제2절 디자인등록의 실체적 요건

디자인보호법 제33조는 디자인등록의 요건에 대하여 규정하고 있다. 디자인 등록을 받기 위한 요건에는 절차적인 요건도 있으나 여기서는 등록의 대상이 되는 디자인이 본질적으로 구비하고 있지 않으면 안 되는 요건으로서 '공업상 이용할 수 있는 디자인일 것(공업상 이용가능성)', '신규성을 가진 디자인일 것(신규성)', '창작이 용이하지 아니한 디자인일 것(창작비용이성)'을 들고 있다. 이것을 디자인등록의 실체적 요건이라 한다. 또한 후술(제4장)하는 디자인보호법 제34조의 디자인 등록을 받을 수 없는 디자인을 소극적 요건이라고 말할 때 이에 대응하여서는 적극적 요건이라고도 한다.

Ⅰ. 공업상 이용가능성(공업성)

1. 의 의

디자인보호법상의 공업상 이용가능성이란 공업적 기술을 이용하여 동일물을 반복하여 양산할 수 있는 것을 말한다. 여기에서 '공업적 기술'이란 농업적 생산수단이나 자연현상을 배제하는 의미이고 기계생산에 의하는가 수공업생산에 의하는가를 불문한다. 또한 '동일물을 반복하여 양산'이란 일품제작을 목적으로 만든 회화나 조각 같은 것을 배제한다는 취지이고, '양산할 수 있다'란 공업적 기술을 이용하여 동일물을 양산할 수 있는 가능성이 있으면 족하다는 취지이다. 또한 이 디자인의 공업상 이용가능성은 현실적으로 공업상 이용되고 있는 것을 요구하지 않고, 그 가능성이 있으면 족한 것으로 해석한다. 디자인보호법에서 디자인의 등록 요건으로 공업상 이용가능성을 요구하는 것은 디자인으로 성립하는 것이라 하더라도 공업적으로 양산되지 않는 것은 공업적 기술을 이용해서 관련산업의 발전을 도모할 수 없기 때문이다.[40]

2. 공업상 이용가능성이 없는 디자인

공업상 이용가능성이 없는 디자인인 경우에는 법 제33조 제1항 본문 위반으로서 거절의 대상이 된다. 구체적으로는 이하의 것이 있다.

(1) 자연물을 디자인의 주체로 사용한 것으로서 양산할 수 없는 것

물품의 형태 그 자체가 크게 자연에 의해 생성된 형태를 근거로 하는 것은 특정된 디자인 그 자체가 양산 불가능한 것이므로 공업상 이용가능성이 없는 것으로 본다. 예컨대 자연석을 그대로 사용한 장식물, 조수의 표본 등 자연히 생성된 조형미라고 할 수 있는 것은 공업적 생산과정에 의해 다량 생산할 수 있는 것이 아니므로 공업상 이용가능성이 없다고 한다.[41] 여기서 공업성이 부정되는 것은 물품의 형태 그 자체가 자연적 형태에 의거하는 것을 말하는 것이며 소재로서의 자연물 전부를 부정하는 것은 아니다. 예를 들어 대나무의 표피를 이용한 바구니, 갈내를 이용한 돗자리, 오동나무의 수피를 이용한 장식장 등은 그 형태요소에 자연의 요소를 집어넣어 성립한 것이지만, 이들은 자연적 요소를 종으로 하고 여기에 다시 인위에 의해 창조적 형태를 가하여 물품의 형태를 만든 것이며 물품의 형태 그 자체는 자연적 요소보다는 인위적 요소를 주로 하여 성립된 것이므로 자연물을 디자인의 주체로 사용하였다고 하지 않는다.

(2) 순수미술 분야에 속하는 저작물

물품의 형태에 관한 것이라 하더라도 본래 일품제작을 목적으로 하는 미술저작물은 공업성이 인정되지 않는다. 일품제작을 목적으로 만들어지는 대표적인 예는 회화, 조각 등 순수미술저작물이라고 불리는 것이 있다. 회화, 조각 등은 자기의 사상이나 감정을 외부에 표현한 것으로서 그 목적의 전부가 끝나는 것이고 그 자체

---

40) 이 점은 발명이 산업상 이용가능성이 있으면 충분하고, 공업상으로 한정되지 않는 특허법 제29조 제1항 본문과 다르다. 특허법에서는 기술의 비약적 진보를 통해 산업발전에 이바지함을 목적으로 하는 것이므로 기술적 사상으로서의 발명이 산업 일반에 이용가능할 것을 필요로 하기 때문이다.

41) 이와는 달리 자연물의 형태를 거의 그대로 모방한 것은 법 제33조 제2항의 창작비용이성 판단의 대상이 된다.

에만 가치가 있는 것이다. 이것을 다수 복제하는 경우가 있다 하더라도 그것은 화가나 조각가가 처음부터 목적으로 하는 것이 아니고 목적 이외의 별도의 행위에 불과하다. 디자인은 처음부터 그것을 실시하여 양산화하기 위한 목적으로 만들어지는 것이므로 공업성이 있다고 하는 것이고 회화, 조각 등은 양산을 목적으로 만들어지는 것이 아니므로 공업성이 없다고 하는 것이다.[42] 심사실무상은 미술품의 형상 등에 관한 것이라 하더라도 그것이 디자인보호법상의 물품의 형상 등에 관한 것으로 인정되는 경우에는 공업상 이용할 수 있는 디자인으로 취급한다.[43]

(3) 상업적 과정으로 만들어지는 서비스디자인

물품은 공업적 생산과정에 의해 만들어지므로 물품의 형상·모양·색채인 디자인 또한 공업적 생산과정으로 완성되고, 도매상 또는 소매상 같은 상업부문을 거쳐 최종 수요자의 손에 들어가게 된다.

그런데 상업부문에서는 그 물품의 형태에 부가적으로 또는 그것을 변형시켜 어떤 형태를 만드는 경우가 있다. 이것을 통상 서비스디자인이라 하며 서비스디자인은 물품 자체의 형태가 아니므로 디자인의 구성요건을 갖추지 못한 것이 되어 디자인보호법에서 말하는 디자인이 성립되지 않는다. 또 이것을 상업적 과정에 의해 만들어지는 형태로 볼 때에는 공업성도 없는 것이 되어 2중으로 디자인보호의 대상에 해당하지 않는다. 서비스디자인에서 문제로 되는 것은 ⅰ) 포장,[44] ⅱ) 완성된 물품의 통상의 사용상태를 변형시켜 고객의 주의를 끌고자 하는 디자인,[45] ⅲ) 배열·결합 등이 있다.

---

42) 회화, 조각 등도 디자인의 정의에서 보면, 물품의 형태에 관한 것이나 동일물을 양산함을 목적으로 하지 않으므로 디자인보호법의 대상이 되지 않는다. 따라서 회화, 조각이라는 명칭으로 디자인등록되는 일은 있을 수 없다.

43) 실제조사를 행하지 않는 것이므로 사회통념으로 그것이 공업적 생산과정에 의해 동일물이 양산 가능한 것으로 볼 수 있느냐의 여부에 따를 수밖에 없다.

44) 포장은 상행위의 과정에서 상품에 부가적으로 따라다니는 것이기 때문에 상업적으로 만들어지는 서비스 디자인이다. 포장은 그 속에 들어 있는 물품의 디자인으로 볼 수 없고 포장이라는 물품도 존재하지 않는다. 그러나 포장지, 포장용 용기 등은 디자인등록의 대상이 됨은 말할 나위도 없다.

45) 예를 들면 손수건이나 타월 등에 대해서 동물 형태로 나타낸 것을 손수건, 타월 등으로 출원하는 경우가 있다. 이들은 전개한 상태에서 사용하는 것이고 디자인도 그 상태로 보는 것이 상식이기 때문에 공업성이 인정되지 않는다.

(4) 디자인의 표현이 구체적이지 아니하여 공업상 이용할 수 없는 디자인

디자인심사실무상 출원서의 기재사항 및 첨부도면 등으로 판단하여 정확히 그 디자인을 특정할 수 없는 경우에는 아직 구체적인 디자인을 표현한 것이라고 인정할 수 없기 때문에 공업상 이용할 수 없는 디자인으로 취급된다.[46] 디자인등록을 받고자 하는 자는 디자인보호법 제37조 및 디자인보호법 시행규칙 제35조의 규정에 의해 출원서 및 도면 등의 기재를 하여야 하므로 디자인심사기준은 이들 조문규정을 받아 다음의 것은 구체적인 디자인이 아닌 것으로 보고 있다.[47]

1) 도면에 디자인의 전체적인 형태[물품의 뒷면부분에서 바라본 도면(배면사시도) 및 아랫면부분에서 바라본 도면(저면사시도)을 포함한다]가 명확하게 표현되지 않아 어떤 부분이 추측상태로 남아 있는 경우
2) 그 디자인이 속하는 분야에서 통상의 지식에 기초하여 출원서의 기재사항 및 출원서에 첨부된 도면 등을 종합적으로 판단하여 합리적으로 해석한 경우에도 디자인에 관한 물품의 사용목적·사용방법·사용상태·재질 또는 크기 등이 불명확하여 디자인의 요지를 파악할 수 없는 경우
3) 도면 상호간 불일치 정도가 중대하고 명백하여 그 디자인이 속하는 분야에서 통상의 지식을 가진 자가 경험칙에 의해서 종합적으로 판단한 경우에도 디자인의 요지를 특정할 수 없는 경우(대법원 2004후2123 판결 참고)
4) 도면(도면대용으로 제출하는 사진을 포함한다), 견본 등이 선명하지 아니한 경우. 다만, 디자인의 표현 부족을 경험칙에 의하여 보충하여 볼 때 그 디자인의 요지 파악이 가능하여 당업자가 그 디자인을 실시할 수 있을 정도의 경우에는 그러하지 아니하다.
   ㈎ 도면, 견본 등이 지나치게 작거나 또는 불선명하여 디자인의 요지를 파악할 수 없는 경우
   ㈏ 사진인 경우 물품의 배경, 음영, 타 물품의 영상 등이 찍혀서 디자인을 정확

---

46) 등록디자인의 보호범위는 출원서의 기재사항, 도면 등 및 도면에 적힌 디자인의 설명에 따라 표현된 디자인에 의해 정해지는 것으로 하고 있으므로(§93) 권리의 객체인 등록디자인의 보호범위는 제3자에 대해 구체적이고 명확하게 할 필요가 있다. 따라서 디자인의 표현이 구체성을 결한 경우에는 그것에 의해서 디자인을 실시할 수 없는 것이기 때문에 결국 공업상 이용할 수 없는 디자인으로 판단하여 거절하는 것이다.
47) 디자인심사기준 4부 2장 2.

히 알 수 없는 것

5) 디자인이 추상적으로 표현된 것

출원서 또는 도면 중에 문자나 부호 등을 사용하여 형상, 모양 및 색채를 추상적으로 설명함으로써 디자인의 요지파악이 불가능한 경우

6) 재질 또는 크기의 설명이 필요한 경우에 그에 관한 설명이 없는 것

7) 색채도면의 일부에 착색하지 아니한 부분이 있는 것. 다만, 도면의 「디자인의 설명」란에 무착색 부분에 대하여 다음과 같이 적은 경우에는 예외로 한다. 이 경우 아래 ㈎, ㈏, ㈐에 해당하는 것이 명백한 경우에는 적지 않을 수 있다.

㈎ 백색, 회색 또는 흑색이라고 색채를 적은 것

㈏ 투명 부분이라고 적은 것

㈐ 뚫린 부분이라고 적은 것

8) 도면 내에 디자인을 구성하지 않는 점·선·부호 또는 문자 등을 표시한 것은 다음과 같이 처리한다.

㈎ 불인정되는 예

도면 내에 도형 안에 중심선, 기선, 수평선 등을 표시하기 위한 세선(細線), 내용의 설명을 하기 위한 지시선·부호 또는 문자

㈏ 인정되는 예

도면(3D 모델링 도면을 포함하며 제출된 모든 도면을 말한다)에 평면, 굴곡, 오목 및 볼록 등을 음영으로 음영을 표현하기 위해 모양과 혼동되지 아니하는 범위에서 세선, 점 또는 농담을 제한적으로 사용하는 경우. 다만 모양과 혼동되는 경우에는 「디자인의 설명란」에 그 취지를 기재하여야 한다.

(예 1) 도면 내에 음영을 표현하고 디자인의 설명란에 '도면 내에 표현된 세선은 평면임을 나타내기 위해 음영선임'이라 적은 것

"수중카메라용 렌즈"

[도면 1.1]   [도면 1.2]   [도면 1.3]

(예 2) 도면 내 도형 안에 확대부분을 표시한 것으로서 요지파악이 가능한 경우

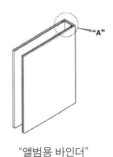

"앨범용 바인더"

(예 3) 도면 내에 (복합)단면부를 표시하기 위한 것으로서 요지파악이 가능한 경우

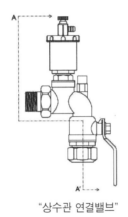

"상수관 연결밸브"

※ 도면 내에 파선을 도시하여 모양을 나타내기 위한 경우에는 그 취지를 디자인의 설명란에
　기재하여야 한다.

예) '파선은 재봉선을 나타내는 것으로 디자인을 구성하는 모양임'이라 기재한 "휴대폰용
　케이스"

9) 물품에 표현된 문자 · 표지는 다음과 같이 취급한다.

⑺ 물품에 표현된 문자 · 표지 중 다음에 해당하는 것은 모양으로 보아 디자인을 구성하는 것으로 취급한다.

① 물품을 장식하는 기능만을 하는 것

② 정보를 전달하는 기능과 물품을 장식하는 기능을 함께 하는 것

⑻ 물품에 표현된 문자 · 표지 중 오로지 정보전달을 위해 사용되고 있는 것으로서 다음과 같은 경우는 모양으로 보지 않아 디자인을 구성하는 것으로 취급하지 않는다. 다만, 물품에 표현되어 있어도 삭제를 요하지 않는다.

① 신문 · 서적의 문장부분

② 성분표시, 사용설명, 인증표지 등을 보통의 형태로 나타낸 문자 · 표지

(예)

문자가 표시된 "휴대전화기"

인증마크가 표시된 "포장지"

10) 도면만으로 물품의 전체적인 형태를 명확하고 충분하게 파악할 수 없는 경우

11) 도면에서 생략된 부분으로 인해 디자인의 전체적인 형상이 명확하지 않아 그에 관한 설명이 필요하다고 인정될 경우에 「디자인의 설명」란에 정확히 적지 아니한 경우. 다만, 다음의 어느 하나에 해당하여 일부 도면만을 제출하는 경우에는 디자인의 설명란에 해당 이유를 기재하여야 한다. 이 경우 평면적인 물품을 표현하여 뒷면부분의 모양이 없는 경우에는 "뒷면부분은 모양 없음"이라 기재할 수 있으며 기재하지 않은 경우에는 모양이 없는 것으로 간주한다.

예) 일부도면을 제출하는 경우와 디자인의 설명란 기재방법

구 분	제출도면	기재방법
(1) 앞면부분과 뒷면부분이 같거나 대칭인 경우	앞면부분 또는 뒷면부분	"뒷면부분은 앞면부분과 동일(대칭)이므로 생략함" 또는 "앞면부분은 뒷면부분과 동일(대칭)이므로 생략함"
(2) 왼쪽면부분과 오른쪽면 부분이 같거나 대칭인 경우	왼쪽면부분 또는 오른쪽면부분	"오른쪽면부분은 왼쪽면부분과 동일(대칭)이므로 생략함" 또는 "왼쪽면부분은 오른쪽면부분과 동일(대칭)이므로 생략함"
(3) 윗면부분과 아랫면부분이 같거나 대칭인 경우	윗면부분 또는 아랫면부분	"아랫면 부분은 윗면부분과 동일(대칭)이므로 생략함" 또는 "윗면 부분은 아랫면 부분과 동일(대칭)이므로 생략함"
(4) (1), (2), (3) 외에 도면 중 같은 부분이 여러개인 경우	같은 부분들 중 한 개의 부분	해당 이유를 설명
(5) 항성 설치 또는 고정되어 있어서 특정 부분을 볼 수 없는 경우	특정 부분을 제외한 나머지 부분	해당 이유를 설명
(6) 화상디자인의 경우	화상디자인이 도시되는 부분	해당 이유를 설명

12) 제출된 도면만으로는 디자인을 충분히 표현할 수 없는 경우로서 다음에 해당하는 것

  ㈎ 전개도, 단면도, 확대도, 절단부 단면도 또는 사용상태도 등이 없는 경우

   ※ 전개도 등의 도면은 다음의 표와 같이 구분하여 제출하되, 해당 도면에 대한 설명을 디자인의 설명란에 적어야 하며, 아래의 구분에 따라 작성되지 아니한 도면은 참고도면으로 판단한다.

구 분		비 고
부가도면	(절단부)단면도	아래 13)에 따라 작성
	(부분)확대도	아래 14)에 따라 작성
	전개도	전개도를 출원디자인으로 제출한 경우에 완성된 상태의 도면은 부가도면으로 함
	분해사시도	사용상태를 나타내기 위한 것은 제외함
참고도면	사용상태도	그 밖의 디자인의 용도 등에 대한 이해를 돕기 위한 도면

㈑ 조립완구 등과 같은 합성물의 경우에

　① 구성하는 각 편의 도면만으로 사용의 상태를 충분히 표현할 수 없는 것에 대해서는 그 만들어지는 상태 또는 보관되는 상태를 표시하는 도면이 없는 경우

　② 조립된 상태의 도면만으로는 분해된 상태를 충분히 표현할 수 없는 것에 대해서는 구성하는 각 편의 도면이 없는 경우

㈐ 열리고 닫히거나 펼쳐지고 접히는 물품의 디자인으로서 변화하기 전후의 상태를 도시하지 아니하면 그 디자인을 충분히 표현할 수 없는 경우에 변화하기 전과 후의 상태를 알 수 있는 각각의 도면이 없는 경우

　(예) "탁자가 부설된 의자"의 펼쳐진 상태의 도면 및 접힌 상태의 도면

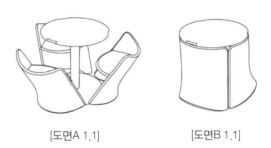

[도면A 1.1]　　　　　　　[도면B 1.1]

㈑ 연속하는 일련의 과정을 통해 형태가 변화하는 물품의 디자인으로서 그 움직이는 상태를 표현하지 아니하면 그 디자인을 충분히 파악할 수 없는 경우에 정지상태의 도면과 그 동작 상태를 알 수 있는 도면(동작 중의 기본적 자세, 동작내용을 나타내는 궤적 등)이 없거나 필요하다고 인정될 경우에 디자인의 설명란에 그에 관한 설명이 없는 경우

　(예) "로봇완구"의 형태가 변화하는 연속동작을 나타내는 일련의 도면

[도면A 1.1]　　　[도면B 1.1]　　　[도면C 1.1]　　　[도면D 1.1]

13) 단면도 등의 절단면 및 절단한 곳의 표시가 다음에 해당하는 경우

  ㈎ 절단면에 평행사선이 불완전하게 표시되었거나 표시가 없는 것

  ㈏ 절단된 부분을 원래의 도면에서 쇄선 등으로 표시(절단쇄선, 부호 및 화살표)하지 않았거나 이와 상응하는 방법으로 표시하지 아니한 것. 다만, 일정한 도면을 지정하고 그 도면의 중앙종단면도 또는 중앙횡단면도라고 적은 것은 예외로 한다.

14) 부분확대도의 원래의 도면에 확대한 부분을 쇄선 또는 이와 상응하는 방법으로 표시하지 아니한 것. 다만, 확대한 부분의 위치, 크기, 범위를 명확하게 알 수 있는 경우에는 원래의 도면에 그 표시를 하지 아니할 수 있다.

15) 덮개와 본체로 구성된 물품과 같이 분리할 수 있는 물품으로서 결합된 상태만으로는 디자인을 충분히 표현할 수 없는 경우에는 그 결합된 상태의 도면과 구성물품 각각의 도면이 없는 경우

16) 입체적인 물품으로서 형상이 연속하는 디자인 또는 평면적인 물품으로서 모양이 연속 또는 반복하는 디자인에서 도면이 그 연속상태를 알 수 있도록 도시(단위모양이 1.5회 이상 반복되어야 한다)되지 아니하였거나, 「디자인의 설명」란에 형상이나 모양이 1방향 또는 상하좌우로 연속 또는 반복하는 상태에 대한 설명이 없는 경우

  (예) "직물지" 디자인의 도면에서 모양이 상·하 및(또는) 좌·우로 연속·반복되는 상태를 나타내는 도시

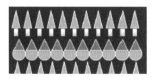

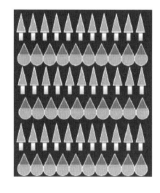

올바르지 않은 도시   올바른 도시

17) 길이가 한정된 물품의 중간을 생략한 도면으로서 다음에 해당하는 것

  ㈎ 생략한 부분을 두 줄의 평행한 1점쇄선으로 절단하여 표시하지 않았거나 이와 상응하는 방법으로 표시하지 아니하여 디자인을 명백히 알 수 없는 도면

  ㈏ 디자인의 전체적인 형상이 명확하지 않아 생략한 길이의 표시가 필요하다고 인정될 경우 도면상 몇 ㎜ 또는 몇 ㎝ 생략되었다는 취지를 디자인의 설명란에 적지 아니한 경우. 다만, 전선, 끈, 줄 등과 같이 물품의 구성주체가 아닌 부수적인 구성물의 길이를 도면상 생략하는 경우에는 도면상 생략한 길이를 적지 않아도 된다.

18) 한 쌍으로 이루어진 물품의 디자인으로서 한 짝의 형태만을 도시하고 나머지 짝에 대한 설명을 「디자인의 설명」란에 적지 않은 경우

  (예) "신발"의 도면에 한 짝의 형태만이 도시되어 있고 다른 짝에 대한 설명이 없는 것

19) 교량이나 가옥 등 토목건축용품에 관한 디자인으로서 반복생산 가능성이나 운반 가능성에 대한 설명이 필요하다고 인정될 경우에 그에 관한 설명을 「디자인의 설명」란에 적지 않은 경우

20) 물품의 전부 또는 일부가 투명한 디자인으로서 그 도면이 다음에 의하여 작성되지 아니한 것

  ㈎ 외주면에 색채가 없고 모양이 없는 경우에는 투명으로 보이는 부분을 보이는 대로 표현하고, 필요하다고 인정될 경우에는 그 취지를 도면의 「디자인의 설명」란에 적는다. 다만, 물품의 특성상 전부 또는 일부가 투명한 것이 명백한 경우에는 이를 적지 않을 수 있다.

  (예) 디자인의 설명란에 투명하다는 취지의 기재가 없더라도 공업상 이용가능성이 있는 경우

안경   발광다이오드 전구   손목시계 본체

  ㈏ 외주의 외면·내면·두께 속의 어느 한 곳에 모양 또는 색채가 표현되어 있는 경우에는 투명으로 보이는 부분을 보이는 대로 표현하는 도면 외에, 모양

또는 색채를 명확히 알 수 있는 도면(뒷면의 모양이나 색채가 투영되지 않은 앞면, 밑면의 모양이나 색채가 투영되지 않은 윗면 또는 모양부분의 전개도 등)을 첨부하고, 필요하다고 인정될 경우에는 그 취지를 도면의 「디자인의 설명」란에 적어야 한다. 다만, 도면만으로도 충분히 표현된 경우에는 이를 적지 않을 수 있다.

(예) 모양이 들어 있는 컵이나 병 등

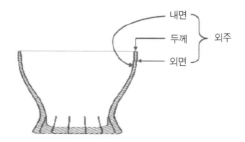

㈐ 외주의 외면·내면·두께 속이나 외주에 둘러싸인 내부의 어느 곳에 둘 이상의 형상, 모양 또는 색채가 표현되어 있는 경우에는 투명으로 보이는 부분을 보이는 대로 표현하는 도면 외에, 그 형상·모양 또는 색채가 표현되어 있는 각 면별(외주의 외면, 내면 또는 그 두께 속, 외주에 둘러싸인 내부)로 도시한 도면을 첨부하고, 필요하다고 인정될 경우에는 그 취지를 도면의 「디자인의 설명」란에 적어야 한다. 다만, 도면만으로도 충분히 표현된 경우에는 이를 적지 않을 수 있다.

(예) 외주의 외면과 내면에 모양이 있는 컵 등

㈑ 투명입체로서 그 일면에만 모양 또는 색채가 있는 경우에는 그 면에만 모양 또는 색채를 표현(다른 면에서 투영되어 보이더라도 표현하지 아니한다)하고, 필요하다고 인정될 경우에는 그 취지를 도면의 「디자인의 설명」란에 적어야 한다. 다만, 도면만으로도 충분히 표현된 경우에는 이를 적지 않을 수 있다.

(예) 문진 등

㈒ 투명한 부분의 두께를 표현하지 아니하면 디자인의 내용을 명확하게 알 수 없는 경우에는 투명부분의 두께의 형상을 알 수 있는 단면도를 첨부하여야 하며, 절단된 부분은 해칭(연속된 빗금)을 사용하여야 한다.

(예) 두께를 표현한 단면도

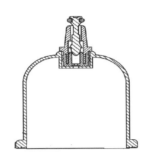

21) 부분디자인을 표현하는 도면이 다음에 해당하는 경우
　㈎ 부분디자인으로 등록받으려는 부분의 범위가 명확하게 특정되지 않은 경우
　　① 전체디자인 중 부분디자인으로 디자인등록을 받으려는 부분을 실선으로
　　표현하고 그 외의 부분을 파선으로 표현하는 방법에 따르지 않았거나 이와
　　상응하는 표현방법에 따르지 않은 경우
　㈎ 채색(coloring) 또는 경계선(boundary) 등으로 표현하여 부분디자인으로 등록받
　　으려는 부분을 특정한 것으로 인정할 수 있는 경우

트랙터　　　　　　　　　　운동화

화상디자인이 표시된　　　　화상디자인이 표시된　　　　화상디자인이 표시된
텔레비전 수상기　　　　　　이동통신기기　　　　　　　디스플레이 패널

② 부분디자인으로 등록을 받으려는 부분을 도면 등에서 특정하고 있는 방법에 대한 설명이 필요하다고 인정될 경우에 그 취지를 「디자인의 설명」란에 적지 않은 경우

③ 부분디자인으로 등록을 받으려는 부분의 경계가 불명확한 경우에 그 경계를 1점쇄선 또는 이와 상응하는 방법으로 도시하지 않았거나, 그에 관한 설명이 필요하다고 인정될 경우에 그 취지를 「디자인의 설명」란에 적지 않은 경우

㈏ 부분디자인으로 등록을 받으려는 부분의 전체형태가 도면에 명확하게 나타나 있지 않은 경우[48)]

㈐ 액정화면 등 물품의 표시부에 일시적으로 도형 등이 표시되는 화상디자인을 부분디자인으로 출원한 경우에

① 화상디자인을 특정하는 부분을 실선으로 표현하고 그 외의 부분을 파선으로 표현하는 방법에 따르지 않았거나 이와 상응하는 표현방법에 따르지 않은 경우

(예) 채색(coloring) 또는 경계선(boundary) 등으로 표현하여 부분디자인으로 등록받으려는 부분을 특정한 것으로 인정할 수 있는 경우

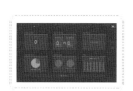

화상디자인이 표시된
멀티미디어 단말기

화상디자인이 표시된
휴대용단말기

화상디자인이 표시된
액정표시판

② 동적화상디자인의 경우에, 동적화상의 움직임을 나타내는 일련의 연속동

---

48) 부분디자인에 대한 도면 등의 표현방법은 물품 전체 내 디자인등록을 받으려는 부분을 실선으로 표현하고 그 외의 부분을 파선으로 표현하여 그들 전체에서 물품을 표현하여야 한다. 파선부분은 물품성을 추상적으로 표현하기 위해 나타낸 것이므로 물품 중의 실선 부분에 의해 부분디자인으로 등록받고자 하는 부분의 위치·크기·범위(비율)를 결정하는 요소이다.

작을 표현하는 도면이 없거나, 동적화상의 움직임의 일정성 및 통일성에 대
한 표현이 충분하지 않은 경우
㈃ 참고도면을 동영상파일 형식으로 제출하는 동적화상아이콘 디자인의 경우에
 ① 참고도면 외의 도면을 동영상파일 형식의 도면으로 제출하는 경우
 ② 참고도면으로 제출된 동영상파일을 실행하였을 경우 도면이 재생되지 아
 니하거나 디자인의 대상이 명확히 표현되지 아니한 경우. 다만, 제출된 도면
 만으로 동작상태 등 디자인을 충분히 파악할 수 있는 경우에는 그러하지 아
 니하다.
 ③ 정지상태의 도면과 그 동작상태를 알 수 있는 도면(동작 중의 기본적 자세,
 동작내용을 나타내는 궤적 등)이 없거나 필요하다고 인정될 경우에 디자인의
 설명란에 그에 관한 설명이 없는 경우
(예) 참고도면을 동영상파일 형식으로 제출하는 동적화상아이콘 디자인 도면의 예(참
 고도면은 동영상파일을 실행하였을 경우의 동작의 궤적을 나타낸 것임)
 "화상디자인이 표시된 휴대전화기"

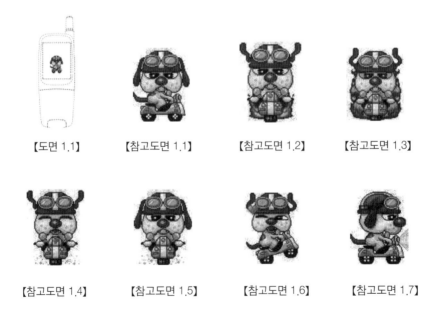

【도면 1.1】   【참고도면 1.1】   【참고도면 1.2】   【참고도면 1.3】

【참고도면 1.4】   【참고도면 1.5】   【참고도면 1.6】   【참고도면 1.7】

22) 글자체디자인을 표현하는 도면이 다음에 해당하는 경우

⒜ 지정글자 도면, 보기문장 도면 또는 대표글자 도면이 규칙 [별표1](글자체디자인의 도면)에서 정하는 방식대로 도시되지 아니한 경우

⒝ 지정글자 도면, 보기문장 도면 및 대표글자 도면 중 일부가 없는 경우

23) 한 벌의 물품의 디자인의 도면이 다음에 해당하는 경우

⒜ 각 구성물품마다 그 디자인을 충분히 표현할 수 있는 1조의 도면을 도시하지 않은 경우

⒝ 각 구성물품이 상호 집합되어 하나의 통일된 형상·모양 또는 관념을 표현하는 경우에 구성물품이 조합된 상태의 1조의 도면과 각 구성물품에 대한 1조의 도면을 도시하지 않은 경우

⒞ 각 구성물품의 하나의 디자인을 도면과 3D 모델링 도면을 혼합하여 표현한 경우

24) 3D 모델링 도면이 다음에 해당하는 경우

⒜ 3D 모델링 도면이 셰이딩 상태가 아닌 와이어프레임 상태로 모델링되었거나 3차원의 돌려보기 상태가 아닌 2차원상태로 도면이 표현된 경우

⒝ 3D 모델링 도면이 디자인의 대상이 되는 물품의 전체적인 형태가 명확하게 도시되지 아니하여 해당 물품을 파악하기 곤란한 경우

⒞ 3D 모델링 도면을 실행하였을 경우 도면에 깨지거나 터지는 현상이 발생하여 해당 물품을 파악하기 곤란한 경우

⒟ 투명부가 있는 물품의 도면에서 그 투명상태를 명확하게 표현하지 않아 투명여부를 파악하기 어려운 경우

25) 도면 및 부가도면이 선도(線圖), 사진 또는 3D 모델링 도면 중 한 가지로 통일되게 작성되지 아니한 경우. 다만, 사진으로 제출하는 경우 단면도 또는 절단부단면도는 선도로 제출할 수 있다.

26) 3D 모델링 도면으로 디자인등록출원하는 경우에는 모든 도면을, 복수디자인 등록출원하는 경우에는 모든 일련번호의 디자인을 3차원 모델링파일 형식으로 제출하여야 한다.

3. 공업상 이용가능성 흠결의 효과

(1) 거절이유 · 무효사유

디자인등록출원이 공업상 이용가능성을 흠결한 경우 거절이유가 되지만(§62
①), 디자인의 표현이 구체적이지 아니하여 공업상 이용할 수 없는 디자인에 해당하
는 경우에는 출원의 보정에 의해 구제받을 수 있다(§48①). 잘못하여 등록이 된 경우
에는 일정기간 내 이의신청이유(디자인일부심사등록출원의 경우)(§68①) 및 디자인등
록의 무효사유가 된다(§121①).

(2) 구체성을 결한 디자인이 등록된 경우 무효사유 문제

도면의 불일치 등 디자인의 구체성을 결한 디자인이 잘못하여 등록된 경우
어떤 취급을 받을 것인가. 디자인의 구체성을 결한 것에는 ⅰ) 원래 디자인이 구
체화되어 있지 아니하여 그 디자인이 속하는 분야에서 통상의 지식을 가진 자가
경험칙에 의해서도 디자인을 특정할 수 없는 것과 ⅱ) 그 디자인이 속하는 분야에
서 통상의 지식을 가진 자라면 당연하다고 생각되는 디자인과 추정할 수 있는 범
위 내에서의 절차상의 경미한 하자에 의하여 특정되지 않는 것 등이 있다. 그런데
디자인보호법에서는 특허법 · 실용신안법에서와 같은 정정심판제도가 존재하지
않기 때문에 사후에 그 하자를 치유할 수 있는 길이 없으며 또한 경미한 하자에 대
해서까지 이를 무효로 하는 것은 권리의 안정성을 저해하며 디자인권자에게 가혹
하기 때문에 위 ⅱ)에 해당하는 경우에는 무효사유에 해당하지 않는다고 해석함
이 타당할 것이다. 대법원도 디자인등록무효사건에서 도면불일치의 정도가 경미
하여 디자인의 요지를 충분히 특정할 수 있는 경우에는 공업상 이용할 수 있는 디
자인에 해당한다는 입장을 취하고 있다.[49]

---

49) 디자인등록출원서에 첨부된 도면에 서로 불일치한 부분이 있다고 하더라도 그 정도가 경미
   하여 그 디자인 분야에서 통상의 지식을 가진 자가 경험칙에 의하여 디자인의 요지를 충분히
   특정할 수 있는 경우에는 공업적 생산방식에 의하여 동일물품을 양산할 수 있다 할 것이므로
   그 디자인은 구 의장법 제5조 제1항 본문 소정의 '공업상 이용할 수 있는 디자인'에 해당한다
   고 봄이 상당하다(대법원 2005.9.15. 선고 2004후2123 판결).

II. 신 규 성

1. 의 의

디자인의 신규성[50]이란 디자인이 객관적 창작성[51]을 가지는 것을 말한다. 구체적으로는 디자인보호법 제33조 제1항 각호의 어느 하나에 해당하지 않는 것, 즉 공지·공연히 실시된 디자인, 반포된 간행물에 게재되어 있는 디자인 또는 전기통신회선을 통하여 공중이 이용할 수 있게 된 디자인에 해당하지 않는 것을 말한다. 디자인제도는 새로운 디자인의 창작을 공개한 자가 그 공개의 대가로 일정기간 독점권을 부여받는 것이므로 공업상 이용가능성이 있어도 이미 사회일반에 알려져 공유재산으로 되어 버린 것에 대하여 특정인에게 배타적 독점권을 부여하는 것은 제도의 목적에 반하고, 또 산업발전에도 저해요인이 된다. 따라서 디자인보호법은 디자인이 객관적으로 창작되어 그것이 신규성이 있다고 하는 디자인에 대해서만 보호대상으로 한다.[52] 또 공지 등이 된 디자인과 동일한 디자인 외에 이것에 유사한 디자인에 대하여도 신규성이 없는 것으로 한다.

---

50) 현행법의 등록요건에서 '신규성'이라는 문언은 사용되고 있지 않다. 그러나 1961년 제정법 제4조(신규성의 의의) 제1항에서 "본법에서 디자인의 신규라 함은 디자인이 다음 각호의 1에 해당하지 아니한 것을 말한다."고 하여 다음 각호에서 "디자인등록출원 전에 국내에서 공지되었거나 공연히 사용된 것과 이와 유사한 것", "디자인등록출원 전에 국내에서 반포된 간행물에 용이하게 실시할 수 있을 정도로 기재된 것과 이에 유사한 것"이라고 규정하였던 것에 있어서의 법제의 연속성에 의해 현행법에 있어서도 제33조 제1항 각호에 정하고 있는 이 요건에 대해 '신규성'이라는 호칭이 관용되고 있다.

51) 디자인보호법이 요구하는 객관적 창작성이란 과거 또는 현존의 모든 것과 유사하지 아니한 독특함만을 말하는 것은 아니므로 과거 및 현존의 것을 기초로 하여 거기에 새로운 미감을 주는 미적 창작이 결합되어 그 전체에서 종전의 의장과는 다른 미감적 가치가 인정되는 정도면 디자인등록을 받을 수 있으나, 부분적으로는 창작성이 인정된다고 하여도 전체적으로 보아서 종전의 디자인과 다른 미감적 가치가 인정되지 않는다면 디자인등록을 받을 수 없다(대법원 2006.7.28.선고 2005후2915 판결, 대법원 2008.9.25.선고 2008도3797 판결 등).

52) 가령 선행디자인의 존재를 모르고 창작한 경우, 그것은 주관적으로는 창작한 것이라 할 수 있어도 객관적으로 보면 그 디자인은 처음 창출된 것은 아니므로 객관적 창작성·신규성이 없다.

2. 신규성의 판단기준

(1) 시간적 기준

출원시를 기준으로 한다. 권리취득의 의사표시의 시(時)인 출원시를 기준으로 하는 것이 가장 객관적이고, 또 창작시를 기준으로 하면 창작시의 결정이 곤란하고 권리가 불안정하게 되기 때문이다. 여기서 출원시란 민법상의 도달주의 원칙에 의해 출원서가 특허청에 도달한 시를 말한다. 다만, 지리적 불평등의 시정을 위해 우편송달의 경우에는 발신주의가 채용되어 있다(§28). 파리협약에 의한 우선권주장에 관한 출원은 우선권의 이익을 확보하기 위해 1국 출원시를 기준으로 판단한다(§51①). 한편, 법 제33조 제1항 제1호·제2호에서의 "디자인등록 출원 전"이란 출원시보다 전이라는 의미이고 사실상의 행위에 있어서 출원이 된 '시'를 의미한다. 따라서 이론상으로는 창작자가 출원 1분 전이라도 공개하면 그 디자인은 이미 신규성을 상실한 것이 된다. 이러한 점에서 선출원(§46) 등이 일단위로 판단하는 디자인등록출원일과는 다르다〈도3-8〉. 그러나 실무운영상은 출원서류 그 자체를 일을 기준으로 접수하고 있고 공지나 간행물의 반포가 시각까지 명백하지 않은 일이 많으므로 '일'을 기준으로 취급하는 것이 상례로 되어 있다.

〈도3-8〉 공지 또는 공연히 실시된 디자인의 예

(2) 지역적 기준

"국내 또는 국외에서"라고 규정되어 국내뿐만 아니라 국외에까지 포함된다. 소위 세계공지주의이다. 디자인은 물품의 미적 외관이기 때문에 간행물 등에 게재되는 것보다도 시장에 출하되는 편이 빠르기 때문이다.

3. 신규성이 상실된 디자인

디자인보호법 제33조 제1항 각호에서 규정한 신규성이 상실된 디자인은 이하와 같다. 디자인등록출원에 관한 디자인이 법 제33조 제1항 각호의 디자인에 해당하면 신규성이 부정되고, 해당하지 않으면 신규성은 긍정된다.

(1) 공지 또는 공연히 실시된 디자인

'공지'란 디자인의 내용이 불특정 다수인이 알 수 있는 상태에 있는 것을 말한다. 공지란 디자인의 내용이 불특정 다수인이 알 수 있는 상태에 있는 것을 의미하는 것이므로 디자인의 내용을 아는 자가 설령 다수라 하더라도 그 디자인의 창작자를 위해 이를 비밀로 해야 할 관계에 있는 자(특정인)뿐이라면 그 디자인은 비밀기간 내에 있는 것이므로 공지된 디자인이라 할 수 없다. 그러나 디자인의 창작자를 위해 비밀로 해야 할 관계가 없는 자(불특정인)가 이를 알고 있다면 가령 1인이어도 그 디자인은 베일이 벗겨진 것이므로 공지된 디자인이 된다. 등록디자인은 그 설정등록일부터 디자인공고일 전까지 공지디자인으로 본다.[53]

'공연히 실시된'이란 공지의 단계에서 진전하여 공공연히 실시·사용된 것을 말하며,[54] 간단히 공용이라고도 한다.

(2) 반포된 간행물에 게재된 디자인 또는 전기통신회선을 통하여 공중이 이용할 수 있게 된 디자인

1) 반포된 간행물에 게재된 디자인

'간행물'이란 공개를 목적으로 복제된 문서, 도면, 사진 등을 말한다.[55] 인쇄물

---

53) 디자인은 그 등록일 이후에는 불특정 다수인이 당해 디자인의 내용을 인식할 수 있는 상태에 놓이게 되어 공지되었다고 봄이 상당하고 디자인공보가 발행되어야만 비로소 그 디자인이 공지되었다고 볼 수는 없다(대법원 2001.7.27.선고 99후2020 판결).

54) 디자인은 물품의 외관이므로 공연히 실시, 사용된 디자인은 당연히 공지된 것이 되기 때문에 공지와 별도로 공연히 실시된 것에 대해서 신규성의 상실사유로 규정하는 적극적인 의의가 없다. 이와 달리 특허법의 경우에는 공연히 실시된 발명이라 하더라도 내부에 발명이 존재하는 경우에는 반드시 공지된 발명에 해당한다고 할 수 없는 경우도 있으므로 양자를 구별하는 적극적인 의의가 있다.

55) 구 의장법 제5조 제1항 제2호의 소정의 '국내 또는 국외에서 반포된 간행물에 기재된 디자인'에서 간행물이라 함은 인쇄, 기타의 기계적, 화학적 방법에 의하여 공개의 목적으로 복제

은 간행물의 대표적인 예이나 간행물은 반드시 인쇄에 의한 복제에 한하지 않고 기계적·과학적·전기적 등의 어떠한 복제수단에 의한 것도 포함한다. 따라서 유사정보전달매체인 시디-롬(CD-ROM), 신문, 잡지, 카탈로그, 팜플렛 등도 이에 해당된다.

또한 간행물은 공개성과 정보성을 가지고 있어야 하는 것이므로 공개를 목적으로 하지 않은 비밀출판물, 정보로서 유통될 수 없는 소송기록물 등은 간행물이라고 할 수 없다. '반포'란 배포와 같은 뜻으로 간행물이 불특정 다수인이 볼 수 있는 상태에 놓여 있는 것을 말한다. 누가 현실적으로 보았다고 하는 사실은 요하지 않는다. 공개적으로 배포된 간행물은 이 규정이 말하는 간행물에 해당되며 여기에 게재된 디자인은 그 당해 디자인을 현실적으로 열람한 자의 유무에 불구하고 반포된 간행물에 게재된 것을 이유로 신규성을 상실한 것이 된다.[56] 간행물의 다수를 차지하고 있는 도서·잡지의 경우 출판(인쇄, 발행)에 의해 반포되고, 또 공중이 열람을 예정하는 도서관에 비치된 시점은 당연히 반포된 것으로 된다. 또 심사실무상 간행물 발행의 연월일의 기재가 연말인 경우에는 그 해의 말일, 연월말인 경우에는 그 연월의 말일로 추정한다.[57]

'간행물에 게재'란 그 디자인이 속하는 분야에서 통상의 지식을 가진 자(당업자라고 한다)가 그 게재를 보고 용이하게 그 디자인을 창작할 수 있을 정도로 게재되어 있어야 한다. 그러나 간행물 게재 디자인은 출원절차에서 요구되는 바와 같은 엄격한 도법에 의해 표현되어 있지 않은 것이 보통이므로 이 경우 출원디자인과의 대비에 있어서 디자인이 간행물에 게재되어 있다고 할 수 있는지 문제로 된다.

심사실무관행상은 도학상의 법칙, 그 디자인이 속하는 분야에서 통상의 지식이나 경험칙 등에 의해 보충하면서 그 형태가 상정가능한 정도로 게재되어 있으면

된 문서, 도화·사진 등을 말하고, 간행물의 반포라 함은 간행물을 불특정다수인이 볼 수 있는 상태에 두는 것을 말한다고 할 것이다(대법원 1992.10.27.선고 92후377 판결).

56) 대법원 1985.12.24.선고 85후47 판결은 "카탈로그는 제작되었으면 배부·반포되는 것이 사회통념이라 하겠으며, 제작한 카탈로그를 배부·반포하지 아니하고 사장하고 있다는 것은 경험칙상 수긍할 수 없는 것이므로 카탈로그의 배부범위, 비치장소 등에 관하여 구체적인 증거가 없더라도 그 카탈로그가 배부·반포되었음을 부인할 수 없는 것이다."라고 판시하였고, 또 대법원 1992.10.27.선고 92후377 판결은 "부품제조사가 자동차회사로부터 형식승인을 받기 위하여 위 회사에 디자인에 관한 제작도면을 첨부하여 제출한 형식승인 의뢰서는 공개의 목적으로 만들어진 간행물이라고 볼 수 없고 이로써 반포된 것이라고 볼 수 없다."고 판시하였다.

57) 디자인심사기준 4부 3장 2. 2) (1) ⑥.

간행물에 게재된 디자인으로 취급한다. 대법원 판례도 같은 입장을 취한다.[58]

2) 전기통신회선을 통하여 공중이 이용할 수 있게 된 디자인

최근 정보통신기술의 비약적인 발전에 따라 디자인정보는 잡지나 카탈로그 등의 간행물 이외에도 인터넷과 같은 전기통신회선을 통하여 공개되는 경우가 많다. 이들 정보는 간행물에 게재된 디자인정보와 동등한 내용을 가지고 또 그 정보 전달의 신속성, 염가성 등의 편리성 때문에 기업 등에서 신제품의 발표를 간행물이나 전시회뿐만 아니라 인터넷을 통해 제품정보를 발표하는 경우가 증대되고 있다. 그러나 인터넷 등을 통하여 개시되는 디자인은 종전의 법에 있어서는 일반적인 공지디자인으로 취급함으로써 법 제33조 제1항 제1호 또는 제3호에 의하여 신규성 상실의 사유가 된다고 할 수 있지만, 공지 또는 공연히 실시된 디자인이라는 점을 입증하는 것이 어렵기 때문에 구법에 있어서는 인터넷 등에서 개시된 것을 가지고 신규성 상실의 사유로 하는 것이 곤란했었다. 이에 따라 2004년 법개정에서는 공중이 쉽게 접근할 수 있는 전기통신회선매체에 의해 공지된 디자인에 대해서도 간행물에 게재된 디자인과 마찬가지로 신규성의 상실사유로 추가하였다.

여기서 '전기통신회선'이란 유선, 무선, 광선 및 기타의 전기·자기적 방식으로 雙方向으로 송·수신이 가능한 전송로(예를 들면 인터넷 등 데이터 통신망)를 말한다. 따라서 일방향으로밖에 정보를 송신할 수 없는 방송(쌍방향에서의 통신을 전송하는 케이블 TV 등은 제외한다)의 경우에는 雙方向으로 통신이 가능한 전송로가 아니기 때문에 여기서의 회선에 포함되지 않는다.

'공중'이란 사회일반의 불특정인을 말하고, 공중이 이용가능하다는 것은 사회 일반의 불특정인이 볼 수 있는 상태에 놓여 있는 것을 말하며 현실적으로 누군가가 엑세스(access)하였다는 사실은 필요로 하지 않는다.

예를 들면 인터넷에 있어서 링크(link)가 걸려 서치엔진에 등록되고 또는 어드레스가 공중에의 정보전달수단(예를 들면 널리 일반에 알려진 신문, 잡지 등)에 실려 있으며 또한 공중으로부터 엑세스 제한이 되어 있지 않은 경우에는 공중이 이용가능하다. 따라서 전기통신회선을 통하여 공중이 이용가능하게 된 디자인이란 왕복

---

58) 대법원 1994.10.14.선고 94후1206 판결은 "간행물에 기재된 디자인에 있어서의 기재의 정도는 그 디자인고안이 속하는 분야에서 통상의 지식을 가진 자가 그것을 보고 용이하게 디자인고안을 할 수 있을 정도로 표현되어 있으면 충분하고 반드시 6면도, 참고 사시도 등으로 그 형상·모양의 모든 것이 기재되어 있어야 하는 것은 아니라 할 것이다."라고 판시하였다.

통신로로 구성된 쌍방향으로 통신이 가능한 전송로를 통하여 일반 불특정인이 볼
수 있는 상태에 놓여 있는 디자인을 말한다.

그러나 인터넷 게재정보는 개변(改變)이 용이하므로 그 표시된 일자에 그 내
용 그대로 게재된 것인지 여부가 의문시되는 경우가 있다. 통상 신문, 잡지, 학술
기관, 국제기관, 공공기관 등의 홈페이지에 게재된 전자적 정보는 문의처가 명확
하여 의문이 적다고 할 수 있다.

⑶ 공지 · 공연히 실시된 디자인 또는 간행물 게재 등의 디자인에 유사한 디자인

공지 · 공연히 실시된 디자인 또는 간행물에 게재된 디자인에 유사한 디자인
은 창작으로서의 보호가치가 없기 때문에 신규성이 없는 것으로 한다.[59] 여기서
'유사한 디자인'이란 다음의 세 가지 경우이다〈도3-9〉.

⑺ 동일한 물품에 유사한 형태가 화체된 경우
⑷ 유사한 물품에 동일한 형태가 화체된 경우
⑸ 유사한 물품에 유사한 형태가 화체된 경우

즉 공지디자인에 관한 물품과 출원디자인에 관한 물품의 용도 및 기능이 동
일 또는 유사하고, 각각의 디자인에 관한 물품의 형태(형상 · 모양 · 색채 또는 이들
의 결합)가 동일 또는 유사한 경우 양 디자인은 유사한 디자인이 된다. 또한 물품
의 용도 · 기능 및 형태가 동일한 경우에는 양 디자인은 동일한 디자인이 된다[60]
(디자인의 동일 또는 유사에 관해서는 본장 제4절 디자인의 동일 · 유사 참조).

---

59) 특허법에서는 발명은 추상적인 기술적 사상이고, 발명의 동일성 범위는 넓기 때문에 동일발명
에 대해서 신규성을 부정하면 충분한 데 대해 디자인은 그 객체가 발명 고안과 같은 개념적으로
서의 창작이 아니라 하나의 특정한 형태로 도면 등에 의해 구체적 · 명시적으로 나타나는 것이
므로 신규성 판단의 대상자료로 동일디자인에만 한정하게 되면 실질적으로 디자인의 객관적
창작을 담보하게 되지 않는다는 사실 때문에 이미 공개적으로 존재하는 디자인에 유사한 디자
인에 대해서도 신규성의 상실사유로 한다.

60) 심사실무상 출원디자인에 대해 디자인의 동일개념을 규정한 법 제33조 제1항 제1호 또는 제
2호를 적용하여 거절하는 예는 드물다. 대개는 이보다 확대개념인 법 제33조 제1항 제3호를
적용하여 거절하는 것이 상례로 되어 있다. 또한 이미 공개적으로 존재하는 디자인에 유사하
다는 이유로 법 제33조 제1항 제3호를 적용하여 거절하는 경우에도 그 유사하다고 판단한 구
체적인 이유에 대하여는 기재하지 않는 것이 실무관행으로 되어 있다.

〈도3-9〉 디자인의 유사의 태양

물품의 형태 (형상·모양·색채) ＼ 물품의 용도·기능	동 일	유 사	비 유 사
동 일	동일한 디자인	㈏유사한 디자인	비유사한 디자인
유 사	㈎ 유사한 디자인	㈐ 유사한 디자인	비유사한 디자인
비 유 사	비유사한 디자인	비유사한 디자인	비유사한 디자인

4. 신규성 상실의 예외

(1) 의 의

신규성 상실의 예외라 함은 디자인보호법 제33조 제1항 제1호 내지 제3호에 해당하여 신규성을 상실한 디자인에 대하여 일정요건 하에서 신규성을 상실하지 않는 것으로 취급하여 신규성이 있는 것으로 보아주는 것을 말한다(§36). 이것을 신규성의 의제라고 말하기도 한다.

디자인보호법은 신규성에 대하여 출원시를 기준으로 하므로 그 출원 전에 공개적으로 존재하는 디자인과 동일 또는 유사한 경우에는 디자인등록을 받을 수 없으며, 또 공개적으로 존재하는 원인에 대하여는 그것이 출원인 자신에 의한 것인가 또는 타인에 의한 것인가를 불문한다. 이것이 신규성의 원칙이나 이 원칙을 엄격하게 관철하면 출원인에게 가혹한 경우가 생기고, 디자인창작의 보호·장려라는 법목적에도 반하게 된다.

그래서 디자인보호법은 디자인이 그 출원 전에 공개된 경우라 하더라도 그 공개된 날부터 6개월 이내에 일정한 절차에 따라 그 자가 디자인등록출원을 하면 그 디자인은 신규성을 상실하지 않는 것으로 취급하는 예외규정을 두고 있다(§36①).

(2) 적용사유 및 적용의 예외
1) 적용사유

디자인보호법은 신규성 상실의 예외규정의 적용사유에 관해서 특허법에서와 같이 명시적인 규정을 두고 있지 않으므로 디자인등록출원 전에 디자인이 신규성을 상실하게 된 사유가 자기의 행위에 의하여 공지된 것인지 또는 자기의 의사에 반하여 공지된 것인지를 불문하는 것으로 되어 있다. 구법에서는 자기의 행위에 의한 공지의 경우에는 자기의 의사에 반하여 공지된 경우와는 달리 출원시 그 출원서에 취지를 기재하지 않거나 그 증명서류를 사후적으로 제출함으로써는 구제받지 못하였으므로 양자를 구별할 의의가 있었으나, 2013년 개정법에서는 자기의 행위에 의한 공지인 경우에도 사후적으로 취지기재 및 그 증명서류를 제출할 수 있도록 함으로써(§36①,②) 위와 같은 구별의 실익이 없어지게 되었다.

2) 적용의 예외

디자인등록을 받을 수 있는 권리를 가진 자의 디자인이 조약이나 법률에 따라 국내 또는 국외에서 출원공개 또는 등록공고된 경우에는 신규성상실의 예외규정의 적용을 받을 수 없다(§36①단). 이러한 경우에 신규성을 상실한 것으로 취급하여도 출원인에게 가혹하다고 할 수 없고, 또 외국공보 등에 게재된 것을 신규성상실의 예외사유로 인정하는 것은 파리협약에 의한 우선권주장 등의 이익과 중첩되어 과도한 이익을 제공하는 것으로 되며, 나아가 공개된 날부터 6개월이 도과되었다고 믿고 행동한 제3자에게 예측할 수 없는 불이익을 줄 우려가 있기 때문이다. 2013년 법개정에서 단서를 신설하였다.

(3) 적용요건

1) 주체적 요건

신규성을 상실한 디자인에 대하여 디자인등록을 받을 수 있는 권리를 가진 자이어야 한다. 신규성 상실의 예외규정의 적용을 받고자 하는 출원은 '그 자가' 출원하는 것이 요건의 일부이기 때문에 디자인등록을 받을 수 있는 권리를 가진 자와 해당 출원의 출원서에 기재된 출원인의 인격이 일치하여야 한다. 디자인등록을 받을 수 있는 권리는 이전이 가능하므로 만약 공표자와 출원인의 인격이 상이한 경우에는 디자인등록을 받을 수 있는 권리의 승계사실이 입증되어야 한다. 공동창작자 중 1인이 디자인을 공표한 경우에도 본 규정의 적용을 받을 수 있다고 해석된다. 타 공유자를 보호할 필요성이 있기 때문이다.

2) 객체적 요건

종전에는 디자인등록을 받을 수 있는 권리를 가진 자의 출원에 관한 디자인과 신규성을 상실한 디자인과의 관계에 대해 동일 또는 유사할 것이 요건이 되고 있었으나 2004년 법개정에서 법 제33조 제1항 각호의 1에 해당하게 된 디자인에 의해서 그 자가 한 후일의 디자인등록출원한 디자인이 법 제33조 제1항 및 제2항의 규정에 의해서는 거절되지 않도록 하는 개정이 이루어졌기 때문에 양 디자인이 동일, 유사 또는 비유사한가의 여부 등 양 디자인의 관계가 어떠한 것인가에 관계없이 신규성을 상실한 디자인 및 해당 디자인등록출원이 소정의 요건을 만족시키면 그 신규성을 상실한 디자인에 대하여 신규성상실의 예외규정의 적용을 받을 수 있게 되었다〈도3-10〉.

〈도3-10〉 구체예

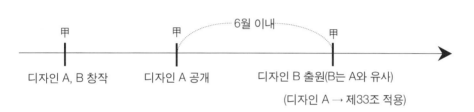

예컨대 甲이 디자인 A, B를 창작하여 甲의 행위에 의해 디자인 A가 공개(공지)된 경우, 디자인 A의 공개일부터 6개월 이내에 본조의 적용을 받아서 디자인 B를 출원하였을 때에는 디자인 A에 대하여는 본조에 의해 제33조 제1항 및 제2항의 규정을 적용함에 있어서는 동조 제1항 제1호 또는 제2호에 해당하지 아니한 것으로 보므로 출원에 관한 디자인 B는 디자인 A를 인용하여 제33조 제1항 제3호의 규정에 의해 거절되지 않는 것이다.

또한 상호 유사한 디자인 A, A′가 동시에 공개될 때 디자인 A 또는 디자인 A′ 중 어느 하나에 대해 디자인등록출원을 하는 경우 어느 쪽의 출원을 하는 경우에 있어서도 제36조 제2항의 증명서에는 디자인 A 및 A′의 쌍방을 기재할 필요가 있는 점에 주의하여야 한다. 예를 들면, 디자인 A에 대해 디자인등록출원을 하였을 때 디자인 A만을 기재한 증명서를 제출한 경우에는 제36조의 적용을 받을 수 있는 것은 디자인 A뿐이므로 신규성을 상실한 A′를 인용하여 디자인 A는 디자인보호법 제33조 제1항 제3호의 규정에 의해 거절된다〈도3-11〉.

〈도3-11〉 구체예

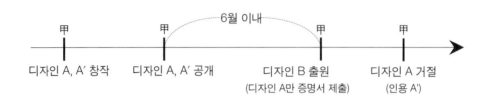

또한 부분디자인의 출원에 있어서도 신규성상실의 예외규정의 적용을 받을 수 있다. 따라서 전체디자인이 공표된 경우 그 일부분에 대한 부분디자인의 출원을 하는 경우에는 신규성상실의 예외의 적용을 받고자 하는 절차가 필요하다.

그리고 디자인보호법 제36조 제1항의 규정으로부터 신규성을 상실한 것은 어디까지나 디자인이어야 한다. 따라서 창작자가 창작한 디자인의 일부로서 모양만을 공개한 경우에는 당해 모양은 "디자인등록을 받을 수 있는 권리를 가진 자의 디자인이 법 제33조 제1항 제1호 또는 제2호에 해당하게 된 경우"에 해당하지 않는다.

3) 절차적 요건

㈎ 6개월 이내의 출원   공지 등으로 인해 신규성을 상실하게 된 때부터 6개월 이내에 출원하여야 한다. 제3자의 이익을 고려하여 정한 기간이다. 의사에 반한 공지 등의 경우에도 6개월 이내의 출원이어야 한다. 이 점은 특허법이 12개월 이내의 출원이어야 하는 것과 다르다(특§30).

'6개월 이내'라고 하는 것은 몇 번이고 공지 또는 간행물에 게재된 경우는 그 최초로부터의 계산이다.[61] 디자인보호법은 공지 또는 공연히 실시된 경우에도 내·외국을 불문하므로 외국에서 공지 또는 공연히 실시된 경우에도 그 최초의 공지 등에 이른 날부터 6개월 이내의 출원이 아니면 신규성 상실의 예외 규정의 적

---

61) 중간에 몇 번이고 반복된 행위에 대해서는 특허법·실용신안법처럼 어떤 시점의 원인행위(시험, 간행물 발표 또는 박람회출품 등 일정기간이지만 어떤 시점의 한정적 행위에 대한 것이다)를 예정하는 것이 아니라 디자인에 있어서는 주로 판매의 경우처럼 계속적 상태를 포함한 것이므로 특허법·실용신안법의 경우와는 달리 그들에 의해 등록을 거절당하는 일이 없다고 해석된다; 특허법원 2008.8.28.선고 2008허3407 판결도 같은 취지.

용을 받을 수 없다.

(나) 취지기재 서면 및 증명서류의 제출   신규성 상실의 예외 규정을 적용받으려는 자는 다음 어느 하나에 해당할 때에 그 취지를 적은 서면과 이를 증명할 수 있는 서류[62]를 특허청장 또는 특허심판원장에게 제출하여야 한다(§36②). 의사표시 및 절차의 확실을 기하기 위함이다.

ⅰ) 디자인등록출원서를 제출할 때, 이 경우 증명할 수 있는 서류는 출원일(국제디자인등록출원의 경우에는 국제공개일)부터 30일 이내에 제출하여야 한다.

ⅱ) 거절이유통지에 대한 의견서를 제출할 때

ⅲ) 디자인일부심사등록 이의신청에 대한 답변서를 제출할 때

ⅳ) 심판청구(디자인등록무효심판의 경우로 한정한다)에 대한 답변서를 제출할 때

이 경우 취지의 기재에 대하여는 디자인등록출원서의 서식에「신규성상실의 예외주장」란을 만들어 신규성을 인정받고자 하는 디자인의 공개형태 및 공개일자 등 해당사항을 적어야 한다(시규§35별지 제3호서식 기재방법15-다). 또 신규성을 상실하게 되는 태양은 판매행위, 전시행위, 간행물게재, 방영행위 등 여러 가지가 있으나 그 증명서류는 적어도 ⅰ) 신규성을 상실하게 된 일자, ⅱ) 신규성을 상실하게 된 장소 또는 간행물명, ⅲ) 신규성을 상실하게 된 디자인의 도면 또는 사진 등이 첨부되어야 하며 그 사실이 객관적으로 입증되어야 한다.[63]

실무상 신규성상실의 예외주장의 증명서류에 공지주체, 공지형태, 공지디자인 도면 등이 불명확하여 신규성상실의 예외주장을 인정할 수 없는 경우에는 불인정예고통지를 하여 의견서를 제출할 수 있는 기회를 주도록 하고, 예고통지에 따라 제출된 의견에도 불구하고 예외주장을 인정할 수 없다고 판단되면 불인정통지를 한다.[64]

---

62) '증명할 수 있는 서류'란 어떤 사실의 존부에 대하여 확신을 주는 기능을 말하지만, 디자인보호법 제36조 제2항의 '증명할 수 있는 서류'에 대하여는 그 형식과 함께 그 외에 아무것도 정하고 있지 않으므로 제출하는 증명할 수 있는 서류의 내용, 형식은 여러 가지로 다양하게 미치는 것으로 상정되고 있다.
63) 디자인심사기준 4부 4장 2. 4) (1).
64) 디자인심사기준 4부 4장 3.

(4) 적용효과

이상의 적용요건을 만족하면 디자인보호법 제33조 제1항 및 제2항의 규정을 적용함에 있어 제33조 제1항 또는 제2항에 해당하지 않는 것으로 보며, 따라서 타 등록요건의 구비를 조건으로 설정등록되고(§90), 디자인권이 발생한다(§92).

그러나 출원일이 소급되는 것은 아니므로 신규성을 상실한 시점부터 출원시까지의 6개월 사이에 타인의 출원이 있거나 그 공개디자인을 본 제3자의 행위(모방품 판매 등 실시행위)에 의해 그 공개디자인에 대해 신규성 상실의 예외의 적용을 받아 출원하여도 등록요건을 만족하지 않을 가능성이 있다.

따라서 신규성 상실의 예외규정에 너무 의존하는 것은 위험하므로 디자인이 공개된 후 하루라도 빨리 출원하는 것이 바람직하다.

5. 신규성 상실의 효과

디자인심사등록출원이 신규성이 상실된 경우에는 거절이유가 되고(§62①), 잘못하여 등록이 허여된 경우에는 디자인등록의 무효사유가 된다(§121①). 그러나 디자인일부심사등록출원에 대하여는 그 등록 전에 원칙적으로 신규성 요건에 대하여는 심사하지 않으므로(§62②) 이에 위반된 것이 등록된 경우에는 일정기간 내 이의신청이유가 되고(§68①), 또 디자인등록의 무효사유가 된다(§121①).

Ⅲ. 창작비용이성

1. 의 의

디자인의 창작비용이성이란 디자인등록출원 전에 그 디자인이 속하는 분야에서 통상의 지식을 가진 사람이 법 제33조 제1항 제1호·제2호에 해당하는 디자인 또는 이들의 결합이나 국내외에서 널리 알려진 형상·모양·색채 또는 이들의 결합에 의하여 쉽게[65] 창작할 수 있는 디자인에 대하여는 디자인등록을 받을 수

---

65) 2013년 법 개정에서 알기 쉬운 법령 만들기 일환으로 본조항의 문언 중 '용이하게'를 '쉽게'로 변경하였다. 본서에서는 서술의 편의에 따라 위 용어를 혼용하여 사용하기로 한다.

없다는 것을 말한다(§33②). 디자인보호법은 물품의 미적 외관에 관한 창작을 보호하기 위해 객관적 창작성(신규성)을 요구한다(§33①각호).

그러나 객관적 창작성(신규성)의 요건을 갖추어 신규성이 있는 디자인으로 인정되는 것이라도 소위 당업자가 쉽게 창작할 수 있는 디자인은 보호할 가치가 없다. 그러한 창작이 쉬운 디자인에 대해서 독점배타권인 디자인권을 부여하여 보호하게 되면 권리의 난립으로 산업활동의 자유를 저지하여 오히려 법 목적인 산업발전을 저해할 우려가 있다. 그래서 이와 같은 폐해를 방지하고, 진정한 보호가치가 있는 디자인을 보호하며 또 높은 수준의 창작을 유도하기 위해 창작이 쉬운 디자인은 등록을 받을 수 없다는 취지를 규정한 것이다.[66]

2. 창작비용이성의 판단기준

(1) 시간적 기준

신규성의 판단기준에 대응하여 출원시를 기준으로 판단한다. 출원시란 민법상의 도달주의 원칙에 의해 출원서가 특허청에 도달한 시를 말한다. 다만, 지리적 불평등의 시정을 위해 우편송달의 경우에는 발신주의가 채용되어 있다(§28). 또한 그 디자인이 속하는 분야에서 통상의 지식을 가진 자가 쉽게 디자인을 창작할 수 있는지 아닌지의 판단도 출원시가 기준이 된다. 이 점에서 선출원(§46) 등을 일(日) 단위로 판단하는 '출원일'과는 다르다.

---

66) 대법원 2010.5.13.선고 2008후2800 판결은 "디자인보호법 제5조 제2항(현행법 제33조 제2항)은 그 디자인이 속하는 분야에서 통상의 지식을 가진 자가 제1항 제1호 또는 제2호에 해당하는 디자인의 결합에 의하여 용이하게 창작할 수 있는 것은 디자인등록을 받을 수 없도록 규정하고 있는데, 여기에는 위 각 호에 해당하는 디자인의 결합뿐만 아니라 위 디자인 각각에 의하여 용이하게 창작할 수 있는 디자인도 포함된다고 봄이 타당하고, 그 규정의 취지는 위 각 호에 해당하는 디자인의 형상·모양·색체 또는 이들의 결합을 거의 그대로 모방 또는 전용하였거나, 이를 부분적으로 변형하였다고 하더라도 그것이 전체적으로 볼 때 다른 미감적 가치가 인정되지 않는 상업적·기능적 변형에 불과하거나, 또는 그 디자인 분야에서 흔한 창작수법이나 표현방법에 의해 이를 변경·조합하거나 전용하였음에 불과한 디자인 등과 같이 창작수준이 낮은 디자인은 그 디자인이 속하는 분야에서 통상의 지식을 가진 자가 용이하게 창작할 수 있는 것이어서 디자인등록을 받을 수 없다는 데 있다."고 판시하였다(이 판결은 '공지디자인의 결합'에 의하여 용이하게 창작할 수 있는 디자인도 등록받을 수 없도록 추가한 2004년 개정법 제5조 제1항에 대해 새로운 법리를 제시한 판결이다).

(2) 주체적 기준

그 디자인이 속하는 분야에서 통상의 지식을 가진 사람을 기준으로 판단한다. 판단의 객관성을 담보하기 위한 취지이다. '그 디자인이 속하는 분야'란 그 디자인의 실시에 관련되는 분야를 의미한다. 즉 그 디자인에 관계 있는 물품을 제조하거나 판매하거나 수입하는 업계(선풍기의 경우 가정전기업계 등)를 말한다. 이를 당업계라 하며 이 분야의 사람을 당업자라 한다. '통상의 지식'이란 디자인의 창작에 관한 지식을 말하며 '사람'은 당업계의 디자인창작에 대해 평균수준의 지식이 있는 사람을 말한다. 또한 '사람'은 단수이고 자연인만이다.

(3) 지역적 기준

국내 또는 국외를 기준으로 하는 세계주의를 채용한다. 종전에는 널리 알려진 형상 등에 대해서는 국내로 한정하였으나 2013년 법개정에서 국외로까지 확대하였다. 무역 및 통신이 발달한 현재 국내로만 한정하는 이익이 적기 때문이다.

(4) 객체적 기준

법 제33조 제1항 제1호 · 제2호에 해당하는 디자인 또는 이들의 결합 또는 국내외에서 널리 알려진 형상 · 모양 · 색채 또는 이들의 결합에 의하여 쉽게 창작할 수 있는 디자인인지 아닌지 여부를 기준으로 판단한다.[67] 이 점은 특허법상의 진보성에 대해 공개적으로 존재하는 발명과의 관계에서 발명의 곤란성 여부를 기준으로 판단하는 것과 다르다. 디자인은 형상 등의 추상적인 모티브에 의해서도 쉽게 창작할 수 있기 때문이다. 여기서 '쉽게 창작할 수 있는'이란 그저 막연히 쉽게 창작할 수 있는 이란 의미가 아니고 공지디자인 또는 이들의 결합이나 널리 알려진 형상 · 모양 등을 거의 그대로 모방하거나 그 가하여진 변화가 단순한 상업적 · 기능적 변형에 불과하거나 또는 그 디자인 분야에서 흔한 창작수법이나 표현방법에 의해, 이를 변경 · 조합하거나 전용하였음에 불과한 것을 말한다. 이러한 것들은 모두 낮은 수준의 창작행위이기 때문이다. 또 '상업적 · 기능적 변형'이란 당업

---

67) 일본은 창작성이 높은 디자인을 정확하게 보호하고 높은 수준의 디자인 창작활동을 유도하기 위하여 1998년 디자인법 제3조 제2항을 개정하여 창작비용이성 판단의 객체적 기준에 대해 종전의 "국내에서 널리 알려진 형상 등"을 "국내 또는 국외에서 공연히 알려진 형상 등"으로 하여 창작비용이성의 요건을 강화하였다.

계에서 통상의 지식을 가진 자라면 누구나 해당 디자인이 그 물품 또는 기능에 맞도록 하기 위하여 가할 수 있을 것이라고 생각되는 정도의 변화를 말하는 것으로서 다음과 같은 경우를 예로 들 수 있다.[68]

(가) 주지의 사각형 천정판 측면에 경사면을 표현한 정도의 것

(나) 주지의 난형을 뚜껑과 몸체로 분리하여 과자용기로 만드는 것

(다) 유명캐릭터에 손과 발, 몸통을 약간 변형하여 인형으로 만드는 것

2004년 법개정에서 종전의 "국내에서 널리 알려진"을 "제1항 제1호 또는 제2호에 해당하는 디자인의 결합에 의하거나 국내에서 널리 알려진"으로 하여 창작비용이성의 요건을 강화하였다. 여기서 '제1항 제1호 또는 제2호에 해당하는 디자인'이란 공지디자인, 반포된 간행물에 게재된 디자인 등을 말하며 이에는 주지디자인도 포함된다. 또한 2013년 법개정에서 종전의 '제1항 제1호 또는 제2호에 해당하는 디자인의 결합'을 '제1항 제1호·제2호에 해당하는 디자인 또는 이들의 결합'으로 하여 공지디자인 등의 결합뿐만 아니라 공지디자인 각각도 창작비용이성의 판단자료로 삼을 수 있도록 하였다. 대법원 2010.5.13.선고 2008후2800 판결의 법리를 반영한 것이다.

한편, 상기의 경우 공지디자인 또는 간행물에 게재된 디자인의 대상이 되는 물품과 디자인등록출원된 디자인의 대상이 되는 물품과의 동일 또는 유사 여부는 문제로 되지 않는다고 해석된다.[69]

'널리 알려진'이란 국내의 일반 대중 사이에서 널리 알려진 경우는 물론이고 당업자 사이에 널리 알려져 있으면 그것으로 충분하다. 반드시 현실적으로 널리 알려져 있는 것이 필요하며 알려질 수 있는 상태에 놓여 있는 것만으로는 부족하다.

'형상·모양·색채'는 물품의 형상·모양·색채 또는 이들의 결합에 한하지 않고 추상적인 모티브로서의 형상·모양·색채 또는 이들의 결합이라도 좋고 또한 자연물, 저작물, 건조물 등을 불문하고 어떤 형상이어도 좋다는 것을 의미한다.

---

68) 디자인심사기준 4부 6장 2. (1) ③.

69) 디자인등록출원 전에 그 디자인이 속하는 분야에서 통상의 지식을 가진 사람이 국내 또는 국외에서 공지된 디자인의 결합에 의하거나 국내에서 널리 알려진 형상·모양·색채 또는 이들의 결합에 의하여 용이하게 창작할 수 있는 디자인은 디자인등록을 받을 수 없고, 이러한 경우 당해 출원디자인 및 이와 대비되는 공지디자인이 반드시 동일·유사한 물품에 한정되는 것은 아니다(특허법원 2010.2.11.선고 2009허7765 판결).

디자인의 창작은 형상 등의 모든 모티브에 기초하여 이루어지기 때문이다. 또한 널리 알려진 디자인도 창작비용이성 판단의 기초자료로 하는 것이 인정된다. 한편, 창작비용이성 판단의 객체 자료가 되는 공지디자인, 주지의 형상·모양 등은 수에 대한 제한은 없는 것으로 해석되고 있다.[70]

생각건대, 본 규정은 독점배타권을 부여할 가치가 없는 디자인의 등록을 배제하기 위해 쉽게 창작할 수 있는 디자인에 대해 등록을 하지 않는다는 취지를 규정한 것이지만, 본 규정의 적용을 잘못하면 본래 창작으로서 보호가치가 있는 디자인에 대해 독점권이 부여되지 않는 것에 의해 창작의욕을 억제하는 것이 될 수 있다.

따라서 본 규정의 '쉽게 창작할 수 있는' 문언의 해석은 엄격히 할 필요가 있다.[71] 본 규정의 판단은 어디까지나 디자인의 창작과정에서 독점배타권을 부여함에 가치 있는 지적노동을 요하느냐 아니냐에서 구해져야 할 것이다.

3. 창작용이한 디자인의 구체예

(1) 공지디자인 또는 이들의 결합에 의한 창작[72]

1) 치환디자인

치환이란 디자인의 구성요소의 일부를 다른 디자인으로 바꿔 놓은 것을 말한다. 공지디자인(주지디자인에 관한 경우도 같다. 이하 같다)의 특징의 구성요소를 당업자에 있어서 흔한 수법에 의해 다른 공지디자인에 바꿔 놓아 구성한 것에 지나

---

70) 구 디자인보호법 제5조 제2항에서 말하는 주지의 형상 등을 결합하여 용이하게 창작할 수 있는 디자인이 하나의 형상 또는 모양만으로 이루어진 디자인이어야 한다고 볼 아무런 근거가 없다(특허법원 2010.1.15.선고 2009허5745 판결). 또 판단의 기초로 되는 형태는 2개까지를 한도로 하는 것은 아니라는 취지의 일본에서의 판결이 있다[동경고재 2004.4.22.선고 2004년(행게)제17호 판결].

71) 牛木, 의장, 152면은 "제33조 제1항의 규정은 재판규범이라기보다도 전에 하나의 사회규범이 되어 있는 것이라고 생각되고, 타인의 디자인과 유사한 디자인에도 독점배타적 권리를 부여하는 것은 사회적 질서와 건전한 거래계를 문란케 하는 것이 되므로 법목적에 반하는 것이지만, 제33조 제2항의 규정은 일반 사회의 자연발생적으로 생긴 법규라기보다도 정책적으로 만들어진 행정규범이라 할 수 있기 때문이다. 그 의미에서 이 규정은 디자인출원인 측에서는 그 판단의무의 한계를 넘어선 법규라 말할 수 있는 것이다. 그 의미에서 제33조 제2항의 운용은 어디까지나 예외적이지 않으면 안 된다고 생각한다."고 기술하고 있다.

72) 디자인심사기준 4부 6장 2. 1) (2).

지 않는 것은 치환디자인에 해당한다. 예를 들면 공지의 시계가 부착된 라디오의 시계 부분을 단순히 다른 시계의 형상 등으로 치환한 시계의 경우 쉽게 창작할 수 있는 디자인에 해당한다〈도3-12〉.

〈도3-12〉치환디자인의 예
「시계가 부착된 라디오」

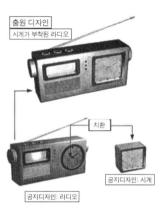

2) 조합디자인

조합이란 복수의 디자인을 합하여 하나의 디자인을 구성하는 것을 말한다. 복수의 공지디자인을 당업자에 있어서 흔한 수법에 의해 합한 것에 지나지 아니한 것은 조합디자인에 해당한다. 예를 들면 공지의 책상 형상에 공지의 책꽂이 형상을 부착한 책꽂이가 부착된 책상의 경우 창작용이에 해당한다〈도3-13〉.

3) 배치변경디자인

배치변경디자인이란 공지디자인의 구성요소의 배치를 당업자에 있어서 흔한 수법에 의해 변경한 것에 지나지 아니한 디자인을 말한다. 예를 들면 공지디자인의 구성요소의 배치를 변경한 것에 지나지 않는 전화기의 경우 창작용이에 해당한다〈도3-14〉.

〈도3-13〉조합디자인의 예
「책꽂이가 부착된 책상」

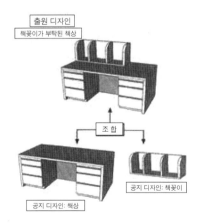

〈도3-14〉배치변경디자인의 예
「전화기」

4) 구성비율의 변경 또는 구성단위 수의 증감에 의한 디자인

구성비율의 변경이란 공지디자인의 전부 또는 일부의 구성비율을 변경한 것을 말하고 구성단위수의 증감이란 공지디자인의 구성단위수를 당업자에 있어서 흔한 수법에 의해 수를 달리한 것에 지나지 않은 디자인을 말한다. 예를 들면 공지디자인의 구성 수를 달리한 것에 지나지 않는 벤치의 경우 창작용이에 해당한다〈도3-15〉.

〈도3-15〉 구성하는 단위 수의 증감에 의한 디자인의 예「벤치」

(2) 널리 알려진 형상 등의 결합에 의한 창작

1) 주지의 형상 · 모양에 기초한 디자인

'주지의 형상'이란 명칭에 의해 그 형상이 특정되는 형상을 말한다. '주지의 모양'이란 주지 형상과 같이 명칭에 의해 관념되는 형태가 특정되는 모양을 말한다. 주지형상의 예로서는 기하학적 평면형상으로서의 원, 타원, 삼각형, 사각형 등과 입체적 형상으로서의 공, 원기둥, 육면체, 삼각기둥, 사각기둥, 원뿔, 삼각뿔과 각뿔대, 뿔대통 등이 있다〈도3-16〉. 주지 모양의 예로서는 봉황무늬, 거북등무늬, 바둑판무늬, 물방울무늬 등이 있다〈도3-17〉. 이들의 형상에 의해 물품의 형태를 구성하거나 또는 모양을 물품의 형태에 거의 그대로 나타내는 것은 대부분 모든 물품분야에서 행해지고 있는 것이므로 그와 같은 디자인은 특히 지적 노동의 소산이라고 할 수 없다. 따라서 이들 주지의 형상 · 모양에 기초한 디자인은 창작이 용이한 디자인에 해당하는 것이다.

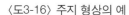
〈도3-16〉 주지 형상의 예

〈도3-17〉 주지 모양의 예

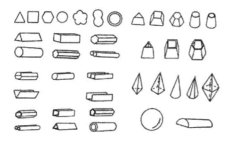

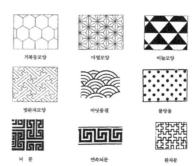

2) 자연물, 유명한 저작물, 건조물 등을 기초로 한 디자인

자연의 형태를 거의 그대로의 형태로 공업적으로 재현한 것은 창작용이에 해당한다. 예컨대 동물의 자태를 거의 그대로 나타낸 완구, 자연물의 나뭇결을 본뜬 벽지, 유명한 경치를 그대로 재현한 장식물 디자인 등이 이에 해당한다.

널리 알려진 저작물을 기초로 하여 창작된 디자인에 대해서도 본 항의 규정이 적용된다. '널리 알려진 저작물'이란 로댕의 생각하는 사람, 김홍도의 풍속도, 만화주인공 뽀빠이처럼 고유한 명칭에 의해 지칭할 수 있을 정도로 유명한 저작물은 물론 그 저작물을 구체적으로 적시함으로써 명확해지는 그러한 것이라도 그 업계에 널리 알려진 저작물에 포함해서 말하는 것이다. 전자의 예에서 말하는 유명한 저작물은 이를 기초로 물품의 형태를 구성하고 또는 모양으로 나타내는 것은 많은 물품분야에서 보편적으로 행해지는 것이므로 일반적으로 그 디자인은 창작이 용이한 것으로 된다. 또 후자의 예와 같이 유명하지는 않지만 그것이 속하는 분야에서 널리 알려진 것에 기초하는 경우에는 관용적 수법의 범위에 그치는 한에서 창작용이한 디자인에 해당한다. 예를 들면 어떤 도안집에 게재된 도안을 날염하여 스카프로 하는 것과 같다.

건조물에 있어서도 저작물과 같다. 남대문, 남산타워, 자유의 여신상, 에펠탑, 불국사, 올림픽 주경기장 등 고유명사에 의해 그 형태 이미지를 방불하는 그런 건조물은 그 유명성에 의존하여 많은 물품으로 만들어지는 것이 보통이다. 따라서 이런 것에 기초하는 디자인은 거기에 어떤 지적 노동도 없는 것이라고 말하지 않을 수 없다.

백두산 천지, 금강산 등 유명한 경치를 거의 그대로 물품에 표현한 경우에도 동일하다.

3) 상관행상 전용에 의한 디자인

어떤 물품의 형태를 다른 물품에 관행적으로 전용하여 디자인을 구성하는 경우가 있다. 이런 경우의 디자인의 창작도 보통으로는 창작이 용이한 것에 해당한다. 전용의 관행이 있는 경우로는 물품의 용도상 관계의 밀접으로 그 디자인의 전용이 업계의 관행 또는 상식으로 된 경우 예를 들면 나이프, 포크, 스푼 상호간의 경우와 기타 전용이 업계의 관행이나 상식으로 된 경우 예를 들면 비행기나 자동차를 완구나 기념품으로 전용하는 경우, 가구를 완구로 전용하는 경우가 있다.

이와 같이 이미 존재하는 형태를 단순히 전용함에 있어서는 거기에 무엇을 전용하는가 하는 선택의 작용이 있다 하여도 디자인, 즉 물품의 형태 그 자체를 창조함에 있어서는 다른 형태에 전면적으로 의존하는 것이므로 거기에 창작적 가치를 거의 찾기 어려운 것이다.

여기에서 문제로 되는 것은 ⅰ) 전용에 있어서의 변형의 정도, ⅱ) 전용되는 물품의 범위, ⅲ) 전용분야의 관행, 즉 전용함이 통상으로 되어 있느냐의 여부이다. 대개는 전용시에 가하여진 변형이 업계의 관행으로 되어 있고, 통상 전용의 대상이 되는 분야이고 또 그것이 통상 이루어지는 방법에 의한 경우에는 창작비용이성의 규정에 해당하는 것이라고 해석한다.[73]

4. 창작비용이성 흠결의 효과

디자인심사등록출원이 창작비용이성 흠결시 거절이유가 되고(§62①), 잘못하여 등록이 허여된 경우에는 디자인등록의 무효사유가 된다(§121①).

그러나 디자인일부심사등록출원에 대하여는 그 등록 전에 원칙적으로 창작비용이성 요건 중 일부(공지디자인 또는 이들의 결합에 따라 쉽게 창작할 수 있는 디자인인지 여부)에 대하여는 심사하지 않으므로(§62②) 이에 위반된 것이 등록된 경우에는 일정기간 내 이의신청이유가 되고(§68①), 디자인등록의 무효사유가 된다(§121①).

---

73) 齋藤, 「의장」, 285면.

5. 법 제33조 제1항 제3호와 법 제33조 제2항과의 관계

디자인보호법 제33조 제1항 제3호는 출원디자인과 공지디자인 등과의 관계에서 신규성의 유무에 대해 규정하고 있고, 제33조 제2항은 출원디자인과 공지디자인, 널리 알려진 형상 등과의 관계에서 창작비용이성의 유무에 대하여 규정하고 있다. 양 규정의 적용관계에 대하여는 법 제33조 제1항 제3호는 동일 또는 유사물품의 공지디자인·공연히 실시된 디자인 또는 간행물에 게재된 디자인을 대상자료로 하여 객관적 창작성(신규성)을 판단하며 일반 수요자를 기준으로 미감의 유사여부를 문제로 하는 데 비해 법 제33조 제2항은 당업자를 기준으로 국내에서 널리 알려진 형상·모양 등을 대상자료로 하여 창작의 용이성의 유무를 판단하고 창작이 용이한 경우 등록하지 않는 것으로 한 것이다. 또 논리적으로 법 제33조 제1항 제3호는 창작의 과정, 행위에 관계없이 단지 선행디자인과의 관계에서 객관적 창작성·신규성의 유무를 문제로 삼는 것이나 법 제33조 제2항은 그 창작의 과정을 기초로 하여 창작의 정도, 용이성을 문제로 하는 것이다. 그러나 양 규정의 적용면에서 법 제33조 제2항은 그 조문에서 괄호로 "제1항 각호의 어느 하나에 해당하는 디자인은 제외한다."라고 하고 있기 때문에 출원디자인이 선행디자인과의 관계에서 신규성이 없다고 판단되기도 하고, 또 공지디자인 또는 이들의 결합이나 국내외에서 널리 알려진 형상·모양 등에 의해 쉽게 창작할 수 있는 것에 해당된다고 판단되는 경우에는 법 제33조 제2항 규정의 적용을 제외하여야 함이 명백하다.

법 제33조 제2항에서 제1항 각호의 어느 하나에 해당하는 디자인을 제외한 것은 선행디자인과 동일 또는 유사한 디자인은 이미 법 제33조 제1항 각호에 규정된 디자인에 해당하여 등록할 수 없는 것이므로 여기서 중복하여 등록을 배제할 필요가 없기 때문이다. 즉 이중규정을 회피하기 위한 것이다.

6. 판례에서 본 창작비용이성 여부 판단

(1) 창작용이라고 판단한 경우(본 규정이 적용된 경우)

① 특허법원 2010.6.10.선고 2010허1206 판결, 대법원 2010.10.14.선고 2010후1886 판결(심리불속행 기각)

'기념패'에 관한 이 사건 등록디자인 〈그림 1〉과 비교대상디자인 1 〈그림 2〉,

비교대상디자인 2 〈그림 3〉를 대비하여 보면, 먼저 이 사건 등록디자인의 〈그림 4〉와 같은 좌측 부분과 비교대상디자인 2 〈그림 5〉는, ① 무릎을 약간 구부리고 허리와 상체를 비틀면서 좌측 방향으로 팔을 휘두르고 있는 골퍼(golfer)의 형상을 하고 있는 점, ② 색채가 금속색인 점 등에서 유사하다. 다음으로, 이 사건 등록디자인의 〈그림 6〉과 같은 우측 부분과 비교대상디자인 1 〈그림 7〉은 ① 머리부터 발끝까지 몸 전체를 일직선으로 세우고 허리와 상체를 비틀면서 우측 방향으로 팔을 휘두르고 있는 골퍼의 형상을 하고 있는 점, ② 색채가 금속색인 점 등에서 유사하다. 따라서 이 사건 등록디자인의 좌·우측 부분과 비교대상디자인 1, 2는 그 요부가 서로 유사하므로, 이 사건 등록디자인은 이 디자인이 속하는 분야에서 통상의 지식을 가진 사람이 비교대상디자인 1, 2의 결합에 의하여 용이하게 창작할 수 있다.(창작용이)

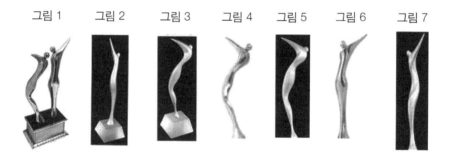

그림 1   그림 2   그림 3   그림 4   그림 5   그림 6   그림 7

② 대법원 2010.5.13.선고 2008후2800 판결

원심이 대상물품을 '전력계 박스'로 하는 이 사건 등록디자인(등록번호 제0435126호) 〈그림 1〉과 원심 판시의 비교대상디자인 〈그림 2〉를 대비하여, 양 디자인은 세로로 긴 직사각형의 몸통에서 모서리와 윗부분을 원형의 곡선으로 부드럽게 처리한 점, 두 개의 다소 돌출된 정사각형 투시창을 상부 쪽에 치우친 곳에 나란히 형성한 점, 투시창 위에 돌출된 빗물 또는 햇빛 가리개를 두고 있는 점, 전력계함을 상부와 하부의 개폐창으로 분리하고 있고 그 구분선이 하부 쪽에 치우치게 위치하고 있는 점 등에서 동일하고, 다만 빗물 또는 햇빛 가리개가 투시창별로 눈썹과 같이 2개로 형성되었는지 아니면 모자의 챙처럼 1개로 형성되었는지 여부, 투시창의 외곽선 모양, 몸통 부분의 장식 형태, 상단 부분에 가느다란 3개의

선을 두고 있는지 여부 등에서 차이가 있음을 인정한 다음, 이 사건 등록디자인은 그 디자인이 속하는 분야에서 통상의 지식을 가진 자가 비교대상디자인의 빗물 또는 햇빛 가리개를 투시창별로 분리하고 기타 장식의 모양을 바꾸는 등의 방법을 통하여 용이하게 변경하여 창작할 수 있는 디자인에 해당한다는 이유로, 그 등록이 무효로 되어야 한다고 판단한 것은 정당하다.(창작용이)

그림 1   그림 2

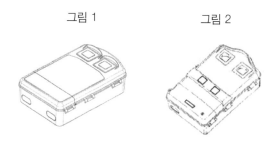

③ 특허법원 2007.7.12. 선고 2007허3165 판결(확정)

'방호벽용 판넬'에 관한 확인대상디자인의 사시도 〈그림 1〉에 의하면, 확인대상디자인은 국내에서 널리 알려진 형상과 모양이라고 할 수 있는 〈그림 2〉와 같은 "ㄷ"자 형상의 판넬을 한 방향으로 5개층으로 적층한 것이고, 방호벽용 판넬의 용도가 도로공사 및 토사를 제거하는 곳에 주로 설치하여 사용되는 것임을 감안할 때 그 용도에 따라 적층하는 판넬의 개수가 달라질 뿐이며, 이러한 정도의 변화는 방호벽용 판넬을 이용함에 있어서 그 디자인 분야에 속하는 통상의 지식을 가진 자라면 누구나 그 디자인이 그 물품에 맞도록 하기 위하여 가할 수 있을 정도의 변화에 지나지 아니하고 그로 인하여 전체적으로 새로운 심미감을 일으키게 한다고 할 수 없다. 따라서 확인대상디자인은 국내에서 널리 알려진 "ㄷ"자 형상의 판넬 1개를 구성요소로 하여 단순히 적층하여 용이하게 창작할 수 있는 것에 불과하여 누구나 이용할 수 있는 디자인이라 할 것이다.(창작용이)

그림 1   그림 2

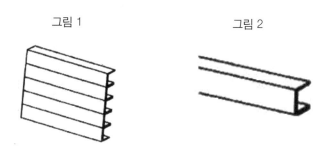

④ 특허법원 2009.12.23. 선고 2009허6304, 6267, 6274, 6281 판결(상고취하)

'스팽글'에 관한 이 사건 등록디자인들 〈그림 1, 그림 2, 그림 3, 그림 4〉는 단순한 원 등의 형상의 금속판의 한쪽 면에 다이아몬드 무늬를 크기나 모양의 변화가 전혀 없이 일정하게 단순 반복시켜 가득 채운 모양을 하고 있다. 그중에서 원 등의 형상은 주지의 형상이라 할 것이고, 다이아몬드 무늬는 주지의 모양이라 할 것인 바, 결국 이 사건 등록디자인은 주지의 형상인 원 형상 위에 주지의 모양인 다이아몬드 무늬를 단순 반복 배열시킨 것으로, 주지의 형상 및 주지의 모양을 그대로 이용하여 물품에 표현한 것에 지나지 아니하므로, 그 디자인이 속하는 분야에서 통상의 지식을 가지는 자가 위와 같은 주지의 형상 및 모양을 토대로 용이하게 창작할 수 있는 것에 불과하다.(창작용이)

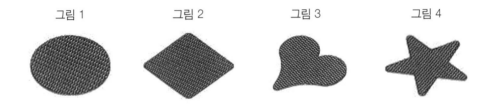

그림 1　　그림 2　　그림 3　　그림 4

⑤ 특허법원 1999.11.25. 선고 99허4859 판결(확정)

이 건 등록의장 〈그림 1〉은 동양화가인 소외 전일국이 사실적으로 그린 포도나무 그림(묵화)을 토대로 이 건 등록의장이 표현될 '창문유리용 시트지'에 적용한 것으로서, 포도나무의 줄기, 잎, 열매 등의 형상모양이 자연 상태의 포도나무의 흔히 있는 자태를 그대로 모방한 것인 사실이 인정되고 다른 반증은 없는 바, 위 인정사실에 의하면 이 건 등록의장은 비록 소외 전일국의 그림을 토대로 한 것이라 하더라도 종래부터 국내에서 널리 알려진 자연물인 포도나무의 형상·모양·색채 또는 이들의 결합을 흔히 있는 방법으로 그대로 모방한 것이고, 가사 그렇지 아니하여 자연물의 형상이나 모양에 변형을 가한 것이라 하더라도 그것은 단순한 상업적 변형에 불과한 경우에 해당할 뿐 수요자나 거래자의 입장에서 보아 그 이상의 새로운 심미

그림 1

감을 주는 의장은 아니라 할 것이므로 이 건 등록의장은 그 출원 전에 당업자가 주
지형상·모양·색채 또는 이들의 결합에 의하여 용이하게 창작할 수 있는 의장이
라고 할 것이다.(창작용이)

⑥ 특허법원 2014.4.11.선고 2014허447 판결(상고기각)

그림 1

이 사건 등록디자인 〈그림 1〉은 '문구제도용 합성수지
발포판재'에 관한 디자인으로서, 이 사건 등록디자인의 정면
도에서 보이는 모양은 부정형의 검은색 반점들이 흰색 바탕
에 불규칙하게 분포된 것으로서 자연 상태의 화강암 무늬와
극히 유사하다(갑 제4, 5, 7, 8호 중 참조). 그리고 직육면체의
판재 형상은 국내에서 널리 알려진 형상에 불과하다. 따라
서 이 사건 등록디자인은 통상의 디자이너가 주지디자인인
자연물로서의 화강암 무늬 등에 의하여 용이하게 창작할 수 있는 디자인에 해당한
다.

(2) 창작용이가 아니라고 판단된 경우(본 규정이 적용되지 않은 경우)

① 특허법원 2002.6.28.선고 2002허2013 판결(확정)

그림 1

'화병'에 관한 이 사건 등록디자인 〈그림 1〉은 원통형으로 된
상부의 입부분부터 몸통 주위에 이르기까지 별의 형상과 결합하여
이를 입체화하고 변형시킨 형태로 되어 있는데, 전체의 구성측면
에서 볼 때 이 사건 등록디자인이 널리 알려진 별모양을 거의 그대
로 이용하여 물품에 표현하였다고 할 수 없고, 또한 이를 물품에
전용한 것이 그 디자인이 속하는 분야에서 통상의 지식을 가진 자
라면 누구나 그 디자인이 그 물품에 맞도록 하기 위하여 가할 수 있을 정도의 변화
에 지나지 아니한다고 볼 수 없다.(창작비용이)

② 대법원 2011.4.14.선고 2010후2889 판결

'클램프용 손잡이'에 관한 이 사건 등록디자인 〈그림 1〉과 원심 판시 비교대
상디자인 1 〈그림 2〉, 비교대상디자인 2 〈그림 3〉을 대비하여 보면, 이 사건 등록
디자인 중 손잡이를 제외한 클램프 몸체 부분은 그 등록디자인 공보에 기재된 바

와 같이 공지의 형상일 뿐만 아니라 비교대상디자인 1에도 그와 유사한 형상이 나타나 있다.

그러나 손잡이 부분의 전체적인 형상에 있어, 이 사건 등록디자인은 모서리가 곡면 처리된 납작한 정삼각형 모양을 하고 있는 반면, 비교대상디자인 1은 귀 형상과 같이 비대칭의 삼각형을 취하고 있고 비교대상디자인 2는 두툼한 삼각형 형상을 취하고 있다. 또한 이 사건 등록디자인은 손잡이 중앙에 단순한 원형의 통공이 형성되어 있는데 비하여, 비교대상디자인 1은 통공이 형성되어 있지 않고 비교대상디자인 2는 손잡이 외측에서 내측으로 입체적으로 깎여 들어가는 방식으로 삼각형의 통공이 형성되어 있다. 그 밖에도 이 사건 등록디자인의 손잡이 부분에는 클램프 몸체와의 결합부위 양 측면에 삼각기둥 형상의 지지돌기가 형성되어 있는데, 이는 비교대상디자인들에서는 전혀 볼 수 없는 것이다.

위와 같이 이 사건 등록디자인과 비교대상디자인 1, 2는 클램프 손잡이 부분의 전체적인 형상, 통공 유무 및 그 모양, 몸체와의 결합부위 양 측면에 형성된 삼각기둥 형상의 지지돌기 유무 등에서 ① 비교적 큰 차이가 있고, 이로 인하여 양측 디자인은 전체적으로 볼 때 그 미감적 가치가 상이하여 위와 같은 차이가 ② 상업적·기능적 변형에 불과하다고 볼 수 없을 뿐만 아니라, ③ 이를 이 사건 디자인분야에서 흔한 창작수법이나 표현방법이라고 볼 만한 자료도 없으므로, 결국 이 사건 등록디자인은 그 디자인이 속하는 분야에서 통상의 지식을 가진 자가 비교대상디자인들의 결합에 의하여 용이하게 창작할 수 있는 것이라고 보기 어렵다.(창작비용이)

| 그림 1 | 그림 2 | 그림 3 |

③ 대법원 2014.4.10.선고 2012후1798 판결

대상 물품을 '창틀용 프레임'으로 하는 이 사건 등록디자인〈그림 1〉과 원심 판시 비교대상디자인 1〈그림 2〉을 대비하여 보면, 직육면체 형태의 상부 사각통과 그 밑면에 같은 방향으로 연접한 정육면체 형태의 하부 사각통으로 되어 있고,

상부 사각통의 윗면 가운데 부분에 오목부가 형성되어 있는 점에서 공통된다. 그러나 이 사건 등록디자인은 상·하부 사각통의 중앙에 같은 폭과 깊이의 요홈이 하나씩 형성되어 있음에 비하여 비교대상디자인 1에는 그러한 요홈이 없는 점, 이 사건 등록디자인의 경우 비교대상디자인 1에 비하여 하부 사각통이 상부 사각통의 왼쪽 부분으로 더 치우쳐 형성되어 있는 점, 이 사건 등록디자인은 상부 사각통의 오른쪽 중앙에 수평의 빗물 차단판이 형성되어 있음에 비하여 비교대상디자인 1에는 그러한 빗물 차단판이 없는 점에서 차이가 있다.

위와 같이 이 사건 등록디자인과 비교대상디자인 1은 요홈과 빗물 차단판의 유무, 상·하부 사각통의 위치 관계에서 서로 차이가 있는데, 이는 전체적으로 볼 때 이들 디자인 사이에 서로 다른 미감적 가치를 가져올 정도이므로, 비교대상디자인 1을 이 사건 등록디자인과 같이 변형하는 것을 두고 다른 미감적 가치가 인정되지 않는 상업적·기능적 변형에 불과하다고 볼 수 없다.

한편, 대상 물품을 '창호 프레임'으로 하는 원심 판시 비교대상디자인 2, 5에는 요홈이, 원심 판시 비교대상디자인 6, 7에는 빗물 차단판이 각 형성되어 있기는 하다. 그러나 이들 디자인의 요홈이나 빗물 차단판은 그 형성 위치나 전체 디자인에 결합되어 있는 구체적인 형상·모양 등에서 이 사건 등록디자인과는 차이가 있으므로, 이들 디자인을 비교대상디자인 1과 단순히 조합하는 창작수법이나 표현방법만으로는 이 사건 등록디자인을 창작해 낼 수가 없고, 그 밖에 이 사건 등록디자인에서와 같은 형상과 모양으로 요홈이나 빗물 차단판을 형성하는 것이 그 디자인 분야에서 흔한 창작수법이나 표현방법이라고 볼 만한 자료도 없다.

따라서 이 사건 등록디자인은 그 디자인이 속하는 분야에서 통상의 지식을 가진 자가 앞서 본 비교대상디자인들의 결합에 의하여 용이하게 창작할 수 있는 것이라고 보기 어렵다.(창작비용이)

그림 1

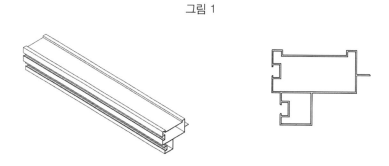

그림 2

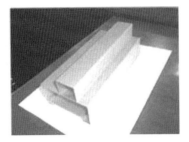

제3절 디자인등록의 절차적 요건

디자인등록출원디자인이 디자인의 성립요건을 충족하고 공업상 이용가능성, 신규성, 창작비용이성 등의 실체에 관한 요건을 충족하고 있을 때, 그것은 실질적인 디자인등록요건을 갖춘 디자인이라 할 수 있다. 그러나 그러한 디자인이라 하더라도 디자인보호법의 목적을 달성하기 위한 국가의 행정정책적 이유에 의하여 요구되는 절차적 요건을 충족시키지 못하면 디자인등록을 받을 수 없다. 이 요건에는 1디자인1출원 원칙, 복수디자인출원요건, 선출원주의,[74] 확대된 선출원[75] 등이 있다.

---

[74] 선출원주의 요건은 디자인권 발생의 주체에 관한 것이지만, 등록을 받을 수 있는 자에 대한 본질적인 요건과 달리 함께 등록을 받을 수 있는 권리를 가진 자가 밟은 절차의 선후로서, 절차행위에 대한 법기술적으로 정한 바의 요건이므로(齋藤, 「의장」, 287면) 본서에서는 디자인등록의 절차적 요건으로서 설명한다.

[75] 확대된 선출원 요건은 디자인등록의 요건에 관한 규정인 법 제33조에서 규정하고 있고, 또 디자인등록을 받기 위해서는 디자인공보에 게재된 선출원의 출원서의 기재사항 및 출원서에 첨부된 도면 등에 표현된 디자인의 일부와 동일하거나 유사한 디자인이 아닐 것을 요구하는 것이므로 디자인의 소극적 등록요건으로 설명하는 것이 오히려 적당하다 하겠으나, 법 제46조에서 규정한 본래의 선출원주의와 밀접한 관계에 있으므로 편의상 본서에서는 본절 Ⅲ. 선출원주의 다음의 Ⅳ.에서 설명하고자 한다.

Ⅰ. 1디자인1출원 원칙

1. 의　의

　　1디자인1출원 원칙이란 디자인등록출원은 1디자인마다 1디자인등록출원으로 하며 1디자인마다의 출원은 산업통상자원부령이 정하는 물품류 구분에 따라야 한다는 원칙을 말한다(§40①, ②). 디자인등록출원시에 하나의 출원에 복수디자인의 기재를 인정하게 되면 심사대상이 복수가 되어 심사절차가 번잡하게 될 우려가 있고, 또한 복수의 디자인에 하나의 등록이 인정되게 되면 권리범위가 불명확하게 될 우려가 있다. 그래서 심사대상 및 권리범위의 명확화를 도모하기 위해 1디자인1출원 원칙을 채용한 것이다.

2. 1디자인1출원 원칙의 내용

　　(1) 디자인등록출원은 1디자인마다 1출원으로 한다(§40①)

　　1디자인마다 1출원으로 한다 함은 디자인은 물품의 형태이므로 하나의 물품에 관한 하나의 형태마다의 1출원을 말한다. 이는 2 이상의 물품에 관한 하나의 형태 또는 하나의 물품에 관한 2 이상의 형태를 1출원 절차로 하는 것을 인정하지 않는다는 것을 의미한다. 2001년 법개정에서 부분디자인제도를 도입하였기 때문에 하나의 일체성이 있는 물품의 부분의 1형태도 1디자인에 포함하게 되었다(제5장 Ⅰ. 부분디자인제도 참조). 여기서 1물품의 성립, 나아가 이와 밀접하게 관련하여 1형태의 성립, 즉 형태의 단일성 내지 일체성이 문제가 된다.

　　1) 1물품의 성립

　　1물품이란 특정한 용도를 위하여 일정한 기능을 다하는 것으로서 디자인창작의 대상물로서의 1단위를 구성하는 것을 의미한다. 이는 물리적으로 1개의 것을 의미하는 것이 아니라 물품의 용도, 구성, 거래실정 등에 따라 1물품으로 취급되고 있는 물품을 말한다.[76] 따라서 디자인창작의 대상물로서의 1단위를 구성하지

---

76) 대법원 1994.9.9. 선고 93후1247 판결.

않는 것은 1물품으로 성립되지 않는다.

2) 1형태의 성립

1형태란 물품에 나타내어진 형상·모양 등의 형태가 통일된 하나의 디자인적 미감을 갖는 것을 말한다. 1형태는 형태의 단일성을 기본으로 하며, 형태의 단일성을 판단함에 있어서는 물품과의 관계를 고려하여야 한다. 물품과의 관계를 고려한다는 것은 물품의 용도, 기능을 고려한다는 것이다.

따라서 원칙적으로 도면 등에 나타내어진 형태가 하나인 것이 요구되지만, 물리적으로 복수로 분리된 형태이더라도 복수의 형태부분이 통합되어 물품의 용도, 기능을 다하는 경우에는 형태의 단일성이 인정된다.[77]

예를 들면 앞단추 자웅, 결착구 자웅, 너트와 볼트, 트럼프, 적목완구 등처럼 복수의 구성부재가 조합되어 비로소 용도, 기능을 가지는 물품으로서 성립하는 경우는 도면으로서는 복수의 형태가 나타나게 되지만, 복수의 형태 전체로서 형태의 단일성이 인정되는 것이다. 이와 거의 같은 것에 뚜껑과 일체로 구성되는 냄비, 식품용 뚜껑 있는 그릇, 뚜껑과 별개의 상하로 구성하는 중합밥통 등이 있다.

또한 커피잔과 받침접시는 각각 단독으로 용도, 기능을 가진 독립된 물품이다. 그러나 그들이 조합하는 것에 의해서 각 단독의 경우와는 별이의 통일적인 인상을 주는 경우가 있고, 조합된 상태에서 거래되는 경우가 있다. 이러한 경우에도 물리적으로는 복수의 형태로 있지만, 형태의 단일성이 인정된다〈도3-18〉.

신사복(상, 하), 투피스(상, 하) 등도 마찬가지이다. 이러한 종류의 디자인이 1형태 1디자인으로 되는 것은 전체로서 미적 통일감이 있는 것이 전제이다. 따라서 물품류 구분에 예거되어 있는 것이어도 통일감이 없는 경우에는 형태의 단일성이 부정된다.

또 구성부분으로서는 각각 개성을 잃은 것은 아니지만, 형태상 단일한 일체를 이루는 물품이 있다. 예컨대 자루달린 아이스캔디, 판이 붙어 있는 어묵처럼 식품에 부가물이 일체로 되어 있는 것이 이에 해당하나 이들은 보석박힌 반지가 하나의 물품을 이루듯이 이들 구성부분을 포함한 일체로서 형태의 단일성이 인정된다[78]〈도3-19〉.

---

77) 寒河江孝允 외 2,「意匠法コンメンタール」, LexisNexis, 2007(이하 "寒河江, 「의장」"이라 함), 211면.

78) 아이스캔디의 자루, 어묵의 판 등의 부가물도 경제적으로 독립된 것이며 따라서 1개의 독립된 권리의 객체가 될 수 있는 것이지만, 이들을 별개의 물품이라고 보는 것은 너무나도 사회통념에 반하므로 아이스캔디, 어묵처럼 하나의 제조식품이 될 때에는 이들을 포함한 일체로 단일한 형태를 이루어 1개의 권리객체를 구성한다고 보는 것이다.

이렇게 보면 디자인보호법은 물품의 수준을 반드시 단일 평면이 아니고 다층적으로 관념하고 있음이 간파(看破)된다.[79]

〈도3-18〉「찻잔과 받침접시」
(등록 제0290490호)

사시도

〈도3-19〉「아이스캔디」
(등록 제0209692호)

사시도

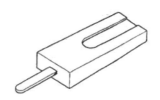

(2) 디자인등록출원을 하려는 자는 산업통상자원부령으로 정하는 물품류 구분에 따라야 한다(§40②)[80]

1) 물품류 구분에 관한 규정

1디자인마다의 1출원 즉, 하나의 물품에 관한 하나의 형태마다 1출원한다 하더라도 하나의 물품의 범위는 어느 정도의 범위의 것인가는 매우 곤란한 문제이다. 디자인보호법 시행규칙 제38조 제1항에서는 법 제40조 제2항의 "디자인등록출원을 하고자 하는 자는 산업통상자원부령이 정하는 물품류 구분에 따라야 한다."를 받아서 물품류 구분은 「산업디자인의 국제분류제정을 위한 로카르노 협정」에 따른 「별표4」로 정하고 있다. 또 동 시행규칙 제38조 제2항에서는 제1항에 따른 각 물품류에 속하는 구체적인 물품은 특허청장이 정하여 고시한다고 되어 있다. 「별표4」의 물품류 구분에 의하면 제1류에서 제31류까지 31개류로 나누고 다시 각 류별의 물품을 용도별 또는 유사한 경향이 있는 물품에 대해 아라비아 숫자 01에서 99까지 2자리 숫자로 구분하고 다시 각 류를 총 221개로 포괄명칭별로 구

79) 齋藤, 「의장」, 307면.

80) 디자인의 대상이 되는 물품의 기재를 출원인의 자유에 맡겨 예를 들면 '도자기'라는 기재를 인정하면 '화병'이라 기재한 경우에 비해 그 용도 및 기능에 있어 매우 광범위한 디자인에 대해 출원을 인정한 결과가 된다. 따라서 물품류 구분에 대해 산업통상자원부령으로 정하는 것으로 한 것이다.

분하여 색인이 편리하도록 하고 있다.

또한 특허청장이 정하여 고시한 '물품류별 물품목록'에는 각 류별 구체적인 단위물품명이 예거되어 있다. 따라서 이 중에서 하나의 물품을 지정하여야 한다. 그러나 이 단위물품명은 디자인보호법이 말하는 1물품의 크기를 예시한 것에 지나지 아니하며 현재 시장에 나와 있는 모든 물품을 망라한 것이라고 할 수 없다. 또한 시대나 산업의 발전에 따라 앞으로 새로운 용도나 목적을 가진 다종다양한 물품이 출현할 수 있는 것이므로 특허청장의 고시에 등록받으려는 물품이 명시되지 않은 경우에는 그 물품의 디자인을 인식하는 데 적합한 명칭으로서 그 물품의 용도가 명확히 이해되는 일반적인 명칭을 기재하도록 하고 있다(시규 별지 제3호 서식 기재방법 11). 이것은 시대의 추이에 의한 물품의 종류의 확대를 고려하고 있기 때문이다.

2) 물품의 종류

일반적으로 물품의 상위개념인 물에 대하여 형태상으로 하는 분류는 단일물, 합성물, 집합물로 나누어지고, 또 종합된 전체로서의 물품에 있어서는 전체를 구성하는 일부분의 단위인 부품, 부속품 등이 있다. 디자인보호법이 객체의 성립으로 예정하는 1물품은 단일물, 합성물을 기본으로 하고, 다시 집합물에 대하여도 예외적으로 성립을 인정하는 경우가 있다.

㈎ 단일물, 합성물, 집합물   단일물이란 하나의 독립된 형태와 명칭을 가지고 각 구성부분이 개성을 갖지 않는 물품을 말한다. 단일물은 연필, 지우개, 가위, 재떨이 등과 같이 물리적으로 일체를 이루는 것은 물론 만년필, 뚜껑달린 컵과 같이 2 이상의 부분에 의해 조립되어 있으나 각 부분이 개성을 지니지 않는 것들이 있다.

합성물이란 2 이상의 물품이 결합하여 하나의 물품을 이루고 그 구성물품이 개성을 갖지 않는 것을 말한다.[81] 예를 들면 장기알, 트럼프, 화투, 적목완구 등과 같은 것들이다.

집합물이란 단일물 또는 합성물이 집합하여 그 집합물 자체로서도 또한 구성

---

81) 이와 달리 민법상 합성물은 여러 개의 물건이 개성을 잃지 않고 결합하여 단일한 형체를 이루고 있는 물건을 말한다(건물, 자동차, 보석반지 등). 그러나 어느 견해에 의하더라도 합성물에 대해서는 디자인보호법 제50조 제1항의 출원 분할의 기초로 할 수 없다는 입장에 있으므로 그 해석의 실제에 있어서는 차이는 없다.

물품별로도 각각 독립한 개성을 가지고 있는 것을 말한다. 예컨대 응접세트, 끽연용구세트 등과 같은 것이다. 집합물은 단일물, 합성물과는 달리 1물품으로 취급되지 않지만, 예외적으로 법 제42조(한 벌 물품의 디자인)의 요건을 만족하는 경우 1디자인으로 간주되어 1디자인등록출원을 할 수 있다.

　　(내) 부품·부속품　　　부품이란 기계 단위의 전체의 한 부분이 되도록 만들어진 물품으로서, 그것만의 분리가 가능하고 그 자체가 거래상 교환가치를 갖는 것을 말한다. 예를 들면, 카메라의 플래시, 자동차의 타이어, 시계의 문자판과 같은 것이다. 이러한 부품이 디자인등록의 대상인 1물품으로 다루어지기 위해서는 ⅰ) 호환성이 있을 것, ⅱ) 통상의 상태에서 독립거래의 대상이 되는 것이어야 한다. 이에 반해 호환성이 없고 통상의 상태에서 독립거래의 대상이 되지 않는 것은 독립된 1물품으로 인정되지 않는다. 이를테면 선풍기의 밑판, 전기세탁기의 조작판과 같은 것들이다[본장 제1절 Ⅱ. 2. (1) 독립성 참조].

　　부속품이란 그것만으로는 독립된 경제적 용도를 달성할 수 없고 다른 어떤 주체가 되는 물품에 부가되어 그 주된 물품의 용도를 확장하거나 기능을 도와주는 역할을 하는 것을 말한다. 예를 들면, 카메라케이스, TV필터 등이 있다. 부속품은 대개 타사 제품과는 호환성이 없는 것이 보통이지만, 그 주체가 되는 물품과는 독립하여 판매의 대상이 되어 있기 때문에 주체가 되는 물품과는 별개의 물품으로 취급된다. 그러나 전기마사지기, 진공청소기의 부속품과 같이 사용시에는 모든 부속품을 동시에 사용하는 것은 아니나 판매시에 본체에 부속하여 본체와 일괄하여 거래의 대상이 되는 것은 본체와 일괄하여 1물품으로 취급되고 있다. 이와 같이 부속품은 그 성질에 의해 부품과 마찬가지로 1물품으로 취급되는 경우가 있고 또 그렇지 않은 경우도 있다.

　　(대) 다용도물품　　　다용도물품이란 접시가 재떨이로 사용되는 것과 같은 물품을 말하는 것이 아니고 다른 용도를 지닌 물품이 물리적으로 하나의 형태 속에 들어가 있는 것을 말한다. 예를 들면, 시계가 달린 라디오, 주판이 달린 전자계산기, 오프너가 달린 라이터, 나이프가 달린 손톱깎이 등이다. 다용도물품은 어느 쪽이건 간에 주체가 있는 경우, 이를테면, 라디오와 시계의 경우 라디오에 주체가 있는 경우에는 '시계가 부착(부설)된 라디오', 시계에 주체가 있는 경우에는 '라디오가 부착(부설)된 시계'라고 물품명을 기재하면 1물품으로 취급된다.

　　(라) 포장과 그 내용물　　　포장한 캐러멜과 그 외상자, 비누와 그 포장지, 포장

한 비누와 그 외상자 등과 같이 내용물과 그 포장지 및 외상자에 대하여는 내용물은 내용물, 포장지는 포장지, 외상자는 외상자로서 각 독립된 물품이다. 포장한 캐러멜이 일체로 판매되고 있다 하더라도 이들은 2물품에 해당된다. 더욱이 캐러멜의 포장지는 포장지로서 1물품으로 보지만 캐러멜을 포장한 상태에서 등록하는 것이 아니고 전개한 상태에서 등록하는 것이 원칙이다.

3. 1디자인1출원 원칙의 위반예

(1) 1디자인마다 출원되어 있지 않은 경우[82]

1) 2 이상의 물품명을 「디자인의 대상이 되는 물품」의 란에 병렬하여 표시한 경우(병과 병마개, 라디오 겸용 시계 등). 단, "시계가 부설된 라디오"와 같이 하나의 물품에 다른 물품이 덧붙여진 "○부설(부착) ○"의 경우에는 예외로 한다. 덧붙여진 물품이 2 이상인 경우에는 "볼펜 등이 부설된 라이타"와 같은 방법으로 기재한다.

2) 2 이상의 물품을 도면에 표시한 것(수개의 물품을 배열한 경우를 포함) 단, 신사복(상의와 바지)을 기재한 경우처럼 2 이상의 물품을 도면에 표시한 경우에 있어서도 1디자인으로 인정되는 경우가 있다.

3) 부분디자인의 경우 하나의 물품 중에 물리적으로 분리된 부분디자인이 2 이상 표시된 것. 다만, 다음과 같이 전체로서 디자인창작상의 일체성(형태적 일체성, 기능적 일체성)이 인정되는 경우에는 1디자인으로 간주되므로 제40조 제1항 위반이 되지 않는다.

① 형태적 일체성이 인정되는 것
(i) 물리적으로 분리된 부분으로서 대칭이 되거나 한 쌍이 되는 등 관련성을 가지고 있는 것
(예) "기저귀"

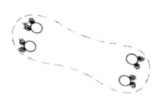

---

82) 디자인심사기준 2부 3장 1. 2), 6) 내지 8).

(ⅱ) 물리적으로 분리된 부분으로서 하나의 대상을 인식하게 하는 등 관련성을 가지고 있는 것

(예) "휴대폰 케이스"(대법원 2012후3343)

② 기능적 일체성이 인정되는 것

물리적으로 분리된 부분들이 전체로서 하나의 기능을 수행함으로써 일체적 관련성을 가지고 있는 것

(예) "잉크젯프린터용 잉크스틱"

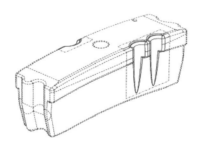

■ 디자인의 설명: "정면에 있는 2개의 홈과 배면에 있는 1개의 홈이 전체로서 프린터에 카트리지가 장착할 때 정확한 위치를 알 수 있도록 하는 기능을 수행하는 것임"

4) 동적화상디자인[83]의 출원에 있어 동적화상의 형태적 관련성 및 변화의 일정성이 없는 경우

5) 형태가 변화하는 디자인의 출원에 있어 변화과정이 없거나 또는 변화과정에 일정성 및 통일성이 없는 경우

---

83) 동적화상디자인이란 형태적 관련성과 변화의 일정성을 가지고 물품의 액정화면 등 표시부에 구현되는 화상디자인을 말한다.

(2) 물품류 구분에 의하지 않은 경우[84]

1) 상표명 또는 ㅇ식 ㅇ 등과 같이 고유명사를 붙인 것(홍길동식 타자기 등). 단, 자동식ㅇ 등과 같이 보통명칭화한 것은 예외로 한다.

2) 총괄명칭을 사용한 것(저고리를 한복으로 하거나 문짝을 건축용품으로 기재한 것 등)

3) 구조, 기능, 작용효과를 붙인 것(ㅇ장치, ㅇ방법 등). 단, 'ㅇ장치'는 용도가 한정되지 않는 경우에만 해당한다(급식장치 등)

4) 일부분이 생략된 물품명(16밀리 영화촬영기를 단지 16밀리라고 기재 등)

5) 외국문자를 사용한 것(TV수신기 등 단, 외국문자를 괄호 안에 함께 적거나 LED전구, LED모니터 등과 같이 보통명칭화되고 통상적으로 사용되는 경우에는 예외로 인정된다)

6) 우리말로 보통명칭화되어 있지 아니한 외국어를 사용한 것[단, 특허청장이 정하여 고시한 「디자인물품류별 물품목록 고시」에 따른 물품의 명칭과 의에 상응하는 물품의 명칭 및 [별표](한 벌의 물품별 구성물품)에 따른 한 벌의 물품의 명칭은 예외로 인정한다]

7) 용도를 명확히 표시하지 아니한 것(안경용 경첩을 '경첩'이라고만 기재한 것 등)

8) 한 벌(디자인보호법 시행규칙 「별표5」에 의하지 않은 것), 한 세트, 유닛(치과용 유닛은 제외), 한 짝, 한 켤레, 1족 등의 명칭을 사용한 것

9) 형상·모양·색채에 관한 명칭을 붙인 것(무지개색 아이스크림 등) 단, "물품의 액정화면 등 표시부에 표시되는 도형 등"을 디자인의 구성요소로 하고 있는 물품의 명칭은 예외로 한다[화상디자인이 표시된 컴퓨터 모니터, 그래픽사용자인터페이스(GUI)가 표시된 휴대전화기, 아이콘이 표시된 개인휴대용단말기(PDA), 화상디자인이 표시된 디스플레이 패널 등]

10) 재질명을 붙인 것(플라스틱제 컵 등) 단, 고무장갑, 고무보트 등과 같이 보통명칭화된 것은 예외로 한다.

11) 부분디자인에 관한 출원에서 "ㅇ의 부분" 등의 명칭을 붙인 것(컵의 손잡이, 전화기의 버튼부분 등)

---

84) 디자인심사기준 2부 2장 3. 2).

4. 1디자인1출원 원칙의 예외

1디자인1출원 원칙의 예외를 이루는 것에 한 벌 물품의 디자인등록출원과 복수디자인등록출원이 있다.

(1) 한 벌 물품의 디자인등록출원

2 이상의 물품이 한 벌의 물품으로 동시에 사용되는 경우 그 한 벌의 물품의 디자인이 한 벌 전체로서 통일성이 있는 때에는 1디자인으로 디자인등록을 받을 수 있다(§42①). 한 벌 물품의 구분은 산업통상자원자원부령으로 정하는 물품에 한한다(§42②)(한 벌 물품의 디자인제도에 관하여는 제5장 III. 참조).

(2) 복수디자인등록출원

디자인등록출원은 법 제40조 제1항(1디자인1출원)의 규정에 불구하고 100 이내의 디자인을 1디자인등록출원(복수디자인등록출원이라 한다)으로 할 수 있으므로 복수디자인등록출원은 절차상 1디자인1출원 원칙의 예외라고 할 수 있다(§41).

5. 법상의 취급

디자인심사등록출원 또는 디자인일부심사등록출원이 1디자인1출원 원칙에 적합한 경우 타 등록요건이 구비되면 설정등록되어 1디자인권이 발생한다(§90①, §92). 여기에서 1디자인권이 발생한다는 것은 디자인을 구성하는 각 요소, 각 부분은 협동하여 유기적 통일에 의해 형태를 구성하는 것이므로 이들 각 요소, 각 부분을 일체로 하여 하나의 디자인권만이 발생한다는 의미이다(권리일체의 원칙). 반면, 이 원칙에 위반된 경우에는 거절이유가 되지만(§62①, ②), 이 경우 출원의 분할을 통하여 구제받을 수 있다(§50①).

그러나 일단 등록된 디자인이 그 후에 1디자인1출원 원칙에 위반된 것이 명백해졌어도 이의신청이유(디자인일부심사등록출원의 경우)(§68①) 및 디자인등록의 무효사유가 되지 않는다(§121①). 이 원칙의 위반은 권리내용에 실질적 하자를 가지는 것과는 달리 절차상의 흠이 있음에 불과하기 때문이다.[85]

II. 복수디자인등록출원

1. 의 의

  복수디자인등록출원이란 산업통상자원부령이 정하는 물품류구분에서 같은 물품류에 속하는 물품에 대하여 100 이내의 디자인을 1디자인등록출원으로 하는 것을 말한다.[86] 복수디자인등록출원제도는 1997년 법개정에서 디자인무심사등록제도(현행 디자인일부심사등록제도)의 도입과 함께 디자인무심사등록출원에 대한 1디자인1출원 원칙의 엄격한 적용에 따른 출원절차상의 불편을 해소하고 출원비용의 경감을 도모하기 위하여 채용된 것으로서 종전에는 디자인무심사등록출원의 대상이 되는 물품에 대해 20 이내의 디자인까지 복수디자인등록출원할 수 있도록 하였다(구§11의2). 그러나 이 규정은 실체적 요건이 아니라 절차적 요건에 관한 규정으로서 출원인이 원하는 경우 굳이 무심사물품에 한정한다거나 20 이내의 디자인으로 해야 할 필연성이 없다는 지적이 있고, 더욱이 「산업디자인의 국제등록에 관한 헤이그협정」에서는 동일 분류에 한해 100 이내의 디자인까지 복수디자인등록출원을 인정하고 있으므로 제도의 국제적 조화의 필요성이 제기되었다.

  그래서 2013년 법개정에서 복수디자인등록출원은 디자인심사등록출원 또는 디자인일부심사등록출원 구분 없이 같은 물품류에 속하는 물품은 100 이내의 디자인까지 할 수 있도록 하였다.

2. 복수디자인등록출원의 요건

(1) 같은 물품류에 속하는 물품일 것
  복수디자인등록출원을 할 수 있는 디자인의 범위는 산업통상자원부령으로

---

85) 1디자인1출원의 원칙에 위배된 디자인등록출원은 거절의 이유가 되는 것이기는 하지만, 이 원칙에 위배된 디자인등록출원이 잘못하여 등록된 경우에는 디자인등록의 무효사유에 해당하지 않으므로 무효심판에 의하여 무효로 할 수 없는 것이다(대법원 1994.9.9.선고 93후1247 판결).

86) 복수디자인등록출원은 2 이상 100 이내의 디자인에 대하여 1출원절차로 통합 출원하는 것을 인정하는 제도이다.

정하는 물품류 구분에서 같은 물품류에 속하는 물품이어야 한다(§41).

산업통상자원부령으로 정하는 물품류 구분이란 디자인보호법 시행규칙 제38조 제1항의 「산업디자인의 국제분류 제정을 위한 로카르노협정」에 따라 별표4로 정한 것을 말하며, 제1류(식품)에서 제31류(다른 류에 명기되지 아니한 음식 또는 음료조리용 기계 및 기기)까지 31개류로 분류되어 있다. 각 류(class)의 하위분류인 세류(subclass)에는 보통 5개 내지 10개의 세류로 분류되어 있으나 17개 세류로 분류되어 있는 것도 있다(제12류의 경우).

(2) 100 이내의 디자인일 것

복수디자인등록출원은 100 이내의 디자인을 1출원으로 할 수 있도록 되어 있으므로 복수디자인 1출원은 100 이내의 디자인을 한도로 한다(§41).[87] 헤이그협정과의 조화를 도모하기 위한 것이다.

(3) 1디자인마다 분리하여 표현할 것

복수디자인등록출원은 1디자인마다 분리하여 표현하여야 한다(§41 후단). 복수디자인등록출원은 복수의 디자인을 하나의 출원절차로 하는 것일 뿐, 1디자인마다 독립적인 권리가 발생하는 것이기 때문이다. 여기서 1디자인마다 분리하여 표현한다는 것은 출원서에 첨부하는 도면에 복수디자인등록출원하는 각 디자인별로 1디자인1출원 원칙에 따라 요구되는 디자인의 도면을 각각 분리하여 표현한다는 것을 말한다(시규 별지 제4호 서식).

3. 복수디자인등록출원의 절차

(1) 출원절차

복수디자인등록출원은 디자인등록출원서에 의하며 통상의 디자인등록출원

---

87) 심사실무상 복수디자인등록출원된 디자인의 물품이 동일한 분류에 속하지 않는 경우에는 분류가 다른 물품의 디자인에 대하여 출원분할을 하거나 출원취하를 할 수 있다. 또한 복수디자인등록출원 중 일부디자인에 대한 출원취하는 삭제보정으로 할 수 있도록 하며 또 출원서에 기재된 출원디자인의 수와 첨부된 도면상의 디자인의 수가 일치되지 아니할 경우에는 도면상 디자인의 수를 기준으로 출원서를 보정토록 하고 있다[디자인심사기준 2부 3장 2. 1), 2)].

시 요구되는 출원서의 기재사항 이외에 복수디자인등록출원 여부, 디자인의 수 및 각 디자인의 일련번호를 기재하여야 한다(§37①). 또한 출원서에는 각 디자인마다 도면(사진·견본) 1통을 첨부하여 제출하여야 한다(시규 별지 제3호 서식).

(2) 복수디자인등록출원에 대한 비밀디자인의 청구

복수디자인등록출원에 대해서도 그 디자인을 비밀로 할 것을 청구할 수 있다. 복수디자인등록출원된 디자인에 대한 비밀청구는 출원된 디자인의 전부 또는 일부에 대하여 청구할 수 있다(§43①후단). 종전에는 복수디자인등록출원은 절차상 1출원으로 취급되므로 일부의 디자인에만 예외적인 비밀관리가 어렵다는 이유로 복수디자인등록출원된 디자인에 대한 비밀청구는 출원된 디자인 전부에 대해 청구하도록 하였으나 2013년 법개정에서는 복수디자인등록출원된 디자인의 일부에 대해서 선택적으로 비밀청구를 할 수 있도록 하여 출원인의 편의를 도모하였다. 한편, 복수디자인등록출원된 디자인에 대하여 비밀디자인으로 청구한 후 출원공개신청이 있는 경우에는 그 비밀디자인청구는 철회된 것으로 간주된다(§43⑥). 후에 이루어진 출원공개신청 의사에 따라 당해 디자인은 당연히 공개되어야 하기 때문이다.

(3) 복수디자인등록출원의 분할

복수디자인등록출원을 한 자는 당해 출원의 일부를 1 이상의 새로운 디자인등록출원으로 분할할 수 있다(§50①ⅱ). 이 출원의 분할제도는 복수디자인등록출원한 디자인이 ⅰ) 100개를 초과한 경우, ⅱ) 같은 물품류에 속하지 않는 경우, ⅲ) 일부 디자인에만 거절이유가 있는 경우 등에 출원의 분할을 통해 구제받을 수 있도록 하기 위함이다.

4. 법상의 취급

복수디자인등록출원이 그 출원요건에 적합한 경우 타 등록요건을 구비하면 설정등록되어 복수디자인등록 디자인권이 발생한다(§90①, §92). 반면 이 요건을 위반한 경우에는 거절이유가 되지만(§62) 잘못하여 등록이 된 경우에는 이의신청 이유 및 디자인등록의 무효사유가 되지 않는다(§68①, §121①). 이 요건의 위반은 권리내용에 실질적 하자를 가지는 것과는 달리 절차상의 흠이 있음에 불과하기 때문이다.

또한 복수디자인등록출원된 디자인 중 일부 디자인에만 거절이유가 있는 경우 그 일부 디자인에 대하여만 디자인등록거절결정을 할 수 있도록 되어 있다(§62⑤).

5. 복수디자인등록 디자인권

복수디자인등록은 권리청구절차가 1복수디자인등록출원이라 하더라도 설정등록이 되면 각 디자인마다 독립된 디자인권이 발생하며 법 제92조의 효력을 가진다. 이 점 2 이상의 구성물품에 의해 성립된 권리이지만 권리일체의 원칙에 의해 하나의 디자인권만 발생하는 한 벌 물품의 디자인권과 다르다. 따라서 복수디자인등록출원된 디자인등록에 대하여는 각 디자인마다 디자인일부심사등록 이의신청(디자인일부심사등록디자인의 경우) 또는 무효심판청구의 대상으로 된다(§68①, §121①후단). 권리범위 확인심판청구도 각 디자인마다 청구하여야 한다(§122①후단). 또한 복수디자인등록된 디자인권은 각 디자인권마다 분리하여 이전할 수 있고(§96⑤), 각 디자인권마다 분리하여 포기할 수 있다(§105).

Ⅲ. 선출원주의

1. 의 의

우리나라 디자인보호법은 1961년 디자인보호법 제정 이래 선출원주의를 채용해 오고 있다. 선출원주의라 함은 동일하거나 유사한 디자인에 대하여 2 이상의 디자인등록출원이 경합한 경우에는 먼저 출원한 자에게만 디자인등록을 인정하는 주의를 말한다[88](§46①). 이 선출원주의는 디자인보호법이 예정하는 권리는 등

---

88) 디자인보호법상의 선출원주의는 동일법 내의 출원간에만 적용되며 타 법역의 출원과는 적용되지 않는다. 보호대상이 본질적으로 상이하여 독점권의 병존이 없기 때문이다. 단, 권리의 이용·저촉관계가 발생하는 경우 법 제95조의 조정을 받는다(제7장 제2절 Ⅱ. 이용, Ⅲ. 저촉 참조).

록디자인 또는 이와 유사한 디자인의 실시를 독점하는 권리이므로 이러한 권리의
중복발생을 방지하기 위한 것이다.

2. 선후원 판단의 기준

(1) 시간적 기준

경합하는 출원의 선후는 신규성 판단의 경우와는 달리 '날'로써 정한다. 이 출
원의 날은 현실의 출원일 또는 법에서 간주된 출원일이다. 통상의 출원에서 출원
의 날은 민법의 도달주의 원칙에 의해 출원서가 특허청에 도달한 날(출원서가 수리
되어 제출의 효력이 발생한 날)이며 또 우편으로 제출한 경우에는 그 증명에 의해 우
체국에 제출한 날이 된다.[89) 법에 의해 간주되어 출원일이 되는 경우는 현실의 출
원일보다 앞당겨 출원일이 간주되는 경우와 늦추어 간주되는 경우가 있다.

1) 출원일이 앞당겨 간주되는 경우

㈎ 법 제50조 제1항의 규정에 의해 분할된 새로운 디자인등록출원은 최초에
출원을 한 때에 출원한 것으로 간주된다(§50②).

㈏ 출원일 그 자체가 앞당겨지는 것은 아니지만 우선권 주장이 수반되는 출
원에서는 조약의 규정에 의해 제1국 출원에서 제2국 출원 사이에 행해지는 행위
에 의해 불리한 취급을 받지 않으며 또 제3자의 어떠한 권리도 생기지 않게 되어
있으므로 선후출원 관계에서의 출원일은 제1국에 출원한 날로 간주된다(파리협약
§4B).

2) 출원일이 늦추어지는 경우

출원서의 기재사항이나 첨부도면에 대해서 한 보정이 이들의 요지를 변경한
것임에도 불구하고 그대로 설정등록이 이루어지고 그 후에 요지를 변경한 것으로
인정된 때에는 그 디자인등록출원은 그 보정서를 제출한 때에 출원한 것으로 간주
된다(§48⑤).

---

89) 도달주의는 민법상의 원칙(민§111①)으로서 이 원칙은 행정상의 절차에 대해서도 그대로 적
용된다. 그러나 이 원칙을 엄격히 관철하게 되면 특허청은 전국에 1개소(단, 수도권 지역의
민원인 편의를 위해 특허청 서울사무소가 설치되어 있다)뿐이므로 특허청간의 지리적 원근,
교통의 편·불편지에 거주하는 자간의 불평등이 생기므로 이러한 사태를 회피하기 위해 우편
에 의하여 제출된 서류에 대해서는 예외적으로 발신주의를 채용한 것이다(§28).

(2) 객체적 기준

후출원 디자인이 선출원 디자인과 동일하거나 유사한 경우에 선출원주의가 적용된다. 디자인권의 효력이 유사범위에까지 미치는 것(§92)과의 균형에서 선출원 디자인에 유사한 경우에도 적용된다. 그러나 선출원주의는 선출원의 유사범위에 대해서는 판단하지만, 후출원의 유사범위에 대해서는 선후원을 판단하지 않는다. 후출원의 유사범위에 대하여도 판단하게 되면 심사에 많은 곤란이 수반되며 또 저촉되는 권리가 발생하는 경우에는 선출원우위의 원칙에 의해 법 제95조에 의해 조정할 수 있기 때문이다. 그리고 선후출원의 판단은 출원서의 기재사항 및 그 출원서에 첨부된 도면 등에 표현된 디자인에 기초하여 판단한다(§93). 이들이 디자인 독점권의 부여를 구하는 범위를 결정하는 자료이기 때문이다.

3. 선출원주의의 내용(경합하는 출원의 취급)

(1) 다른 출원인의 경우

1) 이일출원

동일하거나 유사한 디자인에 대하여 다른 날에 2 이상의 디자인등록출원이 있는 경우에는 먼저 디자인등록출원한 자만이 그 디자인에 관하여 디자인등록을 받을 수 있다(§46①). 이것은 하루라도 빨리 출원한 자를 보호하기 위한 것이다.

선후원 관계가 발생하는 것은 동일하거나 유사한 디자인간에 출원일을 달리하는 출원이 2 이상 경합하는 경우이지만, 여기에서 동일하거나 유사한 디자인이란 법 제33조 제1항의 신규성에서 말하는 동일 또는 유사한 디자인과 같은 의미이다. 따라서 완성품과 부품, 완성품 또는 부품과 그 부분, 한 벌의 물품과 그 구성물품 또는 부분은 비유사물품이기 때문에 선출원주의의 적용은 없다.

또한 전체디자인(부분디자인 이외의 디자인)의 디자인등록출원과 부분디자인의 디자인등록출원은 디자인의 대상이 되는 물품의 구분이 동일하더라도 디자인 등록을 받고자 하는 방법·대상이 다르므로 법 제46조 제1항 및 제2항 규정의 적용에 대해서는 판단하지 않는다.

2) 동일출원

동일하거나 유사한 디자인에 대하여 같은 날에 2 이상의 디자인등록출원이 있는 경우에는 디자인등록출원인이 협의하여 정한 하나의 디자인등록출원인만이 그 디자인에 대하여 디자인등록을 받을 수 있다(§46②). 동일출원의 경우에는 일을 기준으로 선후를 정할 수 없기 때문이다. 이 경우에는 특허청장이 협의를 명하고, 기간 내에 신고가 없으면 협의불성립으로 의제한다(§46⑤). 또한 협의불성립, 협의불능의 경우에는 쌍방 모두 디자인등록을 받을 수 없다(§46②후단). 어느 일방을 등록하도록 하면 이익균형을 상실하거나 이중등록이 되지만 모두 거절하게 되면 이익균형이 유지되고, 이중등록도 되지 않는다. 어느 한쪽의 출원에 대하여 이미 디자인등록이 되어 있는 경우라면 그 등록을 제46조 제2항의 규정에 위반하여 등록된 것이므로 거절된 다른 한쪽에서는 등록무효심판을 청구할 수 있어 양자 사이에도 균형을 유지할 수 있게 된다.

(2) 동일 출원인의 경우

원칙적으로 다른 출원인의 경우와 마찬가지로 선출원주의가 적용된다.[90] 다만, 관련디자인에 대하여는 기본디자인과 그 관련디자인과의 사이에서는 선출원주의가 적용되지 않는다(§35①). 관련디자인제도는 하나의 디자인 컨셉에서 창작된 변형디자인을 동일인이 기본디자인의 출원일로부터 1년 이내에 출원한 경우에 한하여 독자의 효력을 가지는 디자인권으로 보호하는 것이기 때문이다.

4. 선출원의 지위

선출원의 지위란 디자인보호법 제46조 제1항에 규정하는 "동일하거나 유사한 디자인에 대하여 다른 날에 2 이상의 디자인등록출원이 있는 경우에는 먼저 디자인등록출원한 자만이 그 디자인에 관하여 디자인등록을 받을 수 있다."고 법률상의 효과를 부여한 선출원인의 지위를 말한다. 즉, 후출원 디자인의 등록을 배제

---

90) 이 점 구법의 유사디자인제도하에서 동일 출원인의 경우에는 선출원주의가 적용되지 않는다고 해석되어온 것과 다르다. 구법에서의 유사디자인제도는 자기의 기본디자인과의 관계에서 신규성, 선출원의 예외로서 유사디자인등록을 인정하는 제도이므로 동일인간에 대해서도 선출원주의가 적용된다고 하면 자기의 선출원과 충돌하게 되어 유사디자인등록을 할 수 없게 되는 불합리가 있으므로 양 규정의 정합적 해석에 의해 선출원주의가 적용되지 않는 것으로 해석되어 온 것이다. 그러나 2013년 법개정에서는 선출원주의가 적용되지 않는 것은 예외적으로 기본디자인과 관련디자인과의 사이만으로 명시적으로 규정하고 있기 때문에 그 외의 경우에는 동일 출원인의 경우라도 선출원주의가 적용된다고 해석된다.

하는 힘을 선출원의 지위라고 하며 선출원권이라고도 한다.

(1) 선출원의 지위를 가지는 출원

구 디자인보호법(2007.3.3. 법률 제8187호로 개정되기 전의 것) 제16조 제3항에서는 무효로 된 출원 또는 취하된 출원에 대해서만 선출원으로 취급하지 않는다는 취지의 규정이 있었으므로 ① 설정등록된 디자인등록출원, ② 거절결정 또는 거절한다는 취지의 심결이 확정된 디자인등록출원, ③ 포기된 디자인등록출원에 선출원의 지위가 인정되고 있었지만, 2007년 개정법에서는 ②, ③의 출원에 대해서는 선출원의 지위를 부정하고 그 대신 같은 날에 출원된 동일하거나 유사한 디자인에 대해서 디자인보호법 제46조 제2항에 기초한 협의가 성립하지 아니하거나 협의를 할 수 없어서 거절결정이나 거절한다는 취지의 심결이 확정된 디자인등록출원에 대하여 선출원의 지위가 인정되게 되었다.

이를 정리하면 선출원의 지위를 가지는 출원은

1) 설정등록된 출원

출원이 선후 경합관계에 있으며 그 후 선출원으로서 설정등록된 출원은 선출원의 지위를 갖는다.[91] 동일 또는 유사한 객체에 대하여 중복등록을 배제하기 위한 것이다.

2) 법 제46조 제2항 후단에 의해 협의불성립으로 거절결정 또는 거절한다는 취지의 심결이 확정된 출원

법 제46조 제2항의 규정에 기초하는 협의가 성립되지 아니하거나 협의를 할 수 없어서 거절결정이나 거절한다는 취지의 심결이 확정된 출원에 대하여 선출원의 지위를 인정하지 않는다고 하면 동일인에 의한 그 후의 재출원 또는 제3자의 후출원이 등록되는 일이 생기게 되어 선출원인과의 사이에 불공평하게 된다. 그래서 이러한 불공평을 피하기 위해 법 제46조 제2항 후단을 이유로 거절결정이 확정된 출원에 대해서는 선출원의 지위를 가지지 않는 것으로 한 것이다(§46③ 단서). 이 경우 선행디자인의 조사를 용이하게 하고 중복개발·중복투자를 방지하기 위해 그 출원에 관한 사항을 디자인공보에 게재하도록 한다(§56).

---

91) 처분확정 이전의 출원에 있어서는 그 지위의 변동이 있을 수 있으므로 법 제46조 제1항의 규정이 후출원에 적용되는 것은 선출원이 설정등록되거나 거절결정이 확정되고 나서 적용하도록 한다[디자인심사기준 4부 7장 3. 1) (2)].

(2) 선출원의 지위를 가지지 않는 출원

디자인등록출원에 있어 선출원의 지위를 가지지 않는 출원은 이하의 출원이다.

1) 무효 또는 취하된 출원

디자인등록출원이 무효 또는 취하된 때에는 당해 출원은 선후출원을 판단함에 있어 처음부터 없었던 것으로 간주되므로 선출원의 지위를 가지지 않는다.

2) 포기된 출원

디자인등록출원이 포기되면 영구히 등록되는 일이 없어 비공개상태로 되는데, 이처럼 공개되지 않는 출원에 의해 후출원이 거절되는 문제를 해소하고 중복투자·중복개발을 회피하기 위해 2007년 법 개정에서 포기된 출원에 대해 선출원의 지위를 가지지 않는 것으로 하였다.[92)93)]

3) 거절결정 또는 거절한다는 취지의 심결이 확정된 출원

포기된 디자인등록출원과 마찬가지로 디자인등록거절결정 또는 거절한다는 취지의 심결이 확정된 출원은 그것이 등록되어 디자인공보에 게재 공시되는 일이 없다. 이와 같이 공시되지 아니한 출원에 의해 후출원이 거절되는 문제를 해소하고 중복투자·중복개발을 회피하기 위해 2007년 법 개정에서 거절결정이 확정된 출원에 대하여도 선후원 판단에 있어 처음부터 없었던 것으로 간주하여 선출원의 지위를 가지지 않는 것으로 하였다.[94)]

4) 무권리자의 출원

무권리자란 디자인 창작자가 아닌 자로서 디자인등록을 받을 수 있는 권리의 승계인이 아닌 자를 말하며, 무권리자의 출원은 모인출원이라고도 한다. 디자인

---

92) 출원포기란 디자인등록을 받을 수 있는 권리를 장래적으로 포기하는 것을 말한다. 이에는 자의에 의한 포기행위가 수반되는 적극적인 포기와 설정등록료 불납으로 법률의 규정에 의해 의제포기되는 소극적 포기가 있으나, 양자 모두 선출원의 지위를 가지지 않는다.

93) 구법 하에서는 포기된 디자인등록출원은 선출원의 지위를 가진다는 점에서 취하된 디자인등록출원과 다르다고 되어 있었으나 2007년 법 개정에서는 출원이라는 형식적 사실의 유무만으로 되므로 선출원에 관해서 양자를 나누는 실익은 없어졌다.

94) 2007년 법 개정에서 거절결정이 확정된 출원에 대해 선출원의 지위를 가지지 않는 것으로 함에 따라 후출원에 관한 타인의 디자인이 디자인등록되게 되고, 거절결정이 확정된 자기가 출원한 디자인의 실시가 해당 후출원의 등록디자인권을 침해하는 것이 되어 권리행사에 의한 불측의 불이익을 받게 될 우려가 있다. 이러한 문제에 대응하여 그 이해관계를 조정하기 위해 선출원에 의한 통상실시권이 신설되었다(§101).

등록출원이 무권리자에 의하여 이루어진 것인 때에는 선후출원 관계에 대해 그 지위를 가지지 않으며 또 심사에서는 거절결정이 이루어진다. 그러나 심사과정에서는 출원인이 진정한 창작자인가의 여부 또는 적법한 승계인가의 여부는 특히 조사를 할 수 있는 방법이 없으므로 그러한 출원에 대해 심사과정에서 탐지하기란 거의 불가능하다.

디자인보호법은 이에 대한 조치로서 후에 이러한 사실이 판명되면 무효사유가 된다는 것을 규정하고(§121① ⅰ), 또한 무권리자의 출원 후에 된 정당권리자의 출원을 보호하기 위한 특별규정을 두고 있다(§44, §45).

5. 법상의 취급

디자인심사등록출원이 선출원주의에 위반되지 아니한 경우 타 등록요건을 구비하면 설정등록되어 디자인권이 발생한다(§90①, §92). 반면 이에 위반된 경우에는 거절이유가 되고(§62①), 잘못하여 등록이 허여된 경우에는 디자인등록의 무효사유가 된다(§121①).

그러나 디자인일부심사등록출원에 대하여는 그 등록 전에 원칙적으로 선출원주의에 관해 심사하지 않으므로(§62②) 이에 위반된 것이 등록된 경우에는 일정 기간 내 이의신청이유가 되고(§68①), 디자인등록의 무효사유가 된다(§121①).

Ⅳ. 확대된 선출원

1. 의 의

디자인등록출원한 디자인이 그 출원 후에 디자인공보에 게재된 다른 디자인등록출원(그 디자인등록출원일 전에 출원된 것으로 한정한다)의 출원서의 기재사항 및 첨부도면 등에 표현된 디자인의 일부와 동일하거나 유사한 경우에는 디자인등록을 받을 수 없다(§33③). 이것을 확대된 선출원 규정이라 한다. 종전에는 후출원된 디자인이 선출원 디자인의 일부와 동일하거나 유사한 경우에는 선후원 관계가 성립되지 않고, 다른 거절의 근거도 없었기 때문에 양자는 각각에 대해 권리가 발생하지만, 이 경우 이용관계도 성립되지 않아 쌍방은 자유롭게 실시가능하여 복잡한 권리관계가 발생되고 있었다. 그러나 이러한 권리의 발생은 바람직한 것이 아니고 또 선출원에 이미 포함되어 있는 디자인을 보호해 보았자 산업발전에도 기여하는 것이 아니다. 그래서 2001년 법개정에서 본조항을 신설하여 선출원 디자인의 일부와 동일하거나 유사한 디자인에 대해서는 디자인등록을 받을 수 없도록 하였다〈도3-20〉.

〈도 3-20〉 확대된 선출원 규정의 취지

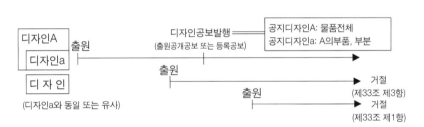

2. 적용요건

(1) 당해 디자인등록출원 전에 다른 디자인등록출원이 존재할 것

이것은 선출원우위의 원칙에 의해 출원일을 기준으로 선후를 판단하는 것이다. 따라서 출원의 선후에 우열을 가릴 수 없는 동일출원에는 적용되지 않는다. 또한 '다른 디자인등록출원'에 있어서 출원인이 동일한 경우에는 적용되지 않는다.

종전에는 특허법 규정(제29조 제3항)과는 달리 동일 출원인에 있어서도 적용되었기 때문에 독자성이 높은 자기의 제품디자인에 관한 부품이나 부분디자인이 충분히 보호되지 않는 문제가 있었다. 그래서 2013년 법개정에서는 출원인이 동일한 경우에는 본조항을 적용하지 않는다는 취지를 규정하여 문제의 해결을 도모하고 있다. 그러나 창작자 동일의 경우에는 적용제외가 아니므로 이 점은 특허법과 상이하다.[95]

---

95) 특허법과 마찬가지로 창작자가 동일한 경우에도 본조항의 적용이 제외되는 것으로 하면 예를 들면 전체디자인에 관한 권리를 타인에게 양도한 후에 그 창작자가 디자인의 일부에 대해 권리화할 것을 인정하게 되고, 이는 전체와 부분에 관한 디자인권이 서로 다른 자에게 귀속하

(2) 선출원의 다른 디자인등록출원이 당해 디자인등록출원 후에 디자인공보에 게재될 것

선출원의 다른 디자인등록출원이 당해 디자인등록출원의 출원 후에 디자인공보[공개디자인공보(법 제56조의 거절결정된 출원의 공보게재에 의한 공개 포함), 등록디자인공보]에 게재된 경우에 적용한다. 후출원의 출원 후에 디자인등록 등에 의해 디자인공보에 게재되면 비밀상태가 해제되고 그 디자인의 내용이 공표되기 때문이다. 따라서 취하, 무효, 포기 디자인등록거절결정 또는 심결이 확정된 선출원(동일출원 경합시 협의불성립, 협의불능을 포함)은 디자인공보에 게재되어 있지 않기 때문에 적용의 근거가 되지 않는다.[96] '당해 디자인등록출원 후'라고 되어 있는 것은 출원 전이면 디자인보호법 제33조 제1항 각호에 의해 거절될 수 있기 때문이다.

(3) 당해 디자인등록출원에 관한 디자인이 선출원의 출원서의 기재 및 출원서에 첨부된 도면 등에 표현된 디자인의 일부와 동일 또는 유사할 것

당해 디자인등록출원에 관한 디자인이 선출원의 디자인등록출원서의 기재사항 및 첨부도면 등에 표현된 디자인의 일부와 동일하거나 유사한 경우에 적용한다. 선출원의 전체디자인이 디자인공보에 의해 공표되면 그 일부와 동일하거나 유사한 디자인은 이미 새로운 디자인의 창작이라고 할 수 없기 때문이다. '일부'라고 되어 있는 것은 후출원 디자인이 선출원 디자인의 전부와 동일하거나 유사한 경우에는 법 제46조(선출원)가 적용되기 때문이다.

3. 선출원 디자인과 후출원 디자인과의 관계

선출원 디자인의 일부와 동일하거나 유사한 후출원 디자인은 이하의 어느 경우에 해당하는 경우에도 본조 규정이 적용된다.[97]

1) 선출원된 디자인 중 후출원된 디자인에 상당하는 부분과 기능 및 용도에

는 결과로 되어 권리관계가 복잡하게 될 우려가 있어 타당하지 않다.

96) 심사실무상은 당해 후출원 디자인과 동일·유사한 디자인을 포함하고 있는 디자인에 관한 선출원에 대하여 거절결정이 확정되거나 등록결정이 있은 후 법 제82조 제1항의 규정에 의한 등록료의 추가납부기간이 경과한 후에도 디자인권의 설정등록을 하지 않는 경우에는 법 제33조 제3항을 적용하지 아니하고 등록여부결정을 하도록 한다[디자인심사기준 4부 5장 2. 5)].

97) 디자인심사기준 4부 5장 1. 1).

공통성이 있고, 형상·모양·색채·또는 이들의 결합이 동일하거나 유사한 경우

　　2) 선출원된 디자인 중에 후출원된 디자인에 상당하는 부분이 대비 가능한 정도로 충분히 표현되어 있는 경우

　　선출원된 디자인을 특정하기 위하여 판단의 기초가 되는 도면은 필수도면(디자인의 전체적인 형태를 표현하는 도면, 평면디자인의 경우 표면 및 이면의 형태를 표현하는 도면, 글자체디자인의 경우 지정글자도면, 보기문장도면 및 대표글자도면)과 부가도면(전개도, 단면도, 절단부단면도, 확대도 또는 부분 확대)이다. 따라서 사용상태도 등 참고도는 판단의 기초가 되지 않는다. 또한 부분디자인출원으로서 파선으로 표현된 부분 등을 포함한 전체디자인 중에 후출원된 디자인에 상당하는 부분이 대비가 능한 정도로 충분히 표현되어 있는 경우에는 전체를 표현하는 필수도면 및 부가도면을 기초로 한다.[98]

〈본조의 적용대상이 되는 선후출원 디자인의 구체적 유형 및 예시〉

선 출 원	후 출 원	예 시
완성품 전체	완성품의 부분	카메라 〉카메라의 부분
	부품 전체 또는 부품의 부분	톱 〉톱의 손잡이
부품 전체	부품의 부분	자동차용핸들 〉자동차용 핸들부분
물품의 부분 (범위A) A〉a	물품의 부분 또는 부품 (범위 a)	카메라의 부분 〉카메라의 부분
한 벌의 물품	구성물품 전체	한 벌의 끽연용구세트 〉라이터
	구성물품의 부분	한 벌의 나이프, 포크, 스푼 〉 스푼의 손잡이 부분
	구성물품의 부품	한 벌의 필기구 세트 〉만년필 촉
복수 물품	복수물품의 일부물품	커피잔과 받침접시 〉커피잔

4. 적용에 관한 시기적 요건

　　법 제33조 제3항은 선출원 디자인의 출원일 다음 날부터 그 선출원 디자인에 관한 공개디자인공보 또는 등록디자인공보의 발행일까지 출원된 디자인등록출원

---

98) 디자인심사기준 4부 5장 2. 2).

(등록공보의 발행일에 출원된 것 포함)에 대하여 적용한다.[99] 디자인공보(공개디자인 공보 또는 등록디자인공보) 발행일 이후 출원된 것에 대해서는 법 제33조 제1항이 적용된다. 한편, 비밀디자인에 관한 디자인등록공보의 발행일은 디자인보호법 시행령 제10조 제2항 단서의 규정에 의하여 도면 등이 게재된 공보의 발행일을 말한다.

5. 법상의 취급

디자인심사등록출원이 확대된 선출원의 적용요건에 해당하지 아니한 경우 타 등록요건을 구비하면 설정등록되어 디자인권이 발생한다(§90①, §92). 반면, 이 적용요건에 해당하는 경우에는 거절이유가 되고(§62①), 잘못하여 등록이 허여된 경우에는 디자인등록의 무효사유가 된다(§121①). 그러나 디자인일부심사등록출원에 대하여는 그 등록 전에 원칙적으로 확대된 선출원에 관해 심사하지 않으므로(§62②) 이에 위반된 것이 등록된 경우에는 일정기간 내 이의신청이유가 되고(§68①), 또 디자인등록의 무효사유가 된다(§121①). 심사에 있어서는 본 조항에 의한 거절이유의 통지는 선출원이 디자인공보가 발행된 후에 행해진다.[100]

6. 법 제33조 제3항과 법 제46조와의 관계

법 제33조 제3항(확대된 선출원)과 법 제46조(선출원)의 규정은 각각 그 적용요건을 달리하므로 다음과 같은 점에서 차이가 있다.

---

99) 심사실무상 디자인등록출원이 법 제33조 제3항에 해당하는 경우에는 심사보류통지를 하고 선출원에 관한 등록디자인공보 또는 공개디자인공보의 발행일의 다음날 이후에 거절이유통지를 하도록 한다[디자인심사기준 4부 5장 2. 3)]. 디자인공보발행 전에는 디자인보호법 제33조 제3항의 인용예로서는 부적격하기 때문이다. 또 후출원된 디자인과 동일·유사한 디자인을 포함하고 있는 선출원된 디자인이 비밀디자인으로 등록된 경우에는 비밀디자인을 참증으로 첨부하지 않고 거절이유를 통지하도록 하며 디자인보호법 시행령 제10조의 규정에 의하여 도면 등이 게재된 공보의 발행일 이후에 거절결정을 하도록 한다[디자인심사기준 4부 5장 2. 4)].
100) 디자인심사기준 4부 5장 2. 4).

〈제33조 제3항(확대된 선출원)과 제46조(선출원)와의 관계〉

구 분	제33조 제3항(확대된 선출원)	제46조(선출원)
동일출원의 경우	부적용	적용(협의제에 의함)
선출원의 출원공개의 효과	선출원이 출원공개 또는 등록공고가 되어 있어야 적용	선출원의 출원공개 또는 등록공고와는 관계 없이적용
선출원의 취하·무효의 효과	선출원이 출원공개 또는 등록공고 이후에 취하·무효되어도 후출원에 대해 선출원의 지위유지	선출원이 취하·무효로 된 경우 선출원의 지위상실
출원인이 동일한 경우	부적용(자기의 선출원 존재에 의해 거절되지 않음)	적용(선출원주의는 원칙적으로 동일인격간에도 적용, 단, 관련디자인의 경우 적용예외)
선출원이 모인출원인 경우	정당권리자의 출원에 대해서는 선출원으로 될 수 없으나 제3자의 출원에 대해서는 선출원의 지위유지	정당권리자의 출원뿐만 아니라 제3자의 출원에 대해서도 선출원의 지위상실

제4절 디자인의 동일·유사

I. 디자인의 동일

1. 의 의

　　디자인의 동일이라 함은 두 개의 디자인을 상호 비교할 때, 그 디자인을 구성하고 있는 물품의 형상·모양·색채 또는 이들이 결합한 것이 시각을 통하여 동일한 미감을 일으키게 하는 것을 말한다.[101] 디자인보호법에서는 특허법이나 실용

---

[101] 디자인보호법상 디자인이 동일하다고 하기 위해서는 형상과 모양 및 색채의 결합이 동일하거나 극히 미세한 차이만 있어 전체적 심미감이 동일한 정도에 이르러야 할 것이고, 단순히 용이하게 변형이 가능하다고 볼 수 있어 전체적 심미감이 유사한 정도의 것에 불과하다면 양 디자인을 동일하다고는 할 수 없다(대법원 2001.7.13.선고 2000후730 판결).

신안법과 달리 유사의 관념이 도입되어 있기 때문에(§33, §46, §92 등) 디자인의 동일개념이 디자인등록의 요건이나 디자인권의 효력에 직접 영향을 주는 일은 많지 않다고 할 수 있다. 즉 디자인의 신규성에 대하여는 출원에 관한 디자인이 공지된 디자인과 동일한가 유사한가를 엄밀하게 구별해서 판단하는 실익은 적다. 또한 디자인의 효력에 대해서도 제3자의 실시하고 있는 디자인이 등록디자인과 동일한가 유사한가를 엄밀하게 구별하여 판단하는 실익도 적다. 그러나 디자인의 동일은 디자인보호법에 있어서도 디자인권의 발생과 효력에 대한 기본적인 개념이 되고 있기 때문에 이것을 확실하게 하는 것이 필요하다.

2. 디자인의 동일이 문제가 되는 규정

(1) 출원의 보정에 있어서의 요지변경

디자인등록출원서의 기재사항, 도면 및 도면의 기재사항에 대하여 한 보정이 디자인의 동일성을 상실한 경우에는 요지변경으로써 심사계속 중에는 각하의 대상이 되고(§49①), 디자인권의 설정등록 후에 요지변경으로 인정된 때에는 그 출원은 그 보정서를 제출한 때에 출원한 것으로 간주된다(출원일의 늦춤효과 발생)(§48⑤). 이것은 보정의 소급효에 의한 제3자의 예측할 수 없는 불이익을 방지하기 위함이다.

(2) 출원의 분할, 조약에 의한 우선권

출원의 분할에서는 원출원과 분할되는 새로운 출원간의 객체의 동일성이 유지되고 있는 것이 요구된다(§50①). 또한 조약에 의한 우선권 주장의 경우에도 우선권 주장의 기초가 되는 제1국출원과 제2국출원간의 출원내용의 동일성(객체의 동일성)이 요구된다(§51①).

3. 디자인의 동일의 판단요소

디자인이란 물품(물품의 부분 및 글자체를 포함한다)의 형상·모양·색채 또는 이들을 결합한 것으로서 시각을 통하여 미감을 일으키게 하는 것(§2ⅰ)이기 때문에 디자인의 동일은 물품의 동일과 형상 등(형태)의 동일의 양면에서 판단할 필요가 있다. 부분디자인의 경우에는 부분디자인의 대상이 되는 물품의 동일성과 디자인등록을 받고자 하는 부분 자체의 형태의 동일성 이외에도 부분디자인으로 디자인등록을 받고자 하는 부분의 용도·기능, 그 물품 전체 중에서 차지하는 부분으로서 디자인등록을 받고자 하는 부분위 위치·크기·범위에 대하여도 동일성 판단의 요소가 된다.

(1) 물품의 동일

물품의 동일이란 디자인에 관한 물품에 대해서 그 용도 및 기능이 동일한 것을 말한다.[102] 용도 및 기능이 물품의 본질이기 때문이다. 디자인보호법 시행규칙 제38조 제1항 「별표3」에 따라 특허청장이 고시한 구체적인 물품은 디자인을 인식하기 위해 필요한 물품의 명칭의 크기를 나타낸 것이고 그 물품의 용도가 명확히 이해되고 보통 사용되고 있는 물품의 명칭이라고 인식되고 있는 것이다. 완성품과 그 부품, 완성품 또는 부품과 그 부분은 모두 물품으로서는 동일하지 않다. 이들은 모두 용도, 기능이 다르기 때문이다.

(2) 형상 등(형태)의 동일

형상 등(형태)의 동일이란 디자인에 관한 물품의 형상·모양·색채 등이 동일한 것을 말한다. 형상만의 디자인과 그 형상과 무모양, 1색의 결합디자인과는 동일하다고는 할 수 없다고 해석된다. 형상만의 디자인은 물품의 형상으로 된 디자인이고 모양만이 아니라 색채에 대해서도 한정이 없는 것으로 해석되기 때문이다 (제3장 제1절 Ⅲ. 2 (4) 1)형상의 디자인 참조).

(3) 기타의 판단요소

1) 재질·크기

재질이나 크기는 디자인의 구성요소가 될 수 없기 때문에(§2 ⅰ) 재질이나 크

---

102) 물품의 동일성 여부는 용도, 기능 등에 비추어 거래통념상 동일 종류의 물품으로 인정할 수 있는지 여부에 따라 결정하여야 할 것이고(대법원 1985.5.14.선고 84후110 판결; 1987.3.24. 선고 86후84 판결 등 참조), 디자인보호법 시행규칙 소정의 물품구분표는 디자인등록사무의 편의를 위한 것으로서 동종의 물품을 법정한 것은 아니라고 할 것이므로 물품구분표상 같은 유별에 속하는 물품이라도 동일성이 없는 물품이 있을 수 있고 서로 다른 유별에 속하는 물품이라도 동일성이 인정되는 경우가 있다고 할 것이다(대법원 1992.4.24.선고 91후1144 판결).

기가 상식적인 한 디자인의 동일의 판단요소가 되지 않는다.

2) 구조·기능

구조나 기능은 디자인의 구성요소가 될 수 없기 때문에(§2 ⅰ) 그것이 외관에 나타나지 않는 한 디자인의 동일의 판단요소가 되지 않는다.

3) 투 명

투명은 엄밀히 말해 형상·모양·색채는 아니지만, 디자인보호법상 색채에 준하여 취급하고 있으므로 디자인의 동일의 판단요소가 된다. 따라서 디자인을 표현하는 물품에 투명부분이 있는 경우에는 그에 관하여 디자인의 설명란에 기재할 필요가 있다(시규 §39 ① 「별표1」).

4) 질감, 광택

질감이나 광택은 디자인의 구성요소가 아니므로(§2 ⅰ) 디자인의 동일의 판단요소가 되지 않는다. 여기서 질감이란 재료가 가지는 감각적인 느낌을 말하며, 광택이란 빛의 반사에 의해 표면이 번쩍이는 현상을 말한다. 이들은 모두 중요한 디자인의 요소이며 이 요소들을 무시하고 현재의 디자인을 생각할 수 없으나 디자인보호법상의 디자인의 구성요소가 되지 않는다.[103]

5) 보이는 부분

디자인은 물품의 미적 외관이지만, 냉장고 등과 같이 문을 열었을 때 보이는 부분은 디자인을 구성하는 요소가 되기 때문에 디자인의 동일의 판단요소가 된다.

Ⅱ. 디자인의 유사

1. 서 설

(1) 디자인의 유사개념의 중요성

디자인등록출원한 디자인은 동일한 디자인이 공개적으로 존재하는 경우뿐만 아니라 그것이 이미 존재하는 디자인에 유사한 것인 때에도 디자인등록의 요건을

---

103) 유럽공동체 디자인법은 질감(texture)을 디자인의 정의에 명시하고 있다[동법§3(a)]. 우리 나라 부정경쟁방지법도 2003년 개정에서 광택에 대하여는 상품의 형태구성요소로서 명문화하고 있다(부정§2 ⅰ 자목).

결여한 것이 된다(§33①각호). 또 디자인권자는 업으로서 등록디자인 또는 이와 유사한 디자인을 실시할 권리를 독점하는 것으로 한다(§92). 이와 같이 법은 '유사'라는 개념을 전제로 하여 이것을 기초로 출원디자인의 신규성과 디자인권의 효력범위를 정하도록 하고 있다. 따라서 디자인보호법에서 디자인의 유사는 권리의 성립에 있어서뿐만 아니라 성립된 권리의 효력에 있어서도 중요한 개념이 된다.[104] 그러나 법적 개념으로서의 디자인의 유사는 사실적 상태에 대한 인식작용, 예를 들면 과학적 인식작용에 있어서의 물처럼 유일, 절대의 해석을 구하기가 어려운 분야이다. 그 원인의 하나는 디자인에 있어서 그 본질의 파악이 기본적으로 감성에 기초하고 직관의 작용에 의한 것임에서 대상의 인식과 그에 대한 개념작용을 언어로서 행함에 곤란이 따른다는 특수성에서 구해지고 있다.[105]

(2) 디자인의 유사개념

디자인보호법은 디자인의 유사에 관한 정의규정을 두지 않고 사실문제로 하고 있기 때문에 디자인의 유사에 관해서는 디자인보호법의 목적, 취지에 입각하여 여러 가지로 개념정립이 시도되고 있다.[106]

그러나 디자인의 유사란 두 개의 디자인을 구성하는 물품의 형상·모양·색채 또는 이들의 결합이 공통적인 동질성을 가짐으로써 시각을 통하여 외관상 유사한 미감을 일으키는 것을 말한다는 것이 일반적이다.[107]

---

104) 실제로 디자인심사 또는 디자인권 침해소송 등에서 출원디자인과 공지디자인간 또는 권리자의 등록디자인과 제3자의 실시디자인이 동일한가 아닌가를 판단하는 일은 극히 적고, 대부분의 경우에는 디자인의 유사 여부에 관해 판단하고 있다.

105) 齋藤,「의장」, 193면.

106) 牛木理一,「意匠法の 研究」, 발명협회, 1985(이하 "牛木,「의장」"이라 함), 108면에서는 "물품의 형상이나 모양 등의 외관에 대하여 동일한 미적 특징을 발하고 있는 것으로 보여지는 경우를 동일 창작체의 범위에 속한다고 말할 때 이것을 디자인법에서는 유사한 디자인이다."라고 설명하며, 齋藤,「의장」, 180면에서는 "디자인의 유사란 대비되는 디자인에 있어서 물품이 동일 또는 유사한 관계에 있고 또한 당업자가 보았을 때 디자인 창작의 요부가 일치하여 물품의 외관으로부터 나타내는 미적 사상이 동일한 것을 말하는 것으로 해석된다."라고 설명하고 있다. 또 森 則雄,「의장실무」, 133면에서는 유사한 디자인이란 출원디자인이 공지디자인 또는 간행물 기재의 디자인과 비슷한 시각적 인상(시각적 효과)을 주는 디자인인 경우를 말한다는 견해와 출원디자인이 공지 또는 간행물 기재의 디자인으로부터 당업자가 용이하게 창작할 수 있는 범위 내에 있는 디자인의 경우를 말한다는 견해의 두 가지에 대해 기술하고, 전자를 외관유사설, 후자를 창작유사설이라고 한다고 설명한다.

2. 디자인의 유사의 태양

디자인은 물품의 형태(§2ⅰ)이므로 디자인의 유사는 ⅰ) 동일물품의 유사형태, ⅱ) 유사물품의 동일형태, ⅲ) 유사물품의 유사형태의 3가지 태양으로 나누어진다.[108]

(1) 물품의 동일·유사

디자인은 물품과 일체불가분의 관계에 있으므로 디자인의 유사는 물품의 동일·유사가 전제로 된다.[109][110] 여기서 동일물품이란 용도 및 기능이 동일한 물품을 말한다. 용도 및 기능이 물품의 본질이기 때문이다.

디자인보호법 시행규칙 제38조 제1항 「별표4」의 물품류 구분에 따라 정한 특허청장의 고시에는 동일물품의 범위가 명시되어 있다. 즉 특허청장의 고시에 예거된 물품의 명칭은 그 디자인을 인식하기 위해 필요한 물품의 명칭을 나타낸 것으로서 그 물품의 용도가 명확하게 이해되며 보통 사용되고 있는 물품의 명칭이라고 인정되고 있는 것이다. 예를 들면 필기용구에 관하여 보면 연필, 만년필, 볼펜 등이 지정되어 있고 연필에 대해서는 세부적으로 청연필, 적연필 등으로 나누어지나 모두 연필에 포함되는 것이므로 연필로서는 동일물품이다. 연필과 만년필, 볼펜은 각기 그 기능은 다르나 글씨를 쓴다고 하는 용도가 동일하므로 유사물품에 해당된다.[111]

---

107) 황종환, 「의장」, 664면; 이수웅, 「의장」, 251면; 대법원 1992.3.31.선고 91후1595 판결; 2개의 디자인을 구성하는 물품의 형상·모양·색채 또는 이들의 결합이 공통적인 동질성을 가짐으로써 시각을 통하여 유사한 미감을 일으키는 경우 양 디자인은 유사하다고 할 수 있다.

108) 이는 형식적 의미의 유사개념이라 할 수 있다.

109) 디자인은 물품을 떠나서는 존재할 수 없고, 물품과 일체불가분의 관계에 있으므로 디자인이 동일·유사하다고 하려면 디자인이 표현된 물품과 디자인의 형태가 동일·유사하여야 한다(대법원 2004.11.12.선고 2003후1901 판결).

110) 이와 달리 유럽공동체 디자인법은 제품의 명칭은 디자인의 보호범위에 영향을 미치지 않는다고 되어 있다(동법§36⑥).

111) 판례에서 유사물품이라고 한 사례에는 '음식찌꺼기 발효통'과 '쓰레기통'(대법원 2001.6.29.선고 2000후3338 판결), '마요네즈 용기'와 '합성고무 및 폴리비닐알콜점착제 용기'(대법원 1992.4.24.선고 91후114 판결), '석쇠'와 '냄비'(대법원 1993.9.24.선고 92후1936 판결) 등이 있고, 또한 용도와 기능이 상이하더라도 양 물품의 형상, 모양, 색채 또는 그 결합이 유사하고 서로 섞어서 사용할 수 있는 것은 유사물품으로 보아야 한다고 판시하고 있다(대법원 2001.6.

(2) 형태의 동일·유사

형상·모양 등의 형태는 디자인을 인식하기 위한 기본적 구성요소이므로 디자인의 유사는 형태의 동일·유사도 필요하다. 여기서 동일형태란 형상·모양 등의 형태가 동일한 것을 말하며, 유사형태란 형상·모양 등의 형태 구성요소에 차이는 있지만 전체로서 관찰할 때 미감이 공통되어 있는 것을 말한다. 일반적으로 대비되는 2개의 디자인이 「공통점에 의한 미감」〉「차이점에 의한 미감」인 경우에는 서로 유사하다고 판단되고, 반대로 「공통점에 의한 미감」〈「차이점에 의한 미감」인 경우에는 서로 비유사하다고 판단한다.112)

3. 디자인의 유사 여부 판단기준

디자인의 유사 여부 판단기준에 관하여는 논자에 따라 여러 가지로 분류되고 있어113) 미감의 경우처럼 어떤 설로서 정착되었다고 보기 어려우나 그간 우리나

29.선고 2000후3388 판결, 2004.6.10.선고 2002후2570 판결, 2004.11.12.선고 2003후1918 판결).

112) 디자인의 유사 여부 판단에 관한 사안에서 대법원은 객관적 창작성의 법리를 설명하면서 "상업적·기능적 변형에 불과하여 창작성을 인정할 수 없다."라고 판시하고 있다(대법원 1996.6.25.선고 95후2091 판결, 1996.11.12.선고 96후443 판결, 1999.11.26.선고 98후706 판결, 2006.7.28.선고 2006후947 판결 등). 또 하급심 판결도 이러한 입장을 취한 것이 많다(특허법원 2010.5.26.선고 2010허104 판결, 2010.12.30.선고 2010허6973 판결, 서울고법 2012.10.25.선고 2012나2974 판결, 서울중앙지법 2011.11.29.선고 2010가합81730 판결, 대구지법 2012.7.17.선고 2011가합9000 판결 등). 그러나 디자인의 유사 여부 판단에 관한 사안에서 '상업적·기능적 변형'이란 표현의 사용은 마치 그 디자인이 속하는 분야에서 통상의 지식을 가진 자가 용이하게 창작할 수 있다는 의미로 해석될 수 있기 때문에 적당하지 않다. 디자인의 유사 여부는 창작이 용이하냐 아니냐의 문제가 아니라 양 디자인의 「공통점에 의한 미감」, 「차이점에 의한 미감」을 디자인 전체로서 종합적으로 판단하고 그것이 보는 사람에게 다른 미감을 주는가 아닌가의 관점에서 판단해야 하기 때문이다. 한편, 대법원 2006.7.28.선고 2005후2915 판결, 2008.9.25.선고 2008도3797 판결 등은 객관적 창작성의 법리를 그대로 설시하면서도 '상업적·기능적 변형'이란 표현은 사용하지 않고 있다.

113) ⅰ) 齋藤, 「의장」, 195~196면에는 다음과 같이 분류하고 있다. ⅰ) 미감성기준설(양 디자인의 구성을 대비하여 전체로서 나타나는 미감과 인상의 이동을 기준으로 유사 여부를 판단한다), ⅱ) 혼동성기준설(일반 수요자를 기준으로 하여 혼동의 염려 또는 식별가능한 정도의 특이성 여부로 유사 여부를 판단한다), ⅲ) 형태성(요부)기준설(디자인을 구성하는 형태요소에 있어 그 디자인의 본질적인 부분을 디자인상의 요부로서 파악하고, 그 요부가 공통하는가의 여부에 따라 유사 여부를 판단한다. 이 설은 일본 특허청의 실무상 해석에 있어 일관된 기본

라에서 논의되고 있는 대표적인 설은 이하와 같다.

(1) 학   설

1) 창작설(창작동일설)

디자인보호법은 디자인의 창작적 가치를 보호하는 법이므로 디자인의 유사 여부는 동일한 미적 특징, 즉 창작내용의 공통성을 기준으로 하여 판단하여야 한다는 견해이다. 이 설은 디자인보호법의 주목적은 디자인의 창작보호라고 해석하는 입장이므로 그 판단의 주체는 창작자를 포함한 당업자를 기준으로 한다.

2) 혼동설(물품혼동설)

디자인보호법은 부정한 경쟁의 방지, 즉 경업질서를 형성하기 위한 법이므로

적 태도이고, 일본 판례도 주로 이 입장에 서 있다), ⅳ) 창작성기준설(디자인의 유사 여부는 동일한 미적 특징, 즉, 창작내용의 공통성을 기준으로 하여 판단하는 사고이다).

ⅱ) 加藤, 「의장」, 133면 이하에서는 디자인의 유사란 디자인의 본질적 가치를 같이하는 폭이라고 하며 디자인의 본질적 가치를 어떻게 보느냐에 따라 ⅰ) 창작설(창작의 동일성을 기준으로 한다), ⅱ) 경업설(혼동을 기준으로 한다), ⅲ) 수요설(물품거래를 증대시키는 기능을 기본으로 구매욕구에의 자극내용을 기준으로 한다)로 분류한다.(齋藤, 「의장」, 195면에서 재인용)

ⅲ) 牛木, 「의장」, 91면은 창작을 기본(상위)개념으로 하고, 다시 이것을 미감설, 인상설, 주의설로 나누고 이것과는 별도로 디자인이 상품으로써 유통되는 단계에서의 2차적 판단으로서의 혼동설로 분류한다.

ⅳ) 高田, 「의장」, 149면은 부정경쟁방지라는 면에서 보아 일반 수요자를 기준으로 하는 혼동에 대해서만 기술한다.

ⅴ) 황종환, 「의장」, 666면; 이수웅, 「의장」, 253면에서는 ⅰ) 창작동일설, ⅱ) 주의환기설, ⅲ) 물품혼동설로 분류하며, 송영식 외 2, 「지적소유권법」, 육법사, 1998(이하 "송영식 외, 「지적소유」"라 함), 740~741면은 ⅰ) 창작설, ⅱ) 주의환기설 내지 미감성설, ⅲ) 혼동설로 분류하고 있으나 기본적으로는 본서의 태도와 크게 다르지 않다.

ⅵ) 이상경, 「지적재산권소송법」, 육법사, 1999(이하 "이상경, 「지적재산」"이라 함), 340~341면은 ⅰ) 창작(동일)설, ⅱ) (물품)혼동설, ⅲ) 미감성설로 분류하고, 이 중 (물품)혼동설을 지지하고 있다.

ⅶ) 末吉 瓦, 「意匠法」, 중앙경제사, 2003(이하 "末吉, 「의장」"이라 함), 52면에서는 ⅰ) 혼동할 우려의 유무를 기준으로 하는 혼동설, ⅱ) 디자인의 창작용이성을 기준으로 하는 창작설, ⅲ) 미감이나 인상의 이동을 중심으로 판단하는 미감설, ⅳ) 디자인을 구성하는 형태요소의 본질적인 부분을 디자인상의 요부로서, 그 요부의 공통성을 기준으로 하는 설, ⅴ) 창작내용의 공통성을 기준으로 하는 설 등 5가지로 나누고, 기본적으로 창작설은 최고재판소 소화 49년(1974.3.19.선고, 1970년 제45호 판결 "가요신축호스")에서 부정되었고, 혼동설의 입장이 유력하다고 해석되고 있다고 설명한다.

디자인과 불가분의 관계에 있는 물품이 다른 물품과 혼동을 야기할 우려가 있으면 유사한 디자인으로 보는 견해이다. 이 설은 디자인의 유사를 물품의 혼동여부에서 구하므로 그 판단의 주체는 일반 수요자를 기준으로 하게 된다.

3) 주의환기설

2개의 디자인을 상호 비교하여 주의를 환기시키는 부분 또는 요부가 공통하는 것을 유사한 디자인으로 보는 견해이다. 디자인의 요부는 그 디자인이 속하는 분야에서의 경험칙에 의하여 판단한다.

4) 미감설(심미성설)

디자인 전체로서 나타내는 미감 내지 그들이 주는 미적 인상의 공통성에 의해 유사하다는 것이며 이 견해는 대개 사실로서 동일한 인상을 주는가, 미감을 일으키는가를 찾고자 힘쓰고 있다.

우리 판례에서는 주의환기설 내지 미감설의 입장에 서 있는 것이 많다. 즉, "디자인의 유사성 여부는 전체와 전체와의 관계에 있어 보는 사람의 눈을 자극하고 주의를 환기시키는 결과에 따라 결정하여야 한다."고 판시하여(대법원 1975.7.22.선고 74후57 판결) 주의환기설의 입장을 취한 판결이 있고, "디자인이 유사한 것인지의 여부는 디자인을 구성하는 각 요소를 분리하여 개별적으로 대비할 것이 아니라 외관을 전체적으로 대비·관찰하여 보는 사람의 시각을 통하여 일으키게 하는 심미감과 보는 사람에게 주는 시각적 인상이 유사한 것인지의 여부에 따라 판단하여야 할 것이다."라고 판시하여(대법원 1989.7.11.선고 86후3 판결) 미감설의 입장을 취한 판결이 있는가 하면, 또한 "디자인의 유사 여부는 디자인을 구성하는 요소들을 전체적으로 대비·관찰하여 그 각 디자인이 보는 사람으로 하여금 서로 상이한 미감을 느끼게 하는 것인지의 여부를 가려서 판단하여야 하고, 이 경우 그 구체적인 판단기준으로서는 보는 사람의 주의를 가장 끌기 쉬운 부분을 요부로서 파악하고 그 각 요부를 대비·관찰할 때 일반 수요자들이 느끼는 미감에 차이가 생길 수 있는지의 관점에서 그 유사성 여부를 결정하여야 한다 할 것이다."라고 판시하여 주의환기설과 미감설의 양 입장을 고려한 판결이 있다.[114]

---

114) 대법원 1987.2.24.선고 85후101 판결, 1990.5.8.선고 89후2014 판결, 1991.6.11.선고 90후1024 판결, 1991.9.10.선고 90후2072·2089 판결, 1996.1.26.선고 95후1135 판결, 1999.11.26.선고 98후706 판결, 2001.5.15.선고 2000후129 판결, 2004.1.16.선고 2002후1461 판결, 2006.6.29.선고 2004후2277 판결, 2011.2.10.선고 2010후1923 판결 등.

(2) 유사 여부 판단의 주체

디자인보호법은 디자인의 창작비용이성 판단의 주체에 관하여는 명문의 규정(§33②)을 두고 있으나 유사 여부 판단의 주체적 기준에 관하여는 명문의 규정이 없으므로 디자인의 유사에 관하여 디자인보호법의 목적, 취지에 입각하여 주장되는 각 설의 입장에 따라 판단주체도 다르다.

디자인보호법은 디자인의 창작적 가치를 보호하는 법이라고 하는 창작설에서는 디자인의 유사는 그 디자인이 속하는 물품분야에 속하는 당업자가 물품의 외관에서 발생하는 미적 사상이 동일성의 범위 내에 있는지 없는지를 고려해야 하므로 당업자(거래자 및 창작자)가 용이하게 창작할 수 없다고 인정되는 것이면 족하고, 일반 수요자는 전혀 관계가 없다고 한다.[115] 이와 같은 생각은 창작된 단계의 디자인(상품화 계획을 하고 있을 뿐 실시물이 없는 것)은 아직 상품화하고 있지 않으므로 그 디자인에 대하여 업으로서 실시하고자 하는 업자(수요자)는 존재해도 실시물을 이용할 일반 수요자는 존재하지 않음을 전제로 한다.

그러나 디자인보호법의 목적은 부정경쟁의 방지, 즉 경업질서를 형성하기 위한 것에 있다고 하는 혼동설에서는 원래 디자인의 보호는 창작보호의 면과 부정경쟁방지라는 면 등을 가지고 있는 것이고 창작보호의 면에서 보면 동일한 창작인지 아닌지를 기준으로 하면 되지만, 부정경쟁의 방지라는 면에서 보면 갑의 물품인 것으로 보이게 하고 을의 물품을 수요자에게 구입하게 할 정도로 유사한 것인가 아닌가가 문제가 되는 것이고 혼동하느냐 않느냐는 수요자가 혼동하는가 아닌가의 문제이므로 디자인이 유사한가 아닌가는 일반 수요자가 혼동하는가 않는가를 기준으로 해야 한다는 것이다.[116] 그러나 이 설에서 일반 수요자의 판단이라 하더라도 그것은 고저광협 등 각양각색으로서 현실적으로 개개의 수요자는 일정한 수준에 있는 것이 아니므로 여기에서의 일반 수요자란 개개의 현실의 수요자가 아니라 객관적으로 상정되는 평균의 또는 이상의 수요자이다.[117]

또 이와 다른 관점에서 주장되는 견해가 있다. 그 하나는 디자인의 유사 여부 판단은 가치적 판단으로서 일반적으로 타당한 것으로 행해지는 한에 있어서 그 판

---

115) 牛木, 「의장」, 145면.
116) 高田, 「의장」, 149면; 황종환, 「의장」, 668면; 이수웅, 「의장」, 254면; 송영식 외 2, 「지적소유」, 741면. 또 이상경, 「지적재산」, 343면은 구입자(거래자 또는 수요자)를 기준으로 혼동의 여부에 따라 판단해야 한다고 설명한다.
117) 高田, 「의장」, 150면.

단에 주체적인 한정을 둘 필요가 없다는 견해이다.[118] 이 견해는 굳이 판단주체라고 하면 그것은 당업자 또는 일반 수요자라는 특수적 입장을 초월한 보편적 주체(사회 전체의 구성원)가 된다.

다른 하나는 디자인의 유사 여부 판단에서 혼동의 주체는 일반 수요자 또는 당업자에게 한정하여 해석할 것이 아니라 당업자 사이에 거래되는 물품의 경우에는 당업자가 기준이 되고, 일반 수요자가 거래의 주체가 된 경우에는 일반 수요자를 기준으로 혼동을 판단해야 한다는 견해이다.[119] 이와 같은 견해는 구체적인 거래의 장에서 혼동이 발생할 정도로 비슷한지 아닌지를 판단해야 한다고 하는 것이다.

그런데 당업자는 디자인을 창작하고 디자인을 실시할 수 있는 능력을 가지고 있어 디자인을 실시한 제품에서 그 디자인의 창작내용을 읽을 수 있는 능력도 있다. 따라서 당업자를 기준으로 판단한다는 것은 원인인 디자인의 창작내용(디자인의 구성)과 결과인 디자인의 외관, 인상 등(디자인의 형태)의 관련을 파악하여 판단한다는 것을 의미한다. 이 경우 당업자는 미세한 차이점을 관찰할 능력을 일반 수요자보다는 갖추고 있으므로 판단에 그러한 경향을 반영하기 쉽다. 또 일반 수요자를 기준으로 판단한다는 것은 결과인 디자인의 외관, 인상 등(디자인의 형태)만을 오로지 파악 판단하면 된다는 것을 의미한다. 원인인 디자인의 창작내용(디자인의 구성)은 대개의 경우 문제로 삼지 않는다. 이 경우 일반 수요자는 전체적으로 주는 인상에서 감각적으로 어떤 물품인가에 좌우되기 쉽고 주의를 끄는 특정한 부위에만 눈을 돌리기 쉽다.

이상에서와 같이 디자인의 유사 여부 판단의 주체적 기준에 관해서는 논자에 따라 법목적에 대한 해석의 차이를 반영하여 달리 주장되고 있다. 현재의 통설은 혼동설에 의한 일반 수요자 기준설이고, 판례 또한 디자인의 심미감을 느끼는 주체로서의 보는 사람에 관하여 일반 수요자를 기준으로 한 판결이 많다.[120][121]

---

118) 齋藤,「의장」, 261면.

119) 森 則雄,「의장실무」, 247~248면.

120) 대법원 1982.6.8.선고 81후7 판결, 1986.2.25.선고 85후85 판결, 1992.3.31.선고 91후1014 판결, 1994.10.14.선고 94후1206 판결, 1996.1.26.선고 95후1135 판결, 2001.6.12.선고 99후2015 판결, 2003.3.28.선고 2002후642 판결, 2006.6.29.선고 2004후2277 판결, 2011.2.10.선고 2010후1923 판결 등.

121) 일본 디자인법은 2006년 법개정에서 디자인의 유사 여부 판단은 수요자의 시각에 의한 미

또한 판례 중에는 "그 디자인이 표현된 물품의 사용시뿐만 아니라 거래시의 외관에 의한 심미감을 함께 고려하여야 한다."라고 판시하여 보는 사람의 중심을 일반 수요자에 국한하지 않고 거래자를 함께 고려해야 하는 것으로 판시한 것도 있다.[122]

디자인의 실무상은 디자인의 대상이 되는 물품이 유통과정에서 일반 수요자를 기준으로 다른 물품과 혼동할 우려가 있는지 없는지 여부라는 관점만이 아니라 그 디자인 분야의 형태적 흐름을 기초로 두 디자인을 관찰하여 창작의 공통성이 인정되는 경우에도 유사한 디자인으로 보도록 함으로써 당업자의 관점도 고려하고 있는 것으로 보인다.[123]

(3) 유사 여부 판단의 대상

디자인의 유사의 판단에 있어서 대비되는 일방의 디자인은 일반적으로는 출원디자인 또는 등록디자인이고, 그 디자인의 인정은 출원서 및 첨부된 도면에 기초하여 행한다. 이들이 디자인의 보호범위를 정하는 자료가 되기 때문이다(§93). 대비되는 타방의 디자인(인용디자인)은 사안에 따라 다르다. 등록요건을 판단하는 경우에는 신규성을 상실한 디자인(§35①), 선출원 디자인(§46) 등이 판단의 대상이 되고 디자인권의 효력(§92)을 판단하는 경우에는 제3자가 실시하고 있는 디자인 등이 판단의 대상이 된다.

디자인의 유사 여부 판단에 있어 판단의 대상인 디자인은 반드시 형태 전체를 모두 명확히 한 디자인뿐만 아니라 그 자료의 표현부족을 경험칙에 의하여 보충하여 그 디자인의 요지파악이 가능한 한 그 대비·판단의 대상이 될 수 있다 할 것이나, 인용디자인만으로는 디자인의 요지파악이 불가능한 경우에는 그 대비판단을 할 수 없다.[124]

감에 의거하여 행하는 것으로 명문으로 규정하였다(일§24ⅱ). 이 규정은 디자인의 유사의 해석이 논자에 따라 다양하여 예견가능성이 낮다는 문제를 해결하기 위해 해석의 인적 기준을 설치하는 것을 의도한 것이다. 이 규정에 의해 창작자 또는 당업자의 입장에서 본 유사 여부 판단은 법적으로 부정되었다. 여기서 수요자는 '일반 수요자 및 거래자'라고 해석해야 하는 것으로 이해되고 있다.

122) 대법원 2001.5.15.선고 2000후129 판결, 2003.12.26.선고 2002후1218 판결, 2010.5.13.선고 2010후265 판결 등.

123) 디자인심사기준 5부 2장 2. 1) (1).

124) 대법원 1995.11.24.선고 93후114 판결, 2008.7.24.신고 2006후3182 판결.

4. 디자인의 유사 여부 판단의 구체적 기준

(1) 유사 여부 판단의 관찰방법

1) 육안에 의한 관찰

디자인은 물품의 미적 외관이므로 시각에 의한 판단으로서 원칙적으로 육안으로 비교하여 관찰한다. 여기서 육안에 의한 관찰이란 현미경, 확대경 또는 화학분석 등에 의한 관찰은 배제한다는 의미이다. 피부 또는 손의 감촉은 육안에 의한 관찰을 보조하지만 시각을 통하지 않는 한 유사 여부 판단의 요소가 되지 않는다. 최근 고정밀의 성형기술, 가공기술의 발달에 따라 통상의 육안으로 그 형태를 판별하기 어려운 미소한 물품의 형태가 제작, 판매되고 있다(발광다이오드, 커넥터 접속단자 등). 이러한 미소한 물품에 대해서는 그 물품의 형상을 확대하여 관찰하는 것이 통상적으로 이루어지고 있다. 따라서 심사실무에서는 디자인에 관한 물품의 거래에서 확대경 등에 대해 물품의 형상 등을 확대하여 관찰하는 것이 통상적인 경우에는 시각성이 있는 것으로 취급하고 있다.[125]

2) 간접적 대비관찰

관찰에는 일반적으로 대비관찰과 격리관찰이 있다. 대비관찰이란 물품의 외관을 직접 늘어놓고 비교관찰하는 방법을 말하며 격리관찰이란 시간과 공간을 달리하여 각별(各別)로 관찰하여 비교하는 방법을 말한다. 이를테면 A백화점에서 갑물품을 보고 그 길로 다시 B백화점에서 을물품을 본다거나, 오늘 갑물품을 보고 내일 을물품을 본다든지 하는 것과 같이 시간을 두고 혼동하는 것을 실험하기도 하고, 거리를 두고 혼동이 생길 수 있는지 등의 관찰을 하는 방식이다. 또 대비관찰에는 직접적 대비관찰과 간접적 대비관찰이 있다. 직접적 대비관찰은 실제의 디자인을 직접 늘어 놓고 비교관찰하는 것이며, 간접적 대비관찰이란 출원 도면에 표현된 디자인과 공지디자인 또는 간행물에 표현된 디자인과를 비교관찰하는 것인데, 이것은 도면 또는 사진에 의한 표현의 가능성이라든가 미감이 일치, 생략 또는 작도상의 차이를 간과하더라도 디자인의 동일성에 변화가 없는가 등을 판단하여 실체의 디자인을 상상해서 대비관찰하는 것을 말한다.[126] 격리관찰은 관념적으로 될 우려가 있고 직접적 대비관찰은 누구나 세밀한 차이까지도 가려낼 수 있

---

125) 디자인심사기준 4부 1장 2. 1) (3) ④.
126) 일본공업소유권연구회 편저, 「공업소유권법 질의응답집」, 제일법규출판부, 1978, 2153면.

어 적당하지 않다. 따라서 디자인의 유사 여부 판단의 관찰은 대비관찰이기는 하나 직접적 대비관찰이 아니고 간접적 대비관찰이라 할 것이다.[127]

3) 외관관찰

디자인은 물품의 외관이므로 시각을 통하여 대비관찰하여 외관의 유사 여부에 의해 판단한다. 상표는 외관이 다른 경우에도 호칭 또는 관념이 유사한 경우에는 유사상표라고 인정되는 경우가 있지만, 디자인의 유사 여부 판단에 있어서는 호칭, 관념은 고려되지 않고 어디까지나 외관유사에 주체를 둔다.

4) 전체관찰 · 요부관찰

디자인이 유사한지의 여부는 전체로서 유사한가의 문제이므로 부분적으로 분석하여 유사한 점이 있다 하더라도 전체적으로 상이한 느낌을 주게 되면 유사하지 않은 디자인으로 판단되고 반대로 부분적으로 상이한 점이 있다 하더라도 전체적으로 비슷한 경우에는 유사한 디자인이 된다. 즉, 디자인의 유사 여부 판단은 개개의 요소에 국한되지 않고, 개개의 요소를 결합하여 전체로서 판단하며 이것을 디자인의 전체관찰(또는 일체관찰)이라고 한다. 그러나 여기에서 말하는 전체관찰은 반드시 디자인 전체를 같은 비중을 두고 대비관찰하여야 하는 것을 의미하는 것은 아니다. 디자인을 구성하는 각 요소, 각 부분은 협동하여 전체로서의 유기적 통일에 의해 형태를 구성하는 것이므로 이 전체적 통일로서의 형태인 디자인에 대한 유사 여부 판단은 필연적으로 형태 전체와 관련하여 지배적인 특징 또는 요부가 파악, 고찰되며 평가되는 것이다. 이를 요부관찰이라고 한다. 따라서 디자인의 유사 여부 판단에 있어 전체관찰은 전체를 통해서 하는 지배적 특징 또는 요부평가이며 지배적 특징 또는 요부를 통해서 하는 전체적 종합평가인 것이다.[128]

---

127) 高田, 「의장」, 153면.

128) ⅰ) 디자인의 동일 또는 유사 여부는 디자인을 구성하는 각 요소를 부분적으로 분리하여 대비할 것이 아니라 전체와 전체를 대비관찰하여 보는 사람이 느끼는 심미감 여하에 따라 판단하여야 한다(대법원 1983.7.26.선고 81후46 판결).

ⅱ) 디자인의 유사성 여부 판단은 이를 구성하는 각 요소를 부분적으로 볼 것이 아니라 전체 대 전체의 관계에서 지배적 특징이 서로 유사하다면 세부적인 특징에 있어서 다소 차이가 있더라도 양 디자인은 유사하다고 보아야 할 것이다(대법원 1991.12.24.선고 91후981 판결, 2001.6.29.선고 2000후3388 판결, 2006.7.28.선고 2005후2915 판결 등).

ⅲ) 디자인의 유사 여부를 판단함에 있어서는 디자인을 구성하는 각 요소를 분리하여 개별적으로 대비할 것이 아니라 전체적으로 대비 관찰하여 보는 사람의 시각을 통하여 일으키게 하는 심미감과 인상의 유사성에 따라 판단하여야 하는 것이고, 이와 같이 전체를 비교함에 있어

여기에서 디자인의 지배적 특징 또는 요부(要部)에 대해 좀 더 알아보자.

디자인에 있어서 지배적 특징 또는 요부란 디자인의 본질적 특징을 표출하는 창작성이 있는 곳을 말하며, 그것은 객관적인 것임을 요한다. 대개는 물품의 특징을 표출하는 데 창작의 노력이 집중되는 결과 그것은 물품의 지배적 특징 또는 요부와 중첩하게 된다. 두 디자인이 표현된 물품에 있어서 흔한 형상이 아니어서 보는 사람의 주의를 가장 끌기 쉬운 부분 또는 물품의 사용상태와 용도를 고려할 때, 수요자에게 잘 보이는 부분 내지 디자인의 구조적 특징을 가장 잘 나타내는 부분은 그것이 물품의 지배적 특징 또는 요부인 것이 많고, 그 결과 디자인의 요부로도 된다.129) 디자인의 요부는 디자인은 물품의 형태이기 때문에 디자인에 관한 물품의 성질, 목적, 용도, 사용형태, 공지디자인에는 없는 신규한 창작부분의 존부 등을 종합적으로 고려하여 인정한다. 비교되는 디자인이 공지부분과 신규부분(특징

서 보는 사람의 주의를 가장 끌기 쉬운 부분을 지배적인 특징 또는 요부로 파악하여 그 지배적인 특징 또는 요부가 서로 유사하다면 세부적인 특징에 있어서 다소 차이가 있고, 부분적으로는 진보성이 인정된다 하여도 전체적으로 보아서 과거 및 현존의 고안들과 다른 미감적 가치가 인정되지 아니하면 그 신규성과 창작성을 인정할 수 없다 할 것이다(대법원 1992.3.31. 선고 91후1595 판결).

iv) 디자인의 유사 여부를 판단함에 있어서는 이를 구성하는 각 요소를 부분적으로 분리하여 대비할 것이 아니라 전체와 전체를 대비 관찰하여 보는 사람의 마음에 환기될 미감과 인상이 유사한 것인지의 여부에 따라 판단하여야 하고, 이 경우 디자인을 보는 사람의 주의를 가장 끌기 쉬운 부분을 요부로서 파악하고 이것을 관찰하여 일반 수요자의 심미감에 차이가 생기게 하는지 여부의 관점에서 그 유사 여부를 결정하여야 한다(대법원 1996.1.26.선고 95후1135 판결, 2006.6.29.선고 2004후2277 판결).

v) 디자인의 유사 여부는 이를 구성하는 각 요소를 분리하여 개별적으로 대비할 것이 아니라 그 외관을 전체적으로 대비관찰하여 보는 사람으로 하여금 상이한 심미감을 느끼게 하는지의 여부에 따라 판단하여야 하고, 이 경우 디자인을 보는 사람의 주의를 가장 끌기 쉬운 부분을 요부로서 파악하고 이것을 관찰하여 심미감에 차이가 생기게 하는지 여부의 관점에서 그 유사 여부를 결정하여야 한다(대법원 2001.5.15.선고 2000후129 판결, 2004.1.16.선고 2002후1461 판결, 2011.2.10.선고 2010후1923 판결).

129) i) 디자인에 일반적으로 흔히 있는 주지의 형상이 존재하고 있는 경우에는 이 부분은 일반 수요자의 주의를 환기시키는 것은 아니므로 요부로는 될 수 없다 할 것이다(대법원 1982.6.8.선고 81후7 판결; 1983.6.28.선고 82후76 판결).

ii) 다만, 여기에서 주의해 두고 싶은 것은 디자인의 유사 여부 판단에서 디자인의 전체로부터 '주의를 가장 끌기 쉬운 부분'을 디자인의 요부라고 인정하고 있지만, 이때 그 물품으로서는 당연히 가지는 기본적 형태, 기능적 형태를 포함하여 인정해 버리는 일이 많다. 물품의 기본적 형태, 기능적 형태는 디자인의 요부가 될 만한 형태는 아니라고 보아야 할 것이다.

있는 부분)으로 이루어지는 경우에는 그 공지부분은 보는 자의 주의를 끄는 것이 없기 때문에 신규부분에 있어서의 공통성이 전체적 형상·모양 등에 미치는 영향을 표준으로 판단하고 형상과 모양의 결합디자인에 있어서 형상이 공지된 경우에는 모양부분이 디자인으로서의 지배적 특징 또는 요부가 되고 그 차이가 전체에 미치는 영향에 의해서 유사 여부가 결정된다.

(2) 형태구성요소 간의 유사 여부 판단
1) 형상디자인과 결합디자인

형상만의 디자인과 형상 및 모양의 결합디자인에 있어 형상이나 모양 중 어느 하나가 유사하지 않으면 원칙적으로 유사하지 않은 디자인으로 보되, 형상이나 모양이 디자인의 미감에 미친 영향의 정도 등을 종합적으로 고려하여 디자인 전체로서 판단한다. 이때 형상의 디자인에 모양을 부가함으로써 그 전체로서 형상디자인과 별개의 고유의 새로운 자질을 형성하는 경우에는 비유사한 디자인으로 판단될 것이나 모양이 독자적인 가치를 발휘하지 않는 경우에는 유사한 디자인으로 판단된다(대개는 모양요소 등은 형상개념에 포섭하여 가치의 공통성을 보고 양자를 유사하다고 하고 있다).

예를 들어 형상만의 찻잔디자인이 선행디자인으로 있고, 그 형상에 꽃무늬 모양을 부가한 후원의 찻잔디자인이 있을 경우 후원의 디자인이 모양의 부가로 커다란 특징을 표출하는 등 독자적인 가치를 발휘하고 있는 경우에는 양자 비유사한 디자인으로 판단되지만, 모양이 부가되어 있다 하더라도 독자적인 가치를 발휘하지 않는 경우에는 모양요소가 형상의 개념에 포섭되어 형상가치의 공통성을 중심으로 보고 유사한 디자인이라고 판단되는 것이다.[130] 형상 및 모양의 결합디자인과 형상·모양 및 색채의 결합디자인, 형상 및 색채의 결합디자인과 형상·모양 및 색채의 결합디자인, 형상 및 모양의 결합디자인과 형상 및 색채의 결합디자인의 각각의 관계에 대해서도 기본적으로는 동일하다.

2) 모 양

물품의 형상, 모양, 색채를 말하는 디자인에서 형상이 존재하지 않는 디자인은 있을 수 없으나 형상요소가 매우 희석된 디자인이 있다. 벽지, 직물지, 포장지

---

[130] 이 경우 후출원 등록디자인은 선출원 등록디자인을 이용하는 관계가 성립되어 법 제95조의 조정을 받을 것이다(제7장 제2절 II.2. 이용의 태양 참조).

등 평면형상으로 취급하는 디자인이 이에 해당된다. 이러한 디자인의 유사 여부 판단은 대개 그 모양을 주된 대상으로 하여 이루어지게 된다. 즉, 이들 디자인은 형상을 중심으로 하는 것과는 달리 물품과의 관련에 대해서는 거의 고려하지 않고 모양 그 자체의 주제, 표현방법, 배열, 무늬의 크기, 색채 등을 종합하여 판단한다.

3) 색 채

색채 그 자체는 신규성, 창작성이 없다. 따라서 색채의 경우에는 그것이 모양을 구성하지 않는 한 유사 여부 판단의 요소로 고려하지 않는다. 색채가 유사 여부 판단의 요소로 작용하는 것은 색구분 모양이나 모양과 일체적으로 결합된 경우이다.131)

(3) 물품의 속성에 의한 유사 여부 판단

1) 디자인 유사의 폭

기존에 없던 참신한 디자인일수록 유사의 폭은 넓고, 동종류의 것이 많이 나올수록 유사의 폭은 좁다. 디자인의 유사 여부 판단은 일반 수요자의 혼동여부를 기준으로 하게 되므로 유사의 폭은 물품의 종류에 따라서 또는 동일한 물품이라도 특이성 여하에 따라 달라진다.

(가) 유사의 폭이 비교적 좁은 것132)

---

131) ⅰ) 인용디자인 1은 색채가 아닌 형상과 모양의 결합으로 이루어진 것으로서 어떠한 색채도 모두 취할 수 있는 것이고, 그와 형상과 모양이 유사한 디자인은 색채가 어떠한지를 불문하고 모두 유사한 디자인으로 볼 수 있는 것이다(특허법원 1999.5.13.선고 99허178 판결).

ⅱ) 일반적으로 단색으로만 채색된 경우에 그 색채만을 변경하는 것은 신규성, 독창성을 인정할 수 없고 2색의 조합으로 이루어진 경우에도 그것이 모양과 결합되지 않는 한, 단색의 경우와 마찬가지로 신규성과 독창성을 인정하기 어렵다고 할 것이다(서울고법 2003.10.1.선고 2003타276 판결).

ⅲ) 디자인을 이루는 구성요소에는 형상과 모양뿐 아니라 색채도 포함되지만, 대비되는 두 디자인이 형상과 모양에서 동일하고 색채의 구성에 있어서도 바탕색으로 된 부분과 채색되어 있는 부분의 위치와 면적 등 기본적인 채색 구도가 동일하다면, 그 두 디자인의 채색된 부분의 구체적인 색채가 다른 색으로 선택되었다는 점만으로는 특별한 사정이 없는 한, 보는 사람이 느끼는 심미감에 차이가 생긴다고 볼 수 없을 것이다(대법원 2007.10.25.선고 2005후3307 판결).

132) ⅰ) 디자인의 유사 여부를 판단함에 있어서 옛날부터 흔히 사용되어 왔고 단순하며 여러 디자인이 다양하게 고안되었던 디자인이나 구조적으로 그 디자인을 크게 변화시킬 수 없는 것 등은 디자인의 유사범위를 비교적 좁게 보아야 한다(대법원 1997.10.14. 96후2418 판결).

ⅱ) 판례에서 유사의 폭이 비교적 좁은 것이라고 판단한 물품에는 창문틀고정구를 비롯한 창

ⅰ) 옛날부터 흔히 사용되고 여러 가지 디자인에 많이 창작되었던 것, 이를테
　면 직물지, 칼, 식기 등과 같은 것이다.

ⅱ) 단순한 형태의 것으로서 옛날부터 사용되어 오던 것, 이를테면 젓가락,
　편지지와 같은 물품이다.

ⅲ) 구조적으로 그 디자인을 크게 변화시킬 수 없는 것, 이를테면 자전거, 쌍
　안경, 운동화와 같은 것이다.

ⅳ) 유행의 변화에 한도가 있는 것, 이를테면 신사복, 한복 등과 같은 것이다.

㈏ 유사의 폭이 비교적 넓은 것

ⅰ) 새로운 물품

ⅱ) 동종류의 물품에서 지금까지보다 특히 새로운 부분

ⅲ) 특이한 형상에 첨가되는 모양 등이 있다.

그러나 위와 같은 구분은 절대적이 아니다. 위에 열거된 물품이라 하더라도 그 디자인에 관한 물품의 수가 많아지고 같은 구상의 것이 많이 나오게 되거나 일반의 수준이 높아지면 높아질수록 유사의 폭은 점점 좁아지게 된다. 이러한 의미에서 유사의 폭은 살아 있는 생명체와 같이 시대에 따라 변하는 것이라고 할 수 있다.

흔히 대비되는 양 디자인의 공통되는 기본적인 구성형태가 해당 공지디자인과 등록(출원)디자인에만 공통되는 구성형태로서 동일한 구성형태를 가지는 디자인이 그 외에 존재하지 않는 경우에는 공통되는 기본적 구성형태는 유사 여부 판단에 있어서 중시되어 유사하다는 결론을 이끌어내기 쉽게 된다. 반대로 기본적 구성형태를 가지는 디자인이 그 외에도 존재하는 경우에는 그 기본적 구성형태의 중요도는 상대적으로 낮게 되고 구체적인 형태의 차이가 중시되게 된다.

2) 물품의 잘 보이는 면과 잘 보이지 않는 면

각기의 물품에는 잘 보이는 면이 있고 잘 보이지 않는 면이 있다. 디자인의 유사 여부는 물품에 있어서 여러 부분 중 가장 잘 보이는 곳에 비중을 두고 판단하도록 한다. 입체의 디자인은 정면, 배면, 평면, 저면, 좌측면, 우측면의 6면으로 구성되어 있다. 디자인의 유사 여부 판단이 전체관찰에 의한다 하더라도 그 6면이 항상 동일한 가치로서 판단하는 것이 아니라 잘 보이는 면에 비교적 큰 비중을 갖

문틀 골재(대법원 1997.10.14.선고 96후2418 판결), 병 등의 용기뚜껑(대법원 1996.6.28.선고 95후1449 판결), 손목시계(대법원 1995.12.22.선고 95후873 판결), 커넥터(특허법원 2000.9.22.선고 2000허2569 판결) 등이 있다.

고 판단하는 것이다.[133] 정면이 일정한 물품에서는 정면을 구성하고 있는 디자인이 전체관찰에 있어서 매우 큰 비중을 가지고 있는 것으로서 전체의 표면적으로 보면 6분의 1밖에 되지 않으나 그 면이 전체의 디자인에 결정적인 영향을 준다(예: 텔레비전 수상기, 벽시계 등). 정면을 어느 한쪽 면으로 정하기가 곤란한 물품의 디자인에서는 잘 보이는 면이 정면이 있는 물품의 정면과 동일하게 큰 비중을 갖는다(예: 공 등).

3) 물품에 있어서 당연히 있어야 할 부분과 특징이 있는 부분

디자인을 구성하는 요소 중 그 물품으로서는 당연히 있어야 할 부분(주로 기본적 형태, 기능적 형태부분이다)과 특징이 있는 부분(이 부분은 주로 다양한 변화가 가능한 부분이 된다)이 있는 경우에는 당연히 있어야 할 부분은 그것이 점하는 표면적의 비중은 비교적 적게 평가하고, 특징을 가진 부분은 그것이 점하는 표면적의 비중보다는 비교적 크게 평가한다.[134] [본절 II. 4. (5) 기본적 형태 · 기능적 형태와 유사 여부 판단 참조]

수저의 경우, 용도 및 기능상 다양한 변화가 가능하고 특징을 나타낼 수 있는 부분은 손잡이 부분이므로 그곳의 형상, 모양에 비중을 두고 판단하는 것이다.

4) 물품의 대소의 차이

물품의 대소의 차이는 상식적인 범위 내에서 유사 여부를 판단한다. 물품의

---

133) i) 텔레비전은 일반적으로 전면에서 시청하게 되는 것이므로 그 지배적인 요부는 정면에서 바라본 형상, 모양에 있다(대법원 1990.3.27.선고 89후506 판결).

ii) 도로용 소음방지 흡음판의 경우 관찰자는 주로 정면을 관찰하게 되고 측면이나 배면은 거의 관찰대상이 되지 아니하므로 정면이 요부로 된다(특허법원 1999.1.28.선고 98허8069 판결).

iii) 이 사건 창틀용 골재와 같은 물품의 경우에는 그 수요자는 주로 거래자일 것이고, 이 경우 거래자는 창틀용 골재에 유리를 끼워 창틀 프레임에 설치한 후에 외부로 나타나는 외관 외에 그 물품 자체의 기능이나 구조 등이 잘 표현되어 있는 외관의 심미감도 아울러 고려하여 구입 여부를 결정할 것으로 보이므로, 비록 창틀용 골재에 유리를 끼워 창틀 프레임에 설치하면 창틀용 골재의 하부와 중앙부보다 상부가 보는 사람의 눈에 잘 띈다 하더라도 상부의 형상과 모양만이 요부라고 보기 어렵고, 그 전체, 즉 측면도(또는 사시도)에 나타난 전체적인 형상과 모양이 요부라고 보아야 할 것이다(대법원 2001.5.15.선고 2000후129 판결).

134) 양 디자인의 공통되는 부분이 그 물품으로서 당연히 있어야 할 부분 내지 디자인의 기본적 또는 기능적 형태인 경우에는 그 중요도를 낮게 평가하여야 하므로 이러한 부분들이 동일 · 유사하다는 사정만으로는 곧바로 양 디자인이 서로 동일 · 유사하다고 할 수 없다(대법원 2005.10.14.선고 2003후1666 판결).

대소의 차이는 창작적 가치와는 직접적인 관계가 없기 때문이다. 이를테면 큰 것을 그대로 축소하여 작은 것과 같은 크기로 한 경우에 유사하면 그 디자인은 유사한 것으로 판단되는 것이다. 그러나 상식적인 범위를 벗어난 경우에는 그것을 무시할 수 없을 것이다.

5) 물품의 기능·구조·재질·정밀도·내구력·제조방법

물품의 기능·구조·재질·정밀도·내구력·제조방법은 그 자체가 외관으로 나타나지 않는 한 유사 여부 판단의 요소가 되지 않는다.[135]

(4) 공지형태와 유사 여부 판단

1) 권리성립과정에 있어서의 유사 여부 판단

디자인의 신규성 판단에서 그 디자인이 하나의 공지디자인에 의해 전부 공지된 경우에는 디자인보호법 제33조 제1항 각호에 의해 신규성이 부정된다. 그러나 디자인의 일부에 공지부분이 있는 경우에는 그 공지부분은 창조적 가치가 인정되지 않기 때문에 신규의 형태에 비교하여 그 비중을 낮게 평가한다. 그러나 디자인은 전체가 유기적 결합에 의해 성립되는 것이므로 공지부분은 비록 그 비중을 낮게 평가한다 하더라도 이를 포함한 형태 전체의 통일적 전체로서 파악되고 고찰의 대상이 되며 공지부분을 제외하고 잔여부분만을 판단의 대상으로 삼는 것이 아니다. 즉 권리성립 과정에 있어서의 디자인의 유사 여부 판단은 어디까지나 형태를 구성하는 전체를 통일적으로 파악하고 그 위에서 이루어지는 종합판단이다.[136]

이와 관련하여 대법원 판례는 "디자인의 동일 또는 유사 여부를 판단함에 있어서는 디자인을 구성하는 각 요소를 부분적으로 분리하여 대비할 것이 아니라 전체와 전체를 대비관찰하여 보는 사람이 느끼는 심미감 여하에 따라 판단하여야 하고, 그 구성요소 중 공지형상부분이 있다고 하여도 그것이 특별한 심미감을 불러일으키는 요소가 되지 못하는 것이 아닌 한 이것까지 포함하여 전체로서 관찰하여 느껴지는 장식적 심미감에 따라 판단해야 할 것"이라고 판시하고 있다.[137]

---

135) ⅰ) 재질이나 제조방법 등은 그것이 외관에 나타나지 않는 한 유부판단의 자료는 되지 아니한다(대법원 1993.4.9.선고 92후2342 판결).

ⅱ) 물품의 재질이나 양(量)적인 성질은 별개의 디자인 대상이 될 수 없는바, 본원디자인은 인용디자인을 단순하게 모형화한 것인 이상, 크기나 재질에서 서로 다르다 하더라도 본원디자인에 창작성을 인정할 수는 없다(대법원 1996.6.25.선고 95후2091 판결).

136) 齋藤, 「의장」, 241면.

위 판결의 입장은 디자인의 등록요건 판단시에는 출원디자인과 대비의 대상인 인용디자인과의 사이에 동일 또는 유사한 구성요소가 이미 공지된 경우에는 이것이 특별한 심미감을 불러일으키는 것이 아닌 한 이를 제외하여서는 안 된다고 하는 것이다.

이는 출원디자인과 인용디자인에 공통된 공지부분을 제외한다고 하면, 인용디자인의 권리범위가 좁아지게 되어 공지부분을 포함하고 있는 출원디자인이 오히려 신규성을 쉽게 인정받아 등록되는 모순이 생길 수 있기 때문이다.[138]

이 점은 침해소송에서 대법원이 취하고 있는 공지사항제외설의 입장과는 다르다.

2) 권리범위판단에 있어서의 유사 여부 판단

우리나라 대법원은 권리성립과정에 있어서의 디자인의 유사 여부 판단과는 달리 등록디자인의 권리범위의 판단시에는 "디자인권은 신규성이 있는 디자인적 고안에 부여되는 것이므로 공지공용의 사유를 포함한 출원에 의하여 디자인의 등록이 되었다 하더라도 공지공용의 부분까지 독점적이고 배타적인 권리를 인정할 수 없다."라고 판시하고 있고,[139] 또 "디자인의 동일 또는 유사 여부를 판단함에 있어서는 디자인을 구성하는 각 요소를 부분적으로 분리하여 대비할 것이 아니라 전체와 전체를 대비 관찰하여 보는 사람이 느끼는 심미감 여하에 따라 판단하여야 하고, 그 구성요소 중 공지의 형상부분이 있다고 하여도 그것이 특별한 심미감을 불러일으키는 요소가 되지 못하는 것이 아닌 한 이것까지 포함하여 전체로서 관찰하여 느껴지는 장식적 심미감에 따라 판단해야 할 것이기는 하지만, 디자인권은 물품의 신규성이 있는 형상·모양·색채의 결합에 부여되는 것으로서 공지의 형상과 모양을 포함한 출원에 의하여 디자인등록이 되었다 하더라도 공지부분에까

---

137) 대법원 1991.6.14.선고 90후663 판결, 1995.11.24.선고 93후114 판결, 1995.11.21.선고 95후965 판결, 1995.5.12.선고 94후1343 판결, 1994.6.24.선고 93후1315 판결, 1991.8.13.선고 90후1611 판결; 2005.6.10.선고 2004후2987 판결, 2009.1.30.선고 2007후4830 판결, 2009.3.12.선고 2008후5090 판결, 2012.4.26.선고 2011후2787 판결 등(모두 등록무효 또는 거절결정 사건에 관한 것임).

138) 특허법원, 「특허재판실무편람」, 2002, 228면.

139) 대법원 1983.7.26.선고 81후56 전원합의체 판결, 1987.9.8.선고 85후114 판결, 1991.6.28.선고 90후1123 판결, 1998.7.24.선고 97후1900 판결, 1997.5.16.선고 96후1613 판결, 1995.6.30.선고 94후1732 판결, 1970.3.31.선고 70후6 판결, 1969.2.18.선고 68후40 판결, 1998.7.24.선고 97후1900 판결(모두 권리범위확인 사건에 관한 것임).

지 독점적이고 배타적인 권리를 인정할 수는 없으므로 디자인권의 권리범위를 정함에 있어 공지부분의 중요도를 낮게 평가하여야 하고, 따라서 등록디자인과 그에 대비되는 디자인이 서로 공지부분에서 동일·유사하다고 하더라도 등록디자인에서 공지부분을 제외한 나머지 특징적인 부분과 이에 대비되는 디자인의 해당 부분이 서로 유사하지 않다면 대비되는 디자인은 등록디자인의 권리범위에 속한다고 할 수 없다.”라고 판시하여 등록디자인과 그에 대비되는 디자인이 유사한 부분이 있다고 하더라도 이는 요부가 될 수 없다고 판단하고 있다.[140]

따라서 권리범위확인 사건에서는 양 디자인을 공지부분까지 포함하여 전체적으로 대비 관찰한 결과 서로 유사하다고 판단되더라도 그 공지부분에 대하여는 독점적인 권리를 인정할 수 없으므로 권리범위에 속하지 않는 경우가 생기게 된다. 이것은 특허발명에 있어서의 공지사항제외설과 같은 맥락에 서 있는 것이다.[141]

위 대법원 판결은 판례로써 확립되어 있으며 디자인권 침해를 둘러싼 많은 하급심 판결에서도 일관되게 적용되고 있다.[142]

생각건대, 디자인의 권리성립과정에 있어서의 유사 여부 판단기준과 권리범위확인 판단시의 유사 여부 판단기준은 통일적으로 해석하는 것이 바람직하지만, 디자인권은 신규하고 창작이 용이하지 않은 점에 근거하여 부여되는 권리인 이상, 그 권리범위(효력범위)를 획정(劃定)하는 유사성 판단에 있어서는 당해 디자인이

---

140) 대법원 2004.8.30.선고 2003후762 판결, 2006.1.26.선고 2005후1257 판결, 2012.4.13.선고 2011후3469 판결(모두 권리범위확인 사건에 관한 것임).

141) 이와 같은 입장에 대해 齋藤, 「의장」, 237·240면에서는 “행정처분을 거쳐 발생하는 권리의 공정력(행정행위는 그것이 권한 있는 행정청 또는 사법기관에 의해 취소되기까지는 일단 효력이 있는 것으로 취급된다. 따라서 디자인등록도 설사 무효원인을 내포하는 것이라 해도 심판에 의해 그 등록이 무효되기까지는 일단 유효한 것으로 취급된다)과 현실적으로 하자 있는 권리에 관한 제3자의 이익과의 형평의 관점에서 권리의 유효성은 그대로 두되 사실상 효력을 제한하는 것으로 하여 실질적인 해결을 꾀하는 것이다.”, “권리의 형식적 유효성을 전제로 하면서 제3자의 이익과의 형평을 확보하고자 하는 공지사항제외설은 각 침해사건에 있어 각각의 사정에 따라 법적 정의를 실현하고자 하는 특수적 해석이며 판단방법은 그 전단계인 권리성립의 단계에서의 유사 여부 판단과는 일단 구별해서 생각하는 것이라고 하지 않으면 아니 된다.”고 설명하고 있다.

142) 서울중앙지방법원, 2012.8.24.선고 2011가합63647 판결, 특허법원 2010.9.3.선고 2010허2230 판결, 2010.11.25.선고 2010허4891 판결, 2011.7.6.선고 2011허583 판결, 2012.5.25.선고 2012허900 판결 등.

창작상의 특징이 어디에 있는가를 고려하는 것은 당연하다고 생각되고, 따라서 등록디자인의 권리범위를 판단할 때에는 공지부분을 참작하여 신규로 창작성이 인정받는 부분만을 요부로 하여 그에 대비되는 디자인과의 유사 여부를 판단하는 방법은 기본적으로 지지되어야 한다고 생각된다.

(5) 기본적 형태·기능적 형태와 유사 여부 판단

기본적 형태·기능적 형태는 디자인의 유사 여부 판단에서 어떻게 판단되는가, 평가받아야 하는가가 논의된다.

디자인에 있어서 '기본적 형태'라 할 때 그것은 두 가지로 쓰인다. 하나는 그 디자인에 관한 물품 전체에 공통된 기본적 형태(물품의 기본형태)이며, 다른 하나는 당해 디자인의 골격이 되는 기본형태이다(이 경우 '기본적 구성태양'처럼 말하는 경우가 많다). 여기서의 문제는 당해 디자인의 골격이 되는 기본형체가 앞의 의미의 기본형태와 일치하는 경우에 있다.

물품의 기본형태란 물품의 기능 등 속성에 의해 규정되어 저절로 형성된 형태이다. 즉 그 형태를 갖추므로 그 물품이라고 인식되는 것으로, 그것 없이는 그 명칭에 의해 인식될 수 없다. 따라서 개별디자인이 쉽게 그 형태를 초월하지 않게 된다.[143]

기능적 형태란 그 물품의 기능적 필연에 의해 생겨난 형태 즉, 물품의 목적, 기능을 달성하는 데 최대의 기술적 효과를 빚어내는 형태를 말한다. 따라서 그 형태는 그 물품의 목적, 기능이 특정되는 한 유일 절대적인 것이고, 적어도 그것에 가까운 것이 되지 않을 수 없으며, 이 형태결정요소로서의 목적, 기능인 '물품' 그 자체를 성립시키는 본질이기도 하므로 물품의 기본적 형태를 규정하는 가장 큰 한 가지 요소가 된다.

이들 물품의 기본적 형태, 기능적 형태는 사람들의 끊임없는 노동의 중첩, 경험의 집적의 결과로서, 현실적으로 존재하는 것이며 그 사회의 공유재산이고 디자인이 이들 형태의 범주에 그치는 한 거기에 독점적 권리가 생길 수 없는 것은 자명하다.[144]

이와 같이 어떤 물품에 있어서 기본적·기능적 형태에 해당하는 부분은 개별

---

143) 齋藤,「의장」, 246면.
144) 齋藤,「의장」, 247면.

디자인이 반드시 가질 수밖에 없는 형태로서, 개별디자인은 이러한 형태를 기초로 하여 이루어질 수밖에 없으므로 이러한 부분은 그 디자인을 다른 디자인과 구별하는 특징을 이루는 요부가 될 수 없다.

이와 관련 대법원은 "디자인의 동일·유사 여부는 디자인을 구성하는 각 요소를 부분적으로 분리하여 대비할 것이 아니라 전체와 전체를 대비 관찰하여 보는 사람이 느끼는 심미감 여하에 따라 판단하여야 할 것이지만, 양 디자인의 공통되는 부분이 그 물품으로서 당연히 있어야 할 부분 내지 디자인의 기본적 또는 기능적 형태인 경우에는 그 중요도를 낮게 평가하여야 하므로 이러한 부분들이 동일·유사하다는 사정만으로는 곧바로 양 디자인이 서로 동일·유사하다고 할 수 없다."고 판시하였다.[145]

기본적 형태·기능적 형태는 디자인의 요부가 될 수 없으므로 권리성립과정에 있어서든 권리범위판단에 있어서든 간에 이러한 부분에 대한 유사 여부는 전체 디자인의 유사 여부 판단에 영향을 미치지 않고, 그 외 특징적인 부분이 유사하지 않다면 서로 유사하지 않은 것으로 된다. 이 점에서 디자인의 유사 여부 판단에 있어서 '기본적·기능적 형태'의 취급은 앞에서 본 '공지형태'의 취급과는 다르다.[146]

(6) 기능과 관련된 형태와 유사 여부 판단

디자인은 본질적으로 물품의 기능과 미를 조화시키는 조형인 것이므로 디자인의 물리적인 형태(형상)는 물품의 기능과 관련된 것이 많다. 물품의 기능과 관련된 형태와 물품의 기본적 형태·기능적 형태는 구별되어야 한다. 물품의 기본적 형태·기능적 형태는 앞서 본 바와 같이 디자인의 요부가 될 수 없으나 물품의 기능과 관련된 형태는 그것이 일반 수요자에게 심미감을 줄 수 있는 부분이라면 디자인의 요부가 될 수 있다.

대법원은 "디자인등록의 요건으로서 디자인의 동일 또는 유사 여부를 판단할 때 디자인의 구성요소 중 물품의 기능을 확보하는 데 필요한 형상 … 이 있다고 하여도 그것이 특별한 심미감을 불러일으키는 요소가 되지 못하는 것이 아닌 한 그것까지 포함하여 전체로서 관찰하여 느껴지는 장식적 심미감에 따라 판단해야 한

---

145) 대법원 2005.10.14.선고 2003후1666 판결(등록무효사건), 2006.6.29.선고 2004후2314 판결(권리범위확인사건).
146) 정상조 외 3인 공편, 「디자인보호법 주해」, 박영사, 2015(유영선 집필부분), 294면.

다."고 판시하였고,[147] 또한 "디자인의 구성 중 물품의 기능에 관련된 부분에 대하여 그 기능을 확보할 수 있는 선택가능한 대체적인 형상이 그 외에 존재하는 경우에는 그 부분의 형상을 물품의 기능을 확보하는 데 불가결한 형상이라고 할 수 없으므로, 그 부분이 공지의 형상에 해당된다는 등의 특별한 사정이 없는 한 디자인의 유사 여부 판단에 있어서 그 중요도를 낮게 평가하여야 한다고 단정할 수 없다."고 판시하였다.[148]

즉 대법원은 물품의 기능과 관련된 형태라도 그것이 그러한 기능을 확보하는 데 불가결한 형태가 아닌 경우, 다시 말하면 그 기능을 확보할 수 있는 선택가능한 대체적인 형상이 그 외에 존재하는 경우에는 그 중요도를 낮게 평가할 수 없다는 것이다.

(7) 특수한 디자인의 유사 여부 판단

1) 동적 디자인

(가) 동적 디자인과 정적 디자인   동적 디자인의 정지상태 및 동작 중의 기본적 주체를 이루는 자태가 정적 디자인과 동일 또는 유사한 경우에는 그 동적 디자인의 동작이 특이하지 않는 한 유사한 디자인으로 판단한다. 동적 디자인의 동작은 그 동적 디자인의 기본적 자태로부터 대개 추측해 낼 수 있는 동작이 많고 또 그러한 동작이라면 그 기본적 주체를 이루는 자태를 보면 누구든지 그것을 이미지로서 관념할 수 있기 때문이다.

(나) 동적 디자인 상호간   동적 디자인 상호간에 있어서는 그 정지상태, 동작의 내용 및 동작 중의 기본적 주체를 이루는 자태 등을 전체로서 비교하여 판단한다.

2) 완성품과 부품

완성품과 부품은 원칙적으로 비유사물품으로 취급한다. 이를테면 자동차와 자동차용 핸들, 손목시계와 시계침, (뚜껑 있는)포장용 용기와 용기뚜껑과의 관계이

---

147) 대법원 2009.1.30.선고 2007후4830 판결(이 판결은 디자인등록의 요건으로서 디자인의 유사 여부를 판단할 경우에 물품의 기능을 확보하는 데 필요한 형상부분이 포함되어 있는 경우 이 부분을 제외하고 판단하여서는 아니되고 이 부분까지 포함해서 전체로 느껴지는 장식적 심미감에 따라 판단해야 한다는 법리를 최초로 설시한 판례이다), 대법원 2010.11.11.선고 2010후2209 판결 같은 취지.

148) 대법원 2006.9.8.선고 2005후2274 판결, 2011.2.24.선고 2010후3240 판결.

다. 다만, 부품의 구성이 완성품에 가까운 경우 예컨대 안경과 안경테, 손목시계와 손목시계 본체, 사진틀과 사진틀테의 경우에는 양자가 유사물품으로 취급된다. 여기서 비유사물품이라는 것은 비록 그 형상, 모양, 색채 또는 이들의 결합이 동일 또는 유사한 것이라 하더라도(실제에는 완성품과 부품간에 형태가 동일 또는 유사한 경우는 드물 것이다) 동일 또는 유사한 디자인으로 보지 않는다는 것이다. 이것은 디자인의 유사 여부 판단에 관한 일반원칙이다. 그러나 완성품이 공지 또는 간행물에 게재되어 있고 그 완성품을 구성하는 부품이 출원된 경우의 유사 여부 판단은 이 원칙과 다르게 판단되는 것이다. 이하 여러 가지 경우로 나누어서 설명한다.

㈎ 완성품과 부품이 선후원관계에 있는 경우   양 물품은 비유사물품 간이므로 유사 여부 판단의 대상이 되지 않고 따라서 법 제46조의 선후원 관계도 성립하지 않는다. 이에 대해 선출원에 관한 완성품이 출원공개 또는 등록공고 전에 후출원된 부품은 법 제33조 제3항의 확대된 선출원규정에 의해 거절된다.

㈏ 공지된 부품을 이용한 완성품의 경우   양 물품은 비유사물품 간이므로 유사 여부 판단의 대상이 되지 않는다. 따라서 완성품은 그 부품이 공지된 것을 이유로 거절되지 않는다.

㈐ 공지된 완성품에 부착된 부품의 경우   공지된 완성품에 부착된 부품과 동일 또는 유사한 부품은 그 완성품에 의하여 공지된 디자인으로 본다. 완성품에 부착된 부품이 완성품에서 분리되어 따로 독립으로 공지 또는 간행물에 게재되어 있지 않더라도 공지 또는 간행물에 게재된 완성품에 부착되어 있는 부품이라면 완성품은 물론 그 부품도 마찬가지로 공지 또는 간행물에 게재되어 존재하는 것으로 된다.[149] 물론 이 경우는 부품이 도면이나 사진 등에 명확하게 이해할 수 있을 정도로 표현되어 있는 것이 전제로 된다.[150]

㈑ 부품의 구성이 완성품에 가까운 경우   양 물품에 대해 비유사물품이라는 사고방식은 법운영의 지나친 경직화와 별개의 디자인권으로 존립하게 되면 경

---

[149] 이 사건 등록디자인은 뚜껑이 없는 용기이고, 인용디자인은 용기와 뚜껑이 결합된 것이나 뚜껑은 용기본체에 불가분적으로 결합되어 있는 것이 아닌 만큼 인용디자인에 뚜껑을 제외하고, 양 디자인의 대응되는 형상·모양만을 대상으로 하여 그 유사 여부를 대비하여야 할 것이다(대법원 1990.7.10.선고 89후902 판결).

[150] 완성품이 공지이거나 간행물에 기재되어 있는 경우 그 일부물품이 도면이나 사진으로 명확하게 이해할 수 있을 정도로 표현되어 있는 한 그 부품도 공지이거나 간행물에 기재되어 있다고 할 수 있다(특허법원 1999.2.25.선고 98허11096 판결).

제사회에 혼란을 가져올 우려가 있으므로 양자 유사물품으로 보아 디자인의 유사 여부를 판단한다.

3) 형틀과 형틀로부터 만들어지는 물품, 전사지와 전사물

형틀과 형틀로부터 만들어지는 물품은 양자가 목적과 수단이라는 점에서는 밀접한 관련을 갖고 있으나 물품 분류의 관점에서는 용도 및 기능을 달리하는 비유사물품 간이므로 디자인의 동일 또는 유사 여부 판단의 대상이 되지 아니한다. 따라서 어느 쪽이 먼저 공지 또는 선출원되어 있다 하더라도 양자는 아무런 관계 없이 심사가 이루어지기 때문에 다른 거절이유가 없는 한 등록될 수 있다.

다만, 형틀과 형틀로 만들어지는 물품이 거의 형상을 같이하는 경우가 있다면 법 제33조 제2항(창작비용이성)의 적용을 받을 수 있을 것이다.

또한 전사지와 전사물은 양자 비유사물품 간이므로 유사 여부 판단의 대상이 되지 않는다.[151] 만약 쌍방에 대해 디자인권이 발생한 경우에만 전사한 모양이 붙어 있는 물품의 권리가 후출원 등록디자인인 경우라면 이용관계 규정(§95)의 조정을 받을 것이라고 생각한다.

4) 합성물 디자인

합성물 디자인은 그 구성각편이 모아진 전체를 하나의 디자인으로 보아 대비 판단한다. 그러나 적목완구와 같이 구성각편의 하나가 독립거래의 대상이 되는 물품의 유사 여부 판단은 완성품과 부품의 유사 여부 판단에 준하여 판단한다.

5) 부분디자인

(가) 부분디자인의 인정　　부분디자인은 ① 디자인의 대상이 되는 물품, ② 부분디자인으로서 디자인등록을 받으려는 부분의 용도·기능, ③ 해당 물품 중에서 부분디자인으로서 디자인등록을 받으려는 부분이 차지하는 위치·크기·범위,[152] ④ 부분디자인으로서 디자인등록을 받으려는 부분의 형상·모양·색채 또

---

151) 이 사건 등록디자인과 비교대상디자인1의 대상이 되는 물품은 이 사건 등록디자인의 '전사지'모양이 비교대상디자인1의 '공기'에 붙어 있다는 이유만으로는 그 용도와 기능이 동일·유사하다고 할 수 없을 뿐만 아니라 형상·모양·색채 또는 그 결합이 유사하고 서로 섞어서 사용할 수 있는 물품이라고도 할 수 없으므로 서로 다른 별개의 물품이라 할 것이다(특허법원 2007.6.1.선고 2007허67 판결).

152) 위치란 부분디자인의 디자인의 대상이 되는 물품 전체의 형태에 대한 당해 '디자인등록을 받으려는 부분'의 상대적인 위치관계를 말한다. 크기란 '디자인등록을 받으려는 부분'의 절대적인 크기를 말한다. 또한 범위란 주로 부분디자인의 대상이 되는 물품 전체의 형태에 대한 당해 '디자인등록을 받으려는 부분'의 상대적인 크기(면적 비)를 말한다.

는 이들의 결합을 그 디자인이 속하는 분야의 통상의 지식을 기초로 종합적으로
고려하여 판단한다.

　(내) 부분디자인의 유사 여부 판단　　부분디자인의 유사 여부 판단은 대비되
는 양 디자인이 나타나는 미감의 유사 여부에 대한 판단을 말한다.[153] 구체적으로
는 위 (개)의 ①내지 ④의 각 요소에 대하여 공통점 및 차이점을 디자인 전체로서 종
합적으로 관찰하여 이들이 양 디자인의 유사 여부 판단에 미치는 영향을 평가하는
것으로 행한다.

　① 부분디자인과 전체디자인은 디자인등록을 받고자 하는 방법 · 대상이 상
이한 출원이므로 디자인보호법 제35조(관련디자인) 및 제46조(선출원)의 적용에 대
해서는 비유사한 디자인이 된다.

　② 신규성

　ⅰ) 공지디자인이 전체디자인 또는 부분디자인에 있어 당해 부분디자인에 상
당하는 부분을 포함하고 있는 경우 차이점으로 최초 부분에 평가할 구성요소가 없

---

153) 부분디자인을 출원하는 경우는 그 취지를 명시하여 등록을 요구하는 해당 특징부분을 실선
　으로, 그 외의 부분을 파선으로 표현한다. 이 경우 파선부분을 어떻게 이해해야 할 것인지는
　디자인의 유사, 디자인권의 효력 등에 얽힌 문제이다. 부분디자인으로 등록받으려는 실선부
　분 이외의 파선부분도 고려하여 부분디자인의 디자인권의 효력범위를 판단해야 할 것인가 아
　닌가에 대해서는 적극(요부)설과 소극(독립)설로 나누어지고 있다. 적극(요부)설은 디자인은
　물품의 부분에는 성립하지 않는다는 종래의 사고방식을 유지하고, 실선부분이 디자인의 요부
　이고 파선부분은 요부가 아닌 부분으로서 디자인을 인정해야 한다는 설이다. 이에 대해 소극
　(독립)설은 실선부분을 권리주장(클레임)의 대상으로써 실선부분만이 디자인의 본질을 이루
　는 것이며, 부분디자인의 유사 여부 판단에서도 실선부분만을 비교대상으로 해야하고, 파선
　부분은 무시하거나 실선부분의 설명목적으로 취급해야 한다는 설이다.
　당초 미국의 판례는 적극(요부)설이었다가(Blum 판결) 그 후 소극(독립)설로 판례 변경
　(Zahm 판결)하고, 현재는 미국특허상표청 특허심사메뉴얼도 소극(독립)설의 입장을 취하고
　있다(寒河江,「의장」, 129 · 130면). 일본의 특허청의 실무와 심결취소소송에서는 적극(요부)
　설의 입장에서 실무가 이루어지고 있다.
　우리나라는 특허청의 부분디자인의 유사 여부 판단에 관한 심사기준은「① 디자인의 대상이
　되는 물품, ② 부분디자인으로서 디자인등록을 받으려는 용도 · 기능, ③ 해당 물품 중에서 부
　분디자인으로서 디자인등록을 받으려는 부분이 차지하는 위치 · 크기 · 범위, ④ 부분디자인
　으로서 디자인등록을 받으려는 부분의 형상 · 모양 · 색채 또는 이들의 결합」이라는 요소를
　종합적으로 고려하여 판단하도록 되어 있으므로 이것은 적극(요부)설을 전제로 하는 것이라
　고 할 수 있다[디자인심사기준 5부 2장 2. 7)]. 부분디자인은 물품의 부분(실선 부분)에 관한
　것이기 때문에 물품 전체의 형태(파선 부분)에 기인하는 요소를 포함하는 것은 당연하다.

을 때에는 부분디자인은 공지디자인의 일부와 유사하고, 디자인보호법 제33조 제1항 제3호에 해당한다.

ⅱ) 공지된 부분디자인이 당해 부분디자인과 동등한 경우 차이점으로 최초 부분에 평가할 구성요소가 없을 때에는 양 디자인은 유사하고, 디자인보호법 제33조 제1항 제3호에 해당한다.

③ 확대된 선출원

선출원에 관한 전체디자인이 출원공개 또는 등록공고 전에 후출원된 부분디자인은 디자인보호법 제33조 제3항에 해당한다.

④ 관련디자인 및 선출원

부분디자인끼리 대비하여 차이점으로 되는 부분에 평가할 구성요소가 없는 경우 양 디자인은 유사하다.

6) 화상디자인

디자인은 물품과 일체불가분의 관계에 있으므로 화상디자인의 유사 여부 판단에 있어서도 화상디자인이 구현된 물품이 동일 또는 유사한 경우에 있어서만 판단의 대상으로 한다. 또한 화상디자인은 물품의 액정화면 등 표시부에 표시하는 도형 등이므로 일반의 디자인에 있어서의 모양의 유사 여부 판단과 동일하게 판단한다. 즉 모양 그 자체의 주제, 표현방법, 배열, 무늬의 크기, 색채 등을 종합하여 판단한다.

7) 글자체디자인

글자체디자인의 유사 여부 판단은 ⅰ) 기존글자체의 복사나 기계적 복제에 해당되는 경우, ⅱ) 기존 글자체의 부분적 변경에 해당되는 경우, ⅲ) 기존 글자체의 字族(패밀리글자체)에 해당되는 경우에는 기존 글자체디자인과 동일 또는 유사하다고 판단한다.[154] 여기서 字族(패밀리글자체)이란 원작 글자체에 대해 웨이트(굵기)가 다른 글자체를 제작하는 것을 말한다.

현재 글자체디자인을 법적으로 보호하는 국가(지역)는 미국, 영국, 프랑스, 독일, 유럽연합 등이 있고, 이들 국가의 문자는 알파벳 a에서 z까지 나열하여 사용하는 문자의 특성에 의해 한글에 비해 글자꼴간의 유사성을 판단하는 방법이 비교적 간단하다 할 수 있으나 우리나라, 일본, 중국의 문자와 같이 음절단위로 사용하는 문자는 알파벳과는 달리 문자의 특성을 고려한 판단이 행해져야 하고 또한 이를

---

154) 디자인심사기준 5부 2장 2. 9).

위한 구체적인 기준이 필요하다.[155] 이와 관련 한글글자체의 유사성 판단을 위한
방법이 제시되고 있다.[156]

즉, 한글의 글자특성과 구조에 따라 네 단계로 구분하여 ⅰ) 낱글자의 구조,
ⅱ) 낱글자의 표현, ⅲ) 낱글자의 형태구성요소, ⅳ) 글자의 전체적인 인상(판짜기
표정) 등의 요소에 기초하여 종합적으로 판단해야 한다는 것이다. 그러나 이러한
요소들에 대한 판단은 글자체의 전반에 관한 전문적인 지식과 경험 없이는 곤란할
것이므로 이 점에 관해서는 외부전문기관의 도움을 받아 객관적이고 공정한 판단
이 이루어져야 할 것이다.

5. 판례에서 본 디자인의 유사 여부 판단사례

(1) 유사하다고 판단한 사례
① 대법원 2006.9.8.선고 2005후2274 판결

이 사건 등록디자인 〈그림 1〉과 확인대상디자인 〈그림 2〉의 물품인 '건축 배
관용 슬래브관'은 건축물의 층을 구획하는 콘크리트 구조물 제작용 거푸집 안에 일
정한 공간을 점유한 상태로 장착되어 그 거푸집 내부가 콘크리트로 메워지더라도
2개의 배수관이 지나갈 수 있는 관통 공간을 몸체부 내부에 확보해 둠으로써 콘크
리트의 타설 완료 후 위쪽에서 내려오는 2개의 배수관이 상면 폐쇄면이 제거된 몸
체부의 내부 공간을 통과하여 아래쪽의 '배수배관용 집수조인트'의 2개의 이경관에
연결될 수 있도록 하면 그 기능을 다하는 것이므로, 양 디자인의 물품인 '건축 배관

---

155) 디자인의 등록요건 판단에 있어 그 유사 여부는 이를 구성하는 각 요소를 분리하여 개별적
으로 대비할 것이 아니라 그 외관을 전체적으로 대비 관찰하여 보는 사람으로 하여금 상이한
심미감을 느끼게 하는지 여부에 따라 판단하여야 하므로 그 지배적인 특징이 유사하다면 세
부적인 점에 다소 차이가 있을지라도 유사하다고 보아야 하고(대법원 2007.1.25.선고 2005후
1097 판결 등 참조), 이러한 법리는 디자인보호법 제2조 제1호의2(현행법 제2조 제2호) 소정
의 글자체에 대한 디자인의 경우에도 마찬가지로 적용된다. 한편 글자체 디자인은 물품성을
요하지 않고, 인류가 문자생활을 영위한 이래 다수의 글자체가 다양하게 개발되어 왔고 문자
의 기본형태와 가독성을 필수적인 요소로 고려하여 디자인하여야 하는 관계상 구조적으로 그
디자인을 크게 변화시키기 어려운 특성이 있으므로, 이와 같은 글자체 디자인의 고유한 특성
을 충분히 참작하여 그 유사 여부를 판단하여야 할 것이다(대법원 2012.6.14.선고 2012후803
판결).

156) 홍익대, 「한글활자꼴 보호범위」, 53면 이하에 자세하다.

용 슬리브'가 이러한 기능을 다하기 위해서 그 평면부가 반드시 오뚜기 형상을 갖고 있어야 한다고는 볼 수 없고, 동일한 기능을 수행하면서도 전체적인 미감을 고려하여 그 평면부의 형상이 얼마든지 다르게 구성될 수 있다고 할 것이다.

나아가 위와 같은 오뚜기 형상이 이 사건 등록디자인의 출원 전에 공지된 부분이라고 볼 만한 아무런 증거가 없는 이 사건에 있어서, 양 디자인의 평면부에서 공통적으로 나타나는 오뚜기 형상은 보는 사람의 주목을 가장 잘 끄는 지배적인 특징이라고 할 수 있으므로 양 디자인은 전체적으로 심미감에 있어서 차이가 없는 유사한 디자인이라고 할 것이고, 비록 확인대상디자인이 이 사건 등록디자인과 대비 관찰할 때 원심 판시와 같이 몸체부의 외주면과 상면 폐쇄면의 형상 및 모양, 플랜지부의 높이, 고정보스의 형상, 모양, 개수 및 설치위치 등에서 세부적인 차이가 있다고 하더라도 이와 같은 세부적인 차이로 인하여 양 디자인이 전체적인 심미감에 있어 차이가 있다고 보기는 어렵다.(유사긍정)

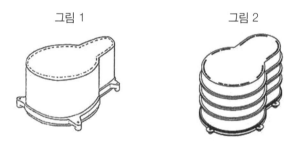

그림 1   그림 2

② 대법원 2011.2.24.선고 2010후3240 판결

'받침대가 구비된 오일쿨러용 케이스'에 관한 이 사건 등록디자인(등록번호 제0296675호) 〈그림 1〉, 〈그림 2〉, 확인대상디자인 〈그림 3〉, 〈그림 4〉를 대비하여 보면, 양 디자인은 몸체부의 전체 외곽 형상이 정사각형에 가까운 사각형이고, 송풍 팬의 장착 부분이 원형의 홀로 형성되어 있는 점, 몸체부의 상판(덮개 부분)이 직사각형의 수평판으로 되어 있고, 중앙의 직하부에 수평의 받침대가 직사각형의 형태로 형성되어 있는 점, 양측 세로판은 상판 및 수평의 받침대와 수직으로 결합되어 있으며, 수평의 받침대가 결합된 부분이 상판과 결합된 부분보다 폭이 넓은 점 등에서 서로 유사하다. 그런데 양 디자인의 위와 같은 유사점 중 사각 형태의 몸체부 외곽 형상이나 원형의 홀 등은 오일쿨러용 케이스의 기본적 형태이거나 위

물품의 기능을 확보하는 데에 불가결한 형상이라 하더라도, 받침대가 양측 세로판 사이에 결합된 형상의 경우 송풍 모터를 지지하기 위한 받침대를 고정시키기 위하여 오일쿨러용 케이스가 반드시 이러한 형상을 갖고 있어야 한다고는 볼 수 없고, 동일한 기능을 수행하면서도 전체적인 미감을 고려하여 그 받침대와 양측 세로판의 형상이 얼마든지 다르게 구성될 수 있으므로, 위와 같은 형상이 이 사건 등록디자인의 출원 전에 공지된 부분이라고 볼 만한 아무런 증거가 없는 이 사건에 있어서, 이 부분은 위 물품을 대하는 일반 수요자가 느끼는 전체적인 심미감에 영향을 미치는 요소임이 분명하다.

그렇다면 양 디자인은 전체적으로 심미감에 차이가 없는 유사한 디자인이라 할 것이고, 비록 양 디자인이 원심 판시와 같이 원형의 홀 내부 및 상판과 받침대 앞면의 모서리 형상, 받침대의 모터 고정용 장공의 유무, 양측 세로판 중하부의 형상 및 볼트구멍의 유무 등에서는 다소 차이가 있다고 하더라도 이러한 차이점은 당해 물품을 자세히 볼 때에만 비로소 인식할 수 있는 세부적인 구성의 미세한 차이에 불과하거나 흔히 취할 수 있는 변형에 해당하여 전체적인 심미감에 큰 영향을 미칠 수 없으므로, 이와 같은 차이점으로 인하여 양 디자인의 전체적인 심미감이 달라진다고 보기는 어렵다.(유사긍정)

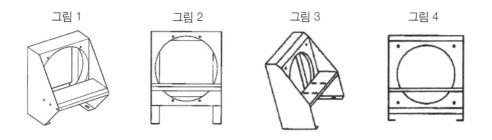

| 그림 1 | 그림 2 | 그림 3 | 그림 4 |

③ 대법원 2001.5.15.선고 2000후129 판결(원심파기)

이 사건 등록의장 〈그림 1〉과 비교대상디자인 〈그림 2〉가 표현된 물품은 모두 길이방향으로 연속된 형상과 모양을 하고 있는 '창틀용 골재(창문용 골재)'로서 정면도, 평면도, 배면도 및 저면도에서는 모두 직사각형을 이루고 있어 별다른 특징적인 차이를 발견할 수 없고, 그 특징을 알 수 있는 도면은 측면도(또는 사시도)인 바, 이 사건 창틀용 골재와 같은 물품의 경우에는 그 수요자는 주로 거래자일

것이고, 이 경우 거래자는 창틀용 골재에 유리를 끼워 창틀 프레임에 설치한 후에
외부로 나타나는 외관 외에 그 물품 자체의 기능이나 구조 등이 표현되어 있는 외
관의 심미감도 아울러 고려하여 구입 여부를 결정할 것으로 보이므로, 비록 창틀
용 골재에 유리를 끼워 창틀 프레임에 설치하면 창틀용 골재의 하부와 중앙부보다
상부가 보는 사람의 눈에 잘 띈다 하더라도 상부의 형상과 모양만이 요부라고 보
기 어렵고, 그 전체, 즉 측면도(또는 사시도)에 나타난 전체적인 형상과 모양이 요
부라고 보아야 할 것이다.

　　나아가 양 의장을 측면도에 나타난 형상과 모양에 의하여 대비하면, 원심이
인정한 바와 같이 양 의장은 상부에서 좌측 격실 윗부분의 경사 여부 및 단턱의 유
무 등의 차이가 있으나, 하부의 홈부, 좌우의 삽입홈 및 격실, 그 위 중앙부의 격
실, 그리고 상부 우측의 2개 격실의 각 형상은 거의 동일한 바, 양 의장은 이와 같
은 공통점으로 인하여 전체적으로 느껴지는 의장적 심미감이 유사하고, 또 위와
같은 부분적인 차이는 이른바 상업적·기능적 변형에 불과하여 이 사건 등록의장
의 객관적 창작성을 인정하기도 어려우며, 이는 이 사건 양 의장에 관하여 그 유사
의 폭을 좁게 보더라도 마찬가지이다.

　　그럼에도 불구하고, 그 판시와 같은 이유만으로 이 사건 등록의장이 인용의
장과 유사하지 아니하다고 판단한 원심판결에는 의장의 유사 여부에 관한 법리를
오해하거나 심리를 다하지 아니한 위법이 있다.(유사긍정)

그림 1　　　　　　　　　그림 2

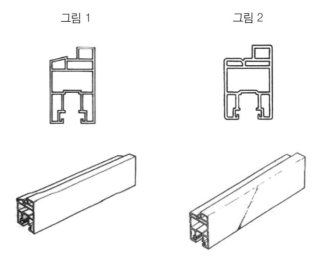

(2) 비유사하다고 판단한 사례

① 대법원 2005.10.14.선고 2003후1666 판결

'음식물 저장용 밀폐용기'에 관한 이 사건 등록디자인 〈그림 1〉과 비교대상디자인 〈그림 2〉는 모두 용기본체가 직육면체의 형상이고, 용기뚜껑의 4변에 잠금날개가 각 형성되어 있고, 각 잠금날개에는 용기본체에 형성되어 있는 잠금돌기와 결합되는 가로막대형 잠금구멍이 2개씩 형성되어 있는 점에서 서로 공통점이 있으나, 이들 부분은 양 디자인의 출원 전에 이미 그 디자인이 속하는 분야에서 오랫동안 널리 사용되어온 '음식물저장용 밀폐용기'의 기본적 또는 기능적 형태에 해당하므로, 이들 부분에 위와 같은 공통점이 있다는 사정만으로는 곧바로 양 디자인이 서로 유사하다고 단정할 수 없고, 오히려 이 사건 등록디자인은 용기뚜껑 윗면에 절굿공이 무늬가 형성되어 있고 각 잠금날개에 형성되어 있는 2개씩의 잠금구멍 사이에 잠금날개가 접히는 부분을 따라 가로막대형의 구멍이 1개씩 더 형성되어 있는 점에서, 용기뚜껑 윗면 및 용기본체의 옆면에 2줄의 물결무늬가 형성되어 있고 각 잠금날개에는 잠금구멍 이외에 가로막대형의 구멍이 별도로 형성되어 있지 아니한 비교대상디자인과는 차이가 있고, 그러한 차이로 인하여 그 전체에서 비교대상디자인과는 다른 미감적 가치를 인정할 수 있으므로, 비교대상디자인과 유사하다고 볼 수는 없다.(비유사)

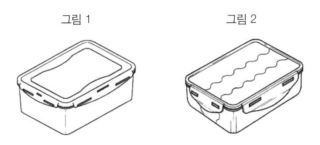

그림 1   그림 2

② 대법원 2011.2.10.선고 2010후1923 판결

명칭이 '밸브용 캡'인 이 사건 등록디자인(등록번호 제0506955호)과 명칭이 '온수밸브 캡'인 비교대상디자인(등록번호 제0238594호)의 전체적인 형상과 모양이 잘 나타나는 사시도, 정면도(좌측면도) 및 평면도를 대비하여 볼 때, 이 사건 등록디자인 〈그림 1, 그림 2, 그림 3〉과 비교대상디자인 〈그림 4, 그림 5, 그림 6〉은 외곽과

그 내부에 일정한 간격으로 떨어져 두 개가 원통이 형성되어 있고, 내부의 원통은 외곽의 원통보다 조금 낮은 높이로 형성되어 있으며, 외곽 원통에는 서로 마주보는 두 곳의 절개부가 형성되어 있는 점 등에서 유사하다. 그러나 양 디자인의 절개부가 이 사건 등록디자인은 내부 원통 쪽으로 'ㄱ'과 같은 형상으로 일정하게 들어가 형성되어 있지만, 비교대상디자인은 외곽 원통이 일부분이 사다리꼴 형상으로 절개되어 형성되어 있고 내부 원통이 이 사건 등록디자인은 위와 아래의 두께가 같도록 형성되어 있고 그 안쪽 면이 12각형인 반면, 비교대상디자인은 위에 비하여 아래가 두껍게 형성되어 경사져 있고 그 안쪽 면이 원형인 점 등에서 차이가 있다.

양 디자인의 절개부 및 원통의 구체적인 형상도 물품을 보는 사람들의 눈에 띄기 쉬운 부분으로 지배적인 특징의 하나라고 할 것인 점, 이 사건 등록디자인의 위 절개부의 형상이 그 출원 전에 공지되어 있거나 창작성이 없다고 할 수 없는 점, 그리고 양 디자인의 너비에 대한 높이의 비율 차이로 인하여 비교대상디자인이 이 사건 등록디자인에 비하여 전체적으로 납작한 느낌을 주는 점 등을 감안하여 양 디자인의 위와 같은 유사점과 차이점을 대비·관찰하면 양 디자인은 위 유사점에도 불구하고 위와 같은 형상의 차이가 전체적인 심미감에 큰 차이를 가져올 정도여서 보는 사람으로 하여금 상이한 심미감을 느끼게 한다고 할 것이므로 이 사건 등록디자인은 비교대상디자인과 유사하다고 보기 어렵다.(비유사)

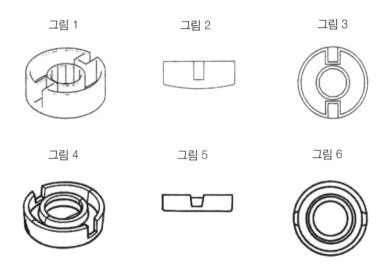

그림 1   그림 2   그림 3

그림 4   그림 5   그림 6

③ 대법원 2004.1.16.선고 2002후1461 판결(원심파기)

'의복걸이대용 선반'에 관한 이 사건 등록디자인〈그림 1〉은 의복이나 물건을 올려놓는 선반조절봉과 의복 등이 선반의 전후로 흘러내리는 것을 방지하는 아암, 선반의 좌우로 흘러내리는 것을 방지하는 선반가이드가 각 결합한 물품을 대상으로 하는 것으로서 산반조절봉과 그 조절봉이 끼워지는 부분의 형상과 모양은 원심판시의 1, 2 디자인〈그림 2〉, 〈그림 3〉과 거의 동일하다고 보이지만, 이 사건 등록디자인의 선반가이드는 "   "과 같이 그 내부가 격자창 모양으로 되어 있으면서 선반조절봉의 양끝 부분에 수직방향으로 세워져 있어서 이 사건 등록디자인의 물품을 보는 사람들의 눈에 띄기 쉬운 부분이고 격자창 모양의 선반가이드가 설치된 선반이 공지되거나 그 형상과 모양에 창작성이 없다고 인정할 만한 자료를 찾아볼 수 없는 점을 종합하면 선반가이드는 선반조절봉과 더불어 이 사건 등록디자인의 지배적 특징을 이루는 부분이고 선반가이드가 설치된 이 사건 등록디자인은 선반조절봉만이 설치된 선반의 단순한 상업적, 기능적 변형에 해당하는 것으로 볼 수 없기 때문에 이러한 선반가이드가 없는 위 1, 2 디자인과 이 사건 등록디자인은 그 기본적인 형상이 다르고 그에 따라 전체적으로 느껴지는 심미감에 있어서도 차이가 크다고 할 것이다.

그럼에도 불구하고 선반조절봉만을 이 사건 등록디자인의 요부로 파악하여 이 사건 등록디자인이 원심판시의 1, 2 디자인과 유사하다는 취지로 판단한 원심판결에는 디자인의 유사판단에 관한 법리를 오해한 위법이 있다 할 것이고, 이를 지적하는 상고이유의 주장은 이유 있다.(비유사)

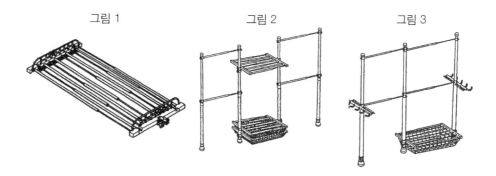

그림 1   그림 2   그림 3

제4장

디자인등록을 받을 수 없는 디자인

물품성 등 디자인의 성립요건을 충족하고, 또 공업상 이용가능성, 신규성 및 창작비용이성 등 디자인등록의 적극적 요건을 구비한 디자인이라 하더라도 디자인보호법 제34조 각호에서 규정하고 있는 디자인에 해당하는 경우에는 디자인등록을 받을 수 없다. 이 규정은 공업상 이용가능성, 신규성 및 창작비용이성 요건과 함께 객체에 관한 요건의 하나인데 앞의 디자인등록의 실체적 요건을 적극적 요건이라 하는 것에 대응하여 디자인등록의 소극적 요건이라고 하며 또 공익적 견지 등에서 디자인등록을 받을 수 없는 것을 규정한 것이므로 부등록사유라고도 한다.

Ⅰ. 국기·국장 등과 동일 또는 유사한 디자인

1. 의 의

국기·국장·군기·훈장·포장·기장 기타 공공기관 등의 표장과 외국의 국기·국장 또는 국제기관의 문자나 표지와 동일 또는 유사한 디자인은 디자인등록을 받을 수 없다(§34 ⅰ).

'국기'라 함은 국가의 상징을 표상하는 기로서 국기제작법 제1조의 태극기를 말한다. '국장'이란 국가의 권위를 표창하는 휘장을 말한다. '군기'란 육·해·공군기를 말하며 '훈장'이란 국가 또는 공익에 공로가 있는 자에게 국가에서 수여하는 상을 말한다. '포장'이란 훈장보다 격이 낮은 것으로 상훈법 제19조에 규정되어 있는 것을 말한다. '기장'이란 기념장의 약칭으로 기념할 만한 일에 관계된 사람에게 주는 상을 말한다. '외국의 국기·국장'이란 외국의 국기와 행정부, 입법부, 사법부의 기를 말한다. '국제기관 등의 문자나 표지'란 국제기구에서 사용하는 문자나 마크 등을 말한다.

2. 등록을 인정하지 않는 이유

국기·국장 등과 동일 또는 유사한 디자인에 대하여 디자인등록을 인정하지 않는 것은 내외국을 막론하고 그 국가의 존엄성을 유지하고 공공기관 등이 지향하는 이념과 목적을 존중한다는 공익적인 견지에서 특정인에게 독점권의 부여를 배제함과 동시에 그 남용을 막기 위한 것이다.

3. 구체적 판단 및 판단시점

(1) 구체적 판단
국기·국장 등과 동일 또는 유사한 디자인은 이것들이 단독으로 표현되었을 경우는 물론이고 이러한 형태에 다른 형상이나 모양 등이 결합하여 표현된 경우에도 그 자체의 디자인으로 등록될 수 없다.[1] 이 경우 물품의 동일·유사 여부는 문제로 하지 않는다.

(2) 판단시점
국기·국장 등과 동일 또는 유사한 디자인의 판단시점은 이 규정이 공익적 사유에 의해 등록을 배제하는 것이므로 디자인등록여부결정시를 기준으로 한다.[2]

---

1) 디자인심사기준 4부 9장 1. 1) (3).
2) 디자인심사기준 4부 9장 3. 2).

II. 선량한 풍속에 어긋나거나 공공질서를 해칠 우려가 있는 디자인

1. 의 의

디자인이 주는 의미나 내용 등이 일반인의 통상적인 도덕관념인 선량한 풍속에 어긋나거나 공공질서를 해칠 우려가 있는 디자인은 디자인등록을 받을 수 없다(§34ⅱ).

'선량한 풍속'이란 사회의 일반적 도덕관념, 즉 모든 국민에게 지킬 것이 요구되는 최소한도의 도덕률을 말한다. 선량한 풍속에 어긋나는 경우로는 ⅰ) 물품에 표현된 디자인이 너무 야하거나 조잡스러운 것, ⅱ) 순수한 나체의 도형, ⅲ) 타인의 인격을 모독하는 표현, ⅳ) 동물을 무자비하게 다루는 표현, ⅴ) 노예를 혹사시키는 표현 등 저속, 혐오 기타 사회일반적인 미풍양속에 반하는 것을 말한다.

'공공질서'라 함은 국가나 사회의 공공적 질서 내지 일반적 이익을 말하며, 공공의 질서에 위반된 경우라 함은 ⅰ) 물품에 표현된 디자인이 정의관념이나 국민감정에 현저하게 반하는 것, ⅱ) 국가원수의 초상 및 이에 준한 것, ⅲ) 특정국가 또는 그 국민을 모욕하는 것, ⅳ) 상거래를 문란하게 하는 표현 등을 들 수 있다.

'해칠 우려'란 해롭게 할 가능성이 있으면 본호를 적용하는 취지이다. 또한 디자인보호법은 특허법·실용신안법과는 달리 공중의 위생을 해할 염려가 있는 디자인에 대해서는 규정되어 있지 않다. 이것은 물품의 미적 외관인 디자인의 특질에서 그와 같은 디자인은 상정될 수 없기 때문이다.

2. 등록을 인정하지 않는 이유

선량한 풍속에 어긋나거나 공공의 질서를 해칠 우려가 있는 디자인에 대하여 등록을 인정하지 않는 것은 당연하다. 이러한 것들에 대하여 디자인등록을 허여한다면 법의 자기부정을 의미하게 되기 때문이다. 민법 제103조는 "선량한 풍속 기타 사회질서에 위반한 사항을 내용으로 하는 법률행위는 무효로 한다."라고 규정하고 있으며 디자인보호법 제34조 제2호는 이와 같은 맥락의 규정이다.

3. 구체적 판단 및 판단시점

(1) 구체적 판단

디자인 전체로서 신규성과 창작성을 구비한 것이라 하더라도 디자인을 구성하고 있는 전부 또는 일부에 선량한 풍속에 어긋나거나 공공의 질서를 해칠 우려가 있는 것이 포함된 경우에는 디자인등록을 받을 수 없다.

(2) 판단시점

선량한 풍속이나 공공의 질서에 관한 관념은 시대와 사회적 배경에 따라 상당한 변천을 하게 되므로 관념의 변천에 따라 새로운 관념에 따르게 된다. 따라서 선량한 풍속에 어긋나거나 공공의 질서를 해칠 우려가 있는 디자인인가의 구체적 판단시점은 디자인등록여부 결정시로 한다.[3]

Ⅲ. 타인의 업무와 관련된 물품과 혼동을 가져올 염려가 있는 디자인

1. 의   의

타인의 업무와 관련된 물품과 혼동을 가져올 염려가 있는 디자인은 디자인등록을 받을 수 없다(§34ⅲ). '타인의 업무'라 함은 다른 사람이 계속적으로 하는 업무일반에 관한 것이라는 의미이다. 디자인보호법은 그 범위에 대하여 명백히 한정하고 있지 않으나 통상 영업과는 달리 보다 넓은 범위로 해석되고 있다. 즉, 다른 사람의 업무는 타인의 제조·판매 등의 영리적 업무뿐만이 아니라 다른 사람의 증명·취급 또는 선택 등의 비영리적 업무도 일반인에게 오인·혼동될 염려가 있는 경우에는 여기에 포함된다고 본다.

물품은 추상적·관념적인 물품이면 족하고 반드시 구체적인 물품의 존재를 필요로 하지 않는 것으로 해석된다. 왜냐하면 본 규정은 업무주체의 혼동을 방지

---

3) 디자인심사기준 4부 9장 3. 1).

하기 위한 규정이기 때문이다. 혼동은 물품 상호간에 있어서의 혼동과 출처에 대한 혼동으로 나누어 생각할 수 있으나 이 규정에서의 혼동은 주로 출처의 혼동에 관한 것이다. 물품 상호간의 혼동은 그 형태의 유사성에 의해 혼동을 일으키게 되지만 혼동할 정도로 유사한 상호간의 형태는 당연히 유사한 디자인이 된다. 이 경우는 제33조의 규정에 불구하고 디자인등록을 받을 수 없는 것으로 규정하는 본조의 적용대상이 아니다. 예를 들면 수요자간에 널리 알려진 코카콜라 병의 특징적인 형태를 다른 포장용 용기 또는 포장용 병에 나타낸 것이면 그것은 당연히 유사한 것이 되며 따라서 신규성에 관한 규정이 적용되는 것이다. 본조의 규정은 물품의 형태 전체로서는 유사하지 않은 것이라도 혼동을 가져올 염려가 있는 경우를 말한다.

물품에 관한 출처의 표시는 첫째 상표가 그 기능을 맡는다. 따라서 디자인의 다른 사람의 업무에 관한 물품과의 혼동에 있어서도 상표적 도형, 색채, 기호, 입체적 형상, 나아가 상표적 태양의 형태에 관한 디자인이 문제가 된다.

디자인에서 상표적 도형 등이 나타내어지는 태양은 ⅰ) 표장 그 자체를 나타내는 경우, ⅱ) 표장을 변형하여 나타내는 경우, ⅲ) 물품의 전체에 나타내는 경우 등이 있으며 특정되지 않는다.

출처에 대한 혼동은 동일 또는 유사물품 사이에서는 물론이고, 물품의 관계를 넘어서도 성립한다.

또 혼동의 염려는 혼동의 사실이 아니고 그 염려가 있음으로써 등록을 받을 수 없다. 혼동은 출처표시기능을 가지는 도형이나 색채 또는 형상 등을 매체로 하여 그 주체와의 관련성에 의해 일어난다.[4]

2. 등록을 인정하지 않는 이유

타인의 업무와 관련된 물품과 혼동을 가져올 염려가 있는 디자인은 수요자에게 불측의 손해를 끼치게 되며 이러한 것들에 대하여 독점배타적인 권리를 인정하게 되면 오히려 부정경쟁을 조장하게 되고 산업활동상의 유통질서를 유지할 수 없게 된다. 따라서 디자인보호법은 영업상의 부정경쟁행위를 방지하고 건전한 유통

---

4) 齋藤, 「의장」, 338~339면.

질서를 확립하고자 하는 취지에서 이러한 것들에 대하여는 디자인등록을 배제하고 있다.

3. 구체적인 태양

(1) 타인의 저명한 상표·서비스표 및 단체표장을 디자인으로 표현한 것

상표·서비스표 및 단체표장 등은 출처표시를 목적으로 하므로 타인의 저명한 상표·서비스표·단체표장 등을 디자인으로 표현한 것은 타인의 업무에 관계되는 물품으로 오인할 우려가 있기 때문이다. 그러나 저명하지 아니한 상표·서비스표·단체표장 등은 출처표시기능이 약하므로 오인·혼동의 우려가 적다. 따라서 본 규정의 적용이 배제된다. 만약 저명하지 않은 타인의 등록상표·서비스표·단체표장 등을 표현한 디자인이 등록된 경우에는 디자인보호법 제95조 규정의 이용·저촉 문제가 발생한다.

(2) 비영리법인의 표장을 디자인으로 표현한 경우

타인의 업무는 비영리적인 것까지 포함하는 개념이므로 비영리법인의 표장을 디자인으로 표현한 경우에도 이 규정이 적용된다. 비영리법인이라 함은 학술·종교·자선·기예·사교 기타 영리 아닌 사업을 목적으로 하는 사단법인 또는 재단법인을 말한다(민§32). 따라서 종교단체의 마크나 라이온스클럽의 마크를 디자인으로 표현한 경우에는 이에 해당한다.

(3) 타인의 상표적 성격을 구현한 저명한 디자인을 이용한 경우

디자인은 근본적으로 상표와는 그 성격이 상이하나 장기간 사용에 따라 그 제조자를 연상하게 되는 경우가 있다. 타인의 상표적 성격을 구현한 저명한 디자인을 이용한 경우에는 부정경쟁을 방지하고 건전한 유통질서를 유지하기 위하여 부등록사유로 한 것이다. 예를 들어 특정의 형태를 나타내는 파카 만년필의 클립이 주지인 경우, 만년필 디자인 전체로서는 신규성, 창작비용이성의 요건을 충족시키는 것이라도 만년필의 클립부분이 타인의 주지의 형태를 나타낸 경우에는 디자인등록을 받을 수 없다.

4. 판단의 주체적 기준 및 판단시점

(1) 판단의 주체적 기준

이 규정에서의 혼동은 사실상 유통시장에서의 혼동을 의미하므로(이 점은 부정경쟁방지법과 동일하다) 판단의 주체적 기준은 수요자가 된다. 또 주체와의 관련에서의 판단은 이것이 사실상의 혼동을 의미하기 때문에 시장 또는 산업에서의 업종적 관련의 실태를 기초로 판단된다. 따라서 과거 1사 1업의 업태가 현재는 다각적인 것으로 되어 가고 있어 출처 혼동의 염려도 그만큼 확대되어 가고 있다.

(2) 판단시점

타인의 업무와 관련된 물품과 혼동을 가져올 염려가 있는 디자인의 판단시점에 대하여는 이 규정이 사익적 사유에 의해 등록을 배제하는 것이므로 디자인등록출원시를 기준으로 한다.[5] 따라서 디자인등록출원 후 디자인등록여부결정시에 혼동의 염려가 있어도 디자인등록출원시에 혼동의 염려가 없으면 이 규정이 적용되지 않는다.

5. 혼동의 염려가 있으나 이 규정이 적용되지 않는 경우

(1) 이용 · 저촉문제

이 규정은 그 판단시점이 디자인등록출원시를 기준으로 하는 데 비해 이용 · 저촉 관계 규정인 디자인보호법 제95조는 디자인권의 설정등록 후 발생하는 권리 대 권리의 이해조정을 위한 것으로서 선출원 권리자의 허락을 얻은 경우에는 사용이 가능하다. 따라서 혼동의 염려가 있어도 이 규정의 적용이 배제되는 것으로 본다.

(2) 자기의 상표를 자기의 디자인에 사용하는 경우

이 규정은 타인의 업무에 관계되는 물품과 혼동을 가져올 염려가 있는 디자인이라 하였으므로 자기의 상표를 자기의 디자인에 사용하는 경우는 타인의 업무와 혼동의 염려가 없으므로 당연히 포함되지 않는다.

---

5) 디자인심사기준 4부 9장 3. 1).

(3) 기타 실제 사용상 혼동을 일으킬 염려가 없는 경우

상표가 디자인의 구성요소인 모양의 일부로 사용된 경우에는 이미 상표적 사용태양을 떠난 것이므로 실제사용상 혼동을 일으킬 염려가 없는 것으로 보아 이 규정이 적용되지 않는다.

IV. 물품의 기능을 확보하는 데에 불가결한 형상만으로 된 디자인

1. 의　의

물품의 기능을 확보하는 데에 불가결한 형상만으로 된 디자인은 디자인등록을 받을 수 없다(§34ⅳ). '물품의 기능'이라 함은 그 물품이 발휘되는 기술적인 작용, 효과, 즉 물품의 기술적 기능을 말하며, 형상·모양·색채 또는 이들의 결합이 발휘하는 미적 효과와 같이 심리적·시각적 기능은 포함하지 않는다. '물품의 기능을 확보하는 데 불가결한 형상'이라는 것은 물품의 기술적 기능을 확보하기 위해 필연적으로 결정되어 버린 형상을 말하는 것이다. 그리고 '불가결한 형상만으로 된 디자인'이란 그 디자인의 형상이 오직 필연적 형상만으로 구성되어 있는 것을 말한다. 또한 여기에서 '형상만'이라는 것은 물품의 기술적 기능은 오로지 형상에 의해서 체현되는 것에서 디자인의 구성요소인 모양, 색채의 유무를 불문하고 그 디자인의 형상에만 착안한다는 취지이다. 따라서 그 디자인의 형상이 필연적 형상에 의해 구성되어 있는 경우에는 모양, 색채 또는 이들의 결합의 유무를 불문하고 이 규정이 적용된다.[6]

---

6) 이 점은 식별력 있는 문자나 도형 등이 결합되어 있는 경우 보호의 여지가 있는 상표법 제34조 제1항 제15호의 규정해석과 다르다. 그러나 디자인의 필연적 형상에 디자인상 평가할 수 있는 모양을 가진 경우로서 그 모양이 요부인 경우에는 기술독점이라 할 수 없으므로 본호에 해당하지 않는다고 해석해야 하는 것이 아닌지 의문이 있다. 하여간 본호에 대해 상표법 제34조 제1항 제15호와 다르게 해석해야 할 합리적인 이유를 찾아보기 어렵다.

2. 등록을 인정하지 않는 이유

종래에는 기술적 기능을 주목적으로 하여 창작된 디자인이라 하더라도 미감을 가지고 있으면 등록받을 수 있었다. 그 물품의 기능을 확보하는 데 불가결한 형상은 기술적 사상의 창작으로서 본래 특허법·실용신안법에 의해 보호되어야 할 것이다. 그와 같은 형상이 디자인보호법에 의해 보호되게 되면 디자인보호법이 보호를 예정하지 않는 기술적 사상의 창작에 대하여 독점배타권을 부여하는 것과 같은 결과를 초래하게 된다. 또 물품의 호환성의 확보를 위해 표준화된 규격에 의해 결정되는 형상으로 이루어지는 디자인이 디자인보호법에 의해 보호되면 제3자가 그 규격 등에 의해 기초하는 물품을 실시하고자 하는 경우 디자인권의 침해가 되기 때문에 경제활동을 제한하고 오히려 산업발전을 저해할 요인이 된다. 이와 같은 폐해는 2001년 개정법이 물품의 부분에 관한 디자인을 보호대상으로 함으로써 더욱 현재화될 가능성이 있다. 또 제 외국에 있어서도 이미 다수의 국가(영국, 프랑스, 독일, 베네룩스, 일본 등, 협약으로는 WTO/TRIPs)에서 기술적 기능에만 기초하는 디자인에 대해서는 디자인보호법의 보호대상에서 제외하는 등의 규정을 두고 있다. 이러한 것들을 감안하여 2001년 법개정에서 물품의 기능을 확보하는 데 불가결한 형상만으로 된 디자인은 그 보호대상에서 제외하도록 하였다.

3. 구체적 판단 및 판단시점

(1) 구체적 판단

물품의 기능을 확보하는 데에 불가결한 형상만으로 된 디자인으로서 디자인 등록을 받을 수 없는 구체적 태양은 다음과 같은 경우이다.

1) 물품의 기술적 기능을 확보하기 위해 필연적으로 정해진 형상(필연적 형상)으로 된 디자인〈도4-1〉

디자인등록출원된 디자인이 필연적 형상에 해당하는지의 여부는 물품의 기술적 기능을 체현하고 있는 형상에만 착안하여 판단하며 이때에는 특히 ⅰ) 그 기능을 확보할 수 있는 대체적인 형상이 그 외에 존재하는지 여부, ⅱ) 필연적 형상 이외의 디자인 평가상 고려되어야 할 형상을 포함하는지의 여부가 고려되어야 할 것이다.[7)]

〈도 4-1〉 필연적 형상이라고 생각되는 디자인[8]

전자회로용 코일
(전체가 기능적이다)

다삽착소켓
(실선부분은 소켓부분으로서 단지
상대가 끼워지는 기능적 형상이다)

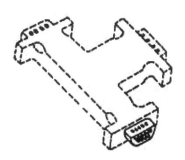

형광램프
(실선부분은 형광램프 플러그로서 끼워지는 상대에 의존하고 있다)

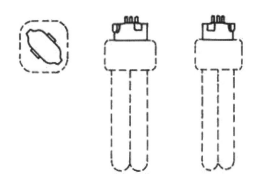

---

7) 디자인의 구성 중 물품의 기능에 관한 부분이라 하더라도 그 기능을 확보할 수 있는 선택가
능한 대체적 형상이 존재하는 경우에는 물품의 기능을 확보하는데 불가결한 형상이라고 할
수 없다(대법원 2006.7.28.선고 2005후2922 판결).

8) 加藤恒久 著, 「改正意匠法のすべて」, 日本法令, 1999(이하 "加藤, 「개정의장」"이라 함), 105
면.

2) 물품의 호환성 확보 등을 위해 표준화된 규격에 의해 정해진 형상(준필연적 형상)으로 된 디자인

물품의 호환성의 확보 등(기술적 기능의 확보를 포함한다)을 위하여 물품의 형상 및 치수 등의 각 요소가 규격화·표준화되어 있는 것으로서 그 규격화·표준화된 형상 및 치수 등에 의해 정확하게 재제하지 않을 수 없는 형상으로 된 디자인에 대하여도 상기의 필연적 형상에 준하여 취급된다.[9] 다만, 이 경우 형상에 의거한 기능의 발휘가 주요한 사용의 목적이 되고 있는 물품에 한정된 것에만 여기에 해당된다. 따라서 예를 들면 종이원지치수, 봉투, 편지지 등은 공적인 표준에 의해 정해진 형상을 가지고 있어도 본 규정이 적용되지 않는다. 또한 디자인등록출원한 디자인이 준필연적 형상에 해당되는지의 여부는 형상에만 착안하여 판단하며 이때에는 ⅰ) 그 형상이 표준화된 규격에 의해 정해진 것인지의 여부, ⅱ) 표준화된 규격에 의해 정해진 형상 이외의 디자인평가상 고려해야 될 형상을 포함하는지의 여부가 고려되어야 할 것이다.

(2) 판단시점

물품의 기능을 확보하는 데 불가결한 형상만으로 된 디자인의 판단시점은 공익적 사유에 의한 등록배제이므로 디자인등록여부결정시로 한다.[10]

Ⅴ. 법상의 취급

1. 법 제34조 각호에 해당하는 경우

디자인심사등록출원 또는 디자인무심사등록출원이 디자인보호법 제34조 각

---

9) 물품의 호환성 확보 등을 위해 표준화된 規格에 해당하는 것으로는 다음과 같은 것을 들 수 있다. ⅰ) 공적인 표준: 산업통상자원부 기술표준원에서 책정하는 한국산업규격(KS규격), ISO(국제표준화기구)가 책정하는 ISO규격 등 공적인 표준화기관에 의해 책정된 표준규격. ⅱ) 사실상의 표준: 공적인 규격은 되고 있지 않으나 그 규격이 해당 물품분야에 있어서 업계의 표준으로서 인지되어 있고, 해당 표준규격에 의거한 제품이 그 물품의 시장을 사실상 지배하고 있는 것으로 규격으로서의 명칭, 번호 등에 의해 그 표준이 되고 있는 형상, 치수 등의 상세를 특정할 수 있는 것.

10) 디자인심사기준 4부 9장 3. 1).

호의 어느 하나에 해당하는 경우 거절이유가 되고(§62①,②), 잘못하여 등록이 허여된 경우에는 디자인등록의 무효사유가 된다(§121①).

2. 법 제34조 각호에 해당하지 않는 경우

디자인심사등록출원 또는 디자인무심사등록출원이 디자인보호법 제34조 각호의 어느 하나에 해당하지 않는 경우에는 타 등록요건의 구비를 조건으로 설정등록되어 디자인권이 발생한다(§90①,§92).

제5장

디자인의 특유제도

　　디자인보호법은 그 보호대상으로 하는 디자인의 특성과 그 기능하는 바에 따라 타 산업재산권법에는 존재하지 아니한 특유한 제도가 설정되어 있다.

　　즉 ⅰ) 물품의 부분에 관하여 독창성이 높은 특징 있는 창작을 한 경우 그 부분을 보호하는 부분디자인제도(§2ⅰ), ⅱ) 디자인개발 과정에서 하나의 디자인 컨셉에서 창작된 변형디자인에 대해 동등한 가치를 갖는 것으로 보호하는 관련디자인제도(§35), ⅲ) 2 이상의 물품이 한 벌의 물품으로 동시에 사용되는 경우로서 그 한 벌 물품의 디자인 전체로서 통일성이 있는 때 그 통일감을 보호하기 위한 한 벌 물품의 디자인제도(§42), ⅳ) 디자인등록출원인의 청구에 의하여 디자인권의 설정등록일부터 3년 이내의 기간 동안 그 등록디자인의 내용을 공개하지 않고 비밀로 해 두는 비밀디자인제도(§43), ⅴ) 물품 자체의 특별한 기능에 의하여 변화하는 디자인에 대하여 1출원으로 권리취득을 가능하게 하는 동적 디자인제도(시규§35②별지4호서식) 등이 그것이다.

Ⅰ. 부분디자인제도

1. 의　의

　　부분디자인제도라 함은 물품의 부분에 관한 형상·모양·색채 또는 이들의 결합에 대하여도 디자인으로 보호하는 제도를 말한다[1](§2ⅰ).

　　종래에는 디자인은 물품의 미적 외관이며, 물품이란 독립성이 있는 구체적인 유체동산이라고 해석되었기 때문에 그 자체가 독립하여 거래의 대상이 될 수 없는 물품의 부분에 관한 형상 등의 디자인은 보호대상이 되지 못하였다. 그 때문에 하나의 디자인에서 독창적이고 특징 있는 창작부분이 다수 포함되어 있는 경우에도 물품 전체로서 하나의 디자인권밖에 취득할 수 없으므로 제3자가 그 부분을 모방하여도 디자인 전체로서 비유사하면 디자인권의 효력은 미치지 않았다. 이와 같은 실태에 대해 독창적인 창작이 이루어진 물품의 부분에 관한 디자인을 보호하기 위하여 2001년 법개정에서 부분디자인제도를 도입하였다.[2]

2. 부분디자인의 성립요건

제도의 취지에서 부분디자인으로 성립하기 위해서는 이하의 요건을 만족하는 것이어야 한다.

(1) 물품은 통상의 물품과 동일할 것

부분디자인에서의 디자인의 대상이 되는 물품은 독립성이 있는 구체적인 유체동산이어야 한다. 구체적으로는 디자인보호법 시행규칙 「별표4」에 따라 특허청장이 정한 고시에 예거되어 있는 물품이다.

(2) 물품의 부분의 형태일 것

부분디자인은 물품의 부분에 관한 형상 · 모양 · 색채 또는 이들을 결합한 것이어야 한다. 물품의 부분이 독립거래의 대상이 되는 물품이면 부분디자인으로 출원할 것인지 부품(전체)디자인으로 출원할 것인지를 선택할 수 있다. 예를 들면 '자동차용 후론트 그릴'의 경우 부품디자인으로 출원할 수도 있고, 디자인의 대상이 되는 물품을 '승용자동차'라고 기재하고 자동차용 후론트 그릴부분을 실선으

---

1) 부분디자인제도는 2001년 법개정에서 디자인의 정의규정 중 물품 다음에 괄호로서 '물품의 부분을 포함한다'고 개정되어 도입되었다. 부분디자인제도는 미국, 일본, 유럽공동체 디자인법 등에서 도입하고 있고, 국제적 추세라 할 수 있다. 다만, 중국, 대만은 아직 부분디자인제도가 인정되지 않고 있다.

2) 2001년 법개정에서 부분디자인제도의 도입은 산업계의 디자인 개발에 있어 제품의 고부가가치화, 차별화를 도모하기 위해 디자인 창작의 중심이 물품의 부분으로 이행되고 있고 여기에 인력과 비용을 집중시키는 새로운 경향에 대응하기 위한 것이다.

로, 그 나머지 부분을 파선으로 표현하여 부분디자인으로 출원할 수도 있다. 부분
디자인으로 출원하면 디자인권은 전체디자인의 물품에 성립하므로 부품에 대해
성립하는 권리에 비해 권리침해시 손해배상의 기초가 커진다는 이점이 있을 수 있
다. 물품의 부분의 형태라고 볼 수 없는 것은 다음과 같은 경우이다.

　1) 모양 또는 색채만 표시한 것

　모양 또는 색채만 표시한 것은 물품이라는 유체물의 형상을 수반하지 않는
것으로서 디자인보호법상 물품의 부분의 형태라고 인정되지 않는다.[3]

　2) 물품 형태의 실루엣(silhouette)만 표시한 것

　물품형태의 실루엣만 표시한 것은 일정범위를 점하는 부분의 구체적인 형태
가 아니므로 물품의 부분의 형태로 인정되지 않는다.

(3) 타 디자인과 대비대상이 될 수 있는 물품의 부분일 것

부분디자인은 타 디자인과 대비할 때 대비대상이 될 수
있는 물품의 부분이어야 한다. 따라서 타 디자인과 대비의 대
상이 될 수 없는 부분, 즉 대비대상이 되는 디자인의 창작단위
가 표시되어 있지 않은 것은 부분디자인으로 성립되지 않는다
〈도5-1〉. 물품의 부분은 특정부위를 한정하는 것은 아니며 물
품 가운데 특정의 형태가 명시되어 있으면 족하다.

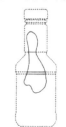

〈도5-1〉 부분디자인을 구성하지
않는 포장용 병의 형태

(4) 한 벌 물품의 디자인에 관련되는 부분디자인이 아닐 것

디자인보호법 제2조 제1호는 한 벌 물품에 대해서는 물품의 부분을 제외하고
있다. 한 벌 물품의 디자인은 그 한 벌 물품 전체의 조합의 미감에 가치가 있기 때
문에 그 제도의 취지상 한 벌 물품을 구성하는 물품에 대한 부분디자인이 인정되
지 않는다. 따라서 한 벌 물품의 경우 구성물품별로 독자적으로 출원하거나 구성
물품에 대한 부분디자인으로 출원할 필요가 있다.

---

3) 부분디자인이 도입되었다 하더라도 디자인의 개념을 물품과는 별개로 독립된 추상적 디자
　인으로 보아 물품과 디자인의 가분성을 인정하는 것은 아니다. 부분디자인제도하에서도 디자
　인의 개념에 있어 물품은 본질적인 요소이며 부분디자인의 단위도 수요자의 구매의욕을 환기
　시킬 수 있는 것이어야 한다.

(5) 시각을 통하여 미감을 일으키게 하는 것일 것

부분디자인의 디자인도 시각을 통하여 미감을 일으키게 하는 물품의 외관이기 때문이다.

3. 부분디자인의 등록요건

전체디자인의 등록요건과 마찬가지로 부분디자인에 대해서도 이하의 요건을 만족하여야 한다.

(1) 공업상 이용가능성
1) 공업상 이용할 수 있는 것일 것

부분디자인의 디자인에 관한 물품도 공업적 생산방법에 의하여 동일물을 반복하여 양산할 수 있는 것이어야 한다(§33①본문).

2) 디자인이 구체적인 것일 것

출원서의 기재사항 및 첨부도면 등으로 판단하여 그 디자인을 정확히 파악할 수 없는 경우에는 디자인이 구체적인 것으로는 인정되지 않는다. 예를 들면 ⅰ) 부분디자인으로 등록받으려는 부분의 범위가 명확하게 특정되지 아니한 경우, ⅱ) 부분디자인으로서 등록을 받으려는 부분의 전체형태가 도면에 명확하게 나타나 있지 않은 경우 등이다.

(2) 신 규 성

부분디자인의 디자인등록출원 전에 당해 부분디자인과 동일 또는 유사한 부분을 가지는 전체디자인 또는 부분디자인이 공지 등이 된 경우에는 신규성이 없는 것으로 판단된다(§33①).

(3) 창작비용이성

디자인등록을 받고자 하는 부분의 전체의 형태가 국내외에서 공지 등이 된 디자인 또는 국내에서 널리 알려진 형상·모양·색채 또는 이들의 결합에 의하여 그 디자인이 속하는 분야에서 통상의 지식을 가진 자가 용이하게 창작할 수 있는지 여부를 판단한다(§33②).

(4) 확대된 선출원

선출원 디자인이 전체디자인이고 후출원 디자인이 부분디자인인 경우에는 확대된 선출원 규정에 의해 거절된다(§33③).

(5) 디자인등록을 받을 수 없는 디자인

디자인보호법 제34조 제1호 내지 제3호 규정의 적용에 대하여는 디자인등록을 받고자 하는 부분과 그 외의 부분을 포함하여 부분디자인의 디자인에 관한 물품 전체의 형태를 판단의 대상으로 한다. 다만, 디자인보호법 제34조 제4호 규정의 적용에 대하여는 디자인등록을 받고자 하는 부분의 형태만을 판단의 대상으로 한다.4)

(6) 1디자인1출원

1) 1디자인마다의 출원

부분디자인에 있어서도 하나의 부분디자인에 관한 물품 중에 물리적으로 분리되어 있는 2 이상의 물품의 부분은 1디자인마다의 출원으로 인정되지 않는다(§40①). 다만, 디자인창작상의 일체성이 인정되는 경우에는 1디자인으로 간주되어 부분디자인으로 등록받을 수 있다. 디자인창작상의 일체성이 인정되는 것은 이하와 같은 경우이다(제3장 제3절 Ⅰ. 1디자인1출원 원칙 참조).

⑺ 형태적 일체성이 인정되는 것   물리적으로 분리된 부분으로서 대칭이 되거나 한 조가 되는 등의 관련성을 가지고 창작된 것을 말한다. 모양에 있어서는 실선에 둘러싸인 모양이 복수 표현되어 있는 경우라 하더라도 전체로서 한 조의 모양을 구성하는 경우에는 형태적 일체성이 인정된다5)〈도5-2〉.

---

4) 디자인심사기준 4부 9장 2. 1) 2).

5) 하나의 물품 중 물리적으로 떨어져 있는 둘 이상 부분에 관한 디자인이더라도 그들 사이에 형태적으로나 기능적으로 일체성이 있어서 보는 사람으로 하여금 그 전체가 일체로서 시각을 통한 미감을 일으키게 한다면 그 디자인은 디자인보호법 제11조 제2항(현행법 제40조 제1항)에서 규정한 '1디자인'에 해당한다(대법원 2013.2.15.선고 2012후3343 판결).

〈도5-2〉 형태적 일체성이 인정되는 것의 구체 예[6]

「손목시계테」

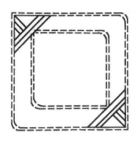

(실선부분이 대각선으로 분리되어 있으나
거래상 일회적으로 시각에 호소하므로
1디자인이라고 판단된다.)

「티셔츠」

(실선부분은 복수의 도형이지만 전체로서 한
조의 모양으로 수요자에게 작용하므로
1디자인이 된다.)

(내) 기능적 일체성이 인정되는 것   물리적으로 분리된 부분으로서 전체로서
하나의 기능을 다하기 때문에 일체적으로 창작된 관계에 있는 것을 말한다〈도5-3〉.

〈도5-3〉 기능적 일체성이 인정되는 것의 구체 예[7]

(손잡이 부분은 2개로 분리되어
있으나 구매시 일회적으로 작용하므로
1디자인이다.)

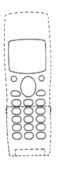

(실선으로 표현된 버튼부분은 복수개이지만
이들 전체가 하나의 기능을 하기 때문에
1디자인으로 인정된다.)

---

6) 加藤, 「개정의장」, 32~33면.
7) 加藤, 「개정의장」, 34~35면.

2) 물품류 구분

디자인보호법 제40조의 규정은 제1항에서 디자인등록출원은 1디자인마다 출원하는 것을 요구함과 동시에 동조 제2항에서는 산업통상자원부령이 정하는 물품류 구분에 따라야 함을 정하고 있다. 산업통상자원부령이 정하는 물품류 구분이란 디자인보호법 시행규칙「별표4」의 것이고, 이에 따른 각 물품류에 속하는 구체적인 물품은 특허청장이 정하여 고시하도록 되어 있다(시규§38②). 특허청장이 정한 고시에는 물품의 부분에 대한 구분 내지 표시는 없으므로 종래대로 완성품(또는 부품·부속품) 수준의 물품의 명칭으로 출원하여야 할 것이 기준이 되고 있다. 따라서 [디자인의 대상이 되는 물품]란에「○의 부분」,「○의 부분디자인」등과 같은 말을 붙이는 것은 디자인보호법 제40조 제2항의 위반이 된다.

(7) 선 출 원

이하에 게기한 부분디자인등록출원은 전체디자인의 경우와 마찬가지로 그와 동일 또는 유사한 후출원 부분디자인등록출원에 대하여 선출원의 지위를 가진다(§46①).

① 설정등록된 부분디자인등록출원

② 디자인보호법 제46조 제2항 후단을 이유로 거절결정이 확정된 부분디자인등록출원(§46③단)

또한 같은 날에 출원된 동일하거나 유사한 부분디자인출원에 있어서 디자인보호법 제46조 제2항에 해당하고, 동조 제5항에 근거한 협의가 성립되지 않거나 협의를 할 수 없는 때에는 어느 부분디자인등록출원인도 디자인등록을 받을 수 없다.

4. 부분디자인의 유사 여부 판단

(1) 부분디자인의 인정

부분디자인도 통상의 디자인과 마찬가지로 ⅰ) 출원서의 디자인의 대상이 되는 물품, ⅱ) 출원서에 첨부된 도면 등의 기재(디자인등록을 받고자 하는 부분 이외의 부분의 기재를 포함한다)의 전체로부터 이하의 각 요소들에 기초하여 인정한다.

1) 디자인의 대상이 되는 물품

2) 부분디자인으로서 디자인등록을 받으려는 부분의 용도·기능

3) 해당 물품 중에서 부분디자인으로서 디자인등록을 받으려는 부분이 차지하는 위치, 크기, 범위

4) 부분디자인으로서 디자인등록을 받으려는 부분의 형상·모양·색채 또는 이들의 결합

(2) 부분디자인의 유사 여부 판단

부분디자인의 유사 여부 판단은 기본적으로 통상의 디자인의 유사 여부 판단과 다르지 않다(제3장 제4절 Ⅱ. 4. (5) 특수한 디자인의 유사 여부 판단 참조).

(3) 부분디자인과 전체디자인과의 관계

부분디자인(완성품의 부분디자인, 부품의 부분디자인)과 전체디자인(완성품의 전체디자인, 부품의 전체디자인)의 디자인등록출원은 출원서 중 디자인의 대상이 되는 물품이 동일한 경우라 하더라도 디자인등록을 받고자 하는 방법·대상이 상이한 출원이다. 따라서 디자인등록을 받을 수 있는 출원간에서의 조정을 위한 법 제46조(선출원) 및 그 예외인 법 제35조(관련디자인) 규정의 적용에 있어서는 동일 또는 유사한 디자인은 되지 않는다. 이에 대해 법 제33조 제1항·제3항의 적용에 있어서는 공지디자인·공개디자인 사이에서의 판단을 하기 때문에 부분디자인의 디자인등록출원과 전체디자인의 디자인등록출원간에도 유사 여부 등의 판단을 한다.

5. 법상의 취급

1) 디자인심사등록출원에 관한 부분디자인이 부분디자인의 성립요건 및 등록요건을 모두 만족하는 경우 설정등록되고, 부분디자인의 디자인권이 발생한다(§90①).

반면 위 요건을 모두 만족하지 못한 경우에는 거절이유가 되고(§62①), 잘못하여 등록이 허여된 경우에는 디자인등록의 무효사유가 된다(§121①).

2) 디자인일부심사등록출원에 관한 부분디자인은 원칙적으로 법 제35조의 요건에 대해서는 심사하지 아니하고 법 제62조 제3항 각호에서 정한 요건만을 심사하므로 위 요건에 위반된 경우에는 거절이유가 되고(§62③), 등록된 후에는 일정기간 내 이의신청이유(§68①ⅱ) 또는 디자인등록의 무효사유가 된다(§121①).

6. 부분디자인의 디자인권

(1) 부분디자인의 디자인권의 효력

부분디자인의 디자인권자는 업으로서 디자인등록을 받은 부분디자인 또는 이와 유사한 디자인을 실시할 권리를 독점한다(§92). 따라서 부분디자인의 디자인권의 효력은 부분디자인에 관한 물품과 동일 또는 유사한 물품에 있어서 그 부분디자인을 포함하는 전체디자인(완성품 또는 부품)에도 미친다. 종전법에서도 독립적으로 거래의 대상이 되어 디자인으로서 보호대상이 되는 부품에 관해서는 그 부품을 포함한 완성품에도 효력이 미치게 되어 있으므로 부분디자인도 부품과 같게 취급되는 것이다. 예를 들면 나이프 손잡이 부분에 관한 부분디자인은 디자인의 대상이 되는 물품은 나이프 전체의 물품으로 등록되고, 권리가 발생된 것이므로 부분디자인에 있어서도 그 효력이 미치는 범위는 나이프 전체로서의 물품과 동일 또는 유사한 것에 한한다. 그러나 디자인의 대상이 되는 물품이 냉장고로서 그 손잡이 부분이 부분디자인으로 등록된 경우라면 동일 또는 유사한 형태의 현관도어 손잡이에는 효력이 미치지 않는다.

(2) 이용관계

선출원이 부분디자인이고, 후출원이 그 부분디자인을 포함하는 완성품 또는 부품에 관한 디자인으로 등록된 경우 권리의 이용관계가 성립된다. 따라서 후출원 권리자는 선출원 권리자의 허락 없이 자기의 등록디자인 또는 이와 유사한 디자인을 업으로서 실시할 수 없다(§95①,②)(제7장 제2절 Ⅱ. 2. 이용의 태양 참조).

Ⅱ. 관련디자인제도

1. 의 의

관련디자인제도란 자기의 등록디자인 또는 디자인등록출원한 디자인(기본디자인)과만 유사한 디자인에 대하여 기본디자인의 출원일부터 1년 이내에 출원된 경우에 한하여 독자의 효력을 가지는 관련디자인의 디자인권을 부여하는 제도를

말한다.8)(§35)

구법 하에서는 자기의 기본디자인에만 유사한 디자인에 대하여 신규성 또는 선출원 규정의 예외로서 유사디자인의 등록을 인정하고 있었다. 그러나 유사디자인이 등록된 경우에 유사디자인의 디자인권은 기본디자인의 디자인권과 합체한다는 구법 제42조의 내용이 디자인권의 독점적인 효력을 그대로 갖는 것인지에 대해 법원은 유사디자인의 독자적인 권리범위를 인정하지 않고 있었다.9)

이에 따라 유사디자인권의 권리침해 판단시 침해디자인이 유사디자인과 유사한지 여부를 불문하고 기본디자인과의 유사 여부만으로 침해 여부를 판단하게 되어 등록된 디자인에 유사한 디자인을 무단으로 실시하는 경우에도 침해방지가 어렵고 유사디자인에 대한 권리범위확인심판 및 등록무효심판의 청구 이익도 사실상 없어지게 되는 문제가 발생하고 있었다.10)

그래서 2013년 법개정에서 위와 같은 문제점을 갖는 유사디자인제도를 폐지하고 디자인 개발과정에서 하나의 디자인 컨셉에서 창작된 다양한 변형디자인에 대해 기본디자인의 출원일부터 1년 이내에 출원된 경우에 한해 동등한 가치를 갖는 것으로 보호하고 각각의 디자인에 대해서 권리행사를 가능하게 하는 관련디자인제도를 도입한 것이다.11)

---

8) 관련디자인제도는 구법상의 유사디자인제도에 대신하는 것으로서, 유사디자인과 달리 독자적인 권리범위를 가지고 있으므로 '관련디자인'이란 명칭은 법이용자의 혼란을 방지하기 위한 배려이다.

9) 대법원 2008.12.24.선고 2006후1643 판결("유사디자인이 등록되면 그 디자인권은 최초의 등록을 받은 기본디자인과 합체하고 유사디자인의 권리범위는 기본디자인의 권리범위를 초과하지 않는다고 할 것이므로 확인대상디자인이 유사디자인의 권리범위에 속한다고 할 수 있으려면 유사디자인과 유사하다는 사정만으로는 부족하고 기본디자인과도 유사하여야 할 것이다. 이 경우 기본디자인의 권리범위는 유사디자인의 유사범위까지 확장되는 것은 아니다." 라고 판시).

10) 산업통상자원위원회, 디자인보호법 전부개정법률안 심사보고서, 2013.4.(이하 "법개정안심사보고서"라 함), 21면.

11) 이와 같이 관련디자인제도는 구법상의 유사디자인의 디자인권이 독자의 효력을 갖지 못하고 있는 문제에 대해 명확한 해결을 부여하기 위해 도입한 제도이다.

2. 관련디자인의 등록요건

(1) 주체적 요건

디자인등록출원인은 자기의 기본디자인과만 유사한 디자인에 대해 관련디자인으로 등록받을 수 있는 것이므로 관련디자인의 디자인등록출원인은 기본디자인의 디자인등록출원인 또는 기본디자인의 디자인권자와 동일하여야 한다[12](§35①).

기본디자인의 출원인이 공동출원인 경우에는 공유자 전원이 관련디자인의 출원을 하여야 한다(§39).

(2) 객체적 요건

1) 관련디자인이 자기의 기본디자인과만 유사할 것

관련디자인은 자기의 기본디자인이 존재하고 있음을 전제로 그 기본디자인과만 유사한 디자인이어야 한다. 자기의 기본디자인과만 유사한 디자인권을 동등한 가치를 갖는 것으로 보호하는 것이기 때문이다. 따라서 관련디자인이 자기의 기본디자인과 동일한 경우에는 관련디자인으로 등록받을 수 없다.

여기서 '자기의 기본디자인과만 유사한 디자인'이란 자기의 기본디자인과 유사한 디자인으로서 타인의 선행디자인(선출원디자인, 등록디자인, 공지디자인)과 유사하지 아니한 디자인을 말한다.[13] 자기의 기본디자인으로 될 디자인이 복수로 존재하는 경우 어느 것을 기본디자인으로 해야 할 것인지가 문제로 되나, 이 경우 출원인은 출원시에 자기의 기본디자인으로 될 디자인 중에서 하나를 선택해야 할 것이다.

만약 기본디자인을 잘못 선택한 경우에는 디자인등록여부결정 전에는 보정에 의해 기본디자인과 관련디자인의 상관관계를 변경할 수 있으며, 기본디자인과 복수의 어느 관련디자인에 대한 유사관계를 잘못 파악한 경우에도 그 하자를 보정으로 치유할 수 있다. 또한 관련디자인은 반드시 하나의 디자인에 한하는 것은 아

---

12) 심사에 있어서 주체적 요건의 동일성 판단은 디자인등록여부결정시이나 관련디자인의 설정등록시에 있어서도 동일일 것을 요한다.

13) 관련디자인으로 출원하였으나 그 관련디자인이 기본디자인과 유사하지 아니하고 또한 타인의 선행디자인과도 유사하지 아니한 경우에는 출원서상 기본디자인 표시부를 삭제보정하는 것에 의해 단독의 디자인으로 등록받을 수 있다.

니므로 기본디자인과만 유사한 2 이상의 관련디자인에 대해 관련디자인으로 등록받을 수 있다.

2) 관련디자인과만 유사한 디자인이 아닐 것

디자인등록을 받은 관련디자인 또는 디자인등록출원된 관련디자인에만 유사한 디자인에 대해서는 관련디자인으로 디자인등록을 받을 수 없다(§35②).

'디자인등록을 받은 관련디자인 또는 디자인등록출원된 관련디자인과만 유사한 디자인'이란 자기의 디자인등록을 받은 관련디자인 또는 디자인등록출원된 관련디자인에 유사한 디자인으로서 그 관련디자인에 관한 기본디자인에 유사하지 아니한 디자인을 말한다. 이 요건은 예를 들면, 기본디자인을 A, 그 관련디자인을 B로 하여 출원하면서 A와 유사하지 아니한 C에 대해 B를 기본디자인으로 하는 관련디자인이 디자인등록출원을 할 수 없다는 것이다. 유사의 무한 연쇄의 폐해를 회피하기 위한 취지이다.

본래 B의 존재에 의해 C는 법 제46조(선출원) 제1항 또는 제2항의 거절이유에 해당하지만, 만약 위 법 제35조 제2항의 규정이 없으면 동조 제1항의 기본디자인·관련디자인이라는 관계가 연속하게 되어 제46조 제1항 또는 제2항의 적용이 제외되고 C와 같이 본래는 디자인등록을 받을 수 없는 디자인이 등록될 수 있으므로 이러한 관계를 차단할 필요가 있기 때문이다.

3) 기본디자인의 디자인권에 전용실시권이 설정되어 있지 않을 것

기본디자인의 디자인권에 전용실시권이 설정되어 있는 경우에는 그 기본디자인에 관한 관련디자인은 등록받을 수 없다(§35③). 기본디자인의 디자인권에 관한 전용실시권과 관련디자인의 디자인권이 서로 다른 자에 귀속하는 것에 의해 권리관계가 복잡하게 얽히게 됨을 방지하기 위함이다.

4) 기타 일반적 등록요건을 만족할 것

관련디자인은 기본디자인의 출원일부터 1년 이내에 출원된 경우에 한하여 자기의 기본디자인과의 관계에서 신규성, 선출원 규정의 예외에 한정되므로 기타의 등록요건은 일반의 디자인등록요건과 다를 바가 없다.

관련디자인의 디자인권은 독자의 효력을 가지므로(§92) 일반적 등록요건을 만족하지 않는 것에 대해 관련디자인의 디자인권을 부여하는 것은 타당하지 않기 때문이다. 따라서 디자인의 공업상 이용가능성(§33①본문), 선행디자인과의 관계에서 신규성(§33①각호), 창작비용이성(§33②), 확대된 선출원(§33③) 요건은 물론,

디자인등록을 받을 수 없는 디자인(§34), 1디자인1출원(§40), 복수디자인등록출원 (§41), 선출원(§46) 요건 및 기타 일반의 디자인이 등록되기 위한 요건을 모두 만족 하여야 하며, 이들 요건에 대한 판단의 기준시점은 원칙적으로 관련디자인의 출원 시(일)가 된다.

한편, 선출원 규정의 적용이 제외되는 것이 명확한 것은 기본디자인과 그 관 련디자인과의 관계뿐이기 때문에(§35①) 어떤 기본디자인에 관한 2 이상의 관련디 자인의 출원이 있고, 그들 관련디자인이 서로 유사한 경우 이들 관련디자인끼리도 선출원 규정이 적용되는지 여부가 해석상 문제로 된다. 만약 이들 관련디자인의 출원간에도 법 제46조 제1항·제2항의 선출원 규정이 적용된다고 하면 하나의 기 본디자인에 대해서는 하나의 관련디자인밖에 등록할 수 없게 되므로 변형디자인 을 다면적으로 보호하는 관련디자인제도의 취지에 반하게 된다.

따라서 이 경우 선출원 규정이 적용되지 않는 것으로 해석함이 타당할 것이 나 입법적으로 해결되어야 할 문제라고 생각된다.[14]

(3) 시기적 요건

관련디자인의 출원시기는 기본디자인의 출원일부터 1년 이내에 출원된 경우 에 한한다[15](§35①). 관련디자인은 독자적인 권리범위와 존속기간을 가지고 있어 관련디자인에 관한 후일 출원가능시기가 길어질수록 존속기간의 연장 및 제3자의 자유실시 제한의 문제 등이 발생하므로 권리자와 실시자간 이익의 균형을 맞추는 것이 필요하다. 그래서 관련디자인의 출원시기에 관해서는 종전 유사디자인제도 를 이용해온 출원인의 기대가능성,[16] 외국의 사례[17] 등을 고려하여 기본디자인의

---

14) 일본 디자인법은 기본디자인에 관한 2 이상의 관련디자인의 디자인등록출원이 있을 때에는 이들 관련디자인에 대해서는 선출원의 규정은 적용하지 않는다는 취지를 명문으로 규정하고 있다(일§10④).

15) 따라서 기본디자인의 출원일부터 1년이 경과된 후에 관련디자인이 출원된 경우에는 자기의 기본디자인과의 관계에서 신규성(§33①각호) 또는 선출원(§46) 규정의 예외를 적용받을 수 없으므로 결국 신규성 또는 선출원 규정에 반하는 것을 이유로 거절된다.

16) 2002년부터 2011년 통계에 따르면, 종전 유사디자인은 기본디자인과 동시에 출원한 경우는 65.5%, 6월 이내 출원한 경우는 83.4%, 1년 이내에 출원한 경우는 88.9%이다(법개정심사보 고서 22면에서 재인용).

17) 일본의 경우 관련디자인의 출원가능시기를 기본디자인에 관한 디자인공보발행일 전까지로 제한하고 있다(일§10). 일본의 디자인공보는 출원 후 약 1년 정도 소요되고 있다.

출원일부터 1년 이내에 출원된 경우에 한하여 자기의 기본디자인과의 관계에서 신규성, 선출원 규정의 예외로서 위치짓도록 한 것이다.

(4) 절차적 요건

관련디자인의 디자인등록을 받으려는 자는 디자인보호법 시행규칙 별지 제3호 서식의 디자인등록출원서에 소정의 사항을 적어 특허청장에게 제출하여야 한다(시규§36①). 출원서에 적을 사항은 통상의 출원서에 적을 사항 이외에 [단독디자인, 관련디자인 여부]란에 '관련디자인'과 같이 적고, [기본디자인의 표시란]에는 기본디자인의 등록번호, 국제등록번호, 출원번호, 참조번호 중 어느 하나를 적어야 한다(시규 별지 제3호서식 기재방법 6~7). 이것은 의사표시의 명확화 및 기본디자인의 특정을 하기 위한 것이다.

3. 법상의 취급

1) 디자인심사등록출원에 관한 관련디자인이 관련디자인의 등록요건을 만족하는 경우 설정등록되고, 관련디자인의 디자인권이 발생한다(§90①). 반면 관련디자인의 등록요건을 만족하지 못한 경우에는 거절이유가 되고(§62①), 잘못하여 등록이 허여된 경우에는 법 제35조 제2항 및 제3항에 위반된 경우에 한하여 디자인등록의 무효사유가 된다(§121①ⅱ).

법 제35조 제2항 위반은 관련디자인에만 유사한 디자인이 관련디자인으로 등록된 경우이고, 법 제35조 제3항 위반은 기본디자인의 디자인권이 전용실시권이 설정되어 있음에도 관련디자인으로 등록된 경우이다. 법 제35조 제1항에 위반하여 등록된 경우에는 무효이유로 되어 있지 않다. 실체적인 하자는 아니므로 이것을 무효이유로 하는 것은 디자인권자에게 가혹하기 때문이다.

2) 디자인일부심사등록출원에 관한 관련디자인은 원칙적으로 법 제35조의 요건에 대해서는 심사하지 아니하고 법 제62조 제3항 각호에서 정한 요건만을 심사하므로 위 요건에 위반된 경우 거절이유가 되고(§62③), 등록된 후에는 법 제35조 제2항 및 제3항에 위반되어 등록된 경우에 한하여 일정기간 내 이의신청이유(§68①ⅱ) 또는 디자인등록의 무효사유가 된다(§121①ⅱ).

4. 관련디자인의 디자인권

(1) 관련디자인의 디자인권의 효력

관련디자인의 디자인권자는 업으로서 등록디자인 또는 이와 유사한 디자인을 실시할 권리를 독점한다. 다만, 그 디자인권에 관하여 전용실시권을 설정한 때에는 전용실시권자가 그 등록디자인 또는 이와 유사한 디자인을 실시할 권리를 독점한 범위 내에서는 그러하지 아니하다(§92). 즉 관련디자인의 디자인권은 독자의 효력을 가진다. 기본디자인과 동등한 창작적 가치를 가지는 것으로 보호하는 것이기 때문이다. 따라서 관련디자인의 디자인권에 의거하여 권리행사가 가능하다.

(2) 기본디자인 및 관련디자인의 디자인권의 이전 제한

기본디자인의 디자인권과 관련디자인의 디자인권은 같은 자에게 함께 이전하여야 한다(§96①단). 이것은 기본디자인 및 그 관련디자인의 디자인권에 대하여 그들의 일부가 이전된 경우 또는 그들이 각각의 자에게 이전된 경우에는 기본디자인과 그 관련디자인의 권리의 중복부분에 대해서 2 이상의 자에게 물권적 청구권이 성립하는 것이 되고, 기본디자인과 그 관련디자인의 디자인권이 상호 서로 중복하는 부분에 대해서는 동일 디자인권자 하에 성립하는 권리라는 관점에서 조정하는 것으로 한 관련디자인 제도의 취지에 반하기 때문이다.

또한 기본디자인의 디자인권이 취소·포기 또는 무효심결 등으로 소멸한 경우 그 기본디자인에 관한 2 이상의 관련디자인의 디자인권을 이전하려면 같은 자에게 함께 이전하여야 한다(§96⑥). 이것은 기본디자인의 디자인권이 존속기간 만료 이외의 사유로 소멸한 경우 관련디자인의 디자인권은 존속하지만 해당 관련디자인이 복수인 경우 한번 설정된 권리관계의 안정성을 도모하기 위하여 계속 관련디자인의 디자인권은 같은 자에게 함께 이전하도록 한 것이다.

(3) 기본디자인 및 그 관련디자인에 대한 전용실시권의 설정 제한

관련디자인의 디자인권에 대한 전용실시권의 설정은 기본디자인의 디자인권과 관련디자인의 디자인권에 대해 같은 자에게 동시에 설정하여야 한다(§97①단서). 전용실시권은 설정계약으로 정한 범위에서 디자인권과 동일한 효력을 갖기 때문에 기본디자인 및 그 관련디자인의 디자인권의 일부에 전용실시권이 설정된 경우 또는 다른 자에게 전용실시권을 설정한 경우에 권리의 중합부분에 대해 2 이상의 자에게 물권적 청구권이 성립하는 것이 되어 관련디자인제도의 취지에 반하기 때문이다.

또한 기본디자인의 디자인권이 존속기간 만료 이외의 사유로 소멸한 경우 관련디자인의 디자인권은 존속하지만 해당 관련디자인이 복수인 경우 한번 설정된 권리관계의 안정성을 도모하기 위해 계속 관련디자인의 디자인권에 대한 전용실시권은 같은 자에게 동시에 설정된 상태를 유지하도록 하고 있다.

(4) 관련디자인의 디자인권 존속기간

관련디자인의 디자인권 존속기간 만료일은 그 기본디자인의 디자인권 존속기간 만료일로 한다(§91①단). 기본디자인의 디자인권의 존속기간은 디자인권을 설정등록한 날부터 출원일 후 20년이 되는 날까지이다(§91①). 기본디자인과 그 관련디자인의 디자인권은 배타적 권리를 중복해서 가지기 때문에 만약 개별로 등록하게 되면 존속기간의 실질적인 연장이 된다. 따라서 관련디자인의 디자인권 존속기간에 대해서는 그 기본디자인의 디자인권 존속기간 만료일과 일치되도록 한 것이다.

다만, 기본디자인의 디자인권이 존속기간 만료 이외의 사유, 즉 ① 디자인등록취소결정의 확정(§73④), ② 디자인권의 포기(§105), ③ 등록료 불납부(§82③), ④ 무효심결의 확정(§121③)을 이유로 소멸한 경우에는 기본디자인과 관련디자인의 정리가 편의적인 것이고, 각각의 디자인이 동등한 가치를 갖는 것을 근거로 하여 관련디자인끼리의 관계성은 그대로 유지한 채로 관련디자인의 디자인권은 존속한다.

구법상의 유사디자인제도와 관련디자인제도의 개략에 관해 정리하면 〈도 5-4〉와 같다.

〈도5-4〉 유사디자인과 관련디자인의 비교

		유사디자인	관련디자인
등록요건	주체적 요건	기본디자인의 출원인 또는 기본디자인의 디자인권자와 동일	기본디자인의 출원인 또는 기본디자인의 디자인권자와 동일
	객체적 요건	· 자기의 기본디자인에만 유사한 디자인일 것 · 디자인등록을 받은 유사디자인에만 유사한 디자인이 아닐 것 · 기타 일반적 등록요건을 구비할 것	· 자기의 기본디자인과만 유사한 디자인일 것 · 디자인등록을 받은 관련디자인과만 유사한 디자인이 아닐 것 · 기본디자인의 디자인권에 전용실시권이 설정되어 있지 않을 것 · 기타 일반적 등록요건을 구비할 것
	시기적 요건	제한 없음	기본디자인의 출원일부터 1년 이내일 것
	절차적 요건	출원서에 기본디자인의 표시	출원서에 기본디자인의 표시
등록의 효과		· 기본디자인의 디자인권과 합체 (유사디자인의 권리범위는 기본디자인의 권리범위 불초과) → 기본디자인의 디자인권과 일체불가분의 관계 · 단독이전 등은 불가	· 관련디자인의 디자인권의 독자의 효력 · 기본디자인의 디자인권 등과 분리이전은 불가 · 전용실시권의 설정은 동일한 자에게 동시에 설정 · 존속기간은 기본디자인의 출원일부터 20년

Ⅲ. 한 벌 물품의 디자인제도

1. 의 의

한 벌 물품의 디자인제도란 소정의 한 벌의 물품을 구성하는 물품의 디자인이 그 한 벌 물품 전체로서 통일성이 있는 때에 1디자인으로 디자인등록출원을 인정하고, 등록하는 제도를 말한다(§42). 디자인보호법에서는 심사절차상의 편의를 위해 1디자인1출원 원칙을 채용하고 있으나 거래계에 있어서는 2 이상의 물품에 관한 집합물이 한 벌로서 판매·사용되고 이들이 일체로서 하나의 창작적 가치를 가지는 경우도 있다. 그래서 이러한 거래계의 실정을 고려하여 출원인의 편의를 도모하기 위해 한 벌 물품의 디자인제도를 채용한 것이다.

또한 2001년 법개정에서 시스템디자인 등의 보호강화를 도모하기 위해 한 벌 물품의 성립요건을 완화하고 또한 한 벌 물품 디자인의 등록요건과 권리행사의 태양간에 부정합을 해소하기 위해 각 구성물품의 디자인에는 등록요건을 부과하지 않는 것으로 하였다(구§12③ 삭제).

2. 한 벌 물품 디자인의 성립요건

(1) 동시사용

동시사용의 요건은 시간적인 의미에서가 아니라 하나의 사용이 다른 것의 사용을 관념적으로 연상하게 하는 관계에 있는 것을 말한다. 따라서 사실상의 사용이 반드시 동시사용일 필요는 없다. 예를 들면 필기용구세트를 구성하는 만년필과 볼펜, 샤프펜은 선택적으로 사용하는 것이지만, 이것으로 보아 법상 동시사용의 의미는 엄밀히 시간적인 것을 의미하는 것은 아닌 것으로 해석된다.

(2) 한 벌 물품 전체의 통일성

한 벌 물품을 구성하는 각 물품의 디자인이 한 벌 물품 전체로서 통일성이 있어야 한다.[18] 여기에서 말하는 통일성은 디자인상의 통일성을 의미하며 디자인상의 통일성은 순수한 디자인상의 통일성뿐만 아니라 특정관념에 기초한 디자인상의 통일을 포함한다. 통일성의 유형은 이하의 4가지의 경우이다.

---

[18] 한 벌 물품의 디자인등록출원이 산업통상자원부령으로 정한 물품이고 구성물품의 적합성 요건을 충족한 경우에도, 한 벌 물품 전체로서 통일성이 없는 경우에는 한 벌 물품의 디자인으로 성립되지 않는 것이므로 1출원에 2 이상의 디자인을 표현한 결과가 되어 각각의 물품의 디자인으로 분할할 수 있다. 그러나 구성물품의 적합성 및 한 벌 물품 전체로서 통일성 등 한 벌 물품 디자인의 성립 요건을 구비한 경우에는 그 디자인은 전체로서 1디자인1출원으로 인정되는 것이므로 적법한 출원분할이 인정되지 않는다.

1) 형상상의 통일

한 벌 물품을 구성하고 있는 각 구성물품 전체의 형상이 일정한 질서, 기조에 의하여 구성되어 있는 경우, 구성물품 각각에 같은 특징을 갖고 있는 형상이 나타나 있는 경우, 구성물품이 집합하여 하나의 통합된 형상을 나타내는 경우에는 한 벌 물품 전체로서 통일성이 있는 것이라 할 수 있다〈도5-5, 도5-6〉.

〈도5-5〉 구성물품 전체의 형상이 일정한 질서, 기조에 의해 구성되어 있거나 구성물품 각각에 같은 특징을 갖고 있는 형상의 등록 예「한 벌의 스푼, 포크 및 나이프」(등록 제0443535호)

사시도

〈도5-6〉 구성물품이 집합하여 하나의 통합된 형상을 나타낸 경우[19]「한 벌의 테이블 세트」

사시도

2) 모양상의 통일

한 벌 물품을 구성하는 각 구성물품이 같은 모티브에 의한 모양이 표현되어 있는 경우, 같은 표현태양에 의한 모양이 구성물품 각각에 동일한 구성을 가지고 표현되어 있는 경우, 구성물품에 나타난 모양이 집합하여 하나의 통합된 모양을 이루고 있는 경우에는 모양상의 통일이 있다고 할 수 있다〈도5-7, 도5-8〉.

---

19) 加藤,「개정의장」, 61면.

〈도5-7〉 구성물품이 같은 모티브에 의한
모양이 표현되어 있는 경우
「한 벌의 차세트 용기」
(등록 제0281407호)

사시도

〈도5-8〉 구성물품에 나타난 모양이 집합하여
통합된 모양을 이루고 있는 경우
「한 벌의 양념세트용기」

정면도   평면도

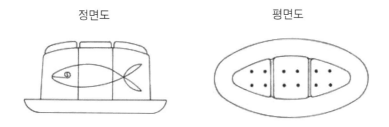

3) 색채상의 통일

색채에 대하여는 독자적으로 통일성을 실현하는 것으로 인정될 수 없으나 통일된 형상, 통일된 모양과 결합된 일정 색채에 의하여 한 벌 물품 전체의 통일을 이룰 수 있다.

4) 관념적 통일

한 벌 물품을 구성하고 있는 각 구성물품에 따로 따로 표현되어 한 벌 물품의 디자인 전체로서 볼 때 특정한 관념을 일으키는 경우에는 관념적 통일이 있는 것으로 된다. 예컨대 토끼와 거북이의 동화를 그림으로 각 구성물품에 관련 있게 표현한 것은 관념적 통일이 인정된다.

(3) 구성물품의 적합성

한 벌 물품의 디자인은 디자인보호법 시행규칙 「별표5」에 게기된 한 벌 물품마다 별도로 정하여진 구성물품[20] 중 둘 이상의 물품으로 구성되어야 한다. 예를 들면 한 벌의 끽연용구 세트가 성립하기 위하여는 그 구성물품으로 정해진 탁상용 라이터, 재떨이, 담배함, 받침대 중에서 2 이상의 구성물품을 포함하여야 한다. 구성물품 이외의 물품이 포함된 경우에는 한 벌의 물품으로 정해진 물품과 동시에 사용하는 것이 상거래 관행상 당업계에서 인정될 수 있는 경우에는 정당한 한 벌의 물품으로 인정되고 있다.[21] 적합한 구성물품에 의해 구성된 것으로 인정되지 않는 것은 한 벌의 물품으로 인정되지 않고 디자인보호법 제40조 제1항의 규정에 의해 거절이유가 통지된다(§62① ii).

(4) 산업통상자원부령으로 정하는 물품

상기의 요건에 적합한 경우 실질적으로는 한 벌의 물품이라 할 수 있으나 그 요건의 인정이 곤란하므로 디자인보호법은 산업통상자원부령이 정하는 물품에 한정하고 있다.[22] 산업통상자원부령에서 정하는 것은 한 벌 물품인가 아닌가의 판단의 곤란함을 회피하여 신속한 처리를 도모하기 위함이다. 구체적으로는 디자인보호법 시행규칙 제38조 제4항 「별표5」에 정해진 물품이다. 「별표5」에는 한 벌의 여성용 한복세트, 한 벌의 남성용 한복세트, 한 벌의 나이프, 포크 및 스푼세트, 한 벌의 응접세트, 한 벌의 필기구세트 등 93개 한 벌의 물품이 열거되어 있다.

---

20) 한 벌 물품의 구성물품은 디자인심사기준 2부 3장 3. 1) (3) ①에서 정하고 있다.

21) 디자인심사기준 2부 3장 3. 1) (3) ③.

22) 2 이상의 디자인에 의해 구성되는 디자인등록출원으로서 '디자인의 대상이 되는 물품'란에 한 벌의 물품과 같은 형식의 기재(예를 들면 한 벌의 공구 세트)로 되어 있으나 그 기재가 산업통상자원부령(디자인보호법 시행규칙 「별표5」)에 정해진 한 벌의 물품에 해당하지 않는 경우에는 디자인보호법 제40조 제1항의 규정에 의거하여 거절의 대상이 된다.

3. 한 벌 물품 디자인의 등록요건

(1) 일반적 등록요건

한 벌 물품의 디자인이 등록되기 위하여는 한 벌 물품의 디자인 전체로서 통상의 1디자인이 등록되기 위한 일반적 등록요건(§33, §34, §46 등)을 모두 구비하여야 한다. 한 벌 물품의 디자인은 1디자인으로서 출원 및 등록을 인정하는 것이기 때문이다.

(2) 특별 요건

디자인보호법상 명문규정이 없으나 디자인실무상은 디자인보호법 제34조 제1호 내지 제3호에 해당하는지를 판단함에 있어서는 한 벌 물품을 구성하는 일부의 구성물품에 관한 디자인만이 이에 해당하는 경우 한 벌 물품디자인 전체로서 등록받을 수 없는 것으로 취급한다.[23] 본 규정의 공익적 성격 때문이다.

4. 법상의 취급

한 벌 물품의 디자인등록출원이 한 벌 물품 디자인의 성립요건(§42)을 만족하지 않은 경우에는 거절이유이지만(§62①), 구성물품에 대해서는 출원의 분할에 의해 구제받을 수 있다(§50①). 그러나 한 벌 물품 디자인의 성립요건 위반은 무효사유가 되지 않는다(§121①). 이 요건 위반은 형식적인 하자에 불과하기 때문이다. 또한 한 벌 물품 디자인 전체로써 일반적인 등록요건을 구비하지 못하면 각각의 이유로 거절이유가 되고(§62①), 잘못하여 등록된 경우에는 일정기간 내 이의신청이유(디자인일부심사등록출원의 경우) 및 디자인등록의 무효사유가 된다(§68①, §121①).

5. 한 벌 물품의 디자인권

(1) 한 벌 물품의 디자인권의 발생

한 벌 물품 디자인의 디자인권의 발생, 이전, 소멸 등은 일반의 디자인권의 경우와 하등 다르지 않다. 즉, 한 벌 물품의 디자인은 한 벌을 구성하는 물품은 2 이

---

23) 디자인심사기준 4부 9장 2. 1).

상의 것이지만 한 벌의 물품의 디자인으로 출원되면 1디자인으로서 등록되고, 한 벌 물품 전체로서 하나의 디자인권만 발생한다[24](권리일체의 원칙). 따라서 한 벌 물품의 디자인권의 존속기간도 한 벌 물품의 디자인 전체로서 진행되며, 각 구성물품의 디자인별로 이전하거나 소멸시킬 수 없다. 또한 한 벌 물품의 디자인권에 대한 무효심판, 권리범위확인심판청구 등도 한 벌 물품의 디자인 전체에 대하여 하여야 하고 각 구성물품의 디자인에 대하여는 할 수 없다. 전용실시권이나 질권의 경우에도 한 벌 물품을 구성하는 물품에 대하여만 설정할 수 없다.

(2) 한 벌 물품의 디자인권의 효력

한 벌 물품의 디자인권자는 일반의 디자인권자와 같이 업으로서 그 한 벌 물품에 관한 등록디자인 또는 이와 유사한 디자인을 실시할 권리를 독점한다(§92). 한 벌 물품의 디자인권에 있어서 일부침해는 인정되지 않는다. 이것은 한 벌 물품 전체로서 1디자인이기 때문이다. 만약 타인이 실시하는 한 벌 물품을 구성하는 물품이 일치하지 않는 경우에는 유사개념을 이용하여 권리침해 여부가 판단된다. 물품의 종류가 크게 다르지 아니하고 또한 각각의 한 벌 물품에 대해 특정할 수 있는 미감이 서로 공통하다면 양 디자인은 유사하다고 판단될 것이다. 또한 구성물품을 타인이 실시하는 경우 등록디자인이나 이와 유사한 디자인에 관한 물품의 생산에만 사용하는 물품의 실시를 디자인권의 침해로 간주하는 간접침해(§113)의 적용가능성에 대해서는 예를 들면 퍼즐(puzzle)과 같이 복수의 구성물품을 조합시키는 것에 의해 통일된 형태가 형성되는 예를 제외하고 통상의 한 벌 물품은 구성물품별로 개성을 가지는 것이기 때문에 그 적용은 희박할 것이다.[25]

---

24) 2001년 법개정에서 구성물품마다의 등록요건(구§12③)을 삭제한 것에 의해 구성물품에도 디자인권의 효력이 미친다는 해석은 성립기반을 상실하게 되었다.

25) 寒河江,「의장」, 220~221면. 또한 高田,「의장」, 385면에서는 "한 벌의 물품은 각각 독립된 개성을 가지고 있는 것이기 때문에 '그 한 벌의 물품의 제조에만 사용하는 물품'이라고 하는 조건을 충족시키는 경우는 전무한 것은 아니라 할지언정 흔치는 않은 경우일 것이다."라고 설명하고 있다.

Ⅳ. 비밀디자인제도

1. 의 의

비밀디자인제도란 디자인등록출원인의 청구에 의하여 디자인권의 설정등록일부터 3년 이내의 기간 동안 그 등록디자인의 내용을 공개하지 않고 비밀로 하여두는 제도를 말한다(§43).

디자인권의 설정등록이 있는 때에는 그 권리의 주체 및 객체에 대하여 공시하는 것이 제도상의 원칙(§90③)이지만, 디자인은 발명·고안과는 달리 그 객체가 물품의 미적 외관에 관한 것이므로 타인의 모방이 용이하고 또한 유행에 좌우되기 쉽다는 특질을 가지고 있다. 따라서 디자인권이 설정등록된 후 자기가 판매개시전에 그 권리의 공시에 의하여 타인의 모방품이 먼저 유통되면 사실상 권리보호를 받지 못하는 경우가 있고 또 기업활동에서는 장래의 디자인경향을 예측한 디자인을 개발하여 중장기적 전략에서 또는 디자인 실시의 시기적인 필요성 때문에 권리의 내용을 비밀로 해두고 싶은 경우가 있다. 비밀디자인제도는 이러한 실정과 요청에 의해 디자인권자 및 이해관계인을 보호하기 위하여 설정한 제도이다.

2. 비밀디자인의 청구요건

(1) 청구권자

디자인을 비밀로 할 것을 청구하거나 청구에 의하여 지정한 기간의 단축 또는 연장을 청구할 수 있는 자는 디자인등록출원인(디자인권의 설정등록 후에는 디자인권자)에 한한다(§43). 즉 비밀디자인의 청구권한은 디자인등록출원인 또는 디자인권자에게만 있고 전용실시권자 또는 통상실시권자에게는 인정되지 않는다.

(2) 청구의 대상

비밀디자인 청구의 대상이 되는 것은 등록디자인이다(§43①). 이 등록디자인에는 부분디자인, 글자체디자인, 관련디자인, 한 벌 물품의 디자인, 동적 디자인도 포함된다. 신규성 상실의 예외(§36)규정의 적용을 받고자 하는 디자인에 대해서도 청구가능하다. 또한 기본디자인에 대하여 비밀청구를 하지 않은 경우에도 그 관련디자인에 대해서만 비밀청구를 할 수 있다고 해석된다. 관련디자인은 독자의 창작적 가치를 가지는 것이기 때문에 기본디자인과는 별도로 비밀로 하는 이익이 있기 때문이다. 분할출원에 대해서는 원출원에서 비밀청구가 있으면 비밀청구를 할 수 있다고 해석된다. 원출원에 의해 받은 이익은 분할출원에 있어서도 인정되어야 하기 때문이다.

(3) 비밀로 청구할 수 있는 기간

디자인권의 설정등록일부터 3년 이내의 기간이다(§43①). 3년 이내로 한 것은 지나치게 긴 기간을 인정하는 것은 권리자에게 과도한 보호를 부여하는 것이 되기 때문이다. 3년을 초과하지 않는 범위에서 청구에 의해 단축하거나 연장할 수 있다 (§43③). 등록디자인의 공표시기와 실시시기와를 재조정하는 편의를 도모하기 위한 것이다. 출원 중에는 디자인등록출원인이, 디자인권의 설정등록 후는 디자인권자가 단축 또는 연장할 수 있다. 디자인권의 설정등록 후에도 단축·연장을 인정하는 것은 디자인권의 발생 후에도 등록디자인의 실시를 개시하는 시기의 변동이 생길 수 있기 때문이다.

(4) 비밀디자인의 청구시기

비밀디자인의 청구는 디자인등록출원을 한 날부터 최초의 디자인등록료를 납부하는 날까지 할 수 있다. 다만, 등록료가 면제된 때에는 특허청장이 디자인권을 설정하기 위한 등록을 하는 때까지 할 수 있다(§43②). 종전에는 비밀디자인의 청구는 디자인등록출원시에만 할 수 있었으나 2007년 법개정에서 디자인등록출원을 한 날부터 최초의 디자인등록료를 납부하는 날까지 할 수 있도록 하였다. 이것은 디자인등록출원 이후 디자인비밀청구의 필요성이 있는 경우를 구제하기 위한 것이다.

(5) 비밀디자인의 청구절차
1) 비밀디자인의 청구

비밀디자인을 청구하고자 하는 자는 디자인등록출원시 디자인등록출원서에 그 기간을 기재하여 특허청장에게 제출하여야 한다(§43②). 이미 청구된 비밀보장기간의 연장, 단축의 경우에는 디자인비밀보장연장 또는 단축청구서를 제출해야한다. 이 경우 대리인에 의하여 절차를 밟는 경우에는 그 대리권을 증명하는 서류를 첨부하여야 한다(시규§39③). 특허청장은 비밀보장의 청구를 받은 때에는 디자인등록결정서에 그 비밀보장기간을 기재하여야 한다(시규§39②).

복수디자인등록출원된 디자인에 대한 비밀디자인의 청구는 그 출원된 디자인 전부 또는 일부에 대하여 청구할 수 있다(§43①단). 2013년 법개정에서 복수디자인등록출원된 디자인의 일부에 대해서도 선택적으로 비밀디자인의 청구를 할수 있도록 하였다.

2) 비밀디자인의 청구 후 출원공개신청의 효과

디자인을 비밀로 할 것을 청구한 후 법 제52조의 규정에 의한 출원공개신청이 있는 경우에는 그 비밀디자인청구는 철회된 것으로 간주된다(§43⑥). 출원공개제도는 출원디자인의 내용을 디자인공보에 게재하여 공개하는 대신, 여기에 일정한 법률적 보호(확대된 선출원, 보상금 청구권 등)를 부여하는 것이므로 굳이 비밀로유지할 의의가 없게 되기 때문이다.

3. 비밀디자인 청구의 효과

(1) 디자인공보에 디자인의 실질적(실체적) 내용 불게재

디자인 공보에는 디자인의 형식적 사항(디자인권자의 성명 및 주소, 디자인의 대상이 되는 물품 및 물품류, 출원번호 및 출원연월일, 등록번호 및 등록연월일 등)만을 게재하고, 출원서 및 첨부도면 등의 디자인의 실질적(실체적) 내용(도면 또는 사진, 창작내용의 요점, 디자인의 설명)은 게재하지 않는다(시령§10②단). 비밀디자인제도는등록디자인의 내용을 비밀로 하는 것을 목적으로 하고 있기 때문이다. 이 점은 비밀디자인제도의 실질적인 내용을 이룬다. 따라서 특허청장은 법률에서 정하고 있는 예외적인 열람이 인정되는 경우를 제외하고 비밀디자인으로 등록된 디자인에대한 비밀유지의무를 부담하게 된다.

(2) 침해행위에 대한 과실추정 규정의 적용배제

일반적으로 디자인권이 발생하면 권리의 공시가 이루어지며 그 때문에 권리를 침해한 자는 그 침해행위에 대하여 과실이 있는 것으로 추정한다(§116①). 그러나 비밀디자인으로 설정등록된 디자인권 또는 전용실시권의 침해에 있어서는 권리의 실질적인 내용이 공시되어 있지 않으므로 그 침해행위에 대해 과실이 있는 것으로 추정함은 선의의 실시자에게 가혹하기 때문에 과실의 추정규정의 적용이 배제된다(§116①단). 따라서 손해배상청구시에는 일반원칙에 따라 비밀디자인의 디자인권자 또는 전용실시권자 측에서 침해자의 고의ㆍ과실의 존재를 입증하여야 한다.

(3) 금지청구권 행사상의 제약

비밀디자인권의 침해에 대한 금지청구권 행사시 통상의 디자인권의 침해의 경우와는 달리 소정의 경고행위가 선행되어야 한다(§113②).

종전에는 비밀디자인권의 침해에 대한 금지청구권 행사에 관한 명문의 규정이 없었기 때문에 곧바로 금지청구가 가능한지 여부를 둘러싸고 논란이 있었다.

그러나 비밀디자인권의 경우 그 비밀기간 중에는 예외적인 열람이 인정되는 경우를 제외하고는 그 내용이 공개되지 않으므로 제3자는 그 내용을 알 수 없는데, 그러한 상태에서의 금지청구권의 행사는 선의의 실시자에게 가혹하게 된다. 그래서 2004년 법개정에서는 비밀디자인권자가 금지청구권을 행사하는 경우 통상의 디자인이라면 게재되어야 할 공보게재사항을 모두 기재한 서면으로 특허청장의 증명을 받은 것을 제시하여 경고한 후가 아니면 이를 할 수 없다는 규정을 신설하였다(§113②). 이 경고를 받은 자가 그 후에도 계속하여 실시할 때에는 이는 선의의 실시로는 볼 수 없기 때문에 금지청구권을 행사할 수 있다.

4. 비밀디자인의 예외적 열람, 누설금지 및 공개

(1) 비밀디자인의 예외적 열람

비밀디자인으로 등록되면 원칙으로 디자인권자 이외의 자에게는 디자인의 실질적 내용에 대하여는 공개하지 아니하나 다음과 같이 디자인권자의 의사에 반하지 않는 경우나 공익적 견지에서 필요한 경우 등에는 특허청장은 디자인권자 이외의 자의 열람청구에 응하여야 한다(§43④).

1) 디자인권자의 동의를 받은 자가 열람청구한 경우
2) 비밀디자인과 동일하거나 유사한 디자인에 관한 심사 등의 당사자나 참가

인이 열람청구한 경우

　3) 디자인권 침해의 경고를 받은 사실을 소명한 자가 열람청구한 경우

　4) 법원 또는 특허심판원이 열람청구한 경우

(2) 비밀디자인 열람자의 누설금지

비밀디자인을 열람한 자는 그 열람한 내용을 무단으로 촬영·복사 등의 방법으로 취득하거나 알게된 내용을 누설하여서는 아니된다(§43⑤). 이에 위반한 경우에는 비밀누설죄(§225③)에 해당하여 형사처벌의 대상이 된다. 비밀디자인 열람자에 대해 비밀유지의무를 부과하기 위해 2013년 법개정에서 도입되었다.

(3) 비밀디자인의 공개

산업재산권의 하나인 디자인권은 그 기본적 이념에 따라 비밀디자인의 비밀기간이 경과한 후에는 디자인권의 실질적(실체적) 내용을 디자인공보에 게재하여야 한다(시령§10②단). 디자인권은 독점배타권이기 때문에 비밀기간이 경과한 후에는 권리내용을 공시하는 것이다.

5. 비밀디자인으로 청구할 경우의 이익과 불이익

(1) 비밀디자인으로 청구할 경우의 이익

1) 제3자에 의한 등록디자인의 모방방지

디자인등록이 되면 원칙적으로 등록디자인의 내용이 공표되어 제3자는 등록디자인의 내용을 알 수 있게 된다. 그러나 일정기간 그 등록디자인의 내용을 비밀로 하여 두면 제3자에 의한 등록디자인의 모방을 방지할 수 있는 이익이 있다.

2) 장래의 디자인경향 비밀화

디자인권의 설정등록일부터 3년 이내의 기간동안 장래의 디자인경향을 예측한 디자인을 저장해 둘 수 있는 이익이 있다.

3) 선출원권의 확보

디자인보호법은 선출원주의(§46)를 채용하고 있으므로 디자인권을 취득하기 위해서는 하루 속히 출원하여야 한다. 그러나 디자인을 창작한 자가 그 실시화까지 시간을 요하는 경우에는 출원을 하여도 실시에 착수하기 전에 그 디자인이 등

록이 이루어지면 등록공고에 의해 실시하기 전에 그 등록디자인이 타인에게 알려지게 되어 디자인권자는 현저한 불이익을 입을 수 있다. 따라서 비밀청구를 함으로써 동일 또는 유사한 디자인에 대해 타인에게 권리를 빼앗기지 않고 실시시기까지 등록디자인을 비밀로 할 수 있는 이익이 있다.

4) 실시시기의 변경에 적절한 대응

비밀기간은 설정등록일부터 단축 또는 연장이 가능하므로 실시시기의 변경에 적절하게 대응할 수 있다. 또 예외적 열람이 인정되고 있으므로 디자인권의 이용·처분 등에 하등 지장이 없다.

(2) 비밀디자인으로 청구할 경우의 불이익

1) 금지청구권 행사의 제약

비밀디자인권을 침해한 자에 대하여 금지청구권의 행사 전에 소정의 사항이 기재된 특허청장의 증명을 받은 서면을 제시하여 경고한 후가 아니면 금지청구권을 행사할 수 없다(§113②). 따라서 비밀청구를 한 경우에는 통상의 디자인권의 경우와 비교하여 금지청구권 행사에 관해 특별한 요건이 부과되는 불이익이 있다.

2) 과실추정규정의 부적용

비밀디자인은 일반의 디자인권 또는 전용실시권 침해시 적용되는 과실의 추정규정이 적용되지 않는다(§116①단). 따라서 이 경우에는 손해배상청구에 있어서 침해자의 과실은 디자인권자가 입증해야 하는 불이익을 입게 된다.

V. 동적 디자인

1. 의 의

디자인은 물품(또는 물품의 부분)의 형상·모양·색채 또는 이들을 결합한 것으로서 시각을 통하여 미감을 일으키게 하는 것으로서 대개의 경우에는 정지된 상태(정적 디자인)에서 포착되지만, 완구원숭이에 태엽을 감아 드럼을 치는 자태나 손발을 움직이는 형상과 같이 그 물품 자체의 특별한 기능에 의하여 그 형상·모양·색채가 변화하도록 조립되어 있어서 정지한 상태만으로는 그 변화하는 상태가 파악되지 않는 디자인이 있다. 이것을 동적 디자인이라고 한다.[26] 즉 동적 디자인이 란 디자인에 관한 물품(또는 물품의 부분)의 형상·모양·색채가 그 물품이 가지는 기능에 의하여 변화하는 디자인을 말하고[27] 움직이는 디자인이라고도 한다.

디자인에 관한 물품(또는 물품의 부분)의 형상 등은 반드시 정지한 것(정적 디자인)에 한정하지 않고 움직이는 형상 등도 포함된다고 해석되고, 그 형상 등이 의외성이 있으면 전체로서 하나의 창작적인 가치가 인정된다. 그러나 그 변화하는 각 형상마다 각각의 디자인을 구성한다고 하면 다른 형상 등마다 등록을 하지 않으면 안 되고 그렇게 되면 절차가 번잡하게 된다. 그래서 디자인보호법에서는 이러한 동적 디자인에 대해서는 1출원으로 완전한 권리취득을 가능하게 하여 디자인의 보호와 이용을 도모함으로써 디자인의 창작을 장려하여 산업발전에 이바지하고자 하는 법 목적을 달성하도록 한다〈도5-9〉.

〈도5-9〉동적디자인의 등록 예
「포장용기용 뚜껑」(등록 제0632729호)

뚜껑이 닫힌 상태를 나타내는 도면대용 사시사진	도면대용 정면사진	뚜껑이 열린 상태를 나타내는 도면대용 사시사진

- 디자인의 설명: 본원디자인인 포장용기용 뚜껑은 반자동 방식으로서 도면대용 사진에서 보면, 흰색으로 표현된 고리를 내리고 그 전면부에 땅콩형상의 버튼을 누르면 자동으로 개폐되는 방식임.

---

26) 우리나라는 동적 디자인에 관하여 법에 직접 규정하지 않고 디자인보호법 시행규칙 별지 제3호 서식에서 움직이는 디자인의 도면작성에 관한 규정을 두고 있을 뿐이나, 일본에서는 디자인법 제6조 제4항에서 명문으로 규정하고 있다.
27) 동적 디자인은 그 물품의 형상 등이 물품이 가지는 기능에 의하여 변화하는 디자인을 말하므로 자동차가 움직이는 것과 같이 형상 등의 변화는 없고, 단순히 위치만 변화하는 것은 동적 디자인이라고 하지 않는다.

2. 동적 디자인의 성립요건

(1) 디자인에 관한 물품(또는 물품의 부분)의 형상·모양·색채 또는 이들의 결합이 그 물품의 기능에 기초하여 변화할 것

물품의 기능이란 물품의 구조적 작용을 의미하고 화학변화는 포함하지 않는다. 또한 물품 자체가 움직이는 것 및 물품의 일부를 바꾸는 것에 의해 변화하는 것은 동적 디자인에 해당하지 않는다. 전자는 자동차의 차륜과 같이 변화가 상식적이기 때문에 통상의 디자인으로서 보호하면 충분하고 후자는 다물품이며 1디자인으로 파악할 수 없기 때문이다.

동적 디자인의 변화하는 태양은 형태구성요소에 따라 ⅰ) 형상의 변화(코가 상하좌우로 움직이는 코끼리완구), ⅱ) 모양의 변화(회전하는 팽이의 모양), ⅲ) 색채의 변화(온도의 차이에 따라 색이 변하는 물건), ⅳ) 형상·모양 및 색채의 변화 등이 있다.

(2) 변화에 예측성이 없을 것

동적 디자인이 성립되기 위하여는 변화에 예측성이 없는 것이어야 한다. 정지한 상태에서 변화 후의 상태가 용이하게 예상할 수 있는 디자인은 변화상태에 창작적인 가치가 없기 때문에 동적 디자인으로 보호할 가치가 없다. 이들은 통상의 디자인으로서 보호하면 충분하다. 예를 들면 자동차의 핸들이나 라이터의 점화부분은 변화 후의 상태가 예상 가능하기 때문에 동적 디자인에 해당되지 않는다.

(3) 변화가 시각에 호소하는 것일 것

디자인보호법상 디자인이란 시각을 통하여 미감을 일으키게 하는 것을 말하므로 동적 디자인에 있어서도 변화가 시각에 호소하는 것이어야 한다.

(4) 변화에 정형성(일정성)이 있을 것

디자인보호법상 보호되는 디자인은 1디자인으로서 파악할 수 있을 필요가 있기 때문이다.

3. 동적 디자인의 구체예

(1) 움직이는 디자인

뚜껑을 열면 고양이가 튀어나오는 요술상자, 코가 상하좌우로 움직이는 코끼리완구, 말려 있는 피리 등.

(2) 열리는 디자인

뚜껑이 열리는 피아노, 문이 개폐되는 냉장고 등.

(3) 펼치는 디자인

펼친 상태에서 접힌 상태가 예측이 불가능한 우산 등.

(4) 모양, 색채가 변화하는 디자인

회전하는 모양, 색채가 변하는 팽이, 온도의 차이에 따라 색이 변하는 물건, 동적화상디자인 등.

4. 동적 디자인의 법적 취급

(1) 동적 디자인 출원절차

동적 디자인은 그 변화하는 형태 자체가 디자인의 주요부를 구성하고 또한 이것이 디자인창작의 요지이므로 이들이 변화하는 태양에 대하여 충분히 표현할 것이 요청된다. 따라서 동적 디자인에 관해 디자인등록출원할 때에는 그 변화의 전후에 걸친 물품의 형상·모양·색채 또는 이들의 결합에 관한 설명을 기재하고 (시규§35④ 「별표2」), 기본적인 정지상태에 관한 전체적인 형태를 명확하고 충분하게 표현할 수 있도록 한 개 이상의 도면을 도시하는 것 외에 디자인의 변화태양에 대하여는 변화 전 상태의 도면, 변화 후 상태의 도면(동작 중의 기본적 자세, 동작내용을 나타내는 궤적 등)을 각각 도시하여야 한다[시규§35②별지 제4호서식 기재방법 2. 다. 2)].

(2) 동적 디자인의 심사절차

동적 디자인으로서 그 움직이는 상태를 표현하지 아니하면 그 디자인을 충분히 표현할 수 없는 경우에 정지상태의 도면과 그 동작상태를 알 수 있는 일련의 도면(동작 중의 기본적 자세, 동작내용을 나타내는 궤적 등)이 없거나 도면의 디자인의 설명란에 물품이 가지는 기능의 변화에 관한 설명이 기재되어 있지 않은 경우에는 디자인 표현이 구체적이 아니므로 법 제33조 제1항 본문의 공업상 이용가능성 요건의 위반에 해당되어 거절의 대상이 되고[28](§62①) 또한 무효의 대상이 된다(§121①). 이 경우 변화의 전후를 알 수 있는 도면을 추가하는 보정이 디자인의 동일성을 해치는 때에는 요지변경으로서 각하의 대상이 되며(§49①) 또 도면의 디자인의 설명란에 동적 디자인에 관한 설명이 기재되어 있지 않고 도면에 변화의 전후의 상태가 기재되어 있는 경우에는 복수의 디자인이 기재되어 있는 것이 되기 때문에 원칙적으로 1디자인1출원 원칙에 위반되어 거절의 대상이 된다(§62①). 그러나 이것은 형식적 하자에 지나지 않기 때문에 무효사유로는 되지 아니한다(§121①).

(3) 동적 디자인의 유사 여부 판단

동적 디자인의 유사 여부 판단은 변화 전, 중, 후의 상태를 종합해서 전체관찰에 의해 행하여진다[제3장 제4절 Ⅱ.4 (7) 특수한 디자인의 유사 여부 판단 참조].

5. 동적 디자인의 디자인권

동적 디자인으로 등록된 때에는 변화 전, 중, 후의 일련의 형태를 가지는 디자인의 전체를 하나의 디자인으로써 디자인권이 부여되고,[29] 동적 디자인의 디자인권은 등록된 동적 디자인과 동일 또는 유사한 디자인을 실시할 권리를 독점한다(§92).

---

28) 동적 디자인에 대하여 그 변화하는 태양에 대한 설명이 불충분한 경우 그 디자인을 정확히 파악할 수 없게 되고 또한 형태가 크게 변화하는 디자인으로서 그 변화 전후에서는 형태가 비유사한 것으로 되는 경우 그 변화 전후의 태양의 일부가 별도로 출원되면 중복보호가 될 우려가 있기 때문이다.

29) 동적 디자인의 디자인권은 각 변화상태마다의 권리의 집합이 아닌 점에 주의할 필요가 있다.

| 제6장 | 디자인등록에 관한 절차 |

제1절 디자인등록출원절차

Ⅰ. 디자인등록출원

1. 서 언

디자인등록을 받고자 하는 자는 소정의 사항을 기재한 디자인등록출원서를 특허청장에게 제출하여야 한다(§37①). 또 디자인등록출원서에는 각 디자인에 관한 소정의 사항을 기재한 도면을 첨부하여야 한다(§37②). 이때 현물의 제출, 구두에 의한 설명 또는 문장에 의해 디자인을 특정하는 것도 생각할 수 있으나 현물은 보존이나 운반에 불편이 있고 구두로는 객관적인 디자인의 특정이 어렵다. 또한 문장으로는 디자인의 형태면을 정확하게 표현하는 것이 곤란하다.

그래서 디자인보호법은 서면주의를 채용하고, 상기와 같이 디자인등록출원에 있어 출원서 및 도면 등의 서류의 제출을 요구하고 있는 것이다.

특허청은 1999년 1월부터 디자인등록출원에 대해 종래의 서면에 의한 출원에 부가하여 온라인(on-line)에 의한 출원도 가능하게 하고 있으나 출원서류에 관한 기본적인 사항은 변동되지 않았다.

2. 디자인등록출원시에 필요한 서류

(1) 디자인등록출원서

디자인등록출원서란 디자인등록출원시의 필수서류를 말한다(§37①). 디자인 등록출원서는 디자인권의 부여를 구하는 의사표시의 명확화와 심사의 대상을 특 정하는 역할을 한다. 디자인등록출원서의 기재사항은 모든 출원에 기재할 사항(일 반적 기재사항)과 필요에 따라 또는 해당하는 경우에 기재함을 요하는 사항(필요에 따라 기재할 사항)이 있다.

1) 일반적 기재사항

㈎ 디자인등록출원인의 성명 및 주소(법인인 경우에는 그 명칭 및 영업소의 소재 지)   이것은 디자인등록출원의 주체 등을 특정하기 위한 것이다.

㈏ 디자인등록출원인의 대리인이 있는 경우에는 그 대리인의 성명 및 주소나 영업소의 소재지(대리인이 특허법인인 경우에는 그 명칭, 사무소의 소재지 및 지정된 변 리사의 성명).

㈐ 디자인의 대상이 되는 물품 및 물품류   디자인의 대상이 되는 물품 란 에는 디자인등록을 받고자 하는 구체적인 물품명을 기재한다. 디자인은 물품의 미적 외관이기 때문에 디자인을 구성하는 물품을 특정할 필요가 있기 때문이다. 이 물품명은 디자인보호법 시행규칙 제38조 제1항에 따라 특허청장이 고시한 물 품명을 기재한다(시규§38②). 다만, 고시에 등록받으려는 물품이 명시되지 아니한 경우에는 그 물품이 디자인을 인식하는 데 적합한 명칭으로서 그 물품의 용도가 명확히 이해될 수 있는 일반적인 명칭을 기재한다(시규 별지 제3호 서식). 이것은 시대의 추이에 따라 물품의 종류가 확대되기 때문에 그것에 대응하기 위한 것이 다. 한 벌 물품의 디자인(§42)에 대해서는「별표5」에 게기된 물품 중에서 특정한 다(§42②, 시규§38④).

또한 물품류란에는 디자인보호법 시행규칙 별표4(물품류 구분)에서 디자인의 대상이 되는 물품이 속하는 하나의 물품류를 선택하여 그 해당 물품류를 기재한다 (예 제1류).

㈑ 디자인을 창작한 사람의 성명 및 주소   디자인을 창작한 사람은 자연인 에 한한다. 공동창작인 경우에는 그 공동창작자 전원의 성명 및 주소를 기재한다.

2) 필요에 따라 기재할 사항

㈎ 단독의 디자인등록출원 또는 관련디자인의 디자인등록출원 여부   자기의 등록디자인 또는 디자인등록출원한 디자인과만 유사한 디자인에 대해 관련디자인으로 디자인등록을 받고자 할 때에는 [단독디자인, 관련디자인 여부]란에 해당 여부를 '단독디자인' 또는 '관련디자인'과 같이 기재한다.

㈏ 기본디자인의 디자인등록번호 또는 출원번호   이 란은 관련디자인등록출원의 경우에만 기재하며 [출원번호(등록번호, 국제등록번호, 참조번호)]란에 기본디자인의 출원번호, 등록번호, 국제등록번호, 참조번호 중 어느 하나를 기재하고, 기본디자인이 복수디자인등록출원된 디자인의 하나인 경우에는 추가로 [디자인의 일련번호]란에 해당 디자인의 일련번호를 기재한다. 이 밖에 복수디자인등록출원 여부와 복수디자인등록출원의 경우에는 디자인의 수 및 디자인의 일련번호를 기재하며 또한 우선권주장, 디자인비밀보장을 청구할 경우 및 신규성 상실의 예외주장을 하는 경우 각각 해당 사항란에 필요한 사항을 적는다(시규 별지 제3호 서식).

(2) 도 면

도면은 원칙적으로 디자인등록출원서에 필수의 첨부서류이다(시규§35① ⅰ). 디자인은 물품의 미적 외관이기 때문에 문장으로 표현하는 것보다는 도면으로 표현하는 것이 용이하게 디자인을 특정할 수 있고 또한 현물은 보존이나 운반 등이 불편하기 때문이다.

1) 도면작성의 일반적 사항

㈎ 도면은 디자인보호법 시행규칙 별지 제4호 서식, 글자체디자인의 경우에는 별지 제5호 서식에 의한다(시규§35②). 도면의 작성을 출원인의 임의로 하게 되면 심사 등에 지장을 초래하기 때문이다.

㈏ 디자인의 도면은 등록받으려는 디자인의 창작내용과 전체적인 형태를 명확하고 충실하게 표현할 수 있도록 한 개 이상의 도면을 도시하고, 필요한 경우에는 각 도면에 대한 설명을 [디자인의 설명]란에 다음 예와 같이 적으며 도면을 3차원 모델링(modeling)파일형식으로 제출할 경우에는 디자인의 창작내용을 가장 잘 표현하는 화면을 정지화면으로 하여 제출하여야 한다[시규 별지 제4호서식 기재방법 2. 나. 1)].

(예1) 도면 1.1은 디자인의 전체적인 형태를 표현하는 도면이고, 도면 1.2는

디자인의 앞면을 표현하는 도면이며, 도면 1.3은 디자인의 뒷면을, 도면 1.4는 디자인의 왼쪽면을, 도면 1.5는 디자인의 오른쪽면을, 도면 1.6은 디자인의 윗면을, 도면 1.7은 디자인의 아랫면을 표현하는 도면임.

(예2) 도면 1.1은 디자인의 표면을 표현하는 도면이고, 도면 1.2는 디자인의 이면을 표현하는 도면임.

(대) (내)항의 도면만으로는 물품의 디자인을 명확하고 충분하게 표현할 수 없는 경우에는 전개도, 단면도, 절단부단면도, 확대도 또는 부분확대도 등 부가도면을 [부가도면]란에 추가로 도시하고, 필요한 경우에는 그 도면에 대한 설명을 [디자인의 설명]란에 다음 예와 같이 적는다[시규 별지 제4호 서식 기재방법 2. 나. 2)].

(예) 부가도면 1.8은 도면 1.3중 A부터 A'까지의 절단면을 표현하는 도면임

(래) (내), (대)항의 도면만으로 디자인의 용도 등을 이해하기 어려운 경우에는 사용상태도 등 참고도면을 [참고도면]란에 도시하고, 필요한 경우에는 그 도면에 대한 설명을 [디자인의 설명]란에 다음 예와 같이 적는다[시규 별지 제4호 서식 기재방법 2.나. 3)].

(예) 참고도면 1.1은 이 물품의 사용상태를 나타내는 것임.

여기서 '참고도면'이란 디자인의 이해를 돕기 위해 기재하는 도면이며, 물품의 형태를 직접 규정하는 도면을 의미하는 것은 아니다. 즉 여기에서 예시하고 있듯이 사용상태도 등 물품의 형상, 모양, 색채로서의 디자인 중 주로 물품에 관한 이해를 돕는 도면을 말하는 것이다. 따라서 여기서 말하는 참고도면은 디자인의 형태상의 요지를 인정하는 직접적 자료가 되는 것은 아니다.[1]

2) 특수한 디자인의 도면

(가) 봉재, 선재, 판재, 관재 등 그 형상이 연속하는 것 또는 지물로서 모양이 연속 또는 반복되어 연속하는 것을 표시하는 도면은 그 연속 또는 반복되어 연속하는 상태를 알 수 있게 도시하여야 하며 [디자인의 설명]란에 형상이나 모양이 1방향 또는 상하좌우로 연속 또는 반복하는 것인지를 기재한다[시규 별지 제4호 서식 기재방법 2. 나. 5)].

(나) 조립완구와 같이 그 구성물의 도면만으로는 사용상태를 충분히 표현할 수 없는 것에 대하여는 그 만들어지는 상태 또는 완성된 상태를 표시하는 도면을 첨

---

1) 齋藤, 의장, 434면.

부하고, 조립한 후 분해하는 것으로서 조립한 상태의 도면만으로는 분해된 상태를 충분히 표현할 수 없는 물품에 대하여는 그 구성물의 도면을 추가한다[시규 별지 제4호 서식 기재방법 2. 다. 1)].

(다) 움직이는 것, 열리는 것 등의 디자인으로서 그 움직임 또는 열림에 따라 디자인이 변화하는 경우에는 움직임을 표현하는 일련의 도면을 도시하거나 변화 전과 변화 후 상태의 도면을 각각 도시하고, 그 도면에 대한 설명을 [디자인 설명]란에 다음 예와 같이 적는다.

(예) 도면 1.1부터 도면 1.7까지는 열린 상태를 나타내는 도면이고, 도면 1.8부터 도면 1.14는 닫힌 상태를 나타내는 도면임[시규 별지 제4호 서식 기재방법 2. 나. 2)].

(라) 물품의 전부 또는 일부가 투명인 디자인의 도면은 바깥쪽 둘레가 무색하여 모양이 없는 경우에는 투명으로 보이는 부분은 보이는 대로 표시한다[시규 별지 제4호 서식 기재방법 2. 다. 3)].[2]

(마) 한 벌 물품의 디자인을 도면에 도시하는 경우에는 각 구성물품마다 그 디자인을 충분히 표현할 수 있는 도면을 각각 순서대로 작성하고, 조합된 상태의 디자인을 충분히 표현할 수 있는 도면을 작성한다. 또한 도면의 설명이 필요하다고 인정될 경우에는 [디자인의 설명]란에 다음 예와 같이 적는다(시규 별지 제4호 서식 기재방법 2. 마).

(예) 도면 A 1.1부터 도면 A 1.7은 찻잔이고, 도면 B 1.1부터 도면 B 1.7까지는 받침접시이며, 도면 C 1.1부터 도면 C 1.7까지는 한 벌의 다기세트임.

3) 도면의 기재사항

디자인등록출원서에 첨부하는 도면에는 ⅰ) 디자인의 대상이 되는 물품 및 물품류, ⅱ) 디자인의 설명 및 창작내용의 요점, ⅲ) 디자인의 일련번호(복수디자인등록출원의 경우)의 사항이 기재되어야 한다(§37②).

(가) 디자인의 대상이 되는 물품 및 물품류   디자인의 대상이 되는 물품 및 물품류란에는 출원서상의 그것과 일치하여야 한다. 출원서와 중복하여 기재할 필요성이 있는지는 의문이다.

(나) 디자인의 설명 및 창작내용의 요점   도면의 디자인의 설명란에는 디자인보호법 시행규칙 별표2의 기재사항을 적고, 창작내용의 요점란은 디자인보호법

---

2) 물품의 전부 또는 일부가 투명인 디자인의 도면 작성 방법에 관해서는 디자인보호법 시행규칙 별지 제4호 서식 기재요령 2. 다. 3) 및 디자인심사기준 제4부 제2장 2. 19)에 상세하다.

시행규칙 별표3의 기재방법에 따라 적도록 되어 있다(시규§35④).

디자인의 설명란의 기재사항은 ⅰ) 물품의 사용목적·사용방법·재질 또는 크기 등의 설명이 필요하다고 인정될 경우에 그에 관한 설명, ⅱ) 도면에 대한 설명이 필요한 경우 각 도면별 설명, ⅲ) 도면에서 길이 표시 생략에 대한 설명, ⅳ) 도면의 색채에 대한 설명, ⅴ) 투명한 물품의 전부 또는 일부에 대한 설명, ⅵ) 부분디자인에 대한 설명, ⅶ) 화상디자인에 대한 설명, ⅷ) 동적 디자인에 대한 설명, ⅸ) 토목건축용품의 디자인에 대한 설명 등이다(시규 별표2). 이들에 대한 의사표시가 없으면 디자인의 해당 내용을 알 수 없기 때문이다.

또한 창작내용의 요점란에는 출원디자인의 창작내용의 요점을 쉽고 간결하며 명확하게 적으며 가능한 공지된 디자인과 비교하여 독창적으로 창작한 내용을 중심으로 적되 문자수는 가능한 300자 이내로 하도록 되어 있다(시규 별표3).

(3) 도면 대용 사진·견본

디자인등록출원인은 도면에 갈음하여 디자인의 사진 또는 견본을 제출할 수 있다(§37③). 보존이나 취급에 지장이 없는 경우 출원인의 편의를 고려하여 도면 대신에 사진 또는 견본의 제출을 가능하게 한 것이다. 이들도 도면과 마찬가지로 디자인을 명확하게 특정할 수 있기 때문이다. 도면대용 사진을 제출하는 경우에는 사진의 규격은 최대 가로10㎝×세로15㎝, 최소 가로7㎝×세로10㎝ 크기로 하여 명료하게 표현되도록 하여야 하며 배경·음영 등이 디자인의 대상과 혼동을 일으킬 정도로 나타나지 않아야 하고 모든 도면을 사진으로 통일하여 작성하여야 한다[시규 별지 제4호 서식 기재방법 3. 나]. 또한 견본의 규격은 두께 1㎝, 가로 15㎝, 세로 22㎝ 이하의 것이어야 하며 얇은 천 또는 종이 등을 사용한 경우에는 가로, 세로의 합이 200㎝ 이하로 할 수 있다(시규§36②ⅱ). 견본으로 도면에 대용할 때에는 견본 1개와 그 견본을 촬영한 사진 1장을 제출하여야 한다(시규§36②ⅰ).

(4) 도면의 역할
1) 출원에 관한 디자인을 특정하는 역할

도면은 디자인등록출원시에는 원칙적으로 출원서의 필수 첨부서류이다. 디자인등록출원서만으로는 시각을 통하여 디자인을 특정하는 것이 곤란하기 때문이다. 따라서 디자인등록출원서는 주로 물품면을 특정하는 데 비해 도면은 물품의 형태면을 시각에 의해 객관적으로 특정하는 역할을 한다. 도면 대용 사진, 견본 등도 도면과 마찬가지의 역할을 하게 된다.

2) 심사의 대상을 특정하는 역할

심사의 대상이 되는 것은 디자인등록을 받고자 하는 디자인, 즉 디자인등록출원서 및 도면에 기재된 디자인인데(§37, §93), 도면은 이 심사의 대상을 형태면에서 특정하는 역할을 한다. 심사에서는 형태면을 주로 도면에 기초하여 신규성(§33①), 창작비용이성(§33②), 선출원(§46) 등의 등록요건이 판단된다.

3) 출원의 보정, 출원의 분할의 대상이 되는 역할

도면은 출원의 보정(§48), 출원의 분할(§50)의 대상이 되는 역할을 한다. 즉 출원의 보정, 분할의 대상은 출원서 및 도면에 기재된 디자인이다. 따라서 도면은 출원의 보정, 출원의 분할의 대상을 주로 형태면에서 특정하는 역할을 하고 있다.

4) 권리범위를 특정하는 역할

디자인등록출원이 등록요건을 구비한 경우에는 설정등록에 의해 디자인권이 발생하고(§90①) 등록을 받은 디자인의 도면은 디자인등록원부의 일부가 되는데(특등령§9④), 등록디자인의 보호범위는 디자인등록출원서의 기재사항 및 그 출원서에 첨부한 도면·사진 또는 견본과 도면에 적힌 디자인의 설명에 따라 정해진다(§93). 따라서 도면은 디자인의 보호범위를 형태면에서 특정하는 역할을 한다. 또한 디자인권의 효력은 등록디자인에 유사한 디자인에까지 미치는데(§92), 이 유사한 디자인의 범위에 대해서도 도면에 의해 특정된 형태를 중심으로 하여 정해진다. 그리고 디자인권자 또는 이해관계인은 등록디자인의 보호범위를 확인하기 위하여 디자인권의 권리범위확인심판을 청구할 수 있는데(§122), 이 경우 도면은 등록디자인을 형태면에서 특정하는 역할을 한다.

5) 디자인 문헌으로서의 역할

등록디자인은 공중에 대해 공시하기 위해 도면의 내용을 디자인공보에 게재한다(§90③). 따라서 디자인의 도면은 디자인 문헌으로서의 역할을 가진다. 다만, 비밀디자인의 경우에는 그 제도의 취지에서 비밀기간이 경과된 후에 도면의 내용이 공시된다(시령§10②단).

(5) 기타의 서류

디자인등록출원서에 임의적인 첨부서류로서는 대리권증명서(위임장)(시규§7),

신규성 상실의 예외규정의 적용을 받고자 하는 서면(§36②), 우선권증명서(§51④)
등이 있다.

3. 특수한 디자인등록출원

(1) 부분디자인등록출원

1) 출원서의 작성

출원서의 [디자인의 대상이 되는 물품]란 위에 [부분디자인]란을 만들어 부분
디자인에 관한 디자인등록출원인 것을 명확하게 한다. [디자인의 대상이 되는 물
품]란에는 전체디자인의 디자인등록출원의 경우와 마찬가지로 디자인보호법 시행
규칙 제38조 제1항에 따라 특허청장이 고시한 물품의 명칭[시규 별지 제3호 서식 기
재방법 11]을 기재한다. 예를 들어 컵의 손잡이 부분을 부분디자인으로 등록받고자
하는 경우 '컵'이라고 기재하여야 하며, '컵의 손잡이' 또는 '컵의 손잡이부분'이라
고 기재하여서는 아니 된다.

2) 도면의 작성

해당 디자인의 대상이 되는 물품의 전체디자인 중 부분디자인으로서 디자인
등록을 받고자 하는 부분은 실선으로 그 외의 부분에 대해서는 파선으로 표현하여
부분디자인으로 디자인등록을 받고자 하는 부분을 특정한다. 도면의 기재사항 중
「디자인의 설명」란에는 부분디자인으로서 디자인등록을 받고자 하는 부분이 도
면에 있어서 어떠한 방법에 의해서 특정되어 있는가에 대하여 기재한다(시규§35④
「별표2」). 예를 들어 디자인등록을 받고자 하는 부분을 특정한 경우에는 "실선으
로 표시된 부분이 부분디자인으로서 디자인등록을 받고자 하는 부분이다."라고
기재한다.

(2) 관련디자인등록출원

관련디자인등록출원의 경우 출원서에 관한 독립된 서식이 없으며 디자인보
호법 시행규칙 별지 제3호 서식에 따라 디자인등록출원서를 작성하여야 한다. 출
원서상의 「단독디자인, 관련디자인 여부」란에는 '관련디자인'이라고 기재하여 그
구분을 명시하고 「기본디자인의 표시」란의 「출원번호(등록번호, 국제등록번호, 참
조번호)」란에는 기본디자인의 출원번호, 등록번호, 국제등록번호, 참조번호 중 하

나를 적고, 기본디자인이 복수디자인등록출원된 디자인 중에 하나인 경우에는 추가로「디자인의 일련번호」란에 해당 디자인의 일련번호를 기재한다(시규 별지 제3호서식 기재방법 6, 7).

(3) 한 벌 물품의 디자인등록출원

1) 출원서의 작성

한 벌 물품의 디자인등록출원 또는 한 벌 물품디자인의 관련디자인등록출원의 출원서 작성은「디자인의 대상이 되는 물품」란의 기재내용을 제외하고 통상의 디자인등록출원의 출원서 작성과 다른 점은 없다.「디자인의 대상이 되는 물품」란에는 디자인보호법 시행규칙「별표5」에 언급하는 한 벌의 물품의 구분을 기재한다.「별표5」의 한 벌 물품의 구분에는 93개의 한 벌의 물품이 정해져 있다.

2) 도면의 작성

한 벌 물품 디자인의 도면은 각 구성물품마다 그 디자인을 충분히 표현할 수 있는 도면을 각각 순서대로 작성하고 조합된 상태의 디자인을 충분히 표현할 수 있는 도면을 작성한다. 또한 도면의 설명이 필요하다고 인정될 경우에는「디자인의 설명」란에 다음 예와 같이 적는다.

(예) 도면 A1.1부터 도면 A1.7은 찻잔이고, 도면 B1.1부터 도면 B1.7까지는 받침접시이며 도면 C1.1부터 도면 C1.7까지는 한 벌의 다기세트임(시규 별지 제4호서식 기재방법 2.마).

(4) 비밀디자인등록출원

디자인을 비밀로 할 것을 청구하고자 하는 자는 디자인등록출원서에 그 취지를 적어 제출하거나 디자인보호법 시행규칙 별지 제7호 서식의 비밀디자인청구서를 특허청장에게 제출하여야 한다(시규§39①). 또한 비밀디자인의 청구 후 비밀기간의 단축 또는 연장의 청구를 하고자 하는 자는 특허법 시행규칙 별지 제10호 서식의 기간연장(기간단축, 기간경과구제, 절차계속)신청서를 특허청장에게 제출하여야 한다(시규§39③).

(5) 글자체디자인등록출원

1) 출원서의 작성

글자체디자인등록출원의 출원서 작성은 「디자인의 대상이 되는 물품」란의 기재내용을 제외하고 통상의 디자인등록출원의 출원서 작성과 다른 점이 없다. 「디자인의 대상이 되는 물품」란에는 디자인보호법 시행규칙 「별표4」의 물품류 구분에 따라 특허청장이 고시한 물품에 게재된 해당 글자체의 명칭을 기재한다. 예를 들어 '한글글자체', '영문자글자체', '숫자글자체' 등으로 기재한다.

2) 도면의 작성

글자체디자인의 디자인등록을 받고자 할 때에는 디자인보호법 시행규칙 「별표1」의 글자체 디자인의 도면에서 정하는 지정글자, 보기문장 및 대표글자의 디자인도면을 도시하여야 한다(시규§35② 별지 제5호 서식). 지정글자의 수는 한글 500자, 영문자 52자, 숫자 10자, 특수기호 120자, 한자 900자 등으로 정해져 있다(시규§35③ 「별표1」).

II. 출원의 보정

1. 의 의

출원의 보정이란 출원서의 기재사항 및 출원서에 첨부한 도면 등의 내용을 정정 또는 보충하는 것을 말한다(§47①).

출원서 및 첨부도면은 출원 및 심사의 대상을 특정함과 동시에 등록이 된 후에는 권리서로서의 역할을 하기 때문에(§93) 그 기재는 출원 당초부터 완전하게 작성될 것이 요구된다. 그러나 선출원주의하에서 출원을 서둘거나 착오에 의하여 흠결을 가진 채 출원되는 경우가 많고 또한 출원시에는 완전한 것으로 생각되던 출원서류 등도 그 후 심사관에 의한 심사결과 보정의 필요가 생기는 경우도 적지 않다. 이러한 경우에 그 흠결을 정정 또는 보충할 수 있는 기회를 주지 않고 거절한다면 출원인에게 가혹하고 디자인보호의 취지에도 반한다. 또한 디자인보호법은 관련디자인제도 및 디자인일부심사등록제도를 채용하고 있는데, 관련디자인제도는 자기의 기본디자인과만 유사한 디자인에 대하여는 관련디자인만으로서 등록받을 수 있다고 되어 있다(§35①). 그러나 창작한 디자인이 자기의 기본디자인과만 유사한 디자인인지 아닌지는 출원시점에서 판단하기 곤란한 경우가 있고 또그 등록은 객관적 요건에 의해 정해지므로 심사결과에 의해 출원인의 출원형식과객관적 요건이 다른 경우가 발생하게 된다. 또한 디자인일부심사등록출원할 수있는 물품은 산업통상자원부령이 정하는 물품으로 정해져 있고, 이 경우 지정된물품에 대하여는 디자인일부심사등록출원으로만 출원하도록 되어 있다(§37④).그러나 출원인의 과오에 의해 출원의 종류를 잘못 선정한 경우도 적지 않게 발생한다. 이러한 경우 모두 출원형식을 변경할 수 있는 기회를 주지 않고 거절한다면출원인에게 가혹하고 절차경제면에서도 타당하지 않다. 그래서 이와 같은 문제를해결하기 위해 출원서 및 첨부도면 등의 기재사항의 흠결을 정정·보충하거나 출원서의 형식을 변경할 수 있는 보정제도를 인정할 필요가 있다. 그러나 보정을 무제한으로 인정하면 출원인은 이익을 받을 수 있지만, 그로 인해 제3자는 예측할수 없는 불이익을 받을 수 있을 뿐만 아니라 출원사무를 복잡하게 하며 보정이 요지변경인 경우에는 선출원주의에도 반하게 된다. 따라서 보정은 일정한 제한하에서 인정할 필요가 있다. 이 때문에 디자인보호법은 보정의 시기 및 범위에 대하여일정한 제한을 부과하고 있으며 이를 보정제한주의라고 한다.

2. 보정의 유형

(1) 명령에 의한 보정

특허청장(또는 특허심판원장)의 보정명령에 대응하여 이루어지는 보정이다.특허청장(또는 특허심판원장)은 디자인등록에 관한 절차가 다음에 해당하는 경우에는 기간을 정하여 보정을 명하여야 한다(§47).

㈎ 절차가 행위능력이 없는 자에 의하여 행하여진 경우 또는 대리권이 없는자에 의하여 이루어진 경우

㈏ 절차가 법령에서 정한 방식에 위반된 경우

㈐ 절차에 대하여 납부하여야 할 수수료를 내지 아니한 경우

(2) 자진보정(자발적 보정)

특허청장(또는 특허심판원장)의 보정명령에 의하지 않고 출원인의 자발적 의

사에 의하여 행하는 보정이다(§48). 자발적 보정이라고도 한다. 자진보정은 디자인등록에 관한 절차 이후 방식상의 불비나 흠결사항을 스스로 발견하고 또는 절차를 보다 더 완전한 것으로 하기 위하여 하는 전혀 자발적 의지에 의해 행하는 보정과 특허청 심사관의 거절이유에 대한 해소를 목적으로 행하는 보정이 있다.

(3) 직권에 의한 보정(직권보정)

심사관이 디자인등록거절결정을 할 때에 디자인등록출원서 또는 도면에 적힌 사항이 명백히 잘못된 경우에 행하는 보정이다(§66). 직권보정은 디자인등록출원서 또는 도면에 적힌 사항이 명백히 잘못된 경우에 한한다(본절 Ⅱ.6.직권보정 참조).

3. 보정의 내용

보정은 그것이 이루어지는 내용에 의해 i) 형식적 요건에 관한 보정(방식보정 또는 절차적 보정이라고 한다), ii) 실체에 관한 보정(실체적 보정), iii) 출원형식의 변경에 관한 보정(출원변경의 보정)으로 나눌 수 있다.

(1) 방식보정(절차적 보정)

법령이 정하는 절차를 취하여야 할 일정한 형식을 방식이라고 하며 여기에서 말하는 방식보정이란 절차에 관한 기재사항의 형식적 요건에 관한 보정으로 한정하는 의미이다. 특허청장(또는 특허심판원장)이 보정을 명할 수 있는 사항은 모두 여기서 말하는 방식에 해당된다.

(2) 실체적 보정

실체적 보정이란 디자인등록출원된 권리내용에 직접적으로 관계되는 것의 보정, 즉 디자인등록출원의 실체에 관한 사항의 보정을 말한다. 그 주된 내용은 ⅰ) 디자인의 대상이 되는 물품, ⅱ) 부분디자인, ⅲ) 도면, ⅳ) 디자인의 설명의 기재이다.

보정은 거기에 기재된 내용을 바르게 보충하고 또는 완전한 것으로 하는 절차행위이지만 실체에 관계되는 그것은 출원, 따라서 권리내용에 직접적으로 관계되는 것이므로 그 정정이나 보충은 그 출원의 내용을 실질적으로 변경하는 것(요지변경)이 되어서는 아니 된다(§48①).

(3) 출원변경의 보정

출원변경의 보정이란 관련디자인등록출원을 단독의 디자인등록출원으로, 단독의 디자인등록출원을 관련디자인등록출원으로 또는 디자인일부심사등록출원을 디자인심사등록출원으로, 디자인심사등록출원을 디자인일부심사등록출원으로 각각 변경하는 보정을 말한다(§48②,③).

이 출원변경의 보정제도는 2004년 법개정에서 절차의 간소화와 출원인의 편의를 도모하기 위하여 종전의 출원의 변경제도를 폐지하고 이를 보정제도로 흡수한 것이다.

4. 보정의 요건

(1) 주체적 요건

보정을 할 수 있는 자는 원칙적으로 디자인등록출원인이다(§48). 보정은 출원인의 보호를 목적으로 하고 있기 때문이다. 공동출원의 경우에는 원칙적으로 각 출원인이 단독으로 보정을 할 수 있다(§13①). 보정은 불이익행위에 해당하지 않기 때문이다. 다만, 디자인등록출원서 또는 도면에 적힌 사항이 명백히 잘못된 경우에는 심사관이 직권으로 보정을 할 수 있다(§66①).

(2) 객체적 요건

보정의 대상이 되는 것은 출원서 및 첨부도면 등이다. 이들이 디자인 특정의 기초가 되는 것이기 때문이다. 보정할 수 있는 범위는 최초의 출원의 요지를 변경하지 않는 범위에 한정된다(§48①). 여기에서 '출원의 요지'란 출원서 및 첨부도면 등으로 특정된 출원의 내용을 말하고, '요지변경'이란 최초 출원의 출원서 및 도면 등으로 특정된 디자인과 보정된 디자인간에 동일성이 유지되지 않는 것을 말한다. 따라서 출원서의 기재 또는 첨부도면의 기재의 변경은 원칙적으로 요지변경이 된다. 다만, 오기의 정정, 불명료한 기재의 석명 등은 요지변경으로는 되지 않는다.

이 요지변경은 디자인이 물품의 형태로 특정된 것이므로 물품과 형태의 동일성을 해하는가 여부에 따라 정하여지는 것이나 요지변경의 구체적 기준을 제시하면 이하와 같다.

1) 디자인의 대상이 되는 물품 및 물품류의 보정

디자인의 대상이 되는 물품이 동일물품 이외의 물품으로 보정되는 경우 요지변경이 된다. 다만, 단순한 착오나 오기로 인정되는 경우에는 예외로 한다. 따라서 유사물품으로의 변경, 비유사물품으로의 변경, 완성품에서 부품으로의 변경, 부품에서 완성품으로의 변경 등은 원칙적으로 요지변경이 된다. 그러나 보정이 표현상의 상위에 지나지 않고, 실질적으로 동일성을 가진 경우에는 요지변경이 되지 않는다. 예를 들면 필기구(상위개념)의 만년필(하위개념)로의 변경 등이다. 또한 잘못된 물품류의 표시를 디자인보호법 시행규칙 별표4에서 정하는 정확한 물품류의 표시로 보정하는 경우에도 요지변경이 되지 않는다고 해석된다. 물품의 동일성을 해하는 것이 아니기 때문이다.

2) 도면의 보정

도면은 디자인의 실질적인 내용을 기재하는 것이므로 보정은 직접 디자인의 동일성을 해치는 것이 되기 때문에 원칙적으로 요지변경이 된다.

예를 들면 도면 등에 표현된 형상, 모양이나 색채상의 부가, 삭감, 변경의 경우 등이다.[3] 그러나 그 부가, 삭감, 변경 등이 외관에 거의 영향을 미치지 않는 경우에는 요지변경이 되지 않는다. 또한 상호 불일치한 도면을 일치시키는 경우에는 상식적인 범위이고, 디자인의 동일성이 인정되기 때문에 요지변경이 되지 않는다. 이 밖에도 디자인심사기준에서는 ⅰ) 도면을 사진 또는 견본으로 보정하거나 반대로 사진 또는 견본을 도면으로 보정한 경우 도면을 실시하면 그렇게 될 것이라고 추측할 수 있는 범위 내에서 보정된 경우, ⅱ) 도면, 사진 등이 너무 작거나 불선명한 경우 적당한 크기 또는 선명한 것으로 보정된 경우, ⅲ) 불필요한 배경, 음영이나 디자인을 구성하지 않는 선, 부호, 문자 등을 제거하기 위하여 보정된 경우 등에는 요지변경으로 취급하지 않는 것으로 정한다.[4]

글자체디자인의 경우에는 보기문장 도면 또는 대표글자 도면을 중심으로 하여 지정글자 도면을 정정함으로써 최초에 제출한 도면으로부터 상기되는 것과 다

---

3) 디자인등록출원서의 도면상 모양의 변경은 달리 특별한 사정이 없는 한 디자인의 본질적인 요소인 요지의 변경에 속한다(대법원 1995.7.28.선고, 94후1626 판결).
4) 디자인심사기준 3부 1장 4. 1) (2).

른 디자인이 되는 경우에는 요지변경이 된다. 그러나 지정글자 도면(지정글자 도면 중 일부가 부족한 경우를 포함), 보기문장 도면 또는 대표글자 도면 중 일부가 부족한 경우에 그것을 보충하기 위한 도면이 이미 제출된 도면으로부터 상기될 수 있는 디자인과 동일성을 상실하지 않는 정도의 것으로 보정된 경우 요지변경이 되지 않는다.

3) 디자인의 설명의 보정

디자인의 설명란에는 물품의 재질, 크기, 동적 디자인, 생략색채, 투명, 생략길이, 부분디자인 등에 관한 설명이 필요한 경우 그에 관한 설명을 기재하도록 의무화되어 있다(시규§35④ 별표2).

이들 설명의 보충 또는 삭제는 디자인의 동일성을 해치기 때문에 원칙적으로 요지변경이 된다. 다만, 손목시계의 유리면이 투명하다는 취지의 추가 등은 상식적인 범위 내이고 디자인의 동일성이 인정되기 때문에 요지변경이 되지 않는다.

4) 출원서의 기재사항의 보정

출원서의 기재사항 중 등록디자인의 보호범위를 결정하는 기초가 되는 사항에는 「부분디자인」, 「디자인의 수」, 「단독디자인, 관련디자인 여부」란의 기재가 있다.

㈎ 「부분디자인」의 표시란에 대한 보정

출원 당초의 출원서의 기재(도면 등에 있어서 디자인등록을 받고자 하는 부분을 특정하는 방법에 대한 기재 등) 및 출원서에 첨부된 도면 등에 대하여 종합적으로 판단하였을 경우에 그 출원이 부분디자인에 관한 출원이라는 사실을 도출할 수 있는 것인지의 여부에 따라 이하와 같이 취급한다.

① 「부분디자인」의 표시란을 추가하는 보정

종합적으로 판단하여 해당 출원이 부분디자인에 관한 것으로 인정되지 않을 때에는 「부분디자인」란을 추가하는 보정은 요지변경이 된다. 그러나 종합적으로 판단하였을 경우에 해당 출원이 부분디자인에 관한 것이라는 사실을 도출할 수 있을 때에는 출원서에 「부분디자인」란을 추가하는 보정은 요지변경이 되지 않는다.

② 「부분디자인」의 표시란을 삭제하는 보정

종합적으로 판단하였을 경우 해당 출원이 부분디자인에 관한 것이라는 사실을 도출할 수 있을 때에는 「부분디자인」란을 삭제하는 보정은 요지변경이 된다. 그러나 종합적으로 판단하여도 해당 출원이 부분디자인에 관한 것이라고 인정되지 않을 때에는 출원서에 「부분디자인」란을 삭제하는 보정은 요지변경이 되지 않는다.

(내) 「디자인의 수」 표시란에 대한 보정

복수디자인등록출원의 출원서에 기재된 출원디자인의 수와 첨부된 도면상 디자인의 수가 일치하지 아니하여 출원서에 기재된 출원디자인의 수에 맞추어 도면을 추가하는 보정은 디자인의 동일성을 해치므로 요지변경이 된다. 예를 들면, 출원서에는 10개의 디자인을 출원하는 것으로 되어 있으나 도면은 9개의 디자인에 대한 것만 제출된 경우 1개의 디자인에 대한 도면을 보충하는 경우이다. 그러나 복수디자인등록출원서에 기재된 출원디자인 수를 첨부된 도면상 디자인의 수에 따라 보정하는 경우에는 요지변경이 되지 않는다. 또한 복수디자인등록출원된 디자인의 일부를 취하하기 위해 출원디자인의 일부를 삭제하는 보정의 경우에도 요지변경으로 취급하지 않는다.

(대) 「단독디자인, 관련디자인 여부」 표시란에 대한 보정

관련디자인등록출원을 단독의 디자인등록출원으로, 단독의 디자인등록출원을 관련디자인등록출원으로 변경하는 보정은 요지변경으로 취급하지 아니한다. 또한 디자인일부심사등록출원을 디자인심사등록출원으로, 디자인심사등록출원을 디자인일부심사등록출원으로 변경하는 보정의 경우에도 단순히 출원형식을 변경하는 것에 불과하므로 요지변경으로 취급하지 않는다.

(래) 창작내용의 요점 보정에 대하여

창작내용의 요점에 대하여는 디자인등록출원인이 보호받고자 하는 디자인에 대하여 스스로 공지디자인과 비교하여 독창적으로 창작한 내용 등을 기재하도록 되어 있다(시규§35④ 별표3). 그러나 2001년 법개정에서 창작내용의 요점은 등록디자인의 보호범위를 결정하는 자료에서 제외하였기 때문에 창작내용의 요점의 변경은 요지변경으로 취급하지 않는다.[5][6]

---

5) 디자인심사기준 3부 1장 4. 1) (2) ① ㉮.

6) 우리나라 디자인 창작내용의 요점기재제도는 일본 디자인법상의 디자인의 특징기재제도와 유사하다. 디자인의 특징기재제도란 출원인이 임의로 출원디자인의 특징을 기재하는 것을 인정하고 그 특징기재를 디자인공보에 게재하는 제도이다. 디자인의 특징을 기재한 특징기재서는 출원서를 제출할 때 또는 사건이 심사, 심판 또는 재심에 계속하고 있을 때 제출할 수 있으나, 등록디자인의 범위를 정하는 경우에는 특징기재서의 기재를 고려해서는 안 된다는 취지를 규정하고 있다(일 디자인법시행규칙 §6).

(3) 시기적 요건

보정은 ⅰ) 디자인등록여부결정의 통지서가 발송되기 전까지, ⅱ) 재심사를 청구할 때, ⅲ) 디자인등록거절결정에 대한 심판을 청구하는 경우에는 그 청구일 부터 30일 이내에 할 수 있다(§48④). 종전에는 상기 ⅰ) 및 ⅱ)의 경우에만 보정을 할 수 있도록 되어 있었으나 2013년 법개정에서는 ⅲ)의 경우에도 보정할 수 있도 록 하였다.[7]

(4) 절차적 요건

보정서는 디자인보호법 시행규칙 별지 제2호 서식의 보정(절차보완)서에 소정 의 사항을 기재하여 특허청장에게 제출하여야 한다(시규§26). 의사표시의 명확화 와 절차의 확실을 기하기 위한 것이다.

5. 보정의 효과

(1) 적법한 보정

보정이 적법한 경우에는 보정의 효과가 출원시로 소급된다. 즉, 디자인의 대 상이 되는 물품에 대해 보정이 이루어진 때에는 그 보정된 물품에 의해 출원이 이 루어진 것으로, 도면의 보정이 있을 때에는 그 보정된 도면에 의해 출원이 이루어 진 것과 같은 효과가 생긴다. 이러한 효과 때문에 권리의 내용에 관한 절차로서 그 내용을 실질적으로 변경하는 것, 즉 요지를 변경하는 보정은 인정되지 않는다.

(2) 보정이 부적법한 경우

1) 보정이 요지변경인 경우

㈎ 디자인등록여부결정 또는 심결 전에 인정된 경우

결정에 의해 보정이 각하된다(§49①, §124①). 제3자의 불측의 불이익을 방지하 기 위한 것이다. 이에 대해 출원인은 심사에서 보정이 각하된 경우에는 보정각하 결정에 대한 심판을 청구할 수 있다(§119). 출원인에게 불복신청의 기회를 부여하 기 위한 것이다. 심판에서 각하된 경우에는 심결취소소송을 제기할 수 있다(§166).

---

7) 이 점은 특허법이 거절결정불복심판을 청구하는 경우에 보정의 기회를 주지 않는 것과 다르 다(특§47①).

(내) 디자인권의 설정등록 후에 보정이 요지변경으로 인정된 경우

그 디자인등록출원은 그 보정서를 제출한 때에 출원한 것으로 간주된다(§48⑤). 권리자와 제3자와의 이익의 조정을 도모하기 위함이다.

2) 보정의 시기에 위반된 경우

보정서가 반려된다(시규§24① i). 이 경우에는 행정심판법이나 행정소송법에 의한 불복신청을 할 수 있다(행심§3, 행소§9).

6. 직권보정

(1) 의 의

직권보정이란 심사관이 디자인등록결정을 할 때에 디자인등록출원서 또는 도면에 적힌 사항이 명백히 잘못된 경우에 심사관이 직권으로 하는 보정을 말한다(§66①). 종전에는 디자인등록출원에 오탈자 등과 같이 명백히 잘못 기재된 사항이 있는 경우 출원인에게 거절이유통지의 단서로서 보정을 종용하고 이에 따라 출원인이 보정서를 제출하여 보정을 하여야 하므로 출원인에게 불필요한 절차의 지연을 초래하고 있었다. 그래서 2013년 법개정에서 위와 같은 거절이유통지로 심사가 지연되는 것을 방지하기 위해 직권보정제도를 도입하였다.

(2) 직권보정 사유

직권보정은 디자인등록출원서 또는 도면에 적힌 사항이 명백히 잘못된 경우에 한한다(§66①). '명백히 잘못된 경우'란 거절이유에는 해당되지 않으면서 해당 디자인등록출원의 실체적인 권리범위에 영향을 주지 아니하는 사항으로 그 부분의 앞뒤 문맥으로 판단하여 달리 해석할 여지가 없어 보호범위를 정하거나 디자인을 심사하는 데 전혀 문제가 없는 경우를 의미한다.

따라서 직권보정 사유는 구체적으로 i) 명백한 문자의 착오의 경우, ii) 착오에 의한 문자의 탈락이 있는 경우, iii) 문자의 오기가 있는 경우 등이다.

(3) 직권보정 절차
1) 직권보정사항의 통지

심사관은 직권보정을 한 경우에는 디자인등록결정 통보의 송달과 함께 그 직

권보정사항을 출원인에게 알려야 한다(§66②). 출원인이 직권보정사항을 인정할 수 있도록 하기 위한 것이고 또한 직권보정사항을 전부 또는 일부에 대해 받아들일 수 없는 경우 의견서 제출기회를 부여하기 위함이다.

2) 직권보정사항에 대한 의견서 제출

출원인은 직권보정사항의 전부 또는 일부를 받아들일 수 없는 경우에는 디자인등록료를 낼 때까지 그 직권보정사항에 대한 의견서를 제출하여야 한다(§66③). 출원인이 의견서를 제출한 경우에는 의견이 제출된 해당 직권보정사항의 전부 또는 일부는 처음부터 없었던 것으로 간주된다(§66②). 그리고 직권보정의 전부 또는 일부가 없었던 것으로 보는 경우 심사관은 이미 이루어진 그 디자인등록결정을 취소하고 처음부터 다시 심사하도록 되어 있다[8](§66⑤).

(4) 직권보정의 효과

심사관이 직권보정사항을 출원인에게 알렸으나 출원인이 디자인등록료를 낼 때까지 의견서를 제출하지 아니한 경우에는 그 보정은 적법한 보정으로서 보정의 효과가 출원시로 소급된다.

III. 출원의 분할

1. 의 의

출원의 분할이란 2 이상의 디자인을 포함하는 디자인등록출원의 일부를 1 또는 2 이상의 새로운 디자인등록출원으로 하는 것을 말한다(§50①).

2 이상의 디자인을 포함한 디자인등록출원에 대해 디자인보호법 제40조 규정의 요건을 충족하고 있지 않다는 취지의 거절이유통지 혹은 복수디자인등록출원

---

8) 특허법의 경우에는 이러한 취지의 규정이 없으므로 직권보정사항의 전부 또는 일부가 없었던 것으로 보는 경우에도 특허결정이 취소되지 않고, 반면 명백히 잘못 기재된 것이 아닌 사항에 대해 직권보정이 이루어진 경우 그 직권보정은 처음부터 없었던 것으로 간주된다(특§66의2⑤). 이는 심사관이 부적법한 보정으로 인해 특허권자 또는 제3자에게 불측의 손해가 발생하지 않도록 하기 위한 것이다.

에 대해 디자인보호법 제41조 규정의 요건을 충족하고 있지 않다는 취지의 거절이유통지에 대하여 그 거절이유를 해소하기 위하여 그 디자인등록출원을 분할할 수 있다.

2. 출원분할의 요건

(1) 주체적 요건

분할에 의한 새로운 디자인등록출원의 출원인은 원출원의 출원인과 동일하여야 한다(§50①). 출원의 분할은 원출원의 출원인을 절차면에서 보호하는 것이기 때문이다. 원출원인으로부터 디자인등록을 받을 수 있는 권리를 적법하게 승계받은 경우에는 동일하다고 인정된다. 원출원이 공동출원의 경우에는 공유자 전원이 분할출원을 해야 한다고 해석된다(§50①). 공유자 전원의 이익보호를 위해서이다.

(2) 객체적 요건

1) 출원의 분할시에 원출원이 특허청에 계속되어 있을 것

출원의 분할은 원출원의 일부를 분할하는 것이기 때문이다. 따라서 원출원이 취하, 포기 또는 무효로 된 경우에는 출원의 분할을 할 수 없다.

2) 원출원에 2 이상의 디자인을 포함하고 있을 것

출원의 분할은 1디자인1출원 원칙에 위반된 경우 또는 복수디자인등록출원 요건에 위반된 경우의 구제를 도모하는 것이기 때문이다. 구체적으로는 이하의 경우가 있다.[9]

㈎ 출원서의 「디자인의 대상이 되는 물품」란에 2 이상의 물품을 기재한 경우 (예를 들면 '재떨이와 접시', '자동차와 자동차완구'라고 기재한 경우이다)

㈏ 출원서에 첨부한 도면에 2 이상의 디자인을 기재한 경우(예를 들면 「디자인의 대상이 되는 물품」란에는 '타월'을 기재하였으나 도면에는 관동팔경 각각의 경치를 표현한 8매의 타월을 기재한 경우이다)

---

9) 반면에 분할의 대상이 되지 않는 경우로는 ⅰ) 1디자인1출원으로 출원한 완성품 디자인에 관한 출원을 각각의 부품별로 출원하는 경우, ⅱ) 한 벌 물품의 디자인의 요건을 충족하고 있는 출원을 각 구성물품별로 출원하는 경우, ⅲ) 물리적으로 분리된 2 이상의 부분이 형태적 또는 기능적으로 일체성이 인정되어 1디자인1출원 요건을 충족하는 부분디자인등록출원을 각각의 부분으로 분할하는 경우 등이 있다[디자인심사기준 3부 2장 1. 2) (3)].

㈐ 출원서의 「디자인의 대상이 되는 물품」란에 2 이상의 물품이 기재되고 첨부도면에도 2 이상의 디자인을 기재한 경우(2 이상의 물품의 각각에 대한 형태를 나타내어 하나의 출원에 포함시킨 경우는 당연히 여기에서 말하는 2 이상의 디자인을 포함하는 출원이 된다. 예를 들면 '책상과 독서대', '식탁과 의자' 등 형태상의 기조를 같게 하거나 조합하여 사용함을 고려한 것 등에 있어서도 그들을 하나의 출원에 포함한 경우이다)

㈑ 부분디자인등록출원의 도면에 형태적 또는 기능적으로 일체성이 인정되지 않고 물리적으로 분리된 2 이상의 부분을 '부분디자인으로 등록받으려는 부분'으로 기재한 경우

㈒ 한 벌 물품의 디자인을 구성하지 않는 것을 한 벌의 물품의 디자인으로 출원한 경우(디자인보호법 시행규칙 「별표5」에 게기한 한 벌의 물품에 관한 것이라도 ㉠ 당해 한 벌의 물품을 구성하는 물품의 일부가 결여되었거나 적당하지 아니한 경우, ㉡ 한 벌 물품 전체로서 통일성이 없는 경우에는 형식적으로는 한 벌 물품의 출원이지만 디자인보호법 제42조의 한 벌 물품의 디자인등록출원으로 인정되지 않는 것이므로 결과적으로 2 이상의 디자인을 포함하는 출원이 된다)

㈓ 복수디자인등록출원에 2 이상의 디자인을 기재한 경우 또는 복수디자인등록출원에 물품류가 다른 물품이 포함된 경우(복수디자인등록출원은 100 이내의 디자인을 1출원으로 하는 것이므로 하나의 복수디자인등록출원에는 적어도 2 이상의 디자인이 포함되어 있어야 한다. 또한 하나의 복수디자인등록출원에 디자인의 수가 100을 초과하는 경우에도 그 초과되는 디자인에 대해서는 분할이 가능하다)

3) 객체의 동일성이 있을 것

분할출원에 기재된 디자인은 원출원에 포함된 디자인 중 하나로서 분할출원의 기초가 된 디자인과 동일한 디자인이어야 한다. 동일하지 않은 디자인에 소급효를 인정하면 선출원주의(§46)에 반해서 제3자에게 불이익을 주기 때문이다. 이 경우의 동일은 실질적인 동일의 의미로 해석된다. 물리적으로 완전한 동일을 요구하면 분할에 의한 보호의 실효를 도모할 수 없기 때문이다. 또한 분할시에 동일하지 않아도 그 후의 요지변경이 되지 않는 보정에 의해 동일하게 되면 그 동일의 요건은 만족된 것으로 해석된다.

(3) 시기적 요건

출원의 분할은 디자인등록출원에 대해 보정을 할 수 있는 기간 내에 한하여

할 수 있다(§50③). 분할의 시기를 상기와 같이 제한해도 거절결정에 대한 불복심
판청구일부터 30일 이내에는 분할할 수 있기 때문에 출원인에게는 아무런 불이익
은 없기 때문이다. 따라서 디자인등록출원의 포기, 취하, 디자인등록여부결정의
확정 후에는 분할을 할 수 없다.

(4) 절차적 요건

출원분할서에 소정의 서류를 첨부하여 특허청장에게 제출하여야 한다(시규
§46). 의사표시와 절차의 확실을 기하기 위해서이다. 2 이상의 디자인을 1출원으
로 한 자가 당해 디자인등록출원의 일부를 1 이상의 새로운 출원으로 분할하고자
하는 경우에는 원출원을 하나의 출원으로 보정함과 동시에 분할되는 디자인에 대
하여 출원분할서에 소정의 서류를 첨부하여 특허청장에게 제출하여야 한다(시규
§46). 그러나 2 이상의 디자인이 1출원으로 되어 있는 것을 하나의 디자인만을 등
록받고자 하는 경우에는 원출원을 하나의 디자인에 대한 출원으로 보정하는 것으
로 족하다(시규§46①). 또한 원출원에 대하여 신규성 상실의 예외규정의 적용을 받
거나 또는 우선권을 주장한 경우라도 새로운 분할출원에 대해서도 그 적용을 받고
자 하거나 또는 그 주장을 하고자 할 때에는 새로이 필요한 절차를 취하여야 한
다.10)

3. 출원분할의 효과

(1) 분할의 요건을 구비한 경우

적법한 분할이 행해진 디자인등록출원은 최초에 출원한 때에 디자인등록출원
한 것으로 간주된다(§50②). 따라서 분할된 출원에 대한 신규성, 선출원 판단은 원출
원시를 기준으로 행해진다. 다만, 신규성 상실의 예외의 적용을 받기 위한 절차(§36
② i), 우선권 주장의 절차에 관한 규정의 적용(§51③ · ④)에 있어서는 출원인에게
불이익이 되지 않도록 하기 위하여 출원의 분할을 한 때를 기준으로 한다(§50②단).

---

10) 일본디자인법은 절차의 간소화와 출원인의 편의를 도모하기 위하여 원출원시에 제출된 신
규성상실의 예외증명서, 우선권증명서는 분할출원과 동시에 제출된 것으로 간주하는 취지의
규정이 설치되어 있다(§10의2③). 따라서 출원의 분할시에 신규성상실의 예외규정 등의 적용
을 받기 위해 새로운 절차를 취할 필요는 없다.

(2) 분할의 요건을 구비하지 않은 경우

출원시의 소급효가 인정되지 않고 현실의 출원시를 기준으로 등록요건 등이 판단된다. 출원분할을 할 수 있는 기간을 경과한 분할출원은 반려처분 된다(시규 §24① i).

심사실무상 분할의 요건을 충족하지 못하는 경우에는 분할출원불인정예고통지를 하여 의견서를 제출할 수 있는 기회를 주고, 불인정예고통지에 따라 제출된 의견에도 불구하고 출원의 분할을 인정할 수 없는 경우에는 분할출원불인정통지를 한다.[11]

Ⅳ. 조약에 의한 우선권

조약은 디자인보호법의 일부를 이루는 것이기 때문에 디자인심사등록출원 또는 디자인일부심사등록출원이 조약의 규정에 위반된 경우에는 디자인보호법 제62조 제1항 제3호 또는 제62조 제2항 제3호의 규정에 의하여 거절된다. 디자인보호법 제46조의 선출원 및 동일출원에 대한 규정의 적용에 있어서는 우선권의 주장을 수반하는 출원은 제1국에 출원한 날에 대한민국에 출원한 것과 동일하게 취급하는 것이므로 그 때문에 후출원으로 된 것은 조약의 규정에 의해 거절되는 것이다(§51, 파리협약§4B). 이하에서는 조약규정에 의한 우선권제도에 관해 설명한다.

1. 우선권의 의의

파리협약 동맹국 제1국에서 정규의 출원을 한 자 또는 그 승계인은 최초의 출원일부터 일정기간 내에 타 동맹국에 한 출원에 대하여 특별한 이익이 협약상 보장된다. 이 이익이 보장되는 기간을 우선기간이라 하며 이 이익을 향유할 수 있는 권리를 우선권이라 한다(파리협약§4A · B). 파리협약상의 우선권 규정은[12] 동일한 디

---

11) 디자인심사기준 3부 2장 2. 1).
12) 이 규정은 그대로 디자인보호법의 내용이 되어 효력을 발생하는 것이지만, 우리나라 디자인보호법은 파리협약 규정의 정신을 받아 제51조에서 조약에 의한 우선권규정을 설치하고 있다. 따라서 직접 조약의 규정을 적용하여 거절해야 하는 일은 없을 것으로 생각된다.

자인을 다수국에서 등록받고자 하는 경우 절차나 경제면에서 곤란한 점이 있으므로 이를 극복하도록 하여 산업재산권의 국제적인 보호를 도모하기 위한 취지이다.

2. 우선권을 주장할 수 있는 자

우선권을 주장할 수 있는 자는 파리협약 동맹국에서 정규의 디자인등록출원을 한 자 또는 그 승계인이다.

(1) 정규의 출원

각 동맹국의 국내법령 또는 동맹국간에 체결된 제2국간 혹은 다수국간의 조약에 따라 정규의 국내출원에 해당하는 여하한 출원도 우선권을 발생시키는 것으로 인정된다(파리협약§4A②). '정규의 국내출원'이라 함은 출원의 결과 여부에 불문하고 당해국에 출원을 한 일자를 확정하기에 적합한 모든 출원을 말한다(파리협약 §4A③). 따라서 출원의 무효·취하·포기 또는 거절결정이 있다 하더라도 출원의 정규성을 해치지 않는다.

(2) 출원인 또는 그 승계인

우선권 주장은 우선권 주장의 기초가 되는 제1국의 출원인과 제1국 이후의 출원인이 동일하여야 하나 그 출원인의 승계인도 우선권을 주장할 수 있다.

3. 우선권의 성립요건

(1) 객체적 요건(출원내용의 동일성)

우선권이 성립되기 위하여는 우선권 주장의 기초로 되는 제1국 출원과 제2국 출원간의 출원내용의 동일성이 요구된다. 여기에서 출원내용의 동일성은 형식적 동일성이 아니고 실질상의 동일성을 의미한다.[13] 파리협약은 독립된 각국의 법제를 전제로 동맹국민의 이익을 보장하기 위한 것이므로 엄밀한 동일성을 요구하게 되면 국제적 보호의 실효성을 도모할 수 없기 때문이다. 파리협약 제4조E 제1항은

---

13) 우선권주장의 기초가 되는 디자인과 우리나라에 출원된 디자인의 동일성 여부 판단에 관해서는 디자인심사기준에 구체적으로 정해지고 있다(디자인심사기준 6부 1장 3.).

디자인이 실용신안의 출원을 근거로 하는 우선권에 기하여 출원된 경우에 대하여 규정하고 있지만, 이것은 여기에서 규정한 부분만을 인정하려는 제한적 규정이 아니고 실용신안 및 디자인출원간에서는 서로 출원변경이 허용되고 있는 것으로 해석된다. 그러나 상표는 성질이 다르기 때문에 상호 출원변경이 허용되지 않는다는 것이 통설이다.

(2) 절차적 요건
1) 우선기간 내의 출원

㈎ 우선권을 주장할 수 있는 기간(우선기간)은 디자인은 6개월로 규정하고 있다(파리협약§4C). 즉, 디자인등록출원에 있어서 우선권 주장은 제2국에서의 출원이 제1국에서의 출원일부터 6개월 이내이어야 한다. 특허 및 실용신안등록출원의 우선기간은 12개월인 데 비해 디자인은 상표와 마찬가지로 6개월로 되어 있다. 이것은 디자인·상표는 출원서류의 작성, 기타 절차에 있어 특허·실용신안의 경우보다 용이하다는 것이 그 이유의 하나이다. 이러한 우선기간은 제1국에서 한 출원의 종류에 따라 정하여지는 것이므로 제1국에서 한 디자인등록출원은 제2국에서 실용신안등록출원으로 할 경우에는 그 우선기간은 6개월이 된다. 그러나 제1국에서 한 실용신안의 출원은 제2국에서 디자인출원에 우선권을 주장하려면 그 기간은 6개월로 규정하고 있다(파리협약§4E①).

㈏ 우선기간은 최초의 출원일부터 개시된다. 출원일은 기간에 산입되지 않는다(파리협약§4C③). 최초의 출원일에서의 '최초의 출원'이라는 것은 제1국에서 한 출원을 의미하여 따라서 제2국, 제3국에서 한 출원은 우선권이 발생하지 않는다. 그러나 여기에는 예외가 있다. 최초의 출원과 동일한 대상에 대하여 같은 동맹국에서 한 후출원은 다음과 같은 조건에서는 최초의 출원으로 간주되어 우선권을 발생한다(파리협약§4C④).

　ⅰ) 전 출원(선출원)이 공중의 열람에 제공되지 않았고 또한 여하한 권리도 존속시키지 않고 후출원일 당시에 취소·포기 또는 거절되어 있을 것

　ⅱ) 전 출원(선출원)이 우선권 주장의 근거로 되지 않은 경우

　ⅲ) 우선기간은 그 말일이 보호의 청구를 할 국가에서 법정의 휴일이거나 또한 관할청이 출원을 접수할 수 없는 날인 경우에는 그 기간은 그 다음 최초의 집무일까지 연장된다(파리협약§4C③).

2) 우선권의 신청

우선권은 제2국에 출원하는 출원인(또는 그 승계인)을 보호하기 위하여 정하여진 이익인 것이나 제1국 및 제2국에서 출원한 사실만으로 당연히 그 이익을 향유하는 것은 아니다. 제2국 출원에 있어서 일정한 절차의 수행을 요한다. 즉, 우선권을 주장하고자 하는 자는 디자인등록출원서에 최초의 출원연월일 및 그 국명을 기재하여 신청하여야 한다(§51③, 파리협약§4D①). 신청된 출원연월일 및 각국은 권한 있는 당국이 발행하는 간행물에 게재한다(파리협약§4D②).

3) 우선권증명서류의 제출

우선권을 주장한 자는 최초로 출원한 국가의 정부가 인정하는 출원연월일을 적은 서면 및 도면의 등본을 디자인등록출원일부터 3개월 이내에 특허청장에게 제출하여야 한다[§51④, 파리협약§4D(3)]. 이 서류를 보통 우선권증명서류라고 하며 특허청장은 이 우선권증명서류에 대한 국어번역문의 제출을 요구할 수 있다(시규 §47②). 각 동맹국은 이들 절차가 행하여지지 않았을 때의 효과를 정하고 있다. 다만, 그 효과는 우선권의 상실을 한도로 한다(파리협약§4D④중단·후단).

4) 출원 후의 절차

출원 이후에는 우선권증명서 이외의 증거서류제출이 요구되는 경우가 있다 (파리협약§4D⑤전단). 또한 최초출원에 의한 우선권을 주장하는 자는 그 출원번호를 명시하도록 한다(파리협약§4D⑤). 출원번호의 명시는 파리협약 제4조 D 제1항에서 요구하고 있는 사항의 확인을 위한 것이다. 그러나 이 위반은 제재대상이 되지 않는다(§51⑤).

4. 우선권 주장의 인정 여부 판단

최초의 제1국 출원을 기초로 하여 우선권 주장을 수반한 제2국 출원이 출원 내용의 동일성이 유지되지 않으면 우선권 주장이 인정되지 않는다.

우선권 주장이 인정되지 않는 출원은 우리나라에 디자인등록출원한 날을 기초로 하여 심사한다(파리협약§4D④). 심사실무에서는 우선권이 인정되지 않는 경우에는 우선권 주장 불인정 예고통지를 하고 의견서를 제출할 수 있는 기회를 주도록 하며 그럼에도 불구하고 우선권 주장을 인정할 수 없는 경우에는 우선권 주장 불인정 통지를 하도록 하고 있다.[14]

5. 우선권의 실효

우선권을 주장한 자가 우선권증명서를 제출할 기간 내에 제출하지 아니한 경우에는 그 우선권 주장은 효력을 상실한다[§51⑤, 파리협약§4D(4)].

6. 우선권의 효과

1) 우선권을 주장한 출원은 제1국에 출원한 후 제2국에 출원하기 전에 발생한 타인의 출원, 당해 디자인으로 된 물품의 판매로 인하여 무효로 되지 않는다(파리협약§4B전단). 우리나라 디자인보호법은 파리협약 제4조 B 전단의 규정을 받아 우선권을 주장한 때에는 제33조 및 제46조의 규정을 적용함에 있어서 제1국에 출원한 날을 우리나라에 디자인등록출원한 날로 보는 규정을 두고 있다(§51①). 그러나 우선권의 효과는 우리나라에 한 디자인등록출원이 신규성(§33①각호), 창작비용이성(§33②), 확대된 선출원(§33③), 선출원(§46) 판단에 있어 제1국에 한 출원일시에 출원된 것과 동일한 이익을 받는 것뿐으로서 제1국 출원일시로 그 출원일시 자체가 소급되는 것은 아니다.

2) 우선권의 주장을 한 출원에 대하여는 제1국에 출원한 후 제2국에 출원하기 전에 발생한 행위는 제3자의 권리 또는 여하한 개인 소유의 권리를 발생시키지 않는다(파리협약§4B중단). 따라서 선사용에 의한 통상실시권을 주장하기 위하여는 제1국의 최초 출원일시에 선의로 우리나라 국내에서 그 등록디자인 또는 이와 유사한 디자인의 실시사업을 하고 있든가 또는 그 사업의 준비를 하고 있어야 한다. 즉, 제1국에 출원한 후 제2국에 출원하기 전에 실시사업이나 그 사업의 준비를 한 것에 대하여는 선사용에 의한 통상실시권을 발생시키지 않는다. 또한 우선권의 기초가 되는 최초의 출원일 전에 제3자가 취득한 권리는 각 동맹국의 국내법령에 따라 유보된다(파리협약§4B후단). 이것은 우선권의 본질로 보아 제3자에게 불이익한 영향을 미치지 않도록 하기 위한 것이다.

---

14) 디자인심사기준 6부 1장 5. 1) 2).

V. 산업디자인의 국제등록에 관한 헤이그협정에 따른 국제출원[15]

1. 특허청을 통한 국제출원

(1) 서 언

특허청을 통한 국제출원이란 산업디자인의 국제등록에 관한 헤이그협정[16]이 정하는 규정에 따라 특허청에 제출하는 출원을 말한다.

종전에는 디자인 창작자가 외국에서 디자인을 보호받고자 할 때에는 법규, 절차 및 언어가 다른 각 국가별로 각각의 출원서를 작성하여 제출하지 않으면 안 되었지만, 헤이그협정에 따른 국제출원을 하는 경우 하나의 언어로 작성되고 하나의 방식에 따라 출원된 하나의 출원으로 보호받고자 하는 모든 나라에 동시에 출원한 것과 같은 효과를 가져오므로 각 국가별 출원에 따른 시간과 노력을 절감할 수 있다.

디자인보호법 제173조(국제출원)는 "「산업디자인의 국제등록에 관한 헤이그협정」(1999년 세계지식재산권기구에 의하여 제네바 외교회의에서 채택된 조약을 말하며, 이하 "헤이그협정"이라 한다) 제1조 (vi)에 따른 국제등록(이하 "국제등록"이라 한다)을 위하여 출원을 하려는 자는 특허청을 통하여 헤이그협정 제1조 (vii)에 따른 국제출원(이하 "특허청을 통한 국제출원"이라 한다)을 할 수 있다"고 규정하며 이하 178조까지에서 특허청을 통한 국제출원에 관하여 규정하고 있다.

(2) 국제출원을 할 수 있는 자

특허청을 통한 국제출원을 할 수 있는 자는 ⅰ) 대한민국 국민, ⅱ) 대한민국에 주소(법인인 경우에는 영업소)가 있는 자, ⅲ) 그 밖에 산업통상자원부령으로 정

---

15) 국제출원은 출원인의 선택에 따라 세계지식재산권기구 국제사무국에 직접 출원하거나 출원인의 체약당사자의 관청을 통하여 간접적으로 제출할 수도 있다[헤이그협정 §4(1)(a)].

16) 헤이그협정은 하나의 국제출원서를 세계지식재산권기구 국제사무국 또는 출원인의 체약당사자 간 관청에 제출하여 복수의 지정 체약당사자(국가 또는 정부 간 기구)에 출원한 효과를 부여하는 산업디자인의 국제등록에 관한 조약으로서, 1999.7.2. 채택되어 2003.12.23. 발효되었다. 특허의 특허협력조약, 상표의 마드리드 의정서와 유사한 조약이다. 우리나라는 2014.3.31. 가입서를 기탁하여 2014.7.1. 발효되었다.

하는 바에 따라 대한민국에 거소가 있는 자의 어느 하나에 해당하여야 한다. 2인 이상이 공통으로 출원하는 경우에는 각자 모두가 위 사항 중 어느 하나에 해당하여야 한다(§174).

(3) 국제출원의 절차

특허청을 통한 국제출원을 하려는 자는 산업통상자원부령이 정하는 방식에 따라 작성된 국제출원서 및 그 출원에 필요한 서류(헤이그협정의 특정 체약당사자가 요구하는 서류 등을 말한다)를 특허청장에게 제출하여야 한다(§175①). 국제출원서에는 디자인보호법 제175조 제2항 각호 소정의 사항을 적거나 첨부하여야 한다(§175②). 특허청을 통한 국제출원을 하려는 자가 헤이그협정 제5조 (5)에 따른 공개연기신청을 하려는 경우에는 국제출원서에 도면을 대신하여 산업통상자원부령으로 정하는 바에 따른 견본을 첨부할 수 있다(§175③). 또한 특허청을 통한 국제출원을 하려는 자는 지정국이 요구하는 경우에 ⅰ) 디자인을 창작한 사람의 성명 및 주소, ⅱ) 도면 또는 디자인의 특징에 대한 설명, ⅲ) 디자인권의 청구범위를 국제출원서에 포함하여야 한다(§175④).

(4) 국제출원서 등 서류제출의 효력 발생시기

국제출원서, 그 출원에 필요한 서류 및 제177조 제2항에 따른 서류는 특허청장에게 도달한 날부터 그 효력이 발생한다. 우편으로 제출된 경우에도 같다(§176).

(5) 국제출원의 기재사항 확인 및 보완명령

1) 특허청장은 국제출원서가 도달한 날을 국제출원서에 적어 관계서류와 함께 헤이그협정 제1조 (xxⅷ)에 따른 국제사무국에 보내고 그 국제출원서 사본을 특허청을 통한 국제출원을 한 자(국제출원인)에게 보내야 한다(§177①).

2) 특허청장은 국제출원서의 기재사항이 다음의 어느 하나에 해당하는 경우에는 국제출원인에게 상당한 기간을 정하여 보완에 필요한 서류('대체서류'라 한다)의 제출을 명하여야 한다(§177②).

㈎ 산업통상자원부령으로 정하는 언어(영어를 말한다)로 작성되지 아니한 경우

㈏ 국제출원의 취지가 명확하게 표시되지 아니한 경우

㈐ 특허청을 통한 국제출원을 한 자의 성명 또는 명칭이 적혀 있지 아니하거

나 명확하게 적혀 있지 아니하여 국제출원인을 특정할 수 없는 경우

㈑ 국제출원인(대리인이 디자인에 관한 절차를 밟은 경우에는 그 대리인을 말한다)과 연락을 하기 위한 주소 등이 명확하게 적혀 있지 않은 경우

㈒ 도면 또는 견본이 없는 경우

㈓ 지정국 표시가 없는 경우

3) 위와 같은 제출명령을 받은 자가 지정기간 내에 대체서류를 제출한 경우에는 그 대체서류가 특허청장에게 도달한 날을 국제출원서가 도달한 날로 본다(§177③).

⑹ 송 달 료

특허청을 통한 국제출원을 하려는 자는 특허청장이 국제출원서 및 출원에 필요한 서류를 국제사무국으로 보내는 데에 필요한 금액(송달료)을 특허청장에게 내야 한다(§178①). 송달료, 그 납부방법, 납부기간, 그 밖에 필요한 사항은 산업통상자원부령으로 정한다(§178②).

특허청장은 특허청을 통한 국제출원을 하려는 자가 송달료를 내지 아니한 경우에는 상당한 기간을 정하여 보정을 명하여야 하고, 보정명령은 받은 자가 지정된 기간에 송달료를 내지 아니한 경우에는 해당 절차를 무효로 할 수 있다(§178③④).

⑺ 특허청을 통한 국제출원의 효과

방식요건을 구비하여 국제출원일이 인정된 국제출원은 출원서에 기재된 각 지정국에서 정규의 국내출원으로서 효과를 갖고 국제출원일은 각 지정국의 실제의 출원일로 간주된다[헤이그협정 §10(2)].

2. 우리나라를 지정국으로 지정한 국제디자인등록출원

⑴ 서 언

헤이그협정 제10조 (2)에서 국제등록일은 국제출원을 제출한 날이며, 동 협정 제14조 (1)에서 국제등록은 국제등록일부터 각 지정 체약당사자에게 그 체약당사자의 법에 따라 제출된 출원과 동일한 효력이 있다고 규정하고 있다. 이에 따라

디자인보호법은 헤이그협정 제1조 (vi)에 따른 국제등록으로서 우리나라를 지정국으로 지정한 국제등록(이하 "국제디자인등록출원"이라 한다)은 국내 디자인등록출원으로 보도록 하며(§179①), 국제디자인등록출원에 대하여는 국제등록일을 국내출원일로 본다(§179②). 또한 국제등록부에 등재된 국제등록명의인의 성명 및 주소, 도면, 물품 및 그 물품류, 창작자정보, 디자인의 설명 등 국제출원 내용은 국내출원의 내용으로 본다는 것을 규정하고 있다(§179③).

(2) 국제디자인등록출원의 특례

국제디자인등록출원이 국내단계의 절차로 진입된 후에는 오로지 해당국의 국내법에 따라 모든 절차가 진행되므로 국제디자인등록출원은 통상의 국내 디자인등록출원과 달리 취급되어야 한다.

그래서 디자인보호법은 제180조부터 제202조까지, 제204조, 제205조에서 디자인등록요건, 디자인등록출원, 출원일인정, 비밀디자인, 출원보정, 분할출원, 조약에 따른 우선권, 출원공개, 출원공개의 효과, 우선심사, 거절결정, 거절이유 통지, 직권보정, 등록료 및 수수료, 디자인권설정등록, 디자인권존속기간, 등록디자인 보호범위, 디자인권등록효력 등의 규정에 대한 특례규정을 마련하고 있다.

제2절 심사절차

Ⅰ. 개 설

디자인등록출원은 법으로 정하는 등록요건에 대한 심사를 거친 후에 등록된다. 따라서 심사는 디자인등록출원에서부터 권리설정에 이르는 중핵을 이루는 행정상의 행위이다. 특허청의 디자인등록출원에 대한 심사는 방식심사와 실체심사로 나누어진다. 본절에서는 디자인등록을 받고자 하는 자(출원인)가 출원서 및 첨부도면을 특허청에 제출하고 나서 방식심사, 실체심사를 거쳐 심사관이 디자인등록여부결정을 할 때까지에 대해 기술한다(〈도6-1〉디자인등록출원 심사개요도).

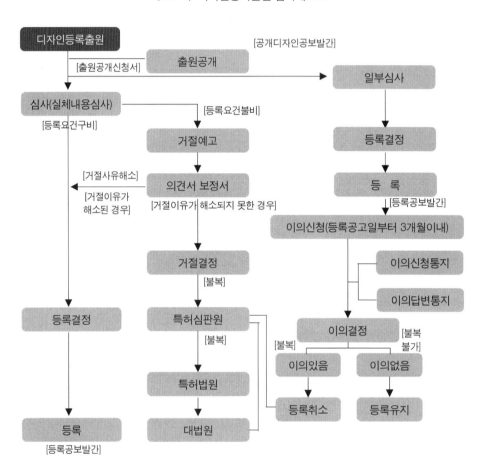

〈도6-1〉디자인등록출원 심사개요도

1. 출원번호통지

디자인등록출원서류가 특허청에 제출되면 출원번호가 부여되고 그 출원인에게 통지된다. 출원번호는 그 출원서류를 표시하는 번호로서 특허청 내부에 있어서의 이 서류의 취급은 모두 이 번호로써 처리되기 때문에 이 번호가 정하여진 후에는 그것이 존속하는 한 항상 그 출원번호로써 취급된다.

따라서 그 후에 행하여진 보정서, 의견서, 취하서, 디자인등록거절결정에 대한 심판청구서 등은 모두 이 출원번호를 명기하여 제출하여야 한다.

2. 방식심사

특허청에 접수된 출원서류에 대하여는 실체심사에 앞서 먼저 접수한 출원서류를 수리하는 것이 타당한지 아닌지, 이어서 수리하는 것이 타당하다고 인정되는 것에 대하여 디자인보호법령에서 정하는 방식에 위반되고 있는지 아닌지에 대한 방식심사를 한다. 디자인등록출원에 있어서는 엄격한 서면심사주의가 채용되어 출원서류는 일정한 방식에 의해 작성할 것이 요청되고, 방식심사는 이러한 정해진 방식에 적합한가의 여부를 심사하는 것이다. 방식심사결과 디자인보호법 제47조에서 규정하는 방식상의 불비가 있는 경우에는 특허청장 명의로 보정이 명하여지고 또 디자인보호법 시행규칙 제24조의 규정에 해당하는 경우에는 반려처분된다. 출원서류 이외의 제출서류에 대하여도 마찬가지이다.

3. 실체심사

방식심사결과 수리된 출원서류는 디자인의 대상이 되는 물품별로 분류되어 심사관에게 배당되고 심사관은 출원된 디자인이 등록요건을 구비하고 있는지 아닌지를 출원순서에 따라 심사한다. 이것을 실체심사 또는 내용심사라고 한다. 보통 심사주의를 채택하고 있느냐 아니냐를 말할 때 심사라는 것은 이 실체심사를 말한다. 우리나라는 심사주의를 원칙으로 하나 일부 물품의 디자인에 대하여는 방식적 요건 외에 실체적 요건의 일부만을 심사하여 등록을 허여하는 일부심사주의를 병존시키는 심사방식을 취하고 있다(제1장 제1절 Ⅲ.3. 심사주의와 일부심사주의의 병행 참조).

심사결과 거절이유를 발견한 때에는 그 디자인등록출원인에게 거절이유를 통지하고 출원인에게 의견을 받는다. 지정기간 내에 의견서가 제출되지 않든가 또는 의견서가 제출되었다 하더라도 그 의견을 받아들일 수 없는 것으로 인정한 때에는 거절한다는 취지의 디자인등록거절결정을 한다(§62). 심사관은 거절이유를 발견할 수 없는 때에는 디자인등록결정을 하여야 한다(§65).

II. 방식심사

1. 의 의

　　방식심사라 함은 심사관이 행하는 실체심사에 앞서서 디자인등록출원절차(또는 청구절차)가 디자인보호법령이 정한 방식이 완비되었는지 아닌지의 심사를 말한다. 방식심사에 관한 행정상의 권한은 특허청장(심판청구에 관하여는 특허심판원장)에게 있다. 이것은 일반적 사항이기 때문에 특허청장이 통일적으로 심사하는 것으로 한 것이다. 특허청장의 방식심사결과 처분에는 출원의 보완명령(§38), 출원서류 등의 반려(시규§24)와 보정명령(§47)이 있고, 또한 보정명령에 대하여 지정기간을 해태한 경우에는 절차를 무효로 할 수 있다(§18).

2. 출원의 보완명령

　　출원의 보완명령이란 디자인등록출원에 출원일의 인정과 관련한 중대한 하자가 있는 경우 당해 출원서를 반려하지 않고, 보완명령을 하여 보완하도록 하는 것을 말한다(§38). 특허청장은 디자인등록출원이 다음에 해당하는 경우에는 상당한 기간을 정하여 보완할 것을 명령하여야 한다(§38①,②).

　　1) 디자인등록을 받으려는 취지가 명확하게 표시되지 아니한 경우

　　2) 디자인등록출원인의 성명이나 명칭이 적혀 있지 아니하거나 명확하게 적혀 있지 아니하여 디자인등록출원일을 특정할 수 없는 경우

　　3) 도면·사진 또는 견본이 제출되지 아니하거나 도면에 적힌 사항이 선명하지 아니하여 인식할 수 없는 경우

　　4) 한글로 적혀 있지 아니한 경우

3. 출원서류 등의 반려

　　출원서류 등[17]의 반려란 디자인등록출원 또는 사건의 계속 중에 행하여진 절차에 대하여 방식심사의 결과에 따라 이를 수리하지 않고 반려하는 행정처분을 말

한다. 디자인등록출원서류 등에 대하여 반려할 수 있는 사항은 다음과 같이 규정하고 있다(시규§24①).[18] 이것은 디자인에 관한 출원·청구 기타의 절차에 중대한 흠결이 있어 출원일(제출일)을 그대로 유지하는 것이 타당하지 않다고 인정되는 경우이다.

1) 법령이 정하는 기간 이내에 제출하지 아니한 서류인 경우

2) 법령이 정하는 기간 중 연장이 허용되지 아니하는 기간에 대한 기간연장신청서인 경우

3) 법 제38조 제2항에 따라 디자인등록출원에 대한 보정명령을 받은 자가 지정기간 내에 보정하지 아니한 경우

4) 법 제69조의 규정에 의한 디자인일부심사등록 이의신청이유 등의 보정기간, 법 제119조 또는 법 제120조의 규정에 의한 심판의 청구기간 또는 특허청장·특허심판원장·심사장 또는 심판관이 지정한 기간이 경과하여 제출한 기간연장신청서인 경우

5) 디자인보호법 시행규칙 제3조를 위반하여 1건마다 서류를 작성하지 아니한 경우

6) 디자인보호법 시행규칙 제5조 제2항에 따라 제출하여야 하는 서류를 기간내에 제출하지 아니한 경우

7) 디자인보호법 시행규칙 제13조에 따라 제출하여야 하는 서류를 정당한 소명 없이 소명기간 내에 제출하지 아니한 경우

8) 특허법 시행규칙 별지 제2호 서식의 대리인에 관한 신고서(포괄위임원용제한에 한정), 별지 제3호 서식의 포괄위임등록신청(변경신청, 철회)서, 별지 제4호 서

---

17) 여기서 '출원서류 등'이란 디자인등록출원, 재심사의 청구, 디자인일부심사등록 이의신청 또는 심판 등에 관한 서류·견본이나 그 밖의 물건을 말한다(시규§24①).

18) 구 특허법시행규칙(1980.12.31. 상공부령 제616호로 개정되기 전의 것) 제14조 제1항 제11호 소정의 '서류가 방식에 적합하지 아니한 경우'라 함은 서류의 기재사항에 흠결이 있거나 구비서류가 갖추어져 있지 아니하는 경우 등 서류가 법령상 요구되는 형식적인 방식에 적합하지 아니한 경우를 뜻하고 형식적인 문제를 벗어나서 출원인이나 발명자가 특허법 제40조에 규정된 권리능력을 가지는지 또는 출원인이 동법 제2조 제1항에 규정된 특허를 받을 수 있는 자인지 여부 등 실질적인 사항에 관한 것을 포함하지 아니하고 출원서류가 그 같은 실질적인 사항을 포함하는 경우에는 위 시행규칙 제14조 제1항 제11호에 의하여 불수리처분을 할 것이 아니라 이를 수리하여 심사관으로 하여금 실질적인 심사를 하게 하여야 함이 상당하다(대법원 1982.9.28.선고 80누414 판결).

식의 출원인코드 부여신청서 또는 직권으로 출원인코드를 부여하여야 하는 경우
로서 해당 서류가 불명확하여 수리할 수 없는 경우

9) 출원 또는 서류의 종류가 불명확한 경우

10) 한글로 적지 아니한 경우

11) 디자인등록에 관한 출원·청구나 그 밖의 절차를 밟은 자의 성명(법인의
경우에는 명칭) 또는 출원인 코드[출원인 코드가 없는 경우에는 성명 또는 주소(법인인
경우에는 그 명칭 및 영업소의 소재지)]를 적지 아니한 경우

12) 도면이 첨부되지 아니한 경우(법 제41조의 규정에 의한 복수디자인등록출원
인 경우에는 도면이 디자인의 수에 부족한 경우를 포함한다)

13) 제출한 도면이 소정 서식의 기재요령에 따른 파일형식이나 용량을 위반
한 경우

14) 디자인의 대상이 되는 물품을 적지 아니한 경우

15) 국내에 주소나 영업소를 가지지 않은 자가 디자인관리인에 의하지 않고
제출한 출원서류 등인 경우

16) 해당 디자인에 관한 절차를 밟을 권리가 없는 자가 그 절차와 관련하여
제출한 서류인 경우

17) 정보통신망이나 전자적 기록매체로 제출된 디자인등록출원서 또는 그 밖
의 서류가 특허청에서 배포한 소프트웨어 또한 특허청 홈페이지를 이용하여 작성
되지 않았거나 전자문서로 제출된 서류가 전산정보처리조직에서 처리가 불가능
한 상태로 접수된 경우

18) 디자인에 관한 절차가 종료된 후 그 디자인에 관한 절차와 관련하여 제출
된 서류인 경우

특허청장 또는 특허심판원장은 출원서류 등이 반려사유에 해당되어 당해 서류
를 반려하고자 할 때에는 반려취지, 반려이유 및 소명기간을 기재한 서면을 송부하
여 소명기회를 주어야 한다(시규§24②). 이 서면을 송부받은 출원인 등이 소명하고자
하는 경우에는 소명서를, 소명 없이 출원서류 등을 반려받고자 하는 경우에는 반려
요청서를 제출하여야 한다. 특허청장 또는 특허심판원장은 반려요청을 받은 때에는
즉시 출원서류 등을 반려해야 한다(시규§24③,④).

또한 특허청장 또는 특허심판원장은 출원인 등이 소명기간 내에 소명서 또는

반려요청서를 제출하지 아니하거나 제출한 소명이 이유 없다고 인정되는 때에는 소명기간이 종료된 후 즉시 출원서류 등을 반려하여야 한다(시규§24⑤).

출원서류 등의 반려는 특허청장(또는 특허심판원장)의 행정처분에 해당하므로 그 처분에 불복하고자 하는 자는 행정심판법의 규정에 따라 행정심판을 청구하거나 행정법원에 소를 제기할 수 있다(행심§3,행소§9).

4. 보정명령

방식심사 결과 수리하는 것이 타당하다고 인정되는 경우에는 이어서 디자인보호법 제47조에서 정하는 방식에 위반되는지 아닌지에 대하여 심사한다. 특허청장(또는 특허심판원장)은 디자인등록에 관한 절차가 다음에 해당하는 경우에는 기간을 정하여 보정을 명하여야 한다(§47).

㈎ 절차가 행위능력이 없는 자에 의하여 행하여진 경우 또는 대리권이 없는 자에 의하여 행하여진 경우

㈏ 절차가 법령에서 정한 방식에 위반된 경우

㈐ 절차에 대하여 납부하여야 할 수수료를 납부하지 아니한 경우

이것은 절차가 디자인보호법령에서 정하는 방식에는 위반되지만, 출원의 유지를 인정하여도 지장이 없는 경우이다.

5. 절차의 무효

특허청장 또는 특허심판원장의 보정명령을 받은 자가 지정된 기간 내에 그 보정을 하지 아니한 경우에는 그 디자인등록에 관한 절차는 무효로 되고(§18), 절차가 무효로 되면 그 디자인등록출원은 처음부터 없었던 것으로 간주된다.

무효처분을 받은 자가 그 처분이 위법·부당함을 이유로 불복하고자 할 때에는 행정심판법의 규정에 따라 행정심판을 제기하거나(행심§3) 행정법원에 소를 제기할 수 있다(행소§9).

Ⅲ. 실체심사

1. 의 의

방식심사결과 절차보완서나 절차보정서의 제출 등에 의하여 방식이 완비되었다고 인정되는 디자인등록출원은 디자인물품의 분류가 된 다음 담당심사관에게 송부되어 실체심사가 행하여진다.[19]

실체심사란 심사관이 디자인등록출원에 대하여 실질적인 등록요건에 적합한가를 검토하는 절차이며 실질적인 등록요건의 심사사항은 디자인보호법 제62조에서 규정하고 있다.[20] 통상 심사라고 할 때에는 이 실체심사를 말하는 것으로 사용된다.

2. 심사관에 의한 심사

(1) 심사관과 심사

심사는 심사관에 의하여 행하여진다. 디자인등록출원의 심사는 전문적 사항에 관한 것이기 때문이다. 디자인보호법 제58조 제1항에서의 "특허청장은 심사관으로 하여금 디자인등록출원 및 디자인일부심사등록이의신청을 심사하게 한다."라는 규정은 실체심사(물론 넓은 의미에서는 방식심사도 포함한다)를 말한다. 따라서 심사는 법률의 규정에 의하여 특허청장으로부터 지정받은 심사관의 권한이며 심사관의 명의로 행하는 독립된 행정처분이다.[21]

---

19) 디자인보호법에는 특허법에서 채용한 심사청구제도가 없으므로 방식심사결과 적합한 경우에는 실체심사에 들어간다. 또 상표법에서 채용하는 출원공고제도가 없으므로 심사관이 거절할 이유를 발견할 수 없을 때에는 곧바로 디자인등록결정을 한다.
20) 이것은 진정한 보호가치가 없는 디자인에 독점권을 부여하는 것에 의해 권리의 불안정화를 초래할 우려가 있기 때문에 이와 같은 폐해를 방지하기 위하여 권리부여의 전제로서 심사하는 것으로 한 것이다.
21) 심사관은 디자인등록출원에 대한 심사에서 등록요건에 해당하는지의 여부를 심리 판단하고 그 판단의 확인표시를 하는 점에서 독립성을 가지며 그 한도 내에서는 특허청장으로부터 독립된 행정청의 성격을 가지는 것으로 해석된다.

(2) 심사관의 자격

심사관이 행하는 심사는 당해 디자인등록출원의 권리 성립에 직접 작용함으로 공정한 판단력과 특수한 전문지식·경험을 필요로 한다. 따라서 그 자격에 대하여는 법률로 정하고 있다(§58②, 시령§3). 또한 심사주의하에서의 심사라는 행정행위는 행정법학상의 법규의 구속정도에 의해 분류[22]하면 자유재량행위가 아니고 개개의 디자인등록출원에 대하여 조사·판단·결정하는 것으로 기속행위에 해당되고, 그 내용에 있어서는 준법률행위적 행정행위[23]로 분류되는 것에 해당된다. 그러나 개개의 사건에 대한 판단은 판단주체인 심사관의 경험과 인격이 반영되게 됨을 피하기 어려운 현실이다.

(3) 심사관의 제척

심사관은 집무집행에 있어서 특히 공정을 기할 필요가 있으므로 재판관·심판관과 같이 제척으로써 당해 사건담당의 결격요건을 정하고 있다(§76, §135).

3. 심사방식

(1) 서면심사

디자인등록출원에 대한 심사는 서면주의에 의하여 행하여진다. 디자인등록출원절차가 모두 서면주의에 의하는 것과 마찬가지로 디자인심사도 서면주의에

---

22) 행정행위는 그에 대한 법규의 구속정도에 따라 기속행위와 재량행위로 나누어진다. 전자는 법규가 행정주체에 대하여 아무런 재량의 여지도 주지 아니하고 행정주체는 오직 법규를 집행함에 그치는 것을 가리키며, 후자는 법규가 행정행위의 내용에 관하여 일의적으로 규정하지 아니하고 행정주체에 대하여 일정한 선택이나 판단의 여지를 부여하고 있는 경우에 행정주체가 그의 선택·판단에 따라 하는 행정행위를 말한다(이상규,「신행정법론(상)」, 법문사, 1997, 335면).

23) 행정행위는 행정주체의 의사표시를 구성요소로 하는지 또는 의사표시 이외의 정신작용의 표현을 요소로 하는 것인지에 따라 법률행위적 행정행위와 준법률행위적 행정행위로 나누어진다. 전자는 법을 구체적으로 해석하고 실현하려는 행정주체의 의사표시를 그 요소로 하며 행정주체의 의사에 따르는 내용의 법적 효과가 부여된다. 하명, 허가, 면제, 특허, 대리 등이 이에 속한다. 후자는 행정주체의 단순한 정신작용(판단, 인식, 관념 등)을 요소로 하며 일정한 정신작용의 표현에 대하여 법규가 정하는 내용의 법적 효과가 부여된다. 확인, 공증, 통지, 수리 등이 이에 속한다(상게서, 333~334면). 심사라는 행정행위는 후자의 준법률행위적 행정행위에 속하는 확인에 해당한다.

의하여 행하여지는 것이다. 그러나 서면주의라고 하여 심사관과 출원인과의 면담을 일절 인정하지 않는 것은 아니다. 서면주의 원칙을 침해하지 않으면서 이것을 보조하는 것으로 행하여지는 경우에는 적정한 심사에 도움이 되는 것이므로 실무에서는 엄격한 기준을 설정하여 출원인과의 면담을 인정하고 있다(상표·디자인심사사무취급규정§101).

(2) 직권심사
디자인등록출원에 대한 심사는 직권에 의하여 거절이유를 탐지하고 절차를 진행한다.

4. 실체심사사항

(1) 심사의 내용
심사관이 행하는 심사(실체심사)는 디자인등록출원이 디자인보호법에서 규정한 등록요건에 해당하는지 아닌지를 판단하여 디자인등록결정 또는 디자인등록거절결정 중 어느 한 처분을 하는 것이다. 법 제62조 제1항에서 규정한 디자인심사의 대상으로 하는 등록요건은 크게 주체적 요건과 객체적 요건으로 나누어지고, 객체적 요건에 대해서는 (가) 객체의 성립성에 관한 디자인의 성립요건, (나) 객체의 등록적격에 관한 등록요건, (다) 공익적 견지 등에서 등록을 받을 수 없는 것을 정한 부등록 요건, (라) 조약 규정에 의한 요건 등으로 나누어 볼 수 있다. 또 (나)의 객체적 등록적격에 관한 등록요건에 대하여는 다시 ⅰ) 권리의 성립을 위한 본질적 요건인 실체적 요건, ⅱ) 법 목적의 원활한 달성을 위해 국가의 행정정책적 목적에서 채용된 절차적 요건, ⅲ) 통상의 디자인과는 달리 디자인보호법 특유제도에 의한 특별요건으로 나누어 볼 수 있다. 그러나 디자인일부심사등록출원에 대하여는 원칙적으로 상기의 등록요건 중 일부사항에 대해서는 그 등록 전에 이를 심사하지 않는다(§62②).[24] 현재 디자인일부심사등록출원할 수 있는 물품은 디자인보호법

---

24) 2004년 법개정에서는 심사관은 공중의 정보제공이 있는 경우에는 디자인일부심사등록출원에 대하여 그 정보 및 증거에 근거하여 디자인등록거절결정을 할 수 있도록 하였다(§62④). 이것은 디자인일부심사제도의 단점을 어느 정도 보완하여 하자 있는 권리의 발생을 최소화하기 위한 취지이다.

시행규칙 별표4 중 제2류, 제5류 및 제19류에 속하는 물품으로 하고 있다(시규§38
③)〈도6-2〉.

〈도6-2〉 디자인일부심사등록할 수 있는 물품

류	각 류에 속하는 물품의 군
제2류 의류 및 패션잡화용품	01 내의, 란제리, 코르셋, 브래지어, 잠옷 02 의류 03 모자류 04 신발류, 양말 및 스타킹 05 넥타이, 스카프, 목도리 및 손수건 06 장갑 07 패션잡화 및 의류 악세서리 99 그 밖의 의류 및 패션잡화용품
제5류 섬유제품, 인조 및 천연 시트직물류	01 방사제품(spun articles) 02 레이스 03 자수 04 리본, 장식용 끈, 그 밖의 장식용 트리밍 05 직물지 06 인조 또는 천연시트직물류 99 그 밖의 섬유제품, 인조 및 천연시트직물류
제19류 문방구, 사무용품, 미술재료, 교재	01 필기용지, 서신용 카드 및 알림카드 02 사무용품 03 달력 04 서적 및 그 밖의 유사한 외관을 가진 물품 05 (공란) 06 필기, 제도, 회화, 조각, 판화 및 그 밖의 미술기법을 위한 　재료 및 기구 07 교재 08 그 밖의 인쇄물 99 그 밖의 문방구, 사무용품, 미술재료, 교재

디자인보호법 제62조에서 규정한 실체심사사항(거절이유)에 관해 정리하여
도표화한 것이 〈도6-3〉이다.

(2) 거절이유의 통지

심사관은 실체심사결과 상기의 거절이유에 해당하는 디자인등록출원에 대하
여 디자인등록거절결정을 하고자 할 때에는 출원인에게 거절이유를 통지(실무상
은 의견제출통지로 행하고 있다)하고 기간을 정하여 의견서를 제출할 수 있는 기회
를 주어야 한다[25](§63①). 변명의 기회를 주지 않고 곧바로 거절결정을 행하는 것
은 출원인에게 가혹하고 또 심사관도 전혀 과오가 없다고는 할 수 없기 때문이다.
거절이유에는 출원에 관한 디자인이 법 제62조에 게기한 조항의 어느 조항의 규
정에 해당하게 되는 이유와 그 조항을 구체적으로 기재하여야 한다. 복수디자인
등록출원된 디자인 중 일부의 디자인에 대하여 거절이유가 있는 경우에는 그 해당
디자인의 일련번호, 디자인의 대상이 되는 물품 및 거절이유를 구체적으로 적어야
한다(§63②).[26]

특허청은 1999년 1월 1일부터 전자출원제도를 도입하고, 디자인등록출원서
등에 대하여 전자문서로 제출할 수 있도록 함은 물론 거절이유통지서 등 처분서류
에 대하여도 정보통신망을 이용하여 통지(송달)할 수 있도록 하고 있다(§30, §31, 시
규§15).

---

25) 대법원은 상표의 거절결정에 대한 상고 사건에서 "상표법 제50조 제1항 제16조 제2항에 의
   하면 거절사정에 대한 항고심판에서 그 거절사정의 이유와 다른 거절이유를 발견한 경우에는
   출원인에 대하여 거절이유를 통지하고 기간을 지정하여 의견서 제출의 기회를 주어야 한다고
   규정하고 있는바, 이는 심판의 적정을 기하고 심판제도의 신용을 유지하기 위하여 확보하지
   아니하면 안 된다는 공익상의 요구에 기인하는 소위 강행규정이라고 해석함이 상당하다."라
   고 판시하고 있다(1984.6.26.선고 83후37 판결). 이 판결은 상표의 심판절차에서 적용되는 의
   견서 제출기회 규정에 관한 판결예지만 동일한 규정을 둔 디자인심사절차에서도 적용될 수
   있는 판결이라고 생각된다.
26) 특허청 심사실무에서는 의견서 또는 보정서의 제출로 당초 거절이유는 해소되었으나 다른
   거절이유를 발견한 경우에는 다시 거절이유를 통지한다[디자인심사기준 1부 2장 5. 3)].

〈도6-3〉실체심사사항(거절이유) 조문 개요

구 분	실체심사사항(거절이유)		심사여부	
			심사등록출원	일부심사등록출원
1. 주체적 요건	디자인등록을 받을 수 없는 자 (제3조, 제62조 제1항 제1호)		○	○
	공동출원(제39조)		○	○
	외국인의 권리능력(제27조)		○	○
2. 객체적 요건	디자인의 성립요건(제2조→제33조 제1항 본문)		○	○
	실체적 요건	공업상 이용가능성 (제33조 제1항 본문)	○	○
		신규성(제33조 제1항 각호)	○	×
		창작비용이성(제33조 제2항)	○	△
	절차적 요건	1디자인1디자인등록출원 (제40조 제1항·제2항)	○	○
		복수디자인등록출원 (제41조)	○	○
		선출원(제46조 제1항·제2항)	○	×
		확대된 선출원 (제33조 제3항)	○	×
		디자인일부심사등록출원디자인 (제37조 제4항)	○	○
	특별 요건	관련디자인(제35조)	○	×
		관련디자인일부심사등록출원디자인 (제62조 제3항)	×	○
		한 벌 물품의 디자인(제42조)	○	○
	디자인등록을 받을 수 없는 디자인(부등록요건)(제34조)		○	○
	조약규정에 의한 요건(제51조, 제62조 제1항 제3호)		○	○

○ - 심사 △ - 일부사항심사 × - 무심사

IV. 출원공개제도

1. 의 의

출원공개제도라 함은 디자인등록출원인의 신청에 의하여 자기의 출원디자인의 내용을 디자인공보에 게재하여 공개하고 그 효과로서 일정한 법률적 보호(경고할 권리, 보상금청구권 등)를 부여하는 제도를 말한다(§52). 출원공개제도는 출원 계속 중에 있는 디자인의 적정한 보호를 도모하기 위하여 1995년 법개정에서 도입한 것이다. 그러나 디자인보호법상의 출원공개제도는 출원인의 신청에 의해서만 공개가 이루어진다는 점에서 출원인의 신청 이외에도 출원일 후 1년 6월이 경과하게 되면 모든 출원에 대해 직권에 의해 공개되는 특허법상의 출원공개제도(특§64)와는 차이가 있다.

2. 출원공개의 요건

(1) 주체적 요건

디자인등록출원의 출원인이어야 한다. 출원공개에 의한 이익·불이익 유무는 출원인의 의사에 따라 판단되어야 하기 때문이다. 공동출원의 경우에는 공유자 전원이 신청하여야 한다(§13①iv).

(2) 객체적 요건

출원공개의 대상은 특허청에 계속 중인 출원이다. 따라서 출원공개 전에 ⅰ) 포기·취하·무효로 된 출원, ⅱ) 거절결정이 확정된 출원은 출원공개의 대상에서 제외된다. 복수디자인등록출원에 대한 공개는 출원된 디자인의 전부 또는 일부에 대하여 신청할 수 있다(§52①후단).

2013년 법개정에서 복수디자인등록출원은 출원된 디자인의 일부에 대해서도 선택적으로 출원공개신청을 할 수 있도록 하였다.

(3) 시기적 요건

출원공개신청은 그 디자인등록출원에 대한 최초의 디자인등록여부결정의 등본이 송달된 후에는 할 수 없다(§52③). 디자인등록결정의 등본이 송달된 후에는 출원인의 의사에 따라 곧바로 설정등록이 가능하고 설정등록에 의해 디자인권이 발생하기 때문에 공개의 실익이 없고 또한 디자인등록거절결정의 등본이 송달된 후에는 거절결정이 확정되면 그와 동일 또는 유사한 타인의 후출원디자인에 대해 선출원의 지위를 가지므로 굳이 출원공개신청을 할 실익이 없기 때문이다. 여기서 '최초의'란 거절결정불복의 심판을 청구한 후 다시 거절결정을 받은 경우를 제외한다는 의미이다.

(4) 절차적 요건

디자인등록출원에 대한 출원공개의 신청을 하고자 하는 자는 디자인보호법시행규칙 별지 제6호 서식의 디자인등록출원공개신청서를 특허청장에게 제출하여야 한다. 다만, 디자인등록출원과 동시에 공개를 신청하고자 하는 경우에는 디자인등록출원서에 그 취지를 기재함으로써 그 신청서에 갈음할 수 있다(시규§48①).

3. 출원공개의 방법과 예외

(1) 출원공개의 방법

특허청장은 디자인등록출원에 대한 공개신청이 있는 때에는 그 출원에 관하여 디자인공보(공개디자인공보)에 게재하여 공개한다(§52②). 공개디자인공보에는 ⅰ) 디자인등록출원인의 성명 및 주소(법인인 경우에는 그 명칭, 영업소의 소재지), ⅱ) 디자인의 대상이 되는 물품 및 물품류, ⅲ) 디자인심사등록출원 또는 디자인일부심사등록출원이라는 사실, ⅳ) 창작자의 성명 및 주소, ⅴ) 출원번호 및 출원연월일, ⅵ) 출원공개번호 및 공개연월일, ⅶ) 도면 또는 사진, ⅷ) 창작내용의 요점, ⅸ) 디자인의 설명, ⅹ) 부분디자인의 출원이라는 사실(부분디자인에 한함), 관련디자인의 경우 기본디자인의 표시, 우선권주장의 기초가 된 출원일(우선권을 주장하는 경우에 한함), ⅺ) 기타 특허청장이 게재할 필요가 있다고 인정하는 디자인등록출원공개에 관한 사항이 게재된다(시령§10③).

(2) 출원공개의 예외

특허청장은 디자인등록출원된 디자인이 주는 의미나 내용 등이 일반인의 통상적인 도덕관념이나 선량한 풍속에 어긋나거나 공공질서를 해칠 우려가 있는 경우에는 출원공개를 하지 아니할 수 있다(§52②단서).

상기의 경우 특허청장은 그 취지와 이유를 디자인등록출원인에게 통지하여야 한다(시령§2).

4. 출원공개의 효과

(1) 경고할 권리

디자인등록출원인은 출원공개가 있은 후 그 출원된 디자인 또는 이와 유사한 디자인을 업으로서 실시한 자에게 출원된 디자인임을 경고할 수 있다(§53①). 이때의 경고는 디자인권 침해에 대한 경고와는 달리 출원디자인이 디자인등록된 후에는 경고 후의 행위에 대하여 보상금청구권을 행사한다는 취지의 통지이다.

(2) 보상금청구권의 발생

보상금청구권이란 디자인등록출원인이 출원공개가 있은 후 디자인권의 설정등록 전에 업으로서 출원공개된 디자인 또는 이와 유사한 디자인을 실시한 자에게 통상적으로 받을 수 있는 금액에 상당하는 보상금의 지급을 청구할 수 있는 권리를 말한다(§53②). 이 청구권은 디자인등록출원이 공개되면 공개된 그대로 타인에 의해 임의로 실시되는 상태를 구제하고 그 타인의 실시가 없었더라면 출원인이 보다 많이 얻을 수 있는 이익의 상실을 보상하기 위한 것이다.

보상금청구권이 성립되기 위해서는 ⅰ) 디자인등록출원이 공개될 것, ⅱ) 출원인이 서면으로 경고하였을 것, ⅲ) 경고 후 디자인권의 설정등록 전까지 업으로서 실시하였을 것이 필요하다. 또한 보상금청구권은 출원된 디자인에 대한 디자인권의 설정등록이 있은 후가 아니면 행사할 수 없다(§53③). 보상금액은 등록디자인 또는 이와 유사한 디자인의 실시에 대하여 통상 받을 수 있는 금액에 상당하는 액(실시료 상당액)으로 되어 있다(§53②). 이것은 등록된 상태의 디자인이 아닌 것을 이유로 부당하게 저액으로 되는 것을 방지하기 위한 취지이다.

출원공개의 법적 효과로서 발생되는 보상금청구권은 ⅰ) 출원공개 후 디자인등록출원이 포기·무효 또는 취하된 경우, ⅱ) 디자인등록거절결정이 확정된 경우, ⅲ) 디자인등록취소결정 또는 디자인등록을 무효로 한다는 심결이 확정된 경우에는 소멸한다(§53⑥). 또한 디자인권의 설정등록일부터 3년간 행사하지 않는 경우에는 시효에 의해 소멸된다. 불법행위를 한 날부터 10년을 경과한 때에도 또한 같다(§53⑤준민§766).

또한 보상금청구권의 행사는 디자인권의 행사에 영향을 미치지 않는다(§53④). 보상금청구권은 출원공개 후 일정시기부터 디자인권의 설정등록 전까지의 권리인 데 비해 디자인권은 디자인권의 설정등록 후에 발생하는 권리이므로 각각 독립된 법적 지위를 가지고 있기 때문이다.

(3) 확대된 선출원의 지위

출원의 공개에 의하여 그 출원디자인은 디자인보호법 제33조 제3항에서 규정하는 타 출원이 가지는 소위 확대된 선출원의 지위를 가지게 된다. 즉 출원공개된 디자인의 일부와 동일하거나 유사한 후출원디자인은 디자인등록을 받을 수 없다.

(4) 우선심사의 대상

출원공개 후 디자인권의 설정등록 전에 출원인이 아닌 자가 업으로서 출원된 디자인을 실시하고 있다고 인정되는 경우에는 신청에 의하여 우선심사의 대상으로 할 수 있다(§61① ⅰ).

(5) 출원공개된 디자인의 비밀상태의 해제

출원의 공개는 출원디자인의 내용을 공개디자인공보에 게재하여 일반에게 공표(공시)하는 것이므로 그때부터 당해 출원디자인은 비밀상태가 해제되고 공지디자인(정확히는 반포된 간행물에 게재된 디자인)의 지위에 서게 된다. 따라서 누구든지 당해 출원공개된 디자인의 내용을 열람 또는 복사를 신청할 수 있다(§206①).

V. 우선심사제도

1. 의 의

우선심사제도란 일정사유에 해당하는 디자인등록출원에 대해 다른 출원에 우선하여 심사하는 제도를 말한다(§61). 디자인등록출원에 대한 심사는 출원순위에 의하는 것이 원칙이다(시규§53). 그러나 출원공개에 따라 발생되는 보상금청구권의 행사여부를 조기에 확정하기 위해서는 그 출원에 대한 심사를 다른 출원에 비하여 우선적으로 처리함으로써 디자인등록여부를 속히 결정되도록 하는 것이 당사자 간의 보상금청구권을 둘러싼 분쟁의 조기해결에 기여할 수 있고, 한편 공공의 이익을 위하여 긴급처리를 필요로 하는 디자인등록출원은 다른 출원보다 우선적으로 심사하는 것이 공익상 유익하므로 디자인보호법에서도 특허법과 공통으로 우선심사제도가 설치되어 있다.

2. 우선심사의 대상

(1) 출원공개 후 제3자가 업으로서 실시하고 있는 디자인등록출원

출원공개 후 디자인권의 설정등록 이전에 디자인등록출원인이 아닌 자가 업으로서 디자인등록출원된 디자인을 실시하고 있다고 인정되는 경우 우선심사를 신청할 수 있다(§61①).

(2) 긴급처리가 필요하다고 인정되는 디자인등록출원

디자인보호법 제61조 제1항 제2호에서는 대통령령으로 정하는 디자인등록출원으로서 긴급처리가 필요하다고 인정되는 경우에도 우선심사를 허용하고 있으며, 동법 시행령 제6조는 아래에 해당하는 것으로서 특허청장이 정하는 출원을 우선심사의 대상으로 하고 있다.

1) 방위산업 분야의 디자인등록출원
2) 녹색기술[온실가스 감축기술, 에너지이용 효율화기술, 청정생산기술, 청정에너지기술, 자원순환 및 친환경기술(관련 융합기술을 포함한다) 등 사회ㆍ경제 활동의 전 과정

에 걸쳐 에너지와 자원을 절약하고 효율적으로 사용하여 온실가스 및 오염물질의 배출을 최소화하는 기술을 말한다)과 직접 관련된 디자인등록출원

　　3) 수출촉진과 직접 관련된 디자인등록출원

　　4) 국가 또는 지방자치단체의 직무에 관한 디자인등록출원(「고등교육법」에 따른 국립·공립 학교의 직무에 관한 디자인등록출원으로서 「기술의 이전 및 사업화 촉진에 관한 법률」 제11조 제1항에 따라 국립·공립 학교에 설치된 기술이전·사업화에 관한 업무를 전담하는 조직이 낸 디자인등록출원을 포함한다)

　　5) 「벤처기업 육성에 관한 특별조치법」 제25조에 따라 벤처기업 확인을 받은 기업의 디자인등록출원

　　6) 「중소기업기술혁신촉진법」 제15조에 따라 기술혁신형 중소기업으로 선정된 기업의 디자인등록출원

　　7) 「발명진흥법」 제11조의2에 따라 직무발명보상 우수기업으로 선정된 기업의 디자인등록출원

　　8) 국가의 신기술개발지원사업 또는 품질인증사업의 결과물에 관한 디자인등록출원

　　9) 조약에 따른 우선권주장의 기초가 되는 디자인등록출원(해당 디자인등록출원을 기초로 하는 우선권주장에 의하여 외국 특허청에서 디자인에 관한 절차가 진행 중인 것으로 한정한다)

　　10) 디자인등록출원인이 디자인등록출원된 디자인을 실시하고 있거나 실시를 준비 중인 디자인등록출원

　　11) 전자거래와 직접 관련된 디자인등록출원

　　12) 특허청장이 외국 특허청장과 우선심사하기로 합의한 디자인등록출원

　　13) 우선심사신청을 하려는 자가 디자인등록출원된 디자인에 관하여 전문기관에 선행디자인의 조사를 의뢰한 경우로서, 그 조사결과를 특허청장에게 통지하도록 그 전문기관에 요청한 디자인등록출원

3. 우선심사의 신청

(1) 신 청 인

출원공개(헤이그협정에 따른 국제등록공개를 포함한다) 후 제3자가 업으로서 실

시하고 있는 디자인등록출원에 대해서는 출원인 이외에 그 디자인을 실시하고 있는 제3자도 우선심사의 신청을 할 수 있다. 그러나 긴급처리가 필요하다고 인정되는 디자인등록출원에 대하여도 출원인 이외에 제3자도 신청인이 될 수 있는지에 대해 의문이 있으나, 이 점에 대해 특허청의 실무는 디자인등록출원이 있는 때에는 누구든지 특허청장에게 그 출원에 관하여 우선심사의 신청을 할 수 있다고 하고, 다만 국가 또는 지방자치단체의 직무에 관하여는 국가 또는 해당 지방자치단체만이 우선심사의 신청을 할 수 있도록 하고 있다(디자인우선심사의 신청에 관한 고시 §3).

(2) 신청기간

출원공개 후 제3자가 업으로서 실시하고 있는 디자인등록출원에 대한 우선심사신청은 출원공개 후에만 할 수 있으나, 긴급처리가 필요하다고 인정되는 디자인등록출원에 대한 우선심사신청은 출원공개 유무와 관계없이 할 수 있다.

(3) 신청절차

우선심사를 신청하고자 하는 자는 소정 서식의 우선심사신청서에 우선심사신청설명서 및 증빙서류를 첨부하여 특허청장에게 제출하여야 한다. 우선심사신청절차를 대리인이 밟은 경우에는 그 대리권을 증명하는 서류를 첨부하여야 한다(시령§7①, 시규§57). 우선심사의 신청에 관한 증빙서류에 대하여는 특허청의 「디자인 우선심사의 신청에 관한 고시」 [별표]에서 정해지고 있다.

4. 우선심사신청의 각하

심사관은 우선심사 신청이 ⅰ) 「디자인 우선심사의 신청에 관한 고시」 제4조에 따른 우선심사의 신청대상이 되지 않는 경우, ⅱ) 우선심사가 신청된 출원의 정상적인 심사착수 예정시기가 우선심사신청 관련서류를 이송받은 날부터 2개월 이내인 경우, ⅲ) 우선심사신청에 대한 보정서나 보완서류를 지정기간 이내에 제출하지 않은 경우, ⅳ) 우선심사신청에 대하여 제출된 보정서나 보완서에 의하여도 해당 사항이 해소되지 않는 경우에는 그 이유를 기재하여 우선심사신청을 각하하고 우선심사신청인과 출원인(출원인이 우선심사신청인이 아닌 경우에 한함)에게 이를 통보하여야 한다(상표 · 디자인심사사무취급규정 §80). 다만 복수디자인등록출원된 국제디자인등록출원의 경우에 하나의 디자인이라도 위 어느 하나에 해당하면 각 하통지를 발송한다.[27)]

5. 우선심사 여부의 결정 및 통지

특허청장은 우선심사신청이 있는 경우에는 우선심사 여부를 결정하여야 한다(시령§7②). 또한 당해 출원이 우선심사의 대상에 해당하여 우선심사를 결정한 경우에는 즉시 우선심사신청인, 출원인(출원인이 우선심사신청인이 아닌 경우에 한함)에게 우선심사결정서를 통지하여야 한다(상표 · 디자인심사사무취급규정 §83).

6. 우선심사결정의 효과

우선심사결정이 있으면 그 출원에 대해서는 출원의 순위에 관계없이 우선적으로 실체심사가 이루어진다. 우선심사결정된 출원에 대한 심사는 우선심사결정서 발송일부터 45일 이내에 착수함을 원칙으로 하고 있다(상표 · 디자인심사사무취급규정 §84①).

VI. 디자인일부심사등록 이의신청제도

1. 의 의

디자인일부심사등록 이의신청제도라 함은 디자인일부심사등록된 디자인에 대하여 공중이 그 등록상의 흠결을 이유로 등록의 취소를 구하는 의사표시를 할 수 있는 제도를 말한다(§68). 디자인일부심사등록 이의신청제도는 실질적인 등록요건을 흠결한 일부심사등록디자인에 대하여 심판이나 소송절차 이전에 행정절차에 의하여 조기에 취소시킬 수 있도록 하여 부실권리의 존속을 방지하기 위한

---

27) 디자인심사기준 6부 4장 3.

것이다.

2. 이의신청의 요건

(1) 주체적 요건

이의신청은 누구든지 할 수 있다(§68①). 디자인일부심사등록 이의신청제도는 당사자간의 분쟁해결을 목적으로 하는 것이 아니라 실질적인 등록요건에 대한 심사를 거치지 아니하고 등록처분된 하자 있는 등록디자인의 시정을 도모하여 디자인등록에 대한 신뢰성을 높이려는 공익적 목적달성에 그 의의를 두고 있으므로 그 자격에 관해 특히 제한하지 않는 것이다.

(2) 시기적 요건

당해 디자인권의 설정등록이 있는 날부터 디자인일부심사등록 공고일 후 3개월이 되는 날까지이다(§68①). 여기서 디자인일부심사등록 공고일이라 함은 디자인일부심사등록의 등록디자인공보가 발행된 날을 말한다(시규§61①). 비밀디자인에 대한 이의신청에 있어서는 당해 디자인의 도면 또는 사진 등이 게재된 등록디자인공보가 발행된 날을 그 디자인등록공고일로 보도록 하고 있다(시규§61②).

(3) 절차적 요건

디자인일부심사등록 이의신청을 하고자 하는 자는 ⅰ) 이의신청인의 성명 및 주소(법인인 경우에는 그 명칭 및 영업소의 소재지), ⅱ) 대리인이 있는 경우에는 그 대리인의 성명 및 주소나 영업소의 소재지(대리인이 특허법인인 경우에는 그 명칭 및 사무소의 소재지와 지정변리사의 성명), ⅲ) 이의신청의 대상이 되는 등록디자인의 표시, ⅳ) 이의신청의 취지, ⅴ) 이의신청의 이유 및 필요한 증거의 표시를 기재한 이의신청서에 필요한 증거를 첨부하여 특허청장에게 제출하여야 한다(§68②).

또한 디자인일부심사등록 이의신청인은 디자인일부심사등록 이의신청한 날부터 30일 이내에 그 이의신청서에 기재한 이유 또는 증거를 보정할 수 있다(§69).

복수디자인등록출원된 디자인등록에 대한 디자인일부심사등록 이의신청은 각 디자인마다 하여야 한다(§68①후단).

3. 이의신청의 이유

디자인일부심사등록 이의신청은 디자인등록의 무효심판과 같이 제3자의 실시를 부당하게 제한하는 하자 있는 디자인권을 소급적으로 소멸시키기 위한 것이므로 그 이유는 후발적인 무효사유를 제외하고는 디자인등록의 무효사유와 같다. 구체적으로는 이하의 경우이다(§68①).

1) 제3조(디자인등록을 받을 수 있는 자) 제1항 본문에 따른 디자인등록을 받을 수 있는 권리를 가지지 아니하거나 동조 동항 단서의 규정에 의하여 디자인등록을 받을 수 없는 경우

2) 제27조(외국인의 권리능력), 제33조(디자인등록의 요건), 제34조(디자인등록을 받을 수 없는 디자인), 제35조(관련디자인) 제2항·제3항, 제39조(공동출원) 및 제46조(선출원) 제1항·제2항에 위반된 경우

3) 조약에 위반된 경우

4. 이의신청에 대한 심사

(1) 심사의 주체

디자인일부심사등록 이의신청은 3인의 심사관합의체가 심사·결정한다(§70①). 디자인일부심사등록 이의신청에 대한 심리는 그 권리의 유지 또는 취소여부를 신속히 결정토록 하기 위해 심사관이 행하도록 한 것이다. 또한 이의신청에 대한 심사는 직권심사가 허용된다. 즉 이의신청인 또는 디자인권자가 신청 또는 주장하지 아니한 이유에 대해서도 심사할 수 있다. 이 경우 디자인권자 또는 이의신청인에게 기간을 정하여 그 이유에 대하여 의견을 진술할 수 있는 기회를 주어야 한다(§71①). 심사관은 디자인권에 대하여 2 이상의 이의신청이 있는 경우에는 이를 병합하거나 분리하여 심사 또는 결정을 할 수 있다(§72).

(2) 이의신청에 대한 결정

1) 적법한 경우

심사관은 이의신청인에게 부여된 이의신청이유 등에 대한 보정가능기간과 디자인권자에게 부여된 이의신청에 대한 답변서 제출기간이 경과한 후에 디자인

일부심사등록 이의신청에 대한 결정을 하여야 한다(§73①). 심사관합의체는 디자인일부심사등록 이의신청이 이유가 있다고 인정될 때에는 그 등록디자인을 취소한다는 취지의 결정(디자인등록취소결정)을 하여야 한다(§73③). 이 디자인등록취소결정이 확정된 때에는 그 디자인권은 처음부터 없었던 것으로 간주된다(§73④). 이 것은 디자인등록무효심결의 확정효과와 동일하다(§121③). 또한 심사관합의체는 디자인일부심사등록 이의신청이 이유 없다고 인정될 때에는 그 이의신청을 기각한다는 취지의 결정(이의신청기각결정)을 하여야 한다(§73⑤). 이 이의신청기각결정에 의하여 그 등록디자인은 일응 유효한 권리로서 존속하게 된다.

2) 부적법한 경우

심사관합의체는 디자인일부심사등록 이의신청이 있었으나 이의신청보정기간 내에 그 이유 및 증거를 제출하지 아니한 경우에는 결정으로 그 이의신청을 각하할 수 있다(§73②). 또 디자인일부심사등록 이의신청이 이의신청기간을 경과하여 제출됨으로써 그 흠결을 보정할 수 없는 것에 해당될 때에도 결정으로 그 이의신청을 각하할 수 있다(§70, §129).

(3) 이의결정의 예외

1) 이의신청인이 디자인권을 승계한 경우

이의신청인이 당해 디자인권의 전부 또는 일부를 승계하여 디자인권자로 된 때에는 그 이의신청의 효력은 상실하게 되어 이의결정을 할 필요가 없는 것으로 해석된다.

2) 이의신청인의 사망, 이의신청을 한 법인이 합병된 경우

이의신청인이 사망하였거나 이의신청을 한 법인이 합병에 의해 소멸된 경우 그 자의 법적 지위가 승계의 대상이 되는지에 관하여 견해가 대립되고 있으나 디자인일부심사등록 이의신청제도의 취지에서 볼 때, 이의신청은 승계의 대상이 될 수 없다고 보는 것이 타당하고, 따라서 이의신청은 그것으로써 실효되어 이의결정을 할 필요가 없다고 생각된다.

5. 이의결정에 대한 불복

(1) 각하결정 및 이의신청기각결정의 경우

디자인일부심사등록 이의신청에 대한 각하결정 및 이의신청기각결정에 대하여는 불복이 인정되지 않는다(§73⑥). 디자인일부심사등록 이의신청은 공중의 입장에서 디자인등록처분의 시정을 구하는 의사표시에 불과하므로 위와 같은 결정에 대하여 굳이 불복을 허용할 필요가 없다고 보기 때문이다. 만약 이의신청인이 위와 같은 결정에 승복할 수 없는 때에는 별도로 마련된 디자인등록무효심판을 청구하여 구제받을 수 있다(§121①).

(2) 디자인등록취소결정의 경우

디자인등록취소결정에 대해서는 불복이 허용된다. 디자인등록취소결정에 대해 불복이 허용되지 않는다면 부당한 취소결정으로 디자인권을 상실하게 될 우려가 있기 때문이다. 디자인등록취소결정에 대하여 불복하고자 하는 자는 그 등본을 송달받은 날부터 30일 이내에 심판을 청구할 수 있다(§120).

6. 이의신청의 취하

디자인일부심사등록 이의신청은 그 신청에 대한 결정등본의 송달이 있기 전에는 취하할 수 있다. 다만, 디자인권자 또는 이의신청인이 신청하지 아니한 이유에 대하여 심사관이 직권으로 심사하여 의견진술의 통지가 있은 후에는 취하할 수 없다(§75①). 심사관이 직권으로 취소사유를 조사하여 당사자에게 의견진술의 통지를 한 경우에는 공익적인 입장에서 취하를 인정할 이유가 없기 때문이다. 디자인일부심사등록 이의신청의 취하가 있는 때에는 심판청구에 대한 취하의 효과와 같이 그 이의신청은 처음부터 없었던 것으로 간주된다(§75②).

7. 이의신청과 무효심판과의 관계

디자인보호법상 디자인일부심사등록된 디자인에 대하여는 디자인일부심사등록 이의신청과 디자인등록의 무효심판청구의 병존이 인정된다. 양자는 그 취지와 목적을 달리하고 있기 때문이다. 따라서 이해관계인은 디자인일부심사등록 이의신청을 하든 디자인등록의 무효심판을 청구하든 또는 두 가지 모두 청구하든 자유로운 선택이 가능하다. 이의신청의 심사에 있어서 필요한 때에는 이의신청에 대한 결정이 확정되거나 심결이 확정될 때까지 당해 심사의 절차를 중지할 수 있고(§77①), 또한 심판에 있어서 필요한 때에는 당해 심판사건과 관련되는 이의신청에 대한 결정이 완결될 때까지 그 절차를 중지할 수 있다(§152①). 상호 모순, 저촉되는 결정이나 심결을 회피할 수 있도록 하기 위해서다.

VII. 심사관의 처분

1. 보정각하의 결정

디자인등록출원서의 기재사항, 출원서에 첨부한 도면 및 도면의 기재사항에 대해 디자인등록여부결정의 통지서가 송달되기 전에 한 보정이 이들의 요지를 변경하는 것일 때에는 심사관은 결정으로 그 보정을 각하하여야 한다(§49①). 이 규정이 설치된 것은 보정의 효과는 그 출원을 한 시점까지 소급되기 때문에 요지를 변경한 보정을 인정하면 선출원주의(§46)에 반하여 제3자에게 불측의 불이익을 주기 때문이다. 여기에서 요지변경이란 출원서의 기재 및 첨부도면 등에 의해 특정된 디자인의 내용을 변경하는 것, 즉 그 디자인의 동일성을 상실한 것을 말한다[요지변경에 관해서는 본장 제1절 II. 4. (2) 객체적 요건 중 요지변경의 구체적기준 참조].

각하결정은 서면으로 하며 그 이유를 붙여야 한다(§49④).

상기의 보정각하의 결정에 대하여 불복이 있는 자는 결정의 등본의 송달이 있는 날부터 30일 이내에 보정각하의 결정에 대한 심판을 청구할 수 있기 때문에(§119) 그 기간이 경과하기 전까지는 그 출원에 대하여 디자인등록여부결정을 할 수 없다(§49②).

2. 디자인등록여부결정

심사관의 심사는 디자인등록여부결정으로써 종결된다. 디자인등록여부결정

에는 디자인등록거절결정과 디자인등록결정이 있다. 디자인등록여부결정은 서면
으로 하여야 하며 그 이유를 붙여야 한다(§67①). 서면으로 하도록 한 것은 절차상
의 확실을 기하기 위함이고 또 그 이유를 붙이도록 한 것은 디자인등록여부결정에
불복이 있는 자가 심판을 청구할 때의 편의를 위한 것이다. 특허청장은 디자인등
록여부결정이 있는 경우에는 그 결정의 등본을 디자인등록출원인에게 송달하여
야 한다(§67②).

(1) 디자인등록거절결정

심사관은 디자인등록출원인에게 거절이유를 통지하고 의견서를 제출할 수
있는 기회를 주었으나 ⅰ) 의견서가 제출되지 아니한 경우, ⅱ) 의견서는 제출되
었지만 디자인등록출원인의 주장이 이유가 없는 것이라고 인정되는 경우, ⅲ) 보
정적 내용을 포함한 거절이유통지에 대하여 보정이 이루어지지 않았을 경우에는
디자인등록거절결정을 한다(§62①). 복수디자인등록출원에 대하여 디자인등록거
절결정을 할 경우 일부 디자인에만 거절이유가 있으면 그 일부 디자인에 대하여만
디자인등록거절결정을 할 수 있다(§62⑤). 이 디자인등록거절결정에 불복이 있는
때에는 그 결정의 등본을 송달받은 날부터 30일 이내에 심판을 청구할 수 있다
(§120). 이 기간 내에 디자인등록거절결정에 대한 심판의 청구가 없을 때에는 디자
인등록거절결정이 확정된다.

(2) 디자인등록결정

심사관은 디자인등록출원에 대한 심사결과 거절이유를 발견할 수 없을 때에
는 디자인등록결정을 하여야 한다. 이 경우 복수디자인등록출원된 디자인 중 일
부 디자인에 대하여 거절이유를 발견할 수 없을 때에는 그 일부 디자인에 대하여
디자인등록결정을 하여야 한다(§65).

또한 심사관이 거절이유통지를 하였으나 디자인등록출원인이 제출한 의견서
의 주장에 이유가 있다고 인정될 때 또는 의견서에 갈음하는 보정서에 의하여 거
절이유가 해소되거나 치유되었다고 인정되는 때에는 디자인등록결정을 한다.

(3) 디자인등록여부결정의 확정

디자인등록결정은 그 결정의 등본을 출원인에게 송달한 때에 확정된다.[28] 그

러나 디자인등록거절결정의 경우에는 다음과 같이 법에서 규정한 불복신청방법
에 의하여 그 디자인등록거절결정을 취소할 수 없는 상태로 된 때에 확정된다.

　　1) 디자인등록거절결정에 대한 심판을 청구할 수 있는 기간을 경과한 때

　　2) 디자인등록거절결정에 대한 심판청구가 있은 경우 그 심판에서 원결정을
지지하는 취지의 심결 또는 심판청구를 각하하는 취지의 심결이 확정된 때

VIII. 재심사청구제도

1. 의 의

　　재심사청구제도라 함은 디자인등록출원에 대하여 디자인등록거절결정을 받
은 자가 소정의 기간 내에 그 출원서에 첨부된 도면 등을 보정하여 재심사를 청구
한 경우에 그 청구에 관한 디자인등록출원에 대하여 심사관으로 하여금 다시 심사
하게 하는 제도를 말한다(§64①).[29]

　　종전에는 디자인등록출원에 대하여 디자인등록거절결정이 있은 후에 재심사
를 받고자 하는 경우에는 심사전치제도에 따라 그 디자인등록거절결정에 대한 불
복의 심판을 청구하고, 소정의 기간 내에 디자인등록출원서에 첨부된 도면 등을
보정하여야 하였기 때문에 출원인은 부득이하게 심판청구 및 심판비용을 부담하
여야 하는 불편이 있었다.

　　그래서 2009년 법개정에서는 종전의 심사전치제도[30]를 폐지하는 대신 디자

---

28) 디자인등록결정에 대한 불복제도는 없다.

29) 2009년 법개정에서 도입된 재심사청구제도는 미국 특허법에 있어서의 계속심사청구
　　(Request for Continued Examination: RCE) 제도와 유사하다. 미국 특허청에서는 특허출원
　　에 대한 심사결과 기재불비, 신규성 및 진보성에 관련된 최초 거절이유에 대한 출원인의 답변
　　에도 불구하고 심사관이 거절이유를 그대로 유지하는 경우 최종거절이유를 통지한다. 이에
　　대해서는 ⅰ) 6개월 이내에 심판원에 불복을 제기하거나, ⅱ) 계속출원, 부분계속출원 또는
　　분할출원하거나, ⅲ) 계속심사청구를 상황에 따라 할 수 있다. 계속심사청구는 거절결정에 대
　　한 불복심판청구기간 내에 제출할 수 있고, 최초 명세서 및 도면의 범위 내에서 청구범위의
　　감축, 확장 및 변경이 가능하며 제출서류 등의 면에서 간편한 절차이다.

30) 구 디자인보호법(2009.6.9. 법률 제9764호로 개정되기 전의 것)에 존재하였던 심사전치제도
　　란 디자인등록거절결정에 대한 불복심판을 청구한 자가 그 심판청구일부터 30일 이내에 심판

인등록거절결정에 대한 심판을 청구하지 아니하고도 도면 등을 보정하여 재심사를 청구하면 심사관이 그 청구에 관한 디자인등록출원을 다시 심사하도록 하여 절차의 간소화와 출원인의 심판비용을 절감할 수 있도록 하였다.

2. 청구요건

(1) 주체적 요건

디자인등록출원에 관하여 거절결정등본을 받은 당해 출원인이다(§64①). 재심사청구제도는 디자인등록거절결정을 받은 출원인을 보호하기 위한 것이기 때문이다. 공동출원의 경우 공유자 전원이 재심사청구를 하여야 하는 것으로 해석된다. 디자인등록을 받을 수 있는 권리가 공유인 경우에는 공유자 전원이 출원하도록 되어 있기 때문이다(§39).

(2) 객체적 요건

재심사청구의 대상이 되는 출원은 디자인등록거절결정이 이루어진 당해 디자인등록출원이다. 또는 재심사의 대상은 재심사청구에 관한 디자인등록출원에 대한 법 제48조 제1항부터 제3항까지의 규정에 따른 보정을 한 출원에 한한다. 즉 ⅰ) 디자인등록출원서의 기재사항, 출원서에 첨부한 도면, 도면의 기재사항이나 사진 또는 견본의 보정, ⅱ) 관련디자인등록출원을 단독의 디자인등록출원으로, 단독의 디자인등록출원을 관련디자인등록출원으로 변경하는 보정, ⅲ) 디자인일부심사등록출원을 디자인심사등록출원으로, 디자인심사등록출원을 디자인일부심사등록출원으로 변경하는 보정을 한 출원이다. 이때 도면 등에 대한 보정의 요지변경여부는 문제로 되지 아니하며 보정 등이 있다는 사실만으로 재심사의 대상이 된다.

(3) 시기적 요건

재심사청구는 디자인등록거절결정의 등본을 송달받은 날부터 30일(교통불편

청구에 관한 디자인등록출원서에 첨부된 도면을 보정한 경우에 심판을 진행하기 이전에 거절결정을 한 심사관에게 회부시켜 제출된 보정서를 토대로 거절이유의 해소 여부를 재심사하는 제도를 말한다(구법§72준특§173).

지역에 있는 자를 위하여 디자인등록거절결정에 대한 심판의 청구기간을 연장한 경우에는 그 연장된 기간을 말한다) 이내에 할 수 있다(§64①).

다만, 재심사에 따른 디자인등록거절결정이 있거나 디자인등록거절결정에 대한 심판청구가 있는 경우에는 재심사청구를 할 수 없다(§64①단). 이것은 재심사에 다른 디자인등록거절결정이 있는 출원에 대해 중복하여 재심사청구를 인정하는 것은 타당하지 않기 때문이고, 또한 재심사청구제도는 디자인등록거절결정이 있은 후 그 거절결정에 대한 심판청구와 재심사청구 중에서 어느 하나를 선택하도록 하기 위한 것이기 때문이다.

(4) 절차적 요건

재심사청구는 디자인보호법 시행규칙 별지 제2호 서식의 보정서(절차보완)에 소정의 서류를 첨부하여 특허청장에게 제출하여야 한다고 되어 있다(시규§26①).

디자인등록출원인은 재심사의 청구와 함께 의견서를 제출할 수 있다(§64②). 재심사의 청구시 의견서를 통해 설명할 수 있는 기회를 부여하기 위한 것이다.

3. 재심사청구의 효과

재심사의 청구가 있는 경우 해당 디자인등록출원에 대하여 종전에 이루어진 디자인등록거절결정은 취소된 것으로 간주된다(§64③). 따라서 재심사청구에 관한 디자인등록출원의 심사는 디자인등록거절결정이 없었던 상태로 돌아가 보정된 내용으로 재심사가 이루어진다.

또한 재심사의 청구는 취하할 수 없도록 되어 있다(§64④). 취하를 인정하지 않는 것은 거절결정에 대한 심판청구와 재심사청구 중에서 디자인등록출원인이 원하는 수단의 선택에 보다 신중을 기하도록 하기 위한 것이다.

4. 재심사에 따른 불복수단

재심사에 따른 디자인등록거절결정에 대하여는 재심사청구를 할 수 없고(§64①단), 이에 대해 불복이 있는 경우에는 그 결정등본을 송달받은 날부터 30일 이내에 심판을 청구할 수 있다(§120).

IX. 등 록

디자인권의 설정등록을 받고자 하는 자의 소정의 등록료의 납부가 있은 때에 디자인권이 설정등록되고, 디자인권이 발생한다(§90). 이 등록료의 납부기간은 등록결정 또는 등록심결의 등본을 받은 날부터 3개월 이내이며 설정등록료의 납부는 최초 3년분으로 되어 있다(§79①, 수수료 징수규칙§7⑤). 또 상기의 납부기간이 경과된 후에도 6개월 이내에 등록료를 추가납부할 수 있다(§82①). 이 경우 당초 납부해야 할 등록료의 2배의 범위에서 산업통상자원부령으로 정하는 금액을 납부하여야 한다(§82②). 추가납부기간 내에 등록료를 납부하지 아니한 때에는 디자인권의 설정등록을 받고자 하는 자의 디자인등록출원은 포기한 것으로 간주된다(§82③).

또한 디자인권의 설정등록을 받으려는 자가 책임질 수 없는 사유[31]로 등록료의 추가 납부기간 이내에 등록료를 납부하지 아니한 경우에는 그 사유가 종료한 날부터 2개월 이내에 그 등록료를 납부할 수 있고(§84①), 이때에는 그 디자인등록출원은 다시 포기하지 아니한 것으로 간주되며 그 디자인권은 계속하여 존속하고 있던 것으로 본다(§84②).

---

31) '책임질 수 없는 사유'란 천재지변 등 객관적인 사유는 물론 통상의 주의력을 가진 당사자의 주관적인 사유를 포함한다고 해석된다. 주관적 사유는 예를 들면 디자인권자가 질병으로 입원한 경우 또는 어떤 사정으로 신병이 구속되어 있는 경우 등이다.

제7장

디자인권 · 실시권

제1절 디자인권

Ⅰ. 서 설

1. 디자인권의 의의

디자인권이라 함은 업으로서 등록디자인 또는 이와 유사한 디자인을 독점배타적으로 실시할 수 있는 권리를 말한다. 디자인권의 주체는 설정등록을 받은 자 또는 그 승계인이며, 객체는 등록디자인 및 이와 유사한 디자인이다(§92).

이 디자인권은 독점배타성을 가지는 사적 재산권이며 설정등록에 의해 발생한다(§90①). 디자인권의 효력은 등록디자인뿐만 아니라 이와 유사한 디자인에 대해서도 독점적으로 실시할 수 있는 적극적 효력과 권원 없는 제3자의 실시를 배제하는 소극적 효력이 있다. 디자인권은 별개 독립으로 창작된 것에는 효력이 미치지 않는 저작권(상대적 독점권)과는 달리 별개 독립의 창작에 관한 디자인에도 효력이 미치는 절대적 독점권이다.[1]

디자인권의 효력은 공평상 또는 산업정책상 등의 관점에서 일정의 제한이 부과되고 자기의 권리이면서 자유로이 실시할 수 없는 적극적 효력의 제한과 타인의 실시를 그대로 인정하지 않을 수 없는 소극적 효력의 제한이 있다. 디자인권은 재

---

[1] 이러한 의미에서 디자인권은 동일 또는 유사한 내용의 창작에는 하나의 디자인권만이 존재하게 된다.

산적 가치 있는 권리이므로 양도할 수 있고 질권의 설정도 가능하다. 또한 독점배타적인 디자인권은 대세적 효력을 가지므로 무제한으로 존속되는 것은 산업정책상 타당하지 않기 때문에 존속기간의 만료(§91①), 무효심결의 확정(§121③) 등 일정의 원인에 해당하는 경우에는 소멸되는 것으로 하고 있다.

더욱이 디자인권은 재심에 의해 회복되고(§161①), 등록료의 보전 또는 추납에 의해서도 회복된다(§84②).

2. 디자인권의 발생

디자인권은 설정등록에 의하여 발생한다(§90①). 디자인권의 설정등록은 디자인등록출원에 대하여 심사관에 의한 심사의 결과 디자인등록결정(§65) 또는 심판관에 의한 디자인등록결정을 한다는 취지의 심결(§124)이 행해지고, 제1년분부터 제3년분까지의 등록료의 납부가 있는 때에 디자인등록원부[2]에 등록하는 것에 의해서 디자인권의 설정등록이 된다(§90②). 또한 특허청장은 디자인권을 설정등록한 경우에는 디자인권자의 성명 및 주소 및 디자인등록번호 등 대통령령으로 정하는 사항을 디자인공보에 게재하여 등록공고를 하여야 한다(§90③).

디자인보호법 시행령 제10조에서는 상기의 사항과 그 외에 디자인공보에 게재할 사항을 정하고 있다. 다만, 비밀디자인의 경우에는 디자인권의 실체적인 내용(도면 또는 사진, 창작내용의 요점, 디자인의 설명)에 관해서는 비밀기간이 경과한 후에 게재한다(시령§10②).

II. 디자인권의 효력

1. 의 의

디자인권의 효력이란 업으로서 등록디자인 또는 이와 유사한 디자인을 독점

---

2) 디자인등록원부는 부동산등기제도와 같이 디자인권 및 디자인에 관한 권리를 둘러 싼 법적·사실적 상태를 일반에 공시하여 권리관계의 명확화로 거래의 안전을 도모하고 제3자의 불측의 손해를 방지하기 위하여 소정의 사항을 등록한다.

배타적으로 실시할 수 있는 것을 말한다3)(§92). 디자인권의 효력을 등록디자인만 이 아니고 이와 유사한 디자인에까지 미치는 것으로 한 것은 디자인은 물품의 미적 외관이기 때문에 동일성 개념만으로는 그 보호대상이 협소하여 실질적인 디자인의 보호가 실현되지 않고 또한 디자인제도의 목적을 달성할 수 없기 때문이다. 이 점에서 동일성 범위로 한정되는 특허권·실용신안권(특§374, 실§23)이나 유사범위에는 금지적 효력만이 인정되는 상표권(상§66)과 상위하다.

2. 디자인권의 효력범위

(1) 객체적 범위

디자인권의 보호객체는 등록디자인이고, 등록디자인의 보호범위는 디자인등록출원서의 기재사항 및 그 출원서에 첨부된 도면·사진 또는 견본과 도면에 적힌 디자인의 설명에 따라 표현된 디자인에 의해 정해진다(§93).4) 디자인은 외형적으로 판단하면 충분하기 때문이다.

이 점은 특허발명이 기술적 사상으로 관념되며 그 추상성으로 인해 그 보호를 요구할 범위를 특허청구범위로 명시하도록 하는 것과 다르다. 디자인은 물품의 형태로 관념되며 거기에 나타난 디자인 자체가 권리의 객체를 구성하는 것이다.

(2) 시간적 범위

디자인권은 설정등록한 날부터 발생하여 출원일 후 20년이 되는 날까지 존속한다(§91①).5) 관련디자인의 디자인권의 존속기간 만료일은 그 기본디자인의 디

---

3) 디자인권은 등록디자인에 대해 발생하고 있으나 디자인권의 효력이 미치는 범위는 등록디자인 또는 이와 유사한 디자인이다.

4) 이 규정은 등록디자인의 보호범위를 정하는 기준을 명시하여 기준 불명료에 따른 무용한 분쟁의 방지 등 법 운영의 원활과 적정한 운영을 도모하기 위한 취지이다. 도면의 기재사항으로 되어 있는 '창작내용의 요점'은 등록디자인의 보호범위를 정하는 자료에서 제외되어 있음에 주의를 요한다.

5) 디자인은 심미적인 관점에서 보호되는 것이기 때문에 존속기간을 길게 해도 특별히 폐해는 없다. 외국의 입법례에서도 디자인권은 통상 15년 이상을 인정하고 있고, 또한 어떤 의미에서 디자인권과 공통의 성격을 가지는 저작권은 베른조약에서 저작자의 사후 50년 존속하도록 하고 있으므로 2013년 법개정에서 종전의 15년을 출원일로부터 20년으로 하여 권리의 보호강화를 도모하고 있다.

자인권 존속기간 만료일로 한다(§91①단). 기본디자인과 그 관련디자인의 디자인권은 배타적 권리를 중복해서 가지기 때문에 만약 개별로 등록하게 되면 존속기간의 실질적인 연장이 된다. 따라서 관련디자인의 디자인권 존속기간에 대해서는 그 기본디자인의 디자인권 존속기간 만료일과 일치되도록 한 것이다.

(3) 지역적 범위

속지주의 원칙에 의해 대한민국 영토 내에 한하며 그 성립·이전·소멸 등은 우리나라 디자인보호법이 정한 바에 따른다.

3. 디자인권의 효력내용

디자인권의 효력은 적극적 효력(독점적 효력)과 소극적 효력(금지적 효력)으로 나누어진다.

(1) 적극적 효력(독점적 효력)

적극적 효력이란 업으로서 등록디자인 또는 이와 유사한 디자인을 독점적으로 실시할 수 있는 효력을 말한다(§92). '업으로서'란 널리 사업으로서의 의미이고, 영리성이나 반복계속성은 문제가 되지 않는다. 업으로서를 요건으로 한 것은 개인적·가정적 실시에까지 효력을 미치도록 하는 것은 지나친 것이라고 생각하기 때문이다. '등록디자인'이란 디자인등록을 받은 디자인을 말하고(§2ⅲ), 여기에는 부분디자인(§2ⅰ), 글자체디자인(§2ⅱ), 관련디자인(§35①), 한 벌 물품의 디자인(§42), 비밀디자인(§43), 동적 디자인도 포함된다. 그러나 등록디자인이 디자인권의 존속기간의 만료, 무효심결확정 등의 이유로 말소된 것은 이제는 등록디자인이 아니다. '이와 유사한 디자인'이란 물품의 형상·모양·색채 또는 이들의 결합이 공통적인 동질성을 가짐으로써 시각을 통하여 외관상 유사한 미감을 일으키는 것을 말한다(제3장 제4절 II.디자인의 유사 참조). '실시'란 디자인보호법 제2조 제7호에 게기한 행위(생산·사용·양도·대여·수출 또는 수입하거나 그 물품의 양도 또는 대여의 청약을 하는 행위)를 말하며, 각 행위마다 침해가 성립한다(실시행위의 독립성). 예컨대 갑이 위법하게 디자인등록품을 제조하는 행위는 그 물품의 판매여부에 관계 없이 그 자체로 침해를 구성하게 된다.[6] 또한 실시는 전체실시를 말하고,

일부실시는 포함되지 않는다. 따라서 한 벌 물품 디자인의 일부 구성물품의 실시
는 침해에 해당하지 않는다(제5장 Ⅲ. 한 벌 물품의 디자인제도 참조).

(2) 소극적 효력(금지적 효력)

소극적 효력이란 권원 없는 제3자의 업으로서의 실시를 배제할 수 있는 효력
을 말한다. 권원 없는 제3자가 업으로서 실시하는 경우에는 디자인권자 또는 전용
실시권자는 민사적·형사적 구제를 받을 수 있다(자세한 것은 본장 제4절 디자인권
의 침해와 그 구제 참조).

Ⅲ. 디자인권의 효력의 확장과 제한

1. 디자인권의 효력의 확장

등록디자인 또는 이와 유사한 디자인에 관한 물품의 실시에는 해당하지 않는
일정의 행위에 대해서도 침해로 간주하는 경우가 있다(§114). 통상 간접침해라고
한다. 이것은 디자인권의 직접침해에는 해당하지 않지만, 침해의 개연성이 높은
예비적 행위를 효과적으로 금지하기 위하여서다. 법상 간접침해행위로 예정하는
물(物)은 부품, 형틀, 설비, 재료, 공작기계, 장치 등이라고 해석한다. 따라서 예컨
대 등록디자인 또는 이와 유사한 디자인에 관한 물품의 생산에만 사용하는 장치를
수입하는 행위는 간접침해행위에 해당된다.

간접침해는 디자인권자에게 디자인권의 효력으로서 간접침해행위로 인정된
물에 대한 타인의 실시를 금지하는 권능을 부여한 것이지만 그 결과 디자인권자는
타인의 권리와 경합되지 않는 한, 스스로 자유로이 그 물을 실시할 수 있을 것이지

---

6) 그러나 디자인권자 또는 적법한 생산, 판매권을 갖는 자가 판매한 디자인등록품을 구입한
자가 스스로 사용하거나 판매하여도 권리침해문제가 생기지 않는다. 이것을 설명하는 설로서
는 ⅰ) 소유권이전설, ⅱ) 묵시실시허락설, ⅲ) 소모이론(소진설) 등이 있으나 현재에는 소모
이론(소진설)이 통설이다. 여기서 소모이론이란 디자인등록품의 판매가 정당하게 이루어진
후에는 디자인권은 그것으로 소모되었다고 보는 이론이다. 이 이론은 독일의 법학자 콜러
(J.Kohler, 1849~1919)가 주장한 이후 널리 지지되어 왔고 지금은 국제적으로 정설로 되어 있
다.

만, 그 물을 독점적으로 실시하는 권능을 부여받고 있는 것은 아니기 때문에 타인의 권리와 경합하면 그 물의 실시가 배제되는 결과가 된다.[7]

2. 디자인권의 효력의 제한

디자인권의 효력의 제한이란 디자인권의 효력의 범위 내에는 있지만, 특별한 이유에 의해 그 효력(적극적 효력 또는 소극적 효력)이 제한되는 것을 말한다. 이것은 디자인권은 본래 등록디자인 또는 이와 유사한 디자인을 지배하는 것을 내용으로 하는 권리이지만, 그 권리의 성질상 또는 산업정책적인 견지와 공공의 복리를 지키는 사권의 기본적 성질에 의해 일정한 제한이 부과되는 경우가 있기 때문이다.

(1) 적극적 효력의 제한
1) 이용·저촉 관계에 의한 제한
등록디자인 또는 이와 유사한 디자인이 타인의 선출원에 관계되는 등록디자인 또는 이와 유사한 디자인·특허발명·등록실용신안 또는 등록상표와 이용관계에 있을 때 또는 디자인권이 타인의 선출원에 관계되는 디자인권·특허권·실용신안권 또는 상표권과 저촉관계에 있을 때에는 후출원 디자인권자 등은 선출원 권리자의 허락을 받지 않거나 통상실시권 허락의 심판(§123)에 의하지 않고는 자기의 등록디자인 또는 이와 유사한 디자인을 업으로서 실시할 수 없다(§95①,②). 또한 등록디자인 또는 이와 유사한 디자인이 그 디자인등록출원일 전에 발생한 타인의 저작권과 이용·저촉관계에 있을 때에는 저작권자의 허락을 받지 않고는 자기의 등록디자인 또는 이와 유사한 디자인을 업으로서 실시할 수 없다(§95③). 이와 같이 등록디자인 또는 이와 유사한 디자인 또는 디자인권이 타인의 선출원 권리와 이용·저촉관계에 있을 때에는 그 디자인권의 효력이 제한된다. 선출원우위의 원칙하에서 선출원 권리자를 보호하기 위한 것이다.
2) 전용실시권이 설정된 경우
디자인권자는 그 디자인에 대하여 전용실시권을 설정하였을 때에는 그 전용실시권의 설정범위 내에서 디자인권의 적극적 효력이 제한받게 된다(§92단, §97).

---

7) 高田, 「의장」, 466면.

물권적 효력을 가지는 전용실시권을 설정한 디자인권자의 의사를 존중하기 위해서다.

3) 공유자간 특약이 있는 경우

공유인 디자인권에 대해 공유자간 특약이 있는 경우 그 디자인권의 적극적 효력이 제한된다(§96③). 계약자유의 원칙을 존중하기 위한 것이다.

(2) 소극적 효력의 제한

1) 디자인권의 효력이 미치지 않는 경우

디자인권의 효력은 ⅰ) 연구 또는 시험을 하기 위한 등록디자인 또는 이와 유사한 디자인의 실시, ⅱ) 국내를 통과하는 데에 불과한 선박·항공기·차량 또는 이에 사용되는 기계·기구·장치 그 밖의 물건, ⅲ) 디자인등록출원시부터 국내에 있던 물건에는 미치지 않는다(§94①). 또한 글자체가 디자인권으로 설정등록된 경우 그 디자인권의 효력은 타자·조판 또는 통상적인 인쇄과정에서 글자체를 사용하는 경우 또는 그 사용으로 생산된 결과물에 대해서는 미치지 않는다(§94②).[8] 이 제한은 디자인권을 인정하는 것보다 제한하는 것이 오히려 산업발전에 기여되고 공익의 증진에도 타당하다는 이유에서 제한되는 경우이다.

2) 통상실시권이 존재하는 경우

디자인권의 효력은 ⅰ) 디자인권자의 의사에 의하여 통상실시권(§99)이 설정된 경우, ⅱ) 법률의 규정에 의해서 디자인권자의 의사와는 관계 없이당연히 발생하는 법정실시권(§83, §99, §100, §101, §102, §103, §110 등)이 존재하는 경우, ⅲ) 공평의 견지에서 발생하는 강제실시권(§123)이 존재하는 경우에는 제한받는다.

3) 등록료의 추가납부로 회복된 디자인권의 효력 제한

등록료의 추가납부 또는 보전에 의해 회복된 디자인권의 효력은 등록료 추가납부기간이 경과한 날부터 납부하거나 보전한 날까지 기간(효력제한기간이라 한다) 중에 다른 사람이 그 디자인 또는 이와 유사한 디자인을 실시한 행위에 대하여 효

---

8) 이는 글자체의 법적인 보호가 출판·인쇄업계 및 일반 사용자에게 미치는 영향이 큰 점을 고려하여, 글자체에 대한 디자인권의 효력은 글자체의 생산 및 생산된 글자체의 유통행위에만 미치도록 하고 통상적인 과정에서의 글자체의 사용에는 디자인권의 효력이 미치지 않도록 하여 인쇄업체 등 최종 사용자는 등록된 글자체라 하여도 디자인권자의 허락 없이 자유롭게 글자체를 사용할 수 있도록 하기 위한 것이다.

력이 미치지 않는다(§84④). 선의의 실시자를 보호하기 위한 것이다.

　　4) 재심에 의해 회복한 디자인권의 효력의 제한

　　심결의 확정이 있은 후 재심청구가 있었을 때 다음에 해당하는 경우에는 그 재심청구 등록 전에 선의로 수입 또는 국내에서 생산하거나 취득한 물품에는 디자인의 효력이 미치지 않는다(§161①). 선의의 제3자를 보호하기 위한 것이다.

　　㈎ 무효가 된 디자인권이 재심에 의해 회복된 경우

　　㈏ 디자인권의 권리범위에 속하지 않는다는 심결이 확정된 후에 재심에 의해
　　　 그 심결과 상반되는 심결이 확정된 경우

　　㈐ 거절할 것이라는 심결이 있었던 출원에 대하여 재심에 의하여 디자인권의
　　　 설정등록된 경우

　　5) 질권자와의 특약이 있는 경우

　　질권자와의 특약이 있는 경우(§108) 계약자유의 원칙에 의해 디자인권의 소극적 효력이 제한받는다.

Ⅳ. 디자인권의 존속기간

1. 의　의

　　디자인권의 존속기간이란 디자인권이 법률상 유효하게 존속되는 기간을 말한다. 동산, 부동산의 소유권은 목적물이 멸실되지 않는 한 무한하게 존속하지만, 디자인권은 특허권·실용신안권과 마찬가지로 유한한 권리로 되어 있다. 다만, 상표권의 존속기간은 일단 유한하지만, 존속기간갱신 등으로 무한하게 존속할 수 있다.

　　디자인권을 유한한 권리로 하는 것은 디자인권은 디자인을 보호하고 이용함으로써 디자인을 장려하고, 그로서 산업발전에 이바지하기 위해 부여하는 것인 이상 일정 기간 독점권을 부여하여 보호하는 것으로써 보상목적을 달성할 수 있기 때문이다.

2. 디자인권의 존속기간

1) 디자인권은 디자인권을 설정등록한 날부터 발생하여 디자인등록출원일 후 20년이 되는 날까지 존속한다(§91①). 디자인등록출원일의 익일은 디자인권 존속기간의 기산일이 된다(§16 i). 특허권이나 실용신안권의 경우에는 존속기간을 지나치게 길게 하면 이미 사회 일반의 상식으로 되어 버린 기술이 독점권에 의해 기술의 향상을 저해하는 폐해가 발생하게 되지만, 디자인권은 심미적인 관점에서 보호하는 것이기 때문에 존속기간을 길게 하여도 특별히 폐해는 없다. 또한 외국의 입법례에서도 디자인권에는 통상 20년 이상의 존속기간을 인정하고 있다.[9] 그러나 디자인권은 단기간의 보호로도 충분하다고 생각하는 권리자도 있기 때문에 디자인권의 존속기간을 최장 20년으로 정하고, 설정등록이 있는 날부터 3년이 경과한 후에는 연차등록료를 납부하지 않는 것에 의해 언제라도 권리를 소멸시킬 수 있는 선택도 가능하게 되어 있다. 예를 들면 디자인권의 설정등록시에 최초 1~3년분의 설정등록료를 납부하고, 4년분 이후의 등록료를 납부하지 않으면 이 디자인권의 존속기간은 설정등록이 있는 날부터 3년으로 종료하게 된다.

2) 관련디자인의 디자인권의 존속기간만료일은 그 기본디자인의 디자인권의 존속기간만료일로 한다(§91①단). 기본디자인과 그 관련디자인의 디자인권에 대해서는 권리의 중복부분이 발생한 것으로 되기 때문에 관련디자인의 디자인권은 설정등록이 기본디자인의 디자인권보다 후인 경우라도 권리의 중복부분에 관해 권리의 실질적인 연장이 발생하지 않도록 하기 위한 것이다.

3. 정당한 권리자의 디자인권의 존속기간

디자인 창작자가 아닌 자로서 디자인등록을 받을 수 있는 권리의 승계인이 아닌 자(무권리자라 한다)의 디자인등록출원이나 디자인등록에 대하여 정당한 권리자에게 디자인등록을 허여하는 경우에는 정당한 권리자의 디자인권의 존속기간은 정당한 권리자의 출원일이 무권리자의 출원일까지 소급되는 결과 그 무권리

---

9) 일본: 등록일부터 20년(§20①), 유럽공동체: 출원일부터 5년 이후 4회의 갱신을 통해 최장 25년까지 갱신가능하다(규칙§12). 미국: 특허일부터 14년(§173), 중국: 출원일부터 10년(§42)이다.

자의 디자인등록출원일 다음 날부터 기산한다(§91②).

4. 디자인권 존속기간의 특례

헤이그협정에 따른 국제등록에 기초하여 우리나라에 설정등록이 된 국제등록디자인권에 대하여는 존속기간에 대한 특칙을 두고 있다(§199). 즉 국제등록디자인권은 국내에서 설정등록된 날부터 발생하며 헤이그협정 제10조 (2)에 따른 국제등록일 후 5년이 되는 날까지 존속한다. 다만, 국제등록일 후 5년이 되는 날 이후에 등록결정이 되어 국내에서 설정등록이 된 경우에는 설정등록된 날부터 발생하여 국제등록만료일 후 5년이 되는 날까지 존속한다. 이 국제등록디자인권의 존속기간은 헤이그협정 제17조 (2)에 따라 5년마다 갱신할 수 있다(§199②). 다만, 우리나라에서 최대로 허용되는 존속기간은 국제등록일 후 20년이 되는 날까지이다.

Ⅴ. 디자인권의 소멸

1. 디자인권 소멸의 의의

디자인권의 소멸이라 함은 설정등록에 의해 발생한 디자인권이 일정한 소멸원인에 의하여 그 효력이 상실되는 것을 말한다. 디자인권은 독점배타권으로 대세적인 효력을 가지기 때문에 무제한으로 존속을 인정하는 것은 산업정책상 타당하지 않다. 또한 하자 있는 권리가 존재하는 것은 공익보호의 관점에서 허용될 수 없다. 그 한편으로 디자인권은 사적 재산권이기 때문에 그 처분은 본래 당사자의 의사에 맡겨야 한다. 이상과 같은 이유에서 일정의 원인에 해당하는 경우에는 디자인권을 소멸시켜 법의 원활한 운용을 도모하고 있다.

디자인권의 소멸원인에는 디자인권이 장래적으로 소멸하는 ⅰ) 존속기간의 만료, ⅱ) 등록료의 불납, ⅲ) 상속인 부존재, ⅳ) 디자인권의 포기와, 디자인권이 소급적으로 소멸하는 ⅴ) 디자인등록의 무효심판의 확정, ⅵ) 디자인등록취소결정의 확정이 있다.

2. 디자인권의 소멸원인

(1) 존속기간의 만료

존속기간이란 디자인권이 법률상 유효하게 존속되는 기간을 말한다. 이 존속기간은 디자인의 보호와 이용의 조화의 관점에서 유한하게 되어 있고, 존속기간 만료에 의해 디자인권이 장래적으로 소멸한다. 존속기간은 디자인등록출원일부터 20년이 되는 날까지로 정하고 있다. 관련디자인의 디자인권의 존속기간만료일은 그 기본디자인의 디자인권의 존속기간만료일로 한다(§91①단).

(2) 등록료의 불납

디자인등록료의 납부는 디자인권자에게 부과된 의무이고(§79①), 이 납부의무에 위반된 경우에는 디자인권이 장래적으로 소멸한다(§82③). 설정등록료는 최초 1~3년분으로 되어 있고, 4년분 이후의 등록료는 연금제로 매년 그 전년에 납부하도록 되어 있다. 연금제로 한 것은 3년간의 보호로 충분하다고 생각하는 권리자의 편의를 고려한 것이다. 또한 디자인권자의 보호를 위해 일정기간 내에 추가 납부할 수 있다(§82①). 파리협약 제5조의2를 받아 디자인권자를 보호하기 위해 규정된 것이다.

(3) 상속인 부존재

상속인 부존재란 상속인 수색의 공고기간 내에 상속권을 주장하는 자가 없는 것을 말한다. 이 경우 민법상은 재산이 국가에 귀속하나(민§1058) 디자인권에 대해서는 장래적으로 소멸하는 것으로 하고 있다(§111). 이것은 디자인권은 무형의 것이므로 무주선점 등이 문제가 생기지 않고, 디자인권을 제3자에게 개방하여 디자인의 자유실시의 길을 열어주는 것이 디자인보호법의 목적에 적합하기 때문이다.

또한 관련디자인의 디자인권의 경우 기본디자인의 디자인권이 상속인 부존재에 의해 소멸된 경우에는 권리의 주체는 동일인이기 때문에 기본디자인의 디자인권 소멸과 동시에 소멸한다. 그러나 디자인권이 공유인 경우로서 공유자 중 1인이 상속인 부존재의 경우에는 그 지분은 타공유자에게 귀속되어 디자인권은 소멸되지 않는다(민§267).

(4) 디자인권의 포기

디자인권자는 디자인권을 포기할 수 있다(§105). 이 경우 복수디자인등록된 디자인권은 각 디자인마다 분리해서 포기할 수 있다(§105후단). 디자인권의 포기란 권리자의 의사로 디자인권을 소멸시키는 것을 말한다. 포기를 인정하는 것은 디자인권은 사적 재산권이고, 그 처분은 본래 권리자에게 맡겨야 하는 것이기 때문이다.

디자인권을 포기한 경우에는 디자인권은 장래적으로 소멸한다. 이 포기에 의한 디자인권의 소멸은 등록이 효력발생요건이다(§98① ⅰ). 권리관계의 명확화를 도모하기 위한 것이다. 디자인권을 포기하는 데에는 ⅰ) 전용실시권자, ⅱ) 질권자, ⅲ) 허락에 의한 통상실시권자, ⅳ) 직무디자인의 경우의 통상실시권자 등 이해관계인이 있을 때에는 이들의 동의가 필요하다(§106①). 이것은 디자인권의 존부에 상당한 이해관계가 있는 자를 보호하기 위한 취지이다.

또한 관련디자인의 디자인권은 기본디자인의 디자인권과 별개 독립으로 포기할 수 있다. 관련디자인의 디자인권은 분리이전금지나 존속기간을 제외하고는 기본디자인의 디자인권과 독립한 것이기 때문이다.

(5) 디자인등록의 무효심결의 확정

디자인등록의 무효심판이란 법정의 무효사유를 가지는 디자인등록을 무효로 하여 하자 있는 권리를 소급적으로 소멸시키기 위해 청구하는 심판을 말한다(§121). 하자 있는 권리를 존속시키는 것은 권리자의 부당한 보호가 됨과 동시에 제3자에게 불측의 불이익을 주기 때문에 무효심판에 의해 소멸시키는 것으로 한 것이다. 디자인등록의 무효심결의 확정에 의해 후발적 무효사유에 의한 경우를 제외하고 디자인권은 처음부터 존재하지 않았던 것으로 간주된다(§121③). 등록처분에 하자가 있기 때문이고, 상기의 4개의 소멸원인의 경우에 장래적으로 소멸하는 것과 다르다.

또한 기본디자인의 디자인권과 관련디자인의 디자인권은 별개독립으로 기본디자인의 디자인등록이 무효로 되어도 관련디자인의 디자인등록은 무효로 되지 않는다. 관련디자인의 디자인권은 분리이전금지나 존속기간을 제외하면 기본디자인의 디자인권과는 독립된 것이기 때문이다.

(6) 디자인등록취소결정의 확정

디자인등록취소결정이란 심사관합의체가 디자인일부심사등록 이의신청이 이유가 있다고 인정될 때에 그 등록디자인을 취소하는 결정을 말한다(§73③).

디자인일부심사등록은 신규성 등의 요건에 대해 심사를 거치지 않고 등록된 권리이므로 법정의 이의신청이유를 가지는 일부심사등록디자인에 대해 심판절차 이전에 조기에 권리를 취소시켜 하자 있는 권리의 존속으로 인한 폐해를 방지하기 위한 것이다. 디자인등록취소결정의 확정에 의해 그 디자인권은 처음부터 존재하지 않았던 것으로 간주된다(§73④). 디자인등록의 무효심판과는 달리 후발적 사유에 의해 취소되는 경우는 없다.

또한 기본디자인만의 디자인등록이 취소결정되어 디자인권이 소멸되어도 관련디자인의 디자인권은 소멸되지 않는다.

3. 디자인권 소멸의 효과

(1) 디자인권 및 그에 관한 권리의 부존재

디자인권이 소멸되면 그때부터 디자인권 및 그에 관한 권리(실시권, 질권 등)는 존재하지 않게 된다. 따라서 제3자는 자유롭게 실시할 수 있다.

디자인의 이용을 도모하고자 하는 법 목적(§1)을 달성하기 위해서이다.

(2) 법정실시권의 발생

디자인권이 존속기간만료에 의해 소멸되는 경우 그 디자인권과 저촉하는 동일출원 또는 후출원에 해당하는 타인의 디자인권 · 특허권 · 실용신안권이 존재하는 때에는 원디자인권의 범위안에서 원디자인권자에게 법정실시권이 인정된다(§103). 기존의 사업시설보호 및 이해당사자 등의 불측의 손해방지를 위한 것이다. 또한 디자인권이 디자인등록의 무효심판에 의하여 무효가 되어 소멸하여도 원디자인권자는 일정한 요건하에 법정실시권(중용권)이 인정되는 경우가 있다(§102). 자기의 권리를 신뢰하여 실시한 자를 보호하기 위함이다.

(3) 등록료의 반환

디자인등록취소결정 또는 무효심결이 확정된 연도의 다음 연도부터의 등록료 해당분에 대하여는 납부한 자의 청구에 의해 반환한다(§87①).

(4) 기　타

디자인권이 소멸되면 권리관계를 명확히하기 위해 디자인등록원부에 등록되고(§88① ⅰ), 또한 거래에 있어서 공익을 보호하기 위해 디자인등록표시가 금지된다(§215). 따라서 디자인권의 소멸 후에 디자인등록표시는 허위표시죄의 대상이 된다(§222).

제2절 타 권리와의 조정(이용·저촉)

Ⅰ. 서　설

1. 권리조정의 필요성

산업재산권은 타 법역간에는 선출원 규정의 적용이 없기 때문에 각 법에 의한 요건을 충족시키는 경우에는 각각의 권리가 발생하게 되고 또 동일법역 내에서는 선출원 규정이 적용되지만, 양 디자인이 비유사한 경우에는 각각의 디자인권이 발생하게 된다. 이 경우 후출원 디자인권자 등이 자기의 등록디자인 또는 이와 유사한 디자인을 자유롭게 실시할 수 있다고 한다면 선출원 권리자의 보호가 소홀하게 된다.

여기에서 이용·저촉관계가 발생한 경우에는 선출원 권리자를 보호하기 위하여 선출원우위의 원칙에 의해 후출원 디자인권자 등의 실시를 제한하는 것으로 하고 있다(§95). 즉 디자인권 기타 산업재산권에서는 그 출원일을 기준으로 하고, 저작권에서는 그 발생일을 기준으로 하여 선행되는 권리를 보호하고 선행 권리자의 허락 없이는 후출원 디자인권자는 자기의 등록디자인 또는 이와 유사한 디자인을 실시할 수 없도록 하는 방법으로 권리관계의 조정을 도모하고 있다. 특허법·

실용신안법 및 상표법에서도 이와 같은 취지의 규정이 설치되어 있다(특§98, 실 §25, 상§92).

2. 이용·저촉의 적용요건

디자인보호법 제95조의 이용·저촉관계 규정이 적용되기 위하여는 이하의 요건을 만족시키는 것이어야 한다.[10][11]

(1) 등록디자인 또는 이와 유사한 디자인일 것

후출원 디자인이 등록디자인 또는 이와 유사한 디자인이어야 한다.

(2) 그 디자인등록출원일 전일 것

후출원 디자인의 디자인등록출원일 전에 출원된 것이어야 한다. 따라서 동일 출원 또는 동일에 발생한 저작권에 대해서는 법 제95조의 적용이 없다. 우열을 가릴 수 없기 때문이다.

(3) 타인의 권리일 것

선출원 권리는 타인의 권리이어야 한다. 따라서 자기의 권리와의 사이에는 적용되지 않는다. 권리침해 문제가 발생하지 않고 조정의 필요성이 없기 때문이다.

(4) 이용·저촉관계일 것

후출원 등록디자인 또는 이와 유사한 디자인이 선출원(또는 선발생) 권리의 보호범위에 속하여 실시하는 경우 선출원(또는 선발생) 권리를 침해하게 되는 경우이어야 한다.

---

10) 디자인보호법상 이용관계에 관하여는 등록디자인이 타인의 등록디자인, 특허발명 등을 이용한다고 하는 것과 같이 권리의 객체를 대상으로 하여 규정되어 있고, 저촉관계에 관해서는 디자인권이 타인의 디자인권, 특허권 등에 저촉된다고 하는 것과 같이 권리 자체를 대상으로 하여 규정되어 있다.

11) 이용·저촉 모두 선출원 권리자의 허락 없이 실시하면 침해를 구성하게 된다는 점에서 법률상의 효과를 같이 한다.

II. 이 용

1. 의 의

이용이라 함은 선출원의 타인의 권리내용인 디자인 등을 거의 그대로 자기의 권리내용으로 채용하고 있는 것을 말한다. 따라서 후출원의 자기의 권리내용을 실시하면 선출원의 타인의 권리내용을 전부 실시하는 것이 되지만, 선출원의 타인의 권리내용을 실시해도 후출원의 자기의 권리내용의 전부 실시로는 되지 않는 관계를 말한다[12][13]〈도7-1〉.

〈도7-1〉 이용의 의의

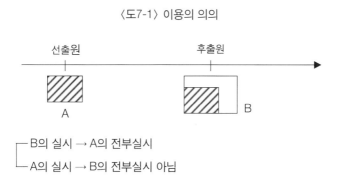

- B의 실시 → A의 전부실시
- A의 실시 → B의 전부실시 아님

---

12) 이용의 의미내용에 대해 발명·고안에 있어서는 ⅰ) 타인의 특허발명의 구성에 없어서는 아니 되는 사항의 전부 또는 주요부를 그 구성에 필수불가결한 사항의 주요부로 한 발명(주요부포함설), ⅱ) 타인의 발명을 기초로 하여 이에 개량확장을 가함으로써 된 발명(개량확장설), ⅲ) 선행발명의 특허요지에 새로운 기술적 요소를 가하여 선행발명의 객체요지를 전부 포함, 그것을 그대로 이용한 발명(전부설 또는 그대로설) 등이라고 하지만, 디자인은 물품의 미적 외관이라는 성질상 발명·고안의 경우처럼 주요부의 특정이 곤란하고 또한 개량확장의 개념을 적용하기 어렵기 때문에 전부설 또는 그대로설이 타당할 것이다.
13) 高田,「의장」, 507면.

2. 이용의 태양

(1) 디자인 상호간의 이용[14]

1) 디자인의 이용개념

디자인의 이용개념에 관해서는 법률에 규정되어 있지 않고 해석에 맡겨져 있는바, 타인의 디자인을 이용한 디자인이란 자기의 디자인 중에 타인의 디자인을 그 본질적 특징을 손상시키지 않고 그 디자인이라고 인식할 수 있는 태양으로 도입한 디자인을 말한다.[15] 대법원은 디자인 상호간의 이용관계에 관하여 "후디자인이 선등록디자인을 이용하는 관계라고 함은 후디자인이 전체로서는 타인의 선등록디자인과 유사하지 않지만 선등록디자인의 요지를 전부 포함하고 있고, 선등록디자인의 본질적 특징을 손상시키지 않고 그대로 자신의 권리내용으로 도입하고 있어 후디자인을 실시하면 필연적으로 선등록디자인을 실시하는 관계에 있는 경우를 말한다."로 정의하고 있다.[16]

후출원에 관한 등록디자인 또는 이와 유사한 디자인이 타인의 선출원에 관한 등록디자인 또는 이와 유사한 디자인을 이용하는 경우에는 이용관계가 성립한다 (§95① · ②). 디자인권의 효력은 등록디자인에 유사한 디자인에도 미치기 때문에 (§92) 후출원에 관한 등록디자인에 유사한 디자인에 대해서도 이용관계가 성립한다.

그러나 후출원의 등록디자인 등을 실시하여도 선출원의 등록디자인 등의 일부의 실시로밖에 되지 않는 경우에는(예컨대 선출원이 완성품, 후출원이 그 완성품에

---

14) 여기서 말하는 디자인 상호간의 이용은 쌍방의 디자인이 디자인권의 대상으로 되어 있는 것을 전제로 하기 때문에 양 디자인이 서로 유사하지 않고 별개로 등록되어 있는 디자인 상호간의 관계를 문제로 한다. 디자인 전체로 유사하면 이용개념을 사용하지 않고 침해가 성립하기 때문이다. 이와 같이 디자인보호법 제95조는 등록디자인 상호간의 이용관계에 대해 규정하고 있지만, 다른 등록디자인을 이용하는 디자인은 그 자체가 반드시 디자인등록을 받은 디자인일 필요는 없고, 디자인의 이용관계는 등록디자인과 미등록디자인 간에서도 성립한다고 해석된다. 타인의 등록디자인 또는 이와 유사한 디자인을 이용한 미등록디자인의 실시는 타인의 당해 디자인권의 침해를 구성하게 됨은 물론이다. 대법원 2011.4.28.선고 2009후2968 판결, 2011.7.28.선고 2010후3349 판결 등은 모두 등록디자인과 미등록디자인 간의 이용관계 성립유무에 대해 판시하고 있다.

15) 齋藤, 「의장」, 378면.

16) 대법원 2011.4.28.선고 2009후2968 판결(이 판결은 디자인의 이용관계의 개념과 성립요건에 대하여 최초로 판시한 판결로서 이용관계의 성립 여부에 관한 판단기준으로 많이 인용되고 있다).

포함된 부품의 디자인) 이용관계는 성립되지 않는다. 다만, 이 경우에는 일정의 조건하에서 후출원의 등록이 배제되는 경우가 있다(§33③).

2) 디자인 이용관계의 성립요건

디자인 이용관계의 성립요건에 관해서는 디자인 이용관계의 개념을 최초로 판시한 대법원 2011.4.28.선고 2009후2968 판결을 이용해서 분석적으로 검토하여 본다.

(개) 후디자인이 전체적으로 타인의 선등록디자인과 유사하지 않을 것

디자인의 이용관계가 성립하기 위해서는 후디자인이 전체적으로 선등록디자인과 유사하지 않을 것이 전제가 된다. 후디자인이 선등록디자인과 전체적으로 유사하다면 이용개념을 사용하지 않고 곧바로 디자인권의 침해가 성립되기 때문이다.[17] 또한 후디자인과 선등록디자인의 권리는 타인 간의 권리이어야 한다. 자기의 권리와의 사이는 이용관계로 조정할 필요가 없다.

(내) 후디자인이 선등록디자인의 요지를 전부 포함하고 있을 것

후디자인(이용한 디자인) 중에 선등록디자인(이용된 디자인)의 요지를 전부 포함하고 있어야 한다. 따라서 후디자인이 선등록디자인의 구성요소의 일부만을 자기의 디자인의 구성요소로 하고 있는 경우에는 디자인의 이용관계는 성립되지 않는다. 이러한 경우에도 이용관계의 성립을 인정하게 되면 선등록디자인의 권리범위를 너무 넓게 인정하는 결과가 되기 때문이다. 다만, 이 경우는 확대된 선출원 규정(§33③)에 의해 후출원의 등록이 배제될 수 있다. 여기서 '디자인의 요지'란 그 디자인이 속하는 분야에서 통상의 지식에 기초하여 디자인등록출원서의 기재사항 및 그 출원서에 첨부된 도면 등과 도면에 적힌 디자인의 설명으로부터 직접적으로 도출되는 구체적인 디자인의 내용을 말한다.

또한 '요지를 전부 포함하고'란 디자인의 요지가 전부 외관에 나타나는 태양으로 포함되어 있는 것을 말한다. 후디자인이 선등록디자인의 요지를 전부 포함하고 있는 한, 요부가 아닌 부분을 같은 업계에 종사하는 사람들이 기능적이고 상업적으로 변형한 것에 불과한 것이라면 이용관계의 성립이 부정되지 않는다.[18]

---

17) 따라서 디자인의 유사 여부와 이용관계가 문제되는 경우는 디자인의 유사 여부를 먼저 판단한 다음 디자인이 유사하지 않다고 판단되는 경우에 비로소 이용관계에 관하여 판단하는 것이 순서이다.

18) 대법원 1999.8.24.선고 99후888 판결은 이와 같은 취지로 판시하고 있다.

그러나 이 전부의 요건을 엄격하게 해석하면, 예를 들면 선등록디자인의 대상인 부품(예, 자전거용 핸들)을 후디자인의 대상인 완성품(예, 자전거)에 결합하여 사용하는 경우 그 결합부분이 외부에서 잘 보이지 않는다. 만약 이 경우 디자인의 일부를 사용하고 있는 것에 지나지 않는다고 한다면 이용관계가 적용될 여지가 없는 결과로 되어 결국 선출원의 부품에 관한 디자인이 보호되지 않아 불합리하다.

따라서 부품을 완성품에 결합하여 사용하는 경우 비록 부품의 결합부분이 외부에서 잘 보이지 않는다고 하여도 디자인의 일부를 포함하고 있는 것에 지나지 않는다고 할 수 없다.

㈐ 선등록디자인의 본질적 특징을 손상시키지 않은 채 그대로 후디자인의 디자인 내에 도입하고 있을 것

선등록디자인의 본질적 특징을 손상시키지 않은 채 그대로 후디자인 내에 도입하고 있다는 것은 후디자인(이용한 디자인)에서 그 구성요소로서 선등록디자인(이용된 디자인)이 독립하여 유사 여부를 판단할 수 있는 태양으로 도입되어 있는 것을 말한다.

디자인은 시각을 통하여 미감을 일으키게 하는 물품의 형태의 창작에 보호가치를 인정하여 보호하는 것이므로 디자인의 이용관계의 본질은 미감의 이용이라는 것이 된다. 후디자인에서 선등록디자인의 본질적 특징이 손상되면 디자인의 미감을 간취(看取)할 수 없다. 또한 후디자인에서 선등록디자인의 다른 요소와 혼연일체가 되어 그 시각적인 독립성을 상실한 경우에도 마찬가지이다. 이와 같은 경우 후디자인은 선등록디자인의 미감을 이용하지 않는 것이 되기 때문에 이미 선등록디자인의 효력을 미치게 할 필연성이 없게 된다.

따라서 후디자인에서 선등록디자인의 미감적 특징이 다른 요소와 혼연일체가 되어 피차 구별할 수 없을 때에는 이용관계의 성립은 당연히 부정된다.

3) 디자인 상호간의 이용관계의 구체예

㈎ 선출원의 등록디자인이 부품디자인이고, 후출원의 등록디자인이 그 부품을 포함하는 완성품디자인인 경우

디자인의 이용관계가 발생하는 전형적인 유형이다.[19] 부품과 그 부품을 포함

---

19) 이 사건 등록디자인은 '탁상용 전기스탠드 몸체'에 관한 것이고 확인대상디자인은 '탁상용 전기스탠드'에 관한 것으로써, 이 사건 등록디자인은 부분품에 관한 것이고 확인대상디자인은 그 부분품을 포함하는 완성품에 관한 것이어서 그 대상물이 서로 다르나, 확인대상디자인

하는 완성품은 원칙적으로 물품의 형태도 유사하지 않기 때문에 후출원의 완성품 디자인은 그와 동일 또는 유사한 디자인이 존재하지 않으면 적법하게 등록된다. 예를 들면, 선출원이 자전거용 안장에 관한 디자인이고 후출원이 당해 안장을 포함한 자전거에 관한 디자인인 경우이다. 이 경우 자전거의 디자인에는 자전거용 안장의 디자인이 그 본질적 특징을 손상시키지 않고 그 디자인이라고 인식할 수 있는 태양으로 도입되어 있고, 따라서 자전거의 디자인은 그 자전거용 안장을 이용하는 관계에 있다.

㈏ 선출원의 등록디자인이 부분디자인이고, 후출원의 등록디자인이 그 부분을 포함하는 완성품 또는 부품디자인인 경우

2001년 법개정에 의해 부분디자인제도가 도입되어 물품의 부분의 형태에 대해서도 등록이 인정되고 있다. 완성품 또는 부품디자인의 출원 전에 그 완성품 또는 부품디자인의 일부를 구성하는 부분디자인이 선출원으로 등록되어 공지되고 또한 선출원의 지위에 있다 하더라도 전기한 완성품과 부품디자인 간의 경우와 마찬가지로 신규성 또는 선출원 규정의 적용을 받지 않으므로 서로 독립된 권리로서 발생하게 된다. 이러한 경우 그 부분디자인을 도입한 완성품 또는 부품디자인은 이용디자인이 된다.

예를 들면 선출원이 냉장고 손잡이 부분에 관한 디자인이고 후출원이 당해 부분을 포함한 냉장고에 관한 디자인인 경우이다.

㈐ 선출원의 등록디자인이 한 벌 물품의 구성물품의 디자인이고, 후출원의 등록디자인이 그 구성물품을 포함한 한 벌 물품의 디자인인 경우

2001년 법개정 전에는 한 벌 물품의 디자인이 등록되려면 한 벌 물품의 디자인 전체로서 통상의 1디자인이 등록되기 위한 요건을 구비함과 동시에 그 구성물품에 대해서도 각각 독립하여 신규성, 선출원 등의 등록요건을 만족시키는 것이 요구되었으므로 선출원의 한 벌 물품의 구성물품을 포함한 후출원의 한 벌 물품의 디자인은 신규성, 선출원 규정에 의해 등록될 수 없는 것이므로 한 벌 물품의 구성물품의 디자인과 한 벌 물품의 디자인 간에는 아예 이용관계가 성립할 수 없었다.

그러나 2001년 법개정에서 한 벌 물품 디자인의 등록요건을 각 구성물품에는

의 실시를 위해서는 필연적으로 이 사건 등록디자인의 대상인 부분품에 관한 디자인의 실시가 전제되어 있어 확인대상디자인은 이 사건 등록디자인을 이용하는 관계에 있다(대법원 1999.8.24. 선고 98후888 판결).

부과하지 않고 한 벌 물품 디자인 전체에만 등록요건을 부과하고 있으므로 한 벌 물품의 구성물품의 디자인이 선출원이며 그 구성물품을 포함한 한 벌 물품의 디자인이 후출원인 경우 전체적으로 유사한 디자인이 되지 않는 경우라 할지라도 그 구성물품의 디자인을 도입한 한 벌 물품의 디자인은 이용디자인이 된다. 예를 들면 선출원이 나이프에 관한 디자인이고 후출원이 한 벌 나이프, 포크, 스푼에 관한 디자인으로 각각 등록된 경우이다.

㈃ 선출원의 등록디자인이 형상만의 디자인이고, 후출원의 등록디자인이 그 형상과 모양의 결합디자인 또는 형상 · 모양 및 색채의 결합디자인인 경우

이 경우는 형상만의 디자인에 대해 형상만이 한정되고 모양 및 색채에 관해서는 한정되지 않는 디자인이라고 하는 무색설의 입장에서는 후출원에 관한 등록디자인을 실시하면 선출원에 관한 등록디자인을 전부 실시하는 것이 되지만, 선출원에 관한 등록디자인을 실시해도 후출원에 관한 등록디자인의 전부 실시에는 해당하지 않기 때문에 이용관계가 성립한다고 해석한다.[20] 이에 대해 형상만의 디자인에 대해 무모양, 1색이라고 하는 무모양설의 입장에서는 형상 · 모양 · 색채의 결합디자인은 모양이나 색채대로 별개로 구분하여 판단하는 것이 아니고, 형상 · 모양 및 색채가 혼연 융합한 일체가 되어 성립하는 것이므로 형상만의 디자인과 형상 및 모양의 결합디자인 또는 형상 · 모양 및 색채의 결합디자인은 유사의 범위를 초월하는 한 별개의 디자인이고, 이 경우 후출원인 형상 및 모양의 결합디자인 또는 형상 · 모양 및 색채의 결합디자인을 실시하더라도 선출원의 형상만의 디자인을 실시한 것으로는 되지 않기 때문에 이용관계가 성립하지 않는다고 해석한다.[21] 그러나 형상만의 디자인이 법상 인정되고 있고, 형상만의 디자인에 모양 또는 모양 및 색채를 결합하는 것에 의해 비유사 디자인으로 되어서 쌍방 모두 적법하게 디자인권이 발생하는 점을 고려하면 이용관계가 성립한다고 해석함이 타당할 것이다[제3장 제1절 Ⅲ. 2 (4) 1) 형상의 디자인 참조]. 다만, 후출원의 등록디자인이 주물성형이나 프레스가공에 의해 섬세한 선, 모양 등이 동시에 만들어지는 것과 같이 형상과 모양이 혼연일체가 되어 동시에 만들어지는 경우에는 이용관계가 성

---

20) 齋藤,「의장」, 379~380면.
21) 高田,「의장」, 509~510면, 송영식 외「지적소유」, 769~770면(단, 이 책에서도 형상이 극히 참신하여 모양이나 색채를 부가하더라도 형상만의 디자인과 현저히 다르지 아니한 경우에는 예외적으로 이용관계를 인정함이 타당하다고 설명하고 있다).

립되지 않는다고 보아야 할 것이다.[22] 한편, 예를 들면 선출원이 직물지에 관한 디자인이고 후출원이 그 직물지를 소재로 하여 만든 의복에 관한 디자인인 경우 이용관계가 성립하는지 여부에 관하여 이 경우는 후출원 등록디자인이 선출원 등록디자인을 그 본질적 특징을 손상시키지 않고 그 디자인이라고 인식할 수 있는 태양으로 도입된 것이라고 할 수 없기 때문에 이용관계가 성립되지 않는다고 해석된다.

(2) 특허발명·등록실용신안의 이용

특허발명·등록실용신안을 이용한 디자인이란 선출원에 관한 발명·고안의 내용을 본질적으로 손상시키지 않고 그대로 도입한 디자인을 말한다.

후출원의 등록디자인 또는 이와 유사한 디자인이 타인의 선출원의 특허발명 또는 등록실용신안을 이용하는 경우에는 이용관계가 성립한다. 특허발명 등이 물품에 관한 창작물로서 디자인과 공통하는 경우(제1장 제2절 II-1. 디자인보호법과 특허법·실용신안법 참조)에는 적법하게 이용관계가 성립하기 때문이다. 예컨대, 선출원의 특허발명이 마찰을 이용한 완구용 바퀴에 관한 것이고 후출원 등록디자인이 그 바퀴를 이용한 자동차 완구인 경우, 선출원의 등록실용신안이 연필을 6각형으로 한 것이고 후출원 등록디자인이 그 6각형 연필에 모양을 부가한 경우 등이다.

(3) 등록상표의 이용

상표법상의 상표를 구성하는 문자, 도형 등은 디자인보호법상의 보호대상도 되므로 등록디자인과 등록상표간에 있어서도 이용관계가 성립한다. 예를 들면 선출원의 등록상표가 넥타이를 지정상품으로 하는 말도형에 관한 상표이고 후출원의 등록디자인이 그 말도형을 모양요소로 채용한 넥타이에 관한 디자인인 경우 등이다.

(4) 저작물의 이용

저작권법상 저작물이 디자인의 구성요소로 되어 등록된 경우 이용관계가 성립한다. 예컨대 먼저 저작권이 발생한 회화, 조각 등을 디자인의 구성요소로 채용한 경우이다.

---

22) 高田, 「의장」, 522면.

Ⅲ. 저 촉

1. 의 의

저촉이라 함은 2개의 권리가 중복되어 있는 경우로서 어느 쪽의 권리내용을 실시하여도 타방의 권리내용을 전부 실시하게 되는 관계를 말한다.[23] 이용과 구별하여 이용은 타인의 권리내용의 전부를 자기의 권리내용의 일부로 하고 있는 것인 데 비하여, 저촉은 타인의 권리내용의 전부를 자기의 권리내용의 전부로 하고 있는 것이라고 말해지고 있다〈도7-2〉.

〈도7-2〉 저촉의 의의

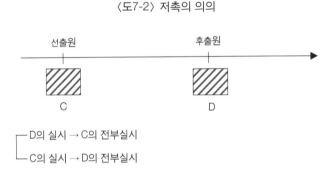

2. 저촉의 태양

(1) 디자인권 상호간의 저촉

후출원 등록디자인에 유사한 디자인이 선출원의 타인의 디자인권과 저촉되는 경우가 있다(§95②).[24] 이것은 디자인보호법 제46조의 선출원 규정은 선출원의

---

23) 高田, 「의장」, 506면. 齋藤, 「의장」, 381면은 "저촉이란 하나의 권리와 다른 권리가 양립하지 않는 것을 말한다."고 기술한다.

24) 디자인보호법상 선출원 디자인권과의 저촉관계는 후출원 등록디자인에 유사한 디자인이 선출원의 타인의 디자인권과 저촉되는 경우에 한한다(§95②). 후출원 등록디자인이 선출원 타인의 디자인권과 저촉되는 경우라면 양 디자인이 동일 또는 유사하다는 것이기 때문에 선출원(§46), 신규성(§33①) 관계로 보아 등록될 수 없는 것이 잘못 등록된 것이므로 이 경우는 이

유사범위에 대하여는 판단하지만, 후출원의 유사범위에 대하여는 판단하지 않으므로 중복하는 디자인권이 적법하게 발생하기 때문이다.

(2) 특허권·실용신안권과의 저촉

특허법·실용신안법과 디자인보호법은 목적을 달리하고 있으나 동일한 목적물이 각각 특허·등록되는 경우가 있고 그 경우에는 저촉관계가 성립한다. 구체예로서는 자동차용 타이어의 요철이 타이어의 마모를 적게 하는 점에서 특허권이 부여되고 그 요철이 미감을 일으키게 하는 점에서 디자인권이 부여된 경우, 단면을 6각형으로 하여 책상에서 미끄러져 떨어짐을 방지하도록 한 연필의 고안에 실용신안권이 부여되고, 그 육각형의 연필이 미감을 일으키게 하는 점에서 디자인권이 부여된 경우이다.

(3) 상표권과의 저촉

후출원 등록디자인 또는 이와 유사한 디자인을 실시하면 선출원 등록상표를 지정상품에 사용하게 되고, 그 반대로도 성립하는 경우에는 저촉관계가 성립한다. 예를 들면 포장용 병 형상의 입체상표에 상표권이 부여되고 그 입체상표와 유사한 화장품 용기의 디자인에 디자인권이 부여된 경우이다. 한편, 상표법에서는 상표권자는 그 등록상표를 사용할 경우에 그 사용상태에 따라 그 출원일 전에 출원된 타인의 디자인권과 저촉되는 경우에는 디자인권자의 동의를 얻지 아니하고는 그 등록상표를 사용할 수 없다고 되어 있다(상§53).

(4) 저작권과의 저촉

후출원 등록디자인 또는 이와 유사한 디자인을 실시하면 먼저 발생한 저작권의 복제권 등을 침해하게 되는 경우에는 저촉관계가 성립한다. 구체예로서는 미술저작물의 조각에 저작권이 발생하고 그 조각과 동일한 형상의 장식물의 디자인에 디자인권이 부여된 경우이다. 다만, 후출원 등록디자인이 저작권에 관한 저작물과 별개 독립으로 창작된 것인 경우에는 디자인보호법 제95조 제3항의 저촉관계는 성립되지 않는다. 별개 독립의 창작물에는 저작권의 효력이 미치지 않으므

용·저촉규정이 적용대상이 아니고 무효로 조정된다(§121).

로 특히 조정의 필요가 없기 때문이다.

IV. 이용 · 저촉관계의 효과

1. 후출원 등록디자인의 실시의 제한

후출원의 디자인권자 · 전용실시권자 또는 통상실시권자는 등록디자인 또는 이와 유사한 디자인을 업으로서 실시할 수 없다(§95).[25] 선출원 우위의 원칙에 의해 선출원 권리자를 보호하는 취지이기 때문이다. 그러나 권리주체가 동일한 경우에는 권리침해의 문제도 발생하지 않고 조정할 필요성도 없기 때문에 특히 조정은 되지 않는다.

2. 위반자의 책임

선출원 권리자의 허락 없이 후출원 권리자 등이 업으로서 실시하면 권리침해로서 민 · 형사상의 책임을 지게 된다.

V. 디자인권자 등의 실시수단

1. 허락실시권

선출원 권리자의 허락에 의한 실시권(사용권)을 얻은 경우에는 자기의 등록디자인 또는 이와 유사한 디자인을 업으로서 실시할 수 있다(§97, §99, 특§100 · §102, 실§28, 상§95 · §97). 다만, 타인의 상표권의 금지권(상§108)과 저촉되는 경우에는 사용허락을 받을 수 없으므로 실시할 수 없다. 또한 저작권과 이용 · 저촉되는 경우에는 저작권법상의 이용허락을 받아 실시할 수 있다.

---

25) '실시할 수 없다'란 실시를 하면 타인의 권리를 침해하게 되는 것의 의미이다. 자기가 디자인권을 가지고 있어도 자유로운 실시행위가 금지된다.

2. 통상실시권 허락의 심판청구

디자인권자 등은 선출원 디자인권 등에 대하여 통상실시권의 허락을 받고자 하는 경우 그 선출원 권리자가 정당한 이유 없이 실시 허락하지 않거나 실시허락을 받을 수 없을 때에는 통상실시권 허락의 심판을 청구할 수 있다[26](§123). 그러나 타인의 저작물의 이용 또는 그 저작권과 저촉되는 경우 저작권법에 의한 이용허락(저§46)에 의해 이용할 수 있으나 저작권자가 이용허락을 하지 않을 때에는 통상실시권 허락의 심판제도는 규정되어 있지 않다. 인격권에 맞지 않기 때문이다.

또한 상표권의 금지권(상§108)과 저촉되는 경우에는 사용허락을 받을 수 없고 따라서 디자인권자는 자기의 등록디자인 또는 이와 유사한 디자인을 업으로서 실시할 수 없다.

3. 권리의 양수 등

선출원 권리의 전부 또는 일부를 양수받거나 선출원 권리의 소멸에 의해 실시를 할 수 있다.

---

[26] 그러나 상표권과의 이용·저촉관계 성립시 통상실시권 허락의 심판에 의해 타인의 상표를 강제적으로 사용케 하는 것은 상표의 출처표시기능에 비추어 타당하지 않다고 생각된다.

제3절 실 시 권

I. 서 설

1. 실시권의 의의

실시권이란 디자인권자 이외의 자가 일정한 범위 내에서 업으로서 등록디자인 또는 이와 유사한 디자인을 실시할 수 있는 권리를 말한다. 디자인권은 등록디자인 또는 이와 유사한 디자인을 독점배타적으로 실시하는 권리이므로(§92) 그 효력범위 내에서는 제3자의 업으로서의 실시는 제한되나 여러 가지 이유에서 디자인권자가 타인에게 실시를 시키고 싶다고 바라는 경우가 있고 또 제3자도 실시를 희망하는 경우가 있다. 따라서 디자인권을 보유한 채로 실시가능한 수단이 사회적으로 요청된다. 이러한 요청에 따라 디자인권의 재산적 가치를 높이고 디자인의 유효한 이용을 높이기 위해 실시권제도를 채용하고 있다. 실시권은 전용실시권(§97) 및 통상실시권(§99)의 2종류의 허락실시권을 규정하고 있고, 통상실시권에는 이 허락실시권 외에 그 발생원인에 따라 법률의 규정에 의해 당연히 발생하는 법정실시권, 특허청의 심판에 의하여 발생하는 강제실시권이 있다.

2. 실시권의 성질

(1) 부 종 성
실시권은 디자인권의 존재를 전제로 하여 성립하며 디자인권 없이 이것만 따로 존재하지 않는다. 따라서 디자인권이 소멸하면 실시권도 함께 소멸한다.

(2) 이 전 성
실시권은 경제적 가치를 가진 재산권이므로 원칙적으로 이전성을 가진다.

(3) 용익적인 권리

실시권은 사용, 수익함을 본체로 한다.

II. 전용실시권

1. 의   의

전용실시권이라 함은 설정행위로 정한 범위 안에서 전용실시권자가 그 등록 디자인 또는 이와 유사한 디자인을 독점적으로 실시할 수 있는 권리를 말한다(§97 ②). 전용실시권은 디자인권과 동일한 무체의 재산권이지만 디자인권은 등록디자인에 관하여 일반적 지배를 내용으로 하는 권리인 데 비하여 전용실시권은 일정한 범위 안에서 지배하는 것을 내용으로 하는 점에서 다르다. 전용실시권은 독점배타성이 있음을 근거로 물권적 성질을 가진 권리로 해석한다. 따라서 설정된 전용실시권의 범위 내에서는 디자인권자도 실시를 할 수 없고, 또한 동일범위(동일기간, 동일지역, 동일내용)에는 중복하여 설정할 수 없다.

2. 전용실시권의 범위

(1) 전 범 위

이 경우 디자인권자는 ⅰ) 디자인권자라는 명예적 지위, ⅱ) 침해에 대한 소권,[27] ⅲ) 전용실시권의 이전, 통상실시권의 허락, 질권설정에 대한 동의권만이 남는다.

(2) 일정범위

디자인권자는 디자인권의 효력범위에 일정한 제한을 가하여 전용실시권을 청구할 수 있고 이 경우 기간적, 지역적 또는 내용적인 면에서 제한할 수 있다.

---

27) 디자인권의 전 범위에 대하여 전용실시권이 설정된 경우에 있어서도 디자인권자는 침해에 대한 소권은 남아 있기 때문에 금지청구권의 행사가 가능하다.

1) 기간적 제한

이는 전용실시권의 존속기간을 정하는 경우로서 디자인권의 존속기간 내에서 일정기간을 한정할 수 있다.

2) 지역적 제한

디자인권의 효력이 미치는 대한민국 영토 내에서 그 실시지역을 특정지역(서울시, 경기도 등)으로 한정하는 것을 말한다.

3) 내용적 제한

이는 등록디자인의 실시행위에 대하여 한정하는 경우로서 ⅰ) 법적 범위(생산, 사용 또는 양도의 제한, 상품에 포장을 부착하여 판매하는 행위 등), ⅱ) 질적, 제도적 범위(실시제품의 종류, 색, 원재료 등의 제한), ⅲ) 관련디자인의 제한 등이 있다.

3. 전용실시권의 발생

디자인권자의 설정행위에 의하여 발생하지만(§97①), 디자인권이 공유인 경우에는 각 공유자는 타 공유자의 동의가 필요하다(§96④). 전용실시권은 물권적 권리이기 때문에 권리관계를 명확히 하기 위해 디자인등록원부에 등록을 하지 않으면 효력이 발생하지 않는다(§98①ⅱ). 이 점에서 당사자간의 계약 또는 허락만으로 바로 성립하는 통상실시권의 경우와 다르다. 전용실시권의 설정은 그 등록 전에 통상실시권이 존재하여도 등록할 수 있다. 또한 통상실시권을 등록한 때에는 그 등록 후에 전용실시권을 취득한 자에 대하여도 그 효력이 발생한다(§104①).

4. 전용실시권의 효력 및 효력의 제한

(1) 전용실시권의 효력

전용실시권자는 설정행위로 정한 범위 내에서 등록디자인 또는 이와 유사한 디자인을 실시할 권리를 독점한다(§97②). 실시할 권리를 독점한다는 것은 설정범위 내에서 등록디자인 또는 이와 유사한 디자인을 독점적으로 실시하는 것 외에 설정범위 내에서 권원 없는 제3자의 업으로서의 실시를 배제하는 권능을 가지는 것을 의미한다.

(2) 전용실시권의 효력의 제한

전용실시권의 효력은 설정행위로 정한 범위 내이지만 이것은 디자인권 자체의 한계 내이므로 기본적인 디자인권이 받는 모든 제한을 받는다. 이 제한은 디자인권의 효력이 미치지 않는 범위 내의 제한(§94, §161①), 이용·저촉관계에 의한 제한(§95) 등이다.

5. 전용실시권의 이전·질권의 설정 등

(1) 전용실시권의 이전

전용실시권은 재산권이기 때문에 이전할 수 있다. 그러나 전용실시권의 이전은 디자인권자의 이익에 중대한 영향을 미치기 때문에 ⅰ) 실시사업과 함께 하는 경우, ⅱ) 디자인권자의 동의를 얻은 경우, ⅲ) 상속 기타 일반승계에 의한 경우에 한한다. 디자인권자의 동의를 얻은 경우의 이전은 권리관계를 명확히 하기 위해 등록이 효력발생요건으로 되어 있다(§98①ⅱ). 다만, 상속 기타 일반승계에 의한 경우에는 지체 없이 그 취지를 특허청장에게 신고하여야 한다(§98②).

(2) 질권의 설정 등

전용실시권자는 그 전용실시권을 목적으로 하는 질권을 설정할 수 있고 통상실시권의 허락도 가능하다(§97④). 다만, 이 경우 디자인권자의 이익에 중대한 영향을 미치기 때문에 디자인권자의 동의가 필요하다. 또한 전용실시권이 공유인 경우에는 질권의 설정 및 통상실시권의 허락에 대하여는 타 공유자의 지분의 가치가 변동하기 때문에 타 공유자의 동의가 필요하다(§97⑤준§96②·④).

6. 전용실시권의 소멸

전용실시권은 디자인권의 소멸, 설정기간의 만료, 계약의 해제, 포기, 혼동의 경우에 소멸한다. 권리관계를 명확하게 하기 위해 등록이 효력발생요건이 된다(§98①ⅱ). 또한 전용실시권의 포기는 질권자 또는 통상실시권자가 있을 때에는 이들의 이익에 중대한 영향을 미치기 때문에 이들의 동의가 필요하다(§106②).

III. 통상실시권

1. 의 의

통상실시권이라 함은 디자인권자(디자인권자의 동의를 얻은 경우는 전용실시권자)의 허락에 의하여 또는 법률의 규정 등에 의하여 일정범위 안에서 업으로서 등록디자인 또는 이와 유사한 디자인을 실시할 수 있는 권리를 말한다(§99②). 이 권리는 전용실시권과는 달리 단지 업으로서 실시할 수 있는 권리일 뿐 독점하는 것은 아니다. 따라서 통상실시권은 독점배타성이 없다는 것을 근거로 채권적인 성질을 가진 권리라고 해석된다. 이와 같이 통상실시권은 채권적인 성질을 가진 권리이므로 통상실시권의 설정 후에도 디자인권자는 스스로 실시할 수 있고, 또한 동일범위 내에서 중복하여 설정할 수 있으며 전용실시권의 설정도 가능하다.

2. 통상실시권의 종류

(1) 허락실시권

디자인권자 또는 전용실시권자의 허락에 의하여 발생하는 실시권으로서 보통 계약의 형식으로 이루어지므로 약정실시권이라고도 한다.

(2) 법정실시권

공익상 또는 공평의 견지에서 디자인권자의 의사와는 무관하게 법률의 규정에 의하여 당연히 발생하는 실시권이다. 법정실시권에는 이하의 것이 있다.
1) 직무디자인의 통상실시권(발명§10)
2) 디자인권 회복 전의 선의 실시자의 통상실시권(§84④)
3) 선사용에 의한 통상실시권(§100)
4) 선출원에 의한 통상실시권(§101)
5) 무효심판청구등록 전의 실시에 의한 통상실시권(§102)
6) 디자인권 등의 존속기간만료 후의 통상실시권(§103)
7) 질권행사로 인한 디자인권의 이전에 따른 통상실시권(§110)

8) 재심에 의하여 회복한 디자인권에 대한 선사용자의 통상실시권(§162)

9) 재심에 의하여 통상실시권을 상실한 원권리자의 통상실시권(§163)

(3) 강제실시권

특허청의 심판에 의하여 디자인권자가 설정하지 않을 수 없는 실시권을 말한다. 강제실시권은 특허청의 개입에 의한 실시권이므로 법률의 규정에 의하여 발생하는 법정실시권과 상이하고 또한 당사자간의 계약에 의해 성립하는 허락실시권과도 상이하다. 강제실시권에는 통상실시권 허락의 심판에 의한 통상실시권(§123)이 있다. 2009년 법개정에서 국방상 필요에 의한 통상실시권은 폐지되었다. 디자인은 물품의 미적 외관이고 대체성이 강한 것이기 때문이다.

3. 통상실시권의 발생 및 등록의 효력

(1) 통상실시권의 발생

통상실시권의 발생은 통상실시권의 종류에 따라 다르다.

1) 허락실시권

디자인권자 등의 허락에 의해 발생한다(§99①). 이것은 디자인권자 등의 의사에 의한 것이다. 디자인권이 공유인 경우에는 각 공유자는 타 공유자의 동의가 필요하다(§96④).

2) 법정실시권

디자인보호법의 규정에 의한 요건을 만족시킨 것에 의해 발생한다.

3) 강제실시권

특허심판원의 심결에 의해 발생한다.

(2) 통상실시권 등록의 효력

통상실시권은 등록이 대항요건이므로 등록이 없어도 효력이 발생하지만 제3자에게 대항할 수 없다. 통상실시권을 등록한 때에는 그 등록 후에 디자인권 또는 전용실시권을 취득한 자에 대하여 그 효력이 발생한다(§104①). 법정실시권은 등록이 없더라도 디자인권 또는 전용실시권을 그 후에 취득한 자에 대하여 효력이 발생한다(§104②). 통상실시권의 이전, 변경, 소멸 또는 처분의 제한, 통상실시권을 목적으로 하는 질권의 설정, 이전, 변경, 소멸 또는 처분의 제한은 이를 등록하지 않으면 제3자에게 대항할 수 없다(§104③).

4. 통상실시권의 효력 및 효력의 제한

(1) 통상실시권의 효력

통상실시권의 효력은 그 종류에 따라 다르다. 허락실시권자는 설정행위로 정한 범위 내에서 업으로서 등록디자인 또는 이와 유사한 디자인을 실시할 권리를 가진다. 법정실시권자는 디자인보호법의 규정에 의해(사업목적의 범위 안에서, 원권리자의 범위 안에서 또는 등록디자인의 전 범위) 업으로서 등록디자인 또는 이와 유사한 디자인을 실시할 권리를 가진다. 강제실시권인 권리의 이용 · 저촉관계에 의한 통상실시권 허락의 심판에 의한 통상실시권은 자기의 등록디자인의 실시에 필요한 범위 내에서 업으로서 등록디자인 또는 이와 유사한 디자인을 실시할 수 있다. 통상실시권은 채권적인 성질을 가진 권리이므로 독점배타성이 없고 따라서 제3자에 의한 권리침해는 있을 수 없다는 견해가 통설이다.[28] 단지 그 범위 내에서 실시할 수 있는 권리를 가질 뿐이다.

(2) 통상실시권 효력의 제한

통상실시권의 효력은 기본적인 디자인권이 받는 모든 제한을 말한다.

5. 통상실시권의 이전 · 질권의 설정 등

(1) 통상실시권의 이전

통상실시권은 재산권이기 때문에 이전할 수 있다. 그러나 통상실시권의 이전은 디자인권자의 이익에 중대한 영향을 미치기 때문에 강제실시권을 제외하고

---

28) 이상경, 「지적재산」, 155면; 송영식 외, 「지적소유」, 421면; 김기영 외 1, 「특허와침해」, 육법사, 2012, 98면 등. 그러나 독점적 통상실시권(당사자간 계약에서 계약 상대방 한 사람에게만 통상실시권을 주고 타인에게는 주지 않을 것을 명백히 한 경우의 실시권)의 경우에는 침해로 인한 손해배상청구권을 인정하여야 한다는 견해가 있다[吉藤幸朔, 유미특허법률사무소 역, 「특허법개설」(13판), 대광서림, 2000, 643면].

ⅰ) 실시사업과 함께 하는 경우, ⅱ) 디자인권자(전용실시권에 관한 통상실시권자의 경우에는 디자인권자 및 전용실시권자)의 동의를 얻은 경우, ⅲ) 상속이나 그 밖의 일반승계에 의한 경우에 한한다(§99④). 강제실시권인 통상실시권 허락의 심판에 의하여 부여되는 통상실시권은 그 통상실시권자의 당해 디자인권 등과 함께 이전된다(§99③). 이 통상실시권은 이용·저촉관계의 조정을 위해 부여된 강제실시권이므로 당해 권리가 존속하는 한 계속 실시의 필요성이 있기 때문에 당해 권리와 운명의 동일체로 한 것이다.

(2) 질권의 설정 등

통상실시권은 강제실시권을 제외하고 질권의 설정이 가능하다(§108). 다만, 이 경우 디자인권자나 전용실시권자의 이익에 중대한 영향을 미치기 때문에 이들의 동의가 필요하다(§99⑤). 통상실시권에 대해서 실시권의 설정은 불가하다. 이것은 통상실시권이 채권적인 권리이기 때문이다.

6. 통상실시권의 소멸

통상실시권은 디자인권·전용실시권의 소멸, 설정기간의 만료, 계약의 해제, 포기, 혼동(통상실시권자가 디자인권 또는 전용실시권을 취득하는 경우)에 의해 소멸한다. 또한 법정실시권의 소멸로서 특유한 것에 실시사업의 폐지가 있고, 강제실시권은 재심(통상실시권의 허락과 상반되는 심결의 확정)에 의해 소멸한다. 통상실시권의 소멸은 등록이 제3자 대항요건이다(§104③). 또한 통상실시권의 포기는 질권자가 있을 때에는 질권자의 이익에 중대한 영향을 미치기 때문에 질권자의 동의가 필요하다(§106③).

IV. 전용실시권과 통상실시권의 비교

구 분	전용실시권	통상실시권
권리의 성질 권리의 주체	물권적 성질 설정등록을 받은 자	채권적 성질 • 허락을 받은 자 • 법정의 요건을 만족한 자 • 심판을 받은 자
권리의 객체	등록디자인 또는 이와 유사한 디자인	등록디자인 또는 이와 유사한 디자인
권리의 발생	디자인권자의 설정행위에 의해 발생(등록이 효력발생 요건)	• 허락통상실시권은 허락에 의해 발생 (등록은 제3자대항요건) • 법정실시권은 규정의 요건을 만족한 것에 의해 발생(등록이 없더라도 그 후에 디자인권 등을 취득한 자에 대해 효력 발생) • 강제실시권은 심판에 의해 발생
권리의 효력	설정행위로 정한 범위 안에서 업으로서 등록디자인 또는 이와 유사한 디자인을 실시할 수 있는 권리를 독점한다.	설정행위로 정한 범위 안 또는 법률의 규정에 의해 업으로서 등록디자인 또는 이와 유사한 디자인을 실시할 수 있는 권리를 가진다.
실시권의 설정 등	디자인권자의 동의가 있는 경우 통상실시권 및 질권 설정 가능	통상실시권 설정 불가, 강제실시권을 제외하고 디자인권자 등의 동의가 있는 경우에 질권 설정 가능
권리의 변경	• 이전에 의해 변경 • 전용실시권의 이전은	• 이전에 의해 변경 (단, 강제실시권에는 제한이 있다)

	ⅰ) 실시사업과 함께 이전하는 경우, ⅱ) 디자인권자의 동의를 얻은 경우, ⅲ) 상속 기타 일반승계의 경우에 한한다.	• 통상실시권의 이전은 ⅰ) 실시사업과 함께 이전하는 경우, ⅱ) 디자인권자(전용실시권에 관한 통상실시권의 경우 디자인권자 및 전용실시권자)의 동의를 얻은 경우, ⅲ) 상속 기타 일반승계의 경우에 한한다.
권리의 소멸	• 디자인권의 소멸 • 설정기간의 만료 • 계약의 해제 • 포기(통상실시권자, 질권자가 있는 경우 이들의 동의 요) • 혼동(디자인권과 전용실시권이 동일인에게 귀착되는 경우)	• 디자인권·전용실시권의 소멸 • 설정기간의 만료 • 계약의 해제 • 포기(질권자가 있는 경우 이들의 동의 요) • 혼동(통상실시권자가 디자인권 또는 전용실시권을 취득하는 경우) • 강제실시권은 재심에 의해

제4절 디자인권의 침해와 그 구제

Ⅰ. 서 설

1. 디자인권 침해의 의의

　　디자인권의 침해라 함은 권원 없는 제3자가 업으로서 등록디자인 또는 이와 유사한 디자인을 실시하는 것(직접침해)(§92) 또는 일정의 예비적 행위를 하는 것 (간접침해)을 말한다(§114). 디자인권은 업으로서 등록디자인 또는 이와 유사한 디자인의 실시를 독점하는 권리이며 독점적 효력과 금지적 효력을 가지는 재산권이다. 따라서 제3자가 정당한 권원이나 이유 없이 업으로서 디자인의 내용을 실시하면 디자인권의 침해로서 민법 또는 형법의 규정이 적용된다. 그러나 디자인권의 권리객체는 물품의 미적 외관이라는 무체물이기 때문에(§2ⅰ) 사실상의 점유가 불가능하고 여러 사람이 동시에 실시할 수 있는 등 침해되기 쉽다는 특질이 있다. 또한 침해 성부의 판단 및 입증이 곤란하고 권리행사상 여러 가지 장애가 있다. 그래서 이와 같은 디자인권 침해의 특수성을 감안하여 디자인보호법에서는 특별한 규정을 설치하여 디자인권자의 보호를 도모하고 있다.

2. 디자인권 침해의 성립요건

디자인권 침해가 성립하기 위하여는 이하의 요건이 필요하다.

(1) 디자인권이 유효하게 존재할 것
이것은 권리 침해의 전제조건이다.

(2) 권원 없는 제3자가 업으로서 등록디자인 또는 이와 유사한 디자인을 실시할 것
이와 같은 행위가 직접적으로 디자인의 독점배타성을 침해하는 행위이기 때문이다. 디자인권의 침해는 제3자에 의한 위법행위임을 요하므로 실시권자의 실시 등 정당한 권원을 가진 자에 의한 실시, 디자인권의 효력이 미치지 않는 범위 내의 실시 등 정당한 이유가 있을 경우에는 위법성의 조각사유에 해당되어 디자인권의 침해가 성립되지 않는다.[29]

(3) 일정의 예비적 행위를 하는 것(간접침해)
일정의 예비적 행위란 등록디자인이나 이와 유사한 디자인에 관한 물품의 생산에만 사용하는 물품을 업으로서 생산, 양도, 대여, 수출 또는 수입하거나 그 물

---

29) 형법상 위법성의 조각사유로는 정당행위(형§20), 정당방위(형§21), 긴급피난(형§22), 자구행위(형§23), 피해자의 승낙(형§24)이 규정되어 있으나 디자인권 침해죄에 관하여는 정당방위, 긴급피난, 자구행위가 문제가 되는 경우는 극히 드물 것이다.

품의 양도 또는 대여의 청약을 하는 행위를 말한다(§114). 이와 같은 예비적 행위
는 직접침해에는 해당하지 않지만, 디자인권자의 보호를 강화하기 위하여 침해로
의제하는 것이다.

II. 디자인권 침해에 대한 구제

디자인권 침해에 대한 구제에는 민사적 구제와 형사적 구제가 있다.

1. 민사적 구제

(1) 금지청구권

디자인권이 침해되거나 침해될 우려가 있을 경우에는 디자인권자 또는 전용
실시권자는 침해의 금지 또는 예방을 청구할 수 있다(§113①).[30] 이것은 고의, 과
실의 입증을 요하지 않고 현재 또는 장래의 침해에 대한 구제로서 가장 유효하고
직접적인 방법이다. 금지청구권의 행사는 가처분신청에 의해 행하여지는 경우가
적지 않다. 디자인권 침해에 대한 금지청구권을 피보전권리로 하는 금지의 가처
분은 이론상, 실제상으로 중요하며 현실적으로 분쟁의 상당부분이 가처분결과에
따라 해결되고 있다. 본안소송을 제기하면 확정까지에 상당한 기간이 소요될 우
려가 있지만, 가처분에 의하면 단기간 내에 같은 효과를 얻을 수 있기 때문이다.
또한 금지청구시에 침해행위를 조성한 물품의 폐기, 침해행위에 제공된 설비의 제
거 기타 침해의 예방에 필요한 행위를 청구할 수 있다(§113③). 이 청구는 독립하
여 할 수 없고 금지청구에 부대하여서만 가능하다. 또한 통상의 디자인권의 경우
에는 권리침해에 대한 금지청구권의 행사시 사전에 반드시 경고를 요하는 것이 아
니나 비밀디자인권의 침해에 있어서는 그 디자인권이 설정등록되었다 하더라도
비밀청구된 기간에는 디자인공보에 디자인권의 실체적인 내용이 게재되지 않기
때문에 제3자는 그 디자인권의 내용을 알 수 없으므로 침해되었다고 바로 금지청
구권을 인정하는 것은 선의의 실시자에게 가혹하다. 그래서 2004년 법개정에서는

---

30) 통상실시권자는 금지청구를 할 수 없다. 다만, 금지청구소송에 보조참가인으로 참가하는 것
은 가능하다.

비밀디자인권의 침해의 경우에는 비밀디자인에 관한 실체적 내용에 대하여 특허 청장의 증명을 받은 서면을 제시하여 경고한 후가 아니면 금지청구권을 행사할 수 없도록 하였다(§113②).

(2) 손해배상청구권

디자인권이 고의 또는 과실에 의해 침해된 경우에 침해자에 대하여 침해에 의해 입은 손해의 배상을 청구할 수 있는 권리를 말한다. 이 손해배상청구권은 민법 제750조에 근거한 것이다. 이 경우 고의 또는 과실이 요건이며 또한 행위자의 책임능력, 가해행위의 위법성, 손해의 발생, 가해행위와 손해와의 사이에 상당인과 관계가 필요하다. 일반적으로 손해배상을 청구하는 경우 권리자는 상대방에 고의 또는 과실이 있음을 입증하고 자기가 받은 손해액을 산출하지 않으면 안 되는데 디자인권 침해의 경우에는 이러한 입증이 곤란한 경우가 많고, 그로 인해 디자인권자는 손해배상의 청구상 현저히 불리한 입장에 놓여 있다. 그래서 디자인보호법에서는 디자인권자의 부담을 경감하고 디자인권자의 보호를 강화하기 위하여 이하와 같은 여러 가지 특별규정을 설치하고 있다.

1) 과실의 추정

타인의 디자인권 또는 전용실시권을 침해한 자는 그 침해행위에 대하여 과실이 있는 것으로 추정한다(§116①).[31] 등록디자인의 내용은 등록원부, 디자인공보에 의해 공시되어 있고 게다가 디자인권의 침해자는 사업자에 한정되어 있기 때문에 사업자에게 침해인가 아닌가를 조사하는 주의의무를 부과하는 것은 정당하다는 취지에서이다. 디자인일부심사등록디자인의 디자인권자 등이 타인의 디자인권을 침해한 경우도 동일하다(§116②). 디자인일부심사등록디자인은 신규성 등의 실체적 요건에 대해 심사를 거치지 않고 등록이 허여된 것이므로 디자인일부심사등록을 받았음을 이유로 과실의 추정규정의 적용을 배제하는 것은 타당하지 않기 때문이다. 다만, 비밀디자인의 경우에는 디자인권이 발생하여도 그 내용이 공고되지 않은 관계상 디자인권을 침해한 자에게 과실이 있는 것으로 추정하는 것은 가혹하기 때문에 과실의 추정규정은 적용되지 않는다(§116①단).

---

31) 과실이 있는 것으로 추정하기 때문에 오히려 침해자 측에서 무과실 입증을 하지 아니하면 손해배상청구를 면할 수 없다. 그러나 무과실 입증은 일반적으로 곤란할 것이라고 생각된다.

2) 상실이익액의 산정방식의 법정

디자인권자 또는 전용실시권자는 고의나 과실로 인하여 자기의 디자인권 또는 전용실시권을 침해한 자에 대하여 그 침해에 의하여 자기가 입은 손해의 배상을 청구하는 경우 그 권리를 침해한 자가 그 침해행위를 하게 한 물건을 양도하였을 때에는 그 물품의 양도수량에 디자인권자 또는 전용실시권자가 그 침해행위가 없었다면 판매할 수 있었던 물건의 단위수량당 이익액을 곱한 금액을 손해액으로 할 수 있도록 되어 있다(§115①). 종래 불충분하였던 상실이익의 배상을, 개별적 사정도 고려하여 타당한 상실이익의 배상을 가능하게 하는 새로운 손해액의 산정 기준을 규정한 것이고, 2001년 법개정으로 도입된 것이다.

디자인권자 등이 본조항의 적용을 받기 위해서는 ⅰ) 침해자의 양도수량, ⅱ) 침해행위가 없었다면 권리자가 판매할 물건의 단위수량당 이익액,[32] ⅲ) 권리자의 실시능력 등을 입증해야 할 것이다.

3) 손해액의 추정

디자인권자 또는 전용실시권자가 고의나 과실에 의하여 자기의 디자인권 또는 전용실시권을 침해한 자에 대하여 그 침해에 의하여 자기가 입은 손해의 배상을 청구하는 경우 권리를 침해한 자가 그 침해행위로 이익을 얻었을 때에는 그 이익액을 손해액으로 추정하도록 한다(§115③). 디자인권자 등이 자기가 입은 손해액을 입증하는 것이 용이하지 않으므로 침해자가 얻은 이익액을 손해액으로 추정한 것이다.

4) 실시료 상당액의 청구

디자인권자 또는 전용실시권자는 고의나 과실로 자기의 디자인권 또는 전용실시권을 침해한 자에 대하여 그 등록디자인의 실시에 대해 통상적으로 받을 수 있는 금액(실시료 상당액)을 손해액으로 하여 청구할 수 있도록 한다(§115④). 손해액의 입증이 용이하지 않은 것을 감안하여 손해액의 최소한을 규정한 것이다. 따라서 손해액이 실시료 상당액을 초과하는 경우에는 이를 입증할 수 있으면 그 초

---

32) 디자인권 등의 침해로 인한 손해액의 추정에 관한 디자인보호법 제64조 제1항(현행법 제115조 제1항) 본문에서 말하는 '단위수량당 이익액'은 침해가 없었다면 디자인권자가 판매할 수 있었을 것으로 보이는 디자인권자 제품의 단위당 판매가액에서 그 증가되는 제품의 판매를 위하여 추가로 지출하였을 것으로 보이는 제품 단위당 비용을 공제한 금액을 말한다(대법원 2006.10.13.선고 2005다36830 판결).

과액에 대해서도 손해배상의 청구는 가능하다.

5) 상당한 손해액의 인정

손해액의 입증이 곤란한 경우의 구제를 도모하기 위해 법원은 변론 전체의 취지와 증거조사의 결과에 기초하여 상당한 손해액을 인정할 수 있도록 한다(§115 ⑥). 민사소송법이 지향하는 바를 디자인권 침해소송에서도 적용가능하도록 한 것이다.

6) 서류의 제출명령

법원은 디자인권 침해소송에 있어서 당사자의 신청에 의해 타 당사자에 대하여 당해 침해행위로 인한 손해의 계산을 하는 데 필요한 서류의 제출을 명할 수 있다(§118). 침해에 의한 손해액의 계산을 용이하게 하기 위해서이다.

(3) 부당이득반환청구권

정당한 법률상의 원인 없이 타인의 재산(또는 노무)으로 인해 이익을 얻고 이로 인하여 타인에게 손해를 가한 자에 대하여 손해자가 자기가 받은 손해를 최대한으로 그 이익의 반환을 청구할 수 있는 권리를 말한다. 디자인권이 침해된 경우에 침해자에게 고의 또는 과실이 없었던 것이 증명되면 손해의 배상을 청구할 수 없다. 그러나 이 경우에도 디자인권자는 침해자에 대하여 부당이득의 반환을 청구할 수 있다. 이 부당이득반환청구권은 당사자간의 공평을 도모함을 목적으로 인정되는 것으로서 민법에 규정되어 있다(민§741). 디자인보호법은 이에 관한 특별규정을 설치하고 있지 않기 때문에 디자인권 침해에 관한 부당이득반환청구권의 문제는 오로지 민법의 규정에 의해 처리된다. 부당이득반환청구권의 소멸시효는 일반 채권과 마찬가지로 10년이므로 손해배상청구가 시효(3년)에 의해 청구할 수 없는 경우에 유효한 조치이다. 부당이득반환청구권과 손해배상청구권의 어떤 행사도 가능한 경우에 임의로 선택해서 하나만 청구할 수 있는지, 아니면 양방을 모두 청구할 수 있는지에 관하여는 양자는 입법목적, 요건, 효과가 각각 다른 별개의 청구권이라고 하여 양방 청구가 가능하다고 하는 견해도 있으나 통설은 어느 하나를 선택하여 청구할 수 있다고 해석한다. 따라서 일방의 청구권에 의해 손해의 전부 또는 일부가 충족되었을 때에는 타방은 그 범위 내에서는 소멸한다고 보아야 할 것이다.

(4) 신용회복조치

고의 또는 과실에 의하여 타인의 디자인권 또는 전용실시권을 침해함으로써 디자인권자 또는 전용실시권자의 업무상의 신용을 실추하게 한 자에 대하여 업무상의 신용을 회복하는 데 필요한 조치를 명하도록 법원에 청구하는 것을 말한다(§117). 업무상의 신용을 실추하는 행위는 침해자가 조악품을 생산하여 판매하는 경우 등이다. 침해품이 디자인권자의 제품보다 품질이 우수하거나 동등한 경우에는 업무상의 신용을 실추한 행위라고 할 수 없다. 신용회복에 필요한 조치로서는 신문지상에 사죄광고를 게재하는 것 등이나 헌법재판소에서는 법원이 사죄광고 명령을 내리는 것은 헌법상의 양심의 자유(헌§19)에 반한다는 취지의 위헌결정(헌재 1991.4.1.선고 89헌마160 판결)을 내린 바 있어 판결에 의해 사죄광고를 명하는 것이 가능할지는 의문이다. 대체수단으로 침해자의 비용으로 디자인권 침해죄 등의 유죄판결이나 민사손해배상청구소송에 있어서의 패소판결을 신문 등에 게재하는 방법이 있을 것이다.

(5) 기타의 조치

1) 경   고

경고란 디자인권 등의 침해를 이유로 제3자의 실시를 중지시키기 위해 권리자가 행하는 고지행위를 말한다. 타인이 자기의 디자인권을 침해하고 있음을 알았을 때에는 디자인권자는 그 타인에게 그 행위가 침해이므로 중지할 것과 만약 그 행위를 계속할 때에는 법적 조치를 취할 수 있다는 취지의 경고를 하는 것이 일반적이다. 경고는 확실, 명확을 기하기 위하여 문서(통상 경고장)로 하고 내용증명우편 또는 배달증명우편방법에 의하는 것이 일반적이다. 경고장에는 자기의 권리, 상대방의 침해사실을 구체적으로 제시하고 기한을 정하여 상대방의 회답을 요구하는 것이 보통이다. 디자인권 침해에 대한 경고는 그 자체로는 특별한 법적 효과는 갖지 아니하나 경고를 계기로 하여 상대방과 실시계약을 체결하는 등 소송으로까지 발전하지 않는 경우가 많다. 한편, 비밀디자인으로 등록된 경우에는 소정의 경고가 금지청구의 요건으로 되어 있는 점에서 통상의 경고와는 다르다(§113②).

2) 증거보전

디자인권의 침해에 대한 소 제기 전후에 관계 없이 미리 증거조사를 해놓지 않으면 그 증거를 사용할 수 없는 사정이 있을 때에는 소송당사자나 당사자가 될 자는 통상 소송절차와는 별도로 법원에 증거조사신청(증거보전신청)을 하여 증거 조사결과를 보전할 수 있다(민소§375). 증거조사의 내용으로는 증인신문, 검증, 서증 등이 있으나 실제로는 손해액의 산정에 필요한 장부의 제출, 침해제품의 존재를 명확하게 하기 위한 검증을 구하는 경우가 많다.

2. 형사적 구제

(1) 침 해 죄

디자인권 또는 전용실시권을 침해한 자는 7년 이하의 징역 또는 1억원 이하의 벌금에 처해진다(§220①). 이것은 형벌에 의한 위협으로 2차적 침해를 방지하는 취지이다. 형법총칙이 적용되기 때문에 일반범죄와 같이 ⅰ) 범죄구성요건에 해당할 것(대상물이 등록디자인의 보호범위에 속할 것), ⅱ) 행위가 위법일 것, ⅲ) 행위자에게 책임이 있을 것(유책성)의 3가지 요건이 필요하다. 또 본죄는 고의가 있는 경우에 한하여 벌할 수 있고 과실만으로는 처벌되지 않는다. 간접침해행위를 한 경우에도 본죄에 해당하는지 여부에 관하여는 학설상 대립이 있으나[33] 대법원 판례에서는 확장해석을 금한 죄형법정주의의 원칙과 간접침해행위의 예비적 성격을 들어 이를 부정하고 있다.[34] 또한 디자인권 침해죄는 개인의 이익보호를 목적으로 하므로 친고죄[35]로 되어 있다(§220②). 따라서 공소제기에 고소를 요하며 고소기간은 범인을 알게 된 날부터 6월 이내이다(형소§230①).

(2) 양벌규정

법인의 대표자, 법인 또는 개인의 대리인 · 사용인 기타 종업원이 그 법인 또는 개인의 업무에 관하여 디자인권 침해죄를 범한 경우에는 그 행위자를 벌하는

---

33) 침해죄의 성립을 긍정하는 입장에는 高田,「의장」, 58면이 있고, 부정하는 견해에는 송영식 외,「지적소유」, 450면; 이상경,「지적재산」, 320면 등이 있다.

34) 대법원 1993.2.23.선고 92도3350 판결.

35) 일본은 1998년 법개정에서 디자인권 침해죄를 친고죄에서 비친고죄로 하였다. 종래에는 디자인권은 공익성이 강한 상표권과는 달리 사익적 성격 및 인격적인 요소를 갖는다고 하였으나 근래에는 연구개발에 다액의 투자를 요하므로 그 성과를 보호하는 디자인권 등의 중요성이 높아지고 있고 사익이라 하더라도 침해에 의해 권리자가 입는 피해가 크다는 사실, 연구개발이 개인주체에서 법인주체로 이행되고 있어 권리의 취득자가 주로 법인이므로 인격권의 보호라는 요소가 불식되고 있다는 관점에서 상표법과 마찬가지로 비친고죄로 한 것이다.

외에 그 법인도 처벌하는 것을 말한다. 이 경우 디자인보호법 제220조의 벌금형(1억원 이하)에, 법인에 대해서는 3억원 이하의 벌금형에 처하도록 하여 법인에 대해서는 중과하고 있다(§227). 형벌 중에서 자유형은 그 성질상 법인에게는 적용할 수 없기 때문에 벌금형만 과해진다. 이 양벌규정은 범죄행위의 방지를 강화하는 목적으로 규정된 것이며 침해죄(§220), 허위표시의 죄(§222), 거짓행위의 죄(§223)가 양벌규정의 적용대상이다.

Ⅲ. 침해구제조치에 대한 방어방법 등

1. 사전조사

이상 설명한 디자인권침해에 대한 구제방법은 디자인권 또는 전용실시권의 불가침성을 보장하기 위한 것이지만, 디자인권자 등은 때로는 이 구제방법을 오용 또는 남용하는 경우가 적지 않다. 예컨대 침해가 되지 않는 사실을 침해라고 하여 소송 등을 통해 제3자를 공격하는 일이 가끔 있다. 따라서 디자인권자 등으로부터 권리대항을 받은 자는 구체적인 방어방법을 강구하기 전에 침해주장 사실의 진위파악을 위하여 이하의 사항에 대하여 사전조사하여 그에 따른 적절한 방어방법을 강구함이 필요하다.

ⅰ) 상대방이 정당한 권리자인지 여부

ⅱ) 그 권리가 현재 유효하게 존속하고 있는지 여부(디자인등록원부에 의해 조사, 확인하여야 한다)

ⅲ) 계쟁대상물이 등록디자인의 권리범위에 속하는지 여부

ⅳ) 등록디자인의 실시에 정당한 권원 또는 정당한 이유가 있는지 여부

ⅴ) 디자인권의 성립에 하자가 있는지 여부 등

2. 권리자의 구제방법이 부당하다고 판단되는 경우

(1) 답변서의 제출

디자인권 침해사실이 없는 경우에는 권리자에게 그러한 취지의 답변을 해 둘

필요가 있다.

(2) 권리범위에 속하지 않는다는 주장

권리침해가 디자인권의 권리범위에 속하지 않는 경우에는 권리침해가 되지 않는다는 취지를 주장함으로써 권리자의 부당한 공격을 방어할 수 있다. 이 경우는 제3자(주로 변리사)에 의한 감정서[36]나 특허심판원에 권리범위 확인심판(소극)을 청구하고 심판청구사실증명서를 법원에 제출하는 경우가 자주 행해지고 있다. 법원은 필요하다고 인정될 때에는 심결이 확정될 때까지 그 소송절차를 중지할 수 있다(§152②).

또한 대법원은 어느 디자인이 등록디자인의 권리범위에 속하는 지를 판단함에 있어서 등록디자인과 대비되는 디자인이 그 디자인이 속하는 분야에서 통상의 지식을 가진 자가 국내에서 널리 알려진 형상 · 모양 · 색채 또는 이들의 결합에 의해 용이하게 창작할 수 있는 것인 때에는 등록디자인과 대비할 것도 없이 그 권리범위에 속하지 않게 된다고 판시하고 있다.[37]

이러한 주장을 자유실시디자인의 항변이라고 한다. 이 자유실시디자인의 항변의 법리는 등록디자인과 대비되는 디자인이 디자인등록출원 전에 국내 또는 국외에서 공지된 디자인과 동일 또는 유사한 경우에도 적용되고 있다.[38]

(3) 디자인등록의 무효주장

디자인등록에 무효사유가 있는 경우에는 그 취지를 주장하여 침해의 성립을 부정할 수 있다. 대법원은 공지된 부분만으로 이루어진 등록디자인에는 어떤 신규성 있는 창작이 가미되어 있다고 할 수 없으므로 그에 대하여는 그 등록무효의 심판이 확정되었는가 여부에 관계 없이 권리범위를 인정할 수 없다고 판시하여[39]

---

36) 당사자의 의뢰로 작성된 감정서는 법원이 지정한 감정인에 의해 작성된 감정(인증)이 아니므로 서증으로 취급된다.

37) 대법원 2004.4.27.선고 2000후2037 판결.

38) 대법원 2001.10.23.선고 2001후2382 판결, 특허법원 2010.1.14.선고 2009허6984 판결, 특허법원 2010.12.10.선고 2010허4694 판결, 특허법원 2015.7.2.선고 2015허536 판결, 특허법원 2015.8.28.선고 2015허3023 판결, 특허법원 2015.9.10.선고 2015허1898 판결 등.

39) ⅰ) 디자인권은 신규성 있는 디자인적 고안에 부여되는 것이므로 공지공용의 사유를 포함한 출원에 의하여 디자인등록이 되었다 하더라도 공지공용부분까지 독점적이고 배타적인 권리를 인정할 수 없다(대법원 1983.7.26.선고 81후56 전원합의체 판결, 2004.4.27.선고 2002후

사실상 무효주장을 인정하고 있으므로 이에 대한 사실을 입증하는 증거를 제시함으로써 권리자의 부당한 공격을 방어할 수 있다[공지부분을 포함한 등록디자인의 권리범위에 관하여는 제3장 제4절 II. 4. (4) 공지형태와 유사 여부 판단 참조].

(4) 실시권 존재 등의 주장

선사용권(§100) 등 법정실시권이 존재하는 경우나 디자인권의 효력이 미치지 않는 범위(§94)의 실시에 해당하는 경우에는 그러한 사실을 주장 입증함으로써 디자인권자로부터의 공격을 방어할 수 있다.

(5) 권리남용·실효이론 등의 주장

권리남용이란 디자인등록이 무효로 될 것이 분명한 경우 등에서의 금지청구권 등의 권리를 행사하는 것을 말한다. 최근 특허침해사건에서 권리남용의 항변을 인정한 사례가 있다.[40] 따라서 디자인권 침해소송에서도 상대방은 디자인권에 명백한 무효사유가 존재한다는 것을 입증하는 방법으로 방어권을 행사할 수 있을 것이다.

실효이론이란 권리자가 그 권리 있음을 알면서도 이를 장기간 행사하지 않고 있어 상대방이 이제 그 권리가 행사되지 않으리라고 신뢰할 만한 정당한 사유가 있기 때문에 새삼스럽게 그 후 권리를 행사하는 것이 신의성실의 원칙에 어긋난다고 인정할 수 있는 특별한 사정이 있는 경우에는 그 권리의 행사를 허용하지 않는다는 이론이다. 독일의 학설, 판례에 의해 발전된 이론이나 현재까지 이 이론을 인정한 판결례는 찾아보기 어렵다.

2037 판결), ii) 등록디자인이 그 출원 전에 국내 또는 국외에서 공지되었거나 공연히 실시된 디자인이나 그 출원 전에 반포된 간행물에 기재된 디자인과 동일 또는 유사한 경우에는 그에 대한 등록무효심판이 없어도 그 권리범위를 인정할 수 없다(대법원 2008.9.25.선고 2008도 3797 판결).

40) 대법원 2012.1.19.선고 2010다95390 전원합의체 판결("특허발명의 진보성이 부정되어 그 특허가 특허무효심판에 의하여 무효로 될 것이 명백한 경우에는 그 특허권에 기초한 침해금지 또는 손해배상 등의 청구는 특별한 사정이 없는 한 권리남용에 해당하여 허용되지 아니한다고 보아야 하고, 특허권 침해소송을 담당하는 법원으로서는 특허권자의 그러한 청구가 권리남용에 해당한다는 항변이 있는 경우 그 당부를 살피기 위한 전제로서 특허발명의 진보성 여부에 대하여 심리·판단할 수 있다고 할 것이다."라고 판시).

3. 권리자의 구제방법이 정당하다고 판단되는 경우

(1) 실시행위의 중지

권리자의 침해구제조치가 정당하다고 판단되는 경우에는 침해사실을 인정하고 실시행위를 중지함과 동시에 과거의 실시에 대해서는 적정한 손해를 배상하는 방안을 강구한다. 실시행위의 중지는 경고 후에 실시는 악의로 되고, 침해소송에서 고의, 과실이 없다는 것을 주장, 입증하는 것이 어렵게 되기 때문이다.

(2) 실시권 계약체결 등

금후의 실시에 대하여는 상대방에게 실시허락 또는 디자인권 양도를 교섭하거나 디자인변경을 통해 문제가 생기지 않는 다른 디자인으로 대체하도록 한다.

실시권 계약체결 또는 디자인권 양도교섭은 실시의 계속을 원하는 경우에 유효한 조치이다.

4. 화해·조정에 의한 해결

일반적으로 사법적 해결에는 많은 비용과 시간을 필요로 하기 때문에 군이 최후까지 다투는 것은 당사자 쌍방 모두에게 현명한 방법이라 할 수 없다. 더욱이 사건내용이 미묘하여 흑백을 가리기 어려운 경우에는 더욱 그러하다. 따라서 자진하여 분쟁의 원만한 해결을 꾀하는 것이 합리적이고 현명한 태도라 할 수 있다. 재판상의 화해 및 조정은 이러한 경우에 도움이 되는 해결방법인 것이다. 또 재판 외에서 당사자간 또는 제3자(변리사 등)를 조정자로 하여 화해하는 것도 중요한 해결방법으로서 실제로 자주 행해지고 있다.

제8장

심판·재심 등

제1절 심 판

Ⅰ. 서 설

1. 심판제도의 의의

디자인등록출원은 특허청 심사관에 의해서 디자인등록결정 또는 디자인등록 거절결정된다(§62, §65). 그러나 디자인등록결정되어 디자인권이 부여된 것 중에는 하자가 있기도 하고 혹은 디자인등록거절결정된 것 중에는 심사관의 오류가 있는 판단에 의한 것이 존재하는 경우가 있다. 이러한 것에 대해 그대로 방치하는 것은 출원인 또는 일반 공중의 권리·이익을 해치게 되고 경우에 따라서는 산업발전을 저해하게 된다. 또한 심사단계에서 출원서의 기재사항, 출원서에 첨부한 도면 및 도면의 기재사항에 대하여 한 보정이 그 요지를 변경하게 되어 각하되는 경우가 있다(§49). 이 경우 요지를 변경하였다고 하는 심사관의 판단에 오류가 있는 경우에는 출원인의 권리 및 이익을 해치게 된다. 여기서 이와 같은 하자 및 오류가 있었던 판단에 대해 그것을 시정할 필요가 있게 된다. 이와 같은 시정의 수단으로서 심판제도가 심사의 상급심으로 제도화되어 있다(§119, §120, §121).

위와 같은 심판에 있어서는 하자 또는 심사관의 오류 있는 판단을 시정하는 것이고 그 결과에 따라 출원인 및 일반 공중에 대한 영향의 크기 때문에 심판에서 심사 이상의 엄격한 심리가 행하여지고, 또 공정한 판단이 이루어질 것이 필요하다. 또한 행정기관은 전심절차로서 행정심판을 할 수 있으나 명령 · 규칙 · 처분이 헌법이나 법률에 위반되는 여부가 재판의 전제가 된 경우 대법원은 이를 최종적으로 심사할 권한을 가진다고 규정되어 있다(헌§107② · ③).[1] 그래서 디자인보호법상 심판의 심결에 대하여 불복이 있는 경우에는 특허법원에 소송을 제기할 수 있는 길이 열려져 있다(§166).

2. 디자인심판의 특징

(1) 디자인제도에 있는 심판
1) 결정계 심판
㈎ 디자인등록거절결정에 대한 심판(§120)
㈏ 디자인등록취소결정에 대한 심판(§120)
㈐ 보정각하결정에 대한 심판(§119)
2) 당사자계 심판
㈎ 디자인등록의 무효심판(§121)
㈏ 권리범위 확인심판(§122)
㈐ 통상실시권 허락의 심판(§123)
3) 기   타
㈎ 재심(§158)
㈏ 제척 · 기피심판(§139)
㈐ 참가허부심판(§143)
㈑ 증거보전심판(§145)

(2) 디자인제도에 없는 심판
㈎ 정정심판(특§136)

---

[1] 헌법 제107조
　② 명령 · 규칙 또는 처분이 헌법이나 법률에 위반되는지 여부가 재판의 전제가 된 경우에는 대법원은 이를 최종적으로 심사할 권한을 가진다.
　③ 재판의 전심절차로서 행정심판을 할 수 있다. 행정심판의 절차는 법률로 정하되 사법절차가 준용되어야 한다.

㈏ 정정의 무효심판(특§137)

㈐ 상표등록의 취소심판(불사용취소심판 등)(상§119)

㈑ 특허권 존속기간의 연장등록의 무효심판(특§134)

㈒ 상표권의 존속기간갱신등록의 무효심판(상§118)

II. 디자인심판의 내용

1. 디자인등록거절결정에 대한 심판

(1) 의 의

디자인등록출원에 대한 거절결정을 받은 자가 이에 대해 불복이 있는 경우에 청구할 수 있는 심판을 말한다(§120). 이 심판은 심사에 대한 속심으로서의 성격을 가진다(§156).[2] 제1심은 심사에서 한 심리의 절차나 결과를 완전히 무시하고 새로이 최초부터 심리를 하는 것(복심)이 아니고 심사에서 한 절차를 토대로 심리를 속행하고 새로운 자료를 보충하여 원결정이 유지될 수 있는가 아닌가(디자인등록출원에 대해서 거절을 할 것인가 등록을 할 것인가)를 심리하는 것이다.

(2) 당 사 자

이 심판을 청구할 수 있는 자는 거절결정을 받은 디자인등록출원인이다(§120). 표면상으로는 상대방이 존재하지 않으므로 청구인만이 당사자가 된다. 디자인등록을 받을 수 있는 권리가 공유인 경우에는 공유자 모두가 공동으로 청구하여야 한다(§125①).

---

2) 소송법상 원심과 항소심과의 관계에 있어서의 심리방식은 ⅰ) 속심제, ⅱ) 복심제, ⅲ) 사후심제로 나누어진다. 속심제는 민사소송법이 채택하는 심리방식으로서 1심의 소송자료를 전제로 함과 동시에 거기에 새로운 소송자료를 보태어 1심판결의 당부를 재심리하는 구조이다. 복심제란 항소심이 원심의 소송자료와 무관하게 독자적으로 소송자료를 수집, 1심심리와 관계 없이 재판하는 구조를 말하며, 사후심제란 항소심에서는 원칙적으로 새로운 소송자료의 제출을 제한하고 1심에서 제출된 소송자료를 기초로 하여 1심판결 내용의 당부를 재심리하는 구조를 말한다(형사소송법이 채용).

(3) 청구기간

디자인등록거절결정등본을 송달받은 날부터 30일 이내이다(§120).

이 기간은 청구 또는 직권으로 1회에 한하여 연장가능하다. 다만, 교통불편지역에 있는 자의 경우 추가연장할 수 있다. 심판청구인이 자기의 귀책이라고 할 수 없는 이유에 의해 상기 30일의 기간 내에 청구할 수 없는 경우에는 추후 보완할 수 있다(§19).

(4) 청구방식

본절 Ⅲ.2.심판청구의 방식 참조.

(5) 심리 및 심결

심리의 대상은 거절결정의 당부가 아니라 당해 출원에 관해 등록할 것인가 아닌가의 여부이다.

속심주의를 채용하고 있어서(§156) 심사에서 한 절차를 토대로 하여 심리를 진행한다. 즉 심사에서 행한 거절이유의 통지, 의견서, 보정은 그대로 효력을 가지고 디자인등록출원서류도 다시 제출하지 않고 원결정이 유지될 수 있는가 아닌가를 심리한다. 심리결과 거절결정이 타당하다고 판단된 경우에는 심판의 청구는 성립되지 않는다는 취지의 청구기각심결이 이루어진다. 이 심결에 불복이 있으면 심결의 등본을 송달받은 날부터 30일 이내에 심결취소소송을 특허법원에 제기할 수 있다(§166).

거절결정이유가 부당하다고 판단된 경우에는 이하의 2가지의 방법이 있다. 제1은 원결정을 취소하고 다시 심사에 부쳐야 하는 것으로 원심으로 환송하는 방법이다. 이 경우에는 심사관은 그 거절이유에 대한 심결의 판단에 기속된다(§157③). 제2는 그대로 심리를 진행하여 등록할 것인가 아닌가를 직권으로 조사·판단하여 심결을 한다. 이 경우에는 심판관이 스스로 조사한 결과 새로운 거절이유를 발견한 때에는 청구인에게 통지하고 의견서제출의 기회를 부여하는데, 의견서를 보고도 거절할 때에는 심판청구는 성립되지 않는다는 취지의 청구기각심결이 이루어진다. 거절이유가 발견되지 않을 때에는 원결정을 취소하고 본원디자인은 등록한다는 취지의 청구인용심결을 하여 등록처분을 한다(§124준§65).

2. 디자인등록취소결정에 대한 심판

(1) 의 의

디자인등록취소결정을 받은 자가 이것에 대해 불복이 있는 경우에 청구할 수 있는 심판이다(§120). 디자인등록취소결정은 디자인일부심사등록이의신청이 이유 있다고 인정되는 경우 심사관이 행하는 디자인권의 효력을 상실시키는 처분(§73④)이므로 이 결정에 불복하고자 하는 자에게 심판의 청구를 허용하는 것이다.

(2) 당 사 자

디자인일부심사등록 이의신청에 의하여 디자인등록취소결정을 받은 디자인권자만이 당사자가 된다.

(3) 청구기간

디자인등록취소결정등본을 송달받은 날부터 30일 이내이다(§120). 기간의 연장 및 절차의 추완 등에 관한 것은 디자인등록거절결정에 대한 심판청구의 경우와 동일하다.

(4) 청구방식

본절 Ⅲ.2.심판청구의 방식 참조.

(5) 심리 및 심결

이 심판에 있어서의 심리는 원처분의 당부를 심리의 대상으로 한다. 심판관은 심판청구가 이유 있다고 인정한 때에는 심결로써 디자인등록결정을 취소하여야 한다(§157①). 심판에서 디자인등록결정을 취소할 경우에는 다시 심사에 붙일 것이라는 심결을 할 수 있다(§157②). 심판관은 심판청구이유가 타당하지 않다고 인정한 때에는 심판청구가 성립할 수 없다는 취지의 기각심결을 한다.

심판의 심결에 의하여 디자인등록취소결정이 취소되고, 당해 심사관에게 환송된 경우에는 심결에 있어서 취소의 기본이 된 이유는 그 사건에 대하여 심사관을 기속한다(§157③).

3. 보정각하결정에 대한 심판

(1) 의 의

디자인등록출원서의 기재 또는 도면에 대해서 한 보정이 요지를 변경하는 것인 때에는 심사관은 결정으로 그 보정을 각하하도록 되어 있다(§49①). 이 보정각하결정에 대하여 불복이 있는 경우에 청구할 수 있는 심판이다(§119). 보정각하결정은 심사절차로서는 중간처분이지만, 그 보정이 요지변경이 되는지 아닌지는 권리의 성립에 실질적으로 영향을 미치기 때문에 이 각하의 처분에 관해 불복의 신청제도를 설치한 것이다.3)

(2) 당 사 자

보정각하결정을 받은 출원인이다.

(3) 청구기간

보정각하결정에 대한 심판의 청구기간은 위 디자인등록거절결정에 대한 심판과 동일하다(§119).

(4) 청구방식

본절 Ⅲ.2.심판청구의 방식 참조.

(5) 심리 및 심결

이 심판에 있어서의 심리는 각하의 대상이 된 당해 보정이 출원당초의 출원서의 기재사항, 도면 및 도면의 기재사항의 요지를 변경한 것이냐에 대해서 이루어진다. 심리의 결과 보정이 요지의 변경이라고 인정될 때에는 심판청구는 성립

---

3) 특허법은 2001년 법개정에서 신속한 권리부여를 도모하기 위해 보정각하결정에 대하여는 불복할 수 없도록 하고, 대신 이에 대해서는 특허거절결정에 대한 심판에서 다툴 수 있도록 하였다. 그러나 디자인보호법은 특허법에서 허용되는 것과 같은 광범위한 보정이 인정되지 않기 때문에 보정이 이루어진 것에 대한 권리부여 자체 등의 폐해가 발생하지 않고, 또한 출원서 기재 및 도면 등이 디자인의 내용이고 요지변경의 판단이 객관적으로 되기 때문에 심리에 그다지 시간을 요하지 않고 신속한 권리부여에 장애가 되지 않는다는 등의 이유로 보정각하결정에 대한 심판제도를 존치하는 것으로 하고 있다.

되지 않는다는 취지의 심결이 이루어지고 확정될 때까지 중지되어 있던 심사가 재개된다(§49③). 보정이 요지의 변경이 아니라고 인정될 때에는 원결정을 취소한다는 취지의 심결이 이루어지고 심사관은 이에 구속되고, 보정이 이루어진 내용에 의거한 심사를 행하여야 한다.

4. 디자인등록의 무효심판

(1) 의 의

디자인등록의 무효심판이란 디자인등록이 법정의 무효사유에 해당하는 경우 그 하자 있는 등록을 소급적으로 소멸시키기 위해 청구하는 심판을 말한다(§121). 디자인보호법은 심사주의와 일부심사주의를 병행하여 심사등록대상 물품의 디자인에 대해서는 등록요건의 전부를 구비한 디자인만을 등록하는 것으로 하고 있고, 일부심사등록대상 물품의 디자인에 대해서는 등록요건의 일부사항만을 심사하여 등록하는 것으로 하고 있다(§62①내지③).

그러나 심사해야 할 자료가 방대하여 완전한 심사를 기대하기 어렵고, 또한 일부심사등록의 경우에는 등록요건을 구비하지 않은 디자인에 대해 디자인권이 부여되는 일이 있다. 이러한 하자 있는 디자인권의 존재는 권리자에게 부당한 보호를 부여하는 한편, 제3자에게는 자유로운 실시를 부당하게 제한하여 산업발전을 저해하는 것이 된다. 그래서 이러한 하자 있는 디자인권을 소급적으로 소멸시키기 위해 디자인등록의 무효심판제도를 설치한 것이다. 또 디자인등록을 무효로 하는 것은 특허심판원의 심판에 의한 경우뿐이고(특허심판원의 전속관할), 법원 기타 기관은 디자인등록을 무효로 하는 처분을 할 수 없다.

(2) 당 사 자
1) 청 구 인

디자인등록의 무효심판을 청구할 수 있는 자는 이해관계인 또는 심사관이다(§121①). 심판의 준사법적인 쟁송절차의 성격으로 보아서 민사소송에 있어 "이익이 없으면 소권 없음"이라고 하는 원칙이 적용된다. 여기서 이해관계인이란 당해 등록디자인의 권리존속으로 인하여 그 권리자로부터 권리의 대항을 받거나 받을 염려가 있는 자를 말하고, 이에는 당해 등록디자인과 같은 종류의 물품을 제조·

판매하거나 제조 · 판매할 자도 포함된다.[4] 심사관은 공익의 대변자로서 청구인 적격이 인정된다. 이해관계 유무는 심결시로 판단한다. 심판실무상은 심판청구시 이해관계 없어도 심결시에 이해관계가 있으면 청구인 적격을 인정한다.[5] 실시권 자도 이해관계인에 해당되는가에 관하여 판례는 실시권자 중 전용실시권자의 경 우에는 이해관계를 부정하고(대법원 1981.7.28.선고 80후77 판결), 통상실시권자의 경우에는 이해관계를 긍정한다(대법원 1980.5.13.선고 79후74 판결). 그러나 독일, 일본의 학설 · 판례는 실시권자는 전용실시권자 · 통상실시권자를 불문하고 무효 심판을 청구할 수 있다고 해석한다. 이것은 디자인권자의 존재가 없으면 실시권 자는 자유로이 실시 가능으로 되기 때문이라고 설명된다. 또한 법인격 없는 사단 등도 사회적 활동을 영위하고 거래계에 등장하고 있기 때문에 이해관계가 있다면 청구인 적격이 인정된다(§5).

2) 피청구인

무효심판청구 당시의 디자인권자가 된다. 심판청구서 제출 후에 디자인권의 이전이 있었음을 알게 된 경우에는 심판청구서의 디자인권자의 기재를 바로잡기 위하여 보정(추가하는 것을 포함한다)할 수 있다(§126②). 심판계속 중에 디자인권의 이전이 있는 경우에는 피청구인의 당사자로서의 지위에 영향이 없다. 이 경우 심 판장은 그 승계인에 대해 절차를 속행하게 할 수 있다(§21). 또한 디자인권이 공유 인 경우에는 공유자 전원을 피청구인으로 하여 청구하여야 한다(§125③). 심결은 합일에 의해 확정되기 때문으로 민사소송에서의 고유필수적 공동소송에 해당한 다.

(3) 무효사유

디자인등록의 무효사유는 디자인보호법 제121조 제1항에 열거되어 있고 이 열거된 사유에 한한다. 재산권인 디자인권을 소멸시키려면 객관적이고 합리적인 이유가 필요하기 때문이다. 행정법상 행정행위(등록처분)에 중대하고 명백한 하자

---

4) 대법원 1984.3.27.선고 81후59 판결, 1987.7.7.선고 85후46 판결, 2009.9.10.선고 2007후 4625 판결.

5) 일본은 2003년 법개정에서 디자인등록의 무효심판을 누구나 청구할 수 있도록 하여 무효심 판제도의 공익적 성격을 분명히 하였다(일§48). 그러나 공동출원 위반, 무권리자의 출원을 이 유로 무효로 하는 경우에는 이해관계인에 한하여 청구할 수 있다는 규정을 두어 사인간의 권 리귀속에 관한 것은 이해관계인에 한하도록 하고 있다.

가 있는 경우에는 당연 무효를 주장할 수 있으나 통설은 디자인등록의 무효사유는 제한열거라고 해석하여 본조에 열거된 사유 이외에는 등록처분을 무효로 할 수 없다고 해석한다.

1) 주체적 사유

㈎ 디자인등록을 받을 수 있는 권리를 가지지 아니한 자(디자인을 창작한 자 또는 그 승계인이 아닌 자) 또는 디자인등록을 받을 수 없는 자(특허청 또는 특허심판원 직원)에 대하여 등록이 된 경우(§3①, §121① i)

㈏ 디자인등록을 받을 수 있는 권리의 공유자 전원이 출원하지 않은 경우(§39, §121① ii)

㈐ 권리능력을 가지지 않은 외국인에 대하여 등록된 경우(§27, §121① ii)

㈑ 디자인등록된 후 그 디자인권자가 디자인권을 누릴 수 없는 자로 된 경우(§27, §121① iv)

2) 객체적 사유

㈎ 디자인을 구성하지 않은 경우, 디자인이 구체적이 아닌 경우 또는 디자인이 공업상 이용할 수 없는 경우(§33①본, §121① ii)

㈏ 디자인이 신규성이 없는 경우(§33①, §121① ii)

㈐ 디자인이 창작이 용이한 경우(§33②, §121① ii)

㈑ 디자인이 선출원디자인의 일부와 동일 또는 유사한 경우(§33③, §121① ii)

㈒ 디자인이 부등록사유에 해당되는 경우(§34, §121① ii)

㈓ 관련디자인의 등록요건을 결한 경우(§35② · ③, §121① ii)

㈔ 조약에 위반되거나 디자인등록된 후 그 디자인등록이 조약에 위반된 경우(§121① iii · iv)

3) 절차적 사유

선출원주의에 위반된 경우(§46① · ②, §121① ii)이다.

4) 거절이유이나 무효사유가 아닌 것

디자인보호법 제35조 제1항(관련디자인), 제37조 제4항(디자인등록출원), 제40조(1디자인1출원 원칙), 제41조(복수디자인등록출원), 제42조(한 벌의 물품의 디자인)의 각 규정의 위반은 거절이유이지만 무효사유로는 되지 않는다(§121① ii). 이들은 디자인보호의 본질에 관한 규정이 아니기 때문에 이것을 이유로 무효로 하는 것은 디자인권자에게 가혹하다고 생각되기 때문이다. 또한 후발적 무효사유(제

121조 제1항 제4호)가 있는데, 이 경우 디자인권의 존속을 인정하는 것은 타당하지 않기 때문이다.

(4) 청구기간

디자인등록의 무효심판은 디자인권의 설정등록 후에 존속기간 중은 물론 디자인권이 소멸된 후에 있어서도 청구가능하다(§121②). 이 심판은 등록처분의 유효·무효를 심리하는 것이기 때문이다. 디자인권 소멸(존속기간 만료에 의한 소멸 등) 후의 무효심판청구는 존속기간 중의 침해행위에 대하여 발생한 손해배상의 청구를 면할 수 있다는 실익이 인정되기 때문이다. 이 경우 상기의 심판청구에 대하여 어떠한 규정도 없다고 하면 손해배상의 피청구인은 그 청구에 비록 디자인등록의 무효사유가 있다고 하더라도 용인하지 않으면 안 되므로 현저한 불이익을 가져온다. 그리하여 이러한 심판청구에 관한 규정은 디자인등록무효의 효과가 소급하여 효력이 발생한다고 하는 규정(§121③)과 함께 디자인권자와 제3자와의 이해를 조정하고 있다. 복수디자인등록출원된 디자인등록에 대하여는 각 디자인마다 독립된 권리로 존재하므로 각 디자인마다 청구하여야 한다고 되어 있다(§121①후단).

(5) 청구방식

본절 Ⅲ.2.심판청구의 방식 참조.

(6) 심리 및 심결

본절 Ⅲ.3.심리 및 5.(1)심결 참조.

(7) 무효심결 확정의 효과

1) 인용심결

디자인등록을 무효로 한다는 심결(인용심결)이 확정된 때에는 그 디자인권은 처음부터 존재하지 않았던 것으로 본다(§121③). 등록처분 자체에 하자가 있기 때문이다.

따라서 디자인권 침해에 관해 계속 중인 민사 또는 형사소송사건은 그 목적물이 없어지게 되어 청구기각 또는 무죄의 판결이 내려지고 이미 청구를 인용 또는 유죄로 하는 판결이 확정되어 있는 경우는 재심의 사유로 된다(민소§451, 형소

§420). 다만, 디자인등록이 디자인보호법 제121조 제1항 제4호(디자인등록 후의 무효사유)의 규정에 의하여 디자인등록을 무효로 한다는 심결이 확정된 때에는 디자인권은 그 디자인등록이 동호에 해당하게 된 때부터 존재하지 않았던 것으로 본다(§121③단). 기본디자인의 디자인권 및 관련디자인의 디자인권은 무효심결확정의 효과에 대해 각각 별개 독립이다. 관련디자인의 디자인권은 존속기간, 분리이전 금지를 제외하고 통상의 디자인권과 동일하기 때문이다.

2) 기각심결

그 확정에 의해 일사부재리효(§151)가 발생한다. 저촉하는 심결의 방지와 같은 절차를 반복하는 번거로움을 피하기 위함이다.

3) 부적법한 심판청구로서 보정할 수 없는 것인 경우

심결에 의해 청구가 각하된다(§129).

5. 권리범위 확인심판

(1) 의 의

권리범위 확인심판이란 특정 계쟁대상물이 등록디자인의 보호범위에 속하는가의 여부에 대한 확인을 구하는 심판을 말한다(§122). 이 심판은 등록디자인의 객관적인 보호범위를 확인하여 이용·저촉관계의 유무문제 또는 권리침해의 구성 여부의 선결문제로서 이를 해결코자 하는 데 그 제도의 취지가 있다. 등록디자인의 객관적인 보호범위, 즉 침해 여부의 판단은 원래 디자인권에 대한 금지청구, 디자인권침해로 인한 손해배상 등 민사소송 및 디자인권 침해죄를 논하는 형사소송 단계에서 심리 판단될 성질의 것이나 디자인보호법은 특허법과 마찬가지로 이를 특허심판원의 심판절차에 의해 판단케 하고 있다.[6] 심판 실무상 계쟁대상물은 확

---

6) 일반적으로 디자인권자는 자기의 권리가 미치는 등록디자인의 보호범위를 넓게 해석하려고 하고, 제3자는 이것을 좁게 해석하려고 하기 때문에 관계자간에 있어서 해석의 상위가 생겨서 실제상 가끔 분쟁이 된다. 이러한 사정에 따라 재판상의 문제로 하기 전에(때로는 소송계속 중에) 디자인권의 설정에 관여한 특허청으로 하여금 이런 해석상의 시비를 공정하게 판단시키는 제도가 요망되고. 이 요망에 따라 마련된 것이 권리범위 확인심판제도이다. 그러나 권리범위 확인심판제도는 법률적 성격이 불명확하다는 점에서 그간 존폐여부에 관해 논란이 있다. 그러나 권리범위 확인심판의 청구가 꾸준히 증가하는 추세에 있어 실무상 그 중요성은 여전히 크다고 할 수 있다.

인대상디자인으로 표시하는 것이 관행으로 되어 있다.

(2) 태 양

1) 청구의 취지에 의한 분류

㈎ 적극적 권리범위 확인심판

디자인권자가 타인이 실시하는 계쟁대상물이 디자인권의 권리범위에 속한다는 취지의 심결을 구하는 심판이다. 이 심판에서 청구의 취지는 "확인대상디자인은 등록디자인의 권리범위에 속한다."라는 심결을 구하는 형식으로 표현된다.

㈏ 소극적 권리범위 확인심판

디자인권자 이외의 자가 계쟁대상물이 디자인권의 권리범위에 속하지 아니한다는 취지의 심결을 구하는 심판을 말한다. 따라서 청구의 취지는 "확인대상디자인은 등록디자인의 권리범위에 속하지 아니한다."라는 심결을 구하는 형식으로 표현된다.

2) 비교의 객체에 의한 분류

㈎ 권리 대 권리 간의 권리범위 확인심판

권리 대 권리 간의 권리범위 확인심판이란 선등록권리와 후등록권리 간에 후등록권리는 선등록권리의 범위에 속한다는 적극적 권리범위 확인심판 혹은 후등록권리는 선등록권리의 범위에 속하지 아니한다는 소극적 권리범위 확인심판을 말한다. 이에 대해 대법원은 선등록 디자인권자가 후등록 디자인권자를 상대로 제기하는 적극적 권리범위 확인심판은 등록무효절차 이외에서 등록된 권리의 효력을 부인하는 결과가 되어 부적법하나, 선등록권리자가 이용관계를 주장하면서 권리 대 권리 간의 적극적 권리범위 확인심판을 청구하는 경우에는 허용한다.[7]

반면에 후등록 디자인권자가 선등록 디자인권자를 상대로 제기하는 소극적 권리 대 권리 간의 권리범위 확인심판은 만일 인용된다고 하더라도 심판청구인의 등록디자인이 피청구인의 등록디자인의 권리범위에 속하지 않음을 확정할 뿐이고, 이로 말미암아 피청구인의 등록디자인의 효력을 부인하는 결과가 되는 것은 아니므로 부적법하다고 할 수 없다는 입장이다.[8]

---

7) 대법원 2002.6.28.선고 99후2433 판결.
8) 대법원 1985.4.23.선고 84후19 판결, 1992.4.28.선고 91후1748 판결, 1998.11.6.선고 98후2726 판결.

㈏ 권리 대 비권리 간의 권리범위 확인심판

권리 대 비권리 간의 권리범위 확인심판이란 심판의 대상인 확인대상디자인이 비권리로 되어 있는 경우의 권리범위 확인심판을 말한다. 권리범위 확인심판의 대부분은 이 유형에 속한다.

(3) 당 사 자

1) 청 구 인

권리범위 확인심판을 청구할 수 있는 자는 디자인권자·전용실시권자 또는 이해관계인이다(§122). 이 점은 무효심판의 경우와 다르다. 이해관계인이라 함은 권리범위가 확인됨에 따라 이익을 얻거나 손해를 면하는 자를 말하며 무효심판청구에 있어서의 이해관계인보다는 그 범위가 좁은 것으로 해석한다. 무효인 디자인의 존재는 공익에 반하므로 이해관계인의 범위를 넓게 해석함이 타당하나 권리범위 확인심판은 특정의 디자인을 둘러싼 침해유무를 확정짓는 것이므로 그러한 분쟁을 즉시 확정할 만한 구체적인 이익이 필요하기 때문이다. 전용실시권자도 침해자와의 관계에서는 이해관계인이 될 수 있다. 따라서 적극적 권리범위 확인심판의 경우에는 디자인권자 또는 전용실시권자, 소극적 권리범위 확인심판의 경우에는 확인대상디자인의 실시자가 청구인이 된다.

2) 피청구인

피청구인은 권리범위 확인심판의 청구태양에 따라 정해진다. 적극적 권리범위 확인심판에 있어서는 당해 등록디자인을 무단으로 실시하는 자가, 소극적 권리범위 확인심판에 있어서는 디자인권자 또는 전용실시권자가 피청구인이 된다. 적극적 권리범위 확인심판에서 청구인은 피청구인이 확인대상디자인을 현실적으로 실시하고 있음을 소명이 아닌 증명을 함이 필요하다.

(4) 청구기간

권리범위 확인심판의 청구기간에 관하여 디자인보호법상 명문의 규정이 없으므로 디자인권의 존속기간 중에만 청구할 수 있다는 견해[9]와 디자인권의 존속기간 중은 물론 디자인권이 소멸된 후에도 청구의 이익이 있는 경우에는 청구할

---

9) 이수웅, 「의장」, 643면.

수 있다는 견해[10]로 나누어지고 있다. 그러나 판례는 일관되게 권리범위 확인심판의 청구는 현존하는 권리범위를 확인하는 것을 목적으로 하므로 디자인권 소멸 후는 청구의 이익이 없다고 판시하고 있다(대법원1970.3.10.선고 68후21 판결, 1996. 9.10.선고 94후2223 판결 등). 또한 상고심 계속 중에 존속기간만료로 디자인권이 소멸된 경우에도 동일하게 취급하고 있다(대법원 2000.7.6.선고 99후161 판결).

그리고 복수디자인등록출원된 디자인등록에 대하여는 각 디자인마다 독립된 권리로 존재하는 것이므로 각 디자인마다 청구하여야 한다고 되어 있다(§122후단).

(5) 청구방식
본절 Ⅲ.2.심판청구의 방식 참조.

(6) 심리 및 심결
본절 Ⅲ.3.심리 및 5.(1)심결 참조.

(7) 심결확정의 효과
권리범위 확인심판에서 심결이 확정되면 디자인권의 권리범위가 공적으로 확인된다. 따라서 권리범위에 속한다는 취지의 심결이 확정되면 확인대상디자인의 실시는 디자인권의 침해에 해당된다고 볼 수 있고, 반대로 권리범위에 속하지 아니한다는 취지의 심결이 확정되면 확인대상디자인의 실시는 디자인권의 침해에 해당되지 않는다고 볼 수 있다. 그러나 이 효력은 당사자 외에 제3자에게도 미치는 대세적 효력이 있느냐의 여부에 대하여는 다툼이 있으나 일사부재리의 원칙이 적용되는 한도에서 인정되는 것으로 해석한다.[11]

---

10) 황종환, 「의장」, 768면.
11) 권리범위 확인심판과 침해소송과의 관계에 관해 권리범위 확인심판의 심결이 확정되면 확인대상디자인이 등록디자인의 권리범위에 속하는지 여부가 확인되는 것이지만, 그 심결은 침해사건을 판단하는 법원을 기속하는 것이 아니므로 그것으로써 등록디자인에 대한 침해여부가 최종적으로 확정되는 것은 아니다. 다만, 디자인보호법은 심판사건과 침해소송이 서로 관련된 것일 경우에는 그 절차의 지연을 방지하고 특허심판원과 법원의 모순·저촉을 방지하기 위하여 그 절차를 조정하는 규정을 두고 있다(§152①,②).

6. 통상실시권 허락의 심판

(1) 의 의

통상실시권 허락의 심판이란 등록디자인 또는 이와 유사한 디자인이 타인의 선출원 권리와 이용ㆍ저촉 관계에 있을 때 그 선출원 권리의 실시를 조정하기 위한 심판을 말한다(§123).

디자인보호법은 등록디자인이 타인의 선출원 권리와 이용ㆍ저촉관계에 있을 때에는 후출원 권리자는 선출원 권리자의 허락을 얻지 않으면 업으로서 실시할 수 없다고 규정한다(§95). 그러나 그 타인이 정당한 이유 없이 허락하지 않거나 그 타인의 허락을 받을 수 없을 때에는 자기의 등록디자인 또는 이와 유사한 디자인의 실시에 필요한 범위에서 통상실시권 허락의 심판을 청구할 수 있도록 하고 있다(§123①).

반대로 통상실시권을 허락한 자가 통상실시권을 허락받은 자의 등록디자인 또는 이와 유사한 디자인을 실시할 필요가 있는 경우에 그 통상실시권을 허락받은 자가 실시를 허락하지 않거나 허락을 받을 수 없을 때에는 통상실시권을 허락받아 실시하려는 등록디자인 또는 이와 유사한 디자인의 범위에서 통상실시권 허락의 심판을 청구할 수 있도록 규정하고 있다(§123②).

(2) 당 사 자

통상실시권 허락의 심판청구인은 원칙적으로 이용ㆍ저촉 관계에 있는 후출원 디자인권자ㆍ전용실시권자 또는 통상실시권자이고, 피청구인은 선출원 권리자(선출원 특허권자ㆍ실용신안권자 또는 디자인권자)이다.

(3) 청구기간

통상실시권 허락의 심판은 현존하는 권리간의 실시상의 조정을 위해 설치된 제도이므로 권리존속 중에만 청구할 수 있다. 디자인등록무효심판이 디자인권 소멸 후에도 인정되는 것과 다르다.

(4) 청구방식

본절 Ⅲ.2.심판청구의 방식 참조.

(5) 심리 및 심결

본절 Ⅲ.3.심리 및 5.(1)심결 참조.

(6) 심결확정의 효과

통상실시권을 허락하는 취지의 심결이 확정되면 강제적 통상실시권이 발생한다. 다만, 디자인보호법은 대가부지급을 해제조건으로 하여 통상실시권을 허락하고 있으므로 심결 후 통상실시권을 허락받는 자가 심결 주문에 정하고 있는 대가를 정해진 시기에 지급하지 아니한 때에는 통상실시권은 발생되지 않는다(§123 ④).

Ⅲ. 심판절차 일반

1. 심판의 구성

(1) 심 판 관

심판은 심사의 상급심이다. 따라서 심사에서 한 판단에 대해 다시 심리를 하는 것이기 때문에 그 심리는 심사관으로서 경험을 쌓은 일정한 자격을 가진 심판관에 의해 행하여진다(§130, 시령§8).

(2) 합 의 체

심판은 신중한 심리, 공평한 판단이 요구되기 때문에 3인 또는 5인(통상은 3인)의 심판관에 의해 구성된 합의체에 의해 이루어진다(§133).

(3) 심판관의 제척·기피·회피

심판에 있어 심리의 공정을 담보하기 위하여 심판관의 제척·기피·회피제도가 규정되어 있다(§135, §137, §141). 실무상 제척원인 중에서 가장 많은 것은 전심관여이다(§135ⅵ).

2. 심판청구의 방식

(1) 심판청구서의 기재사항

1) 심판을 청구하려는 자는 다음 사항을 기재한 심판청구서를 특허심판원장에게 제출하여야 한다(§126①).

㈎ 당사자의 성명 및 주소(법인인 경우에는 그 명칭 및 영업소의 소재지)

㈏ 대리인이 있는 경우에는 그 대리인의 성명 및 주소나 영업소의 소재지

㈐ 심판사건의 표시

㈑ 청구의 취지 및 그 이유

2) 권리범위확인심판을 청구할 때에는 등록디자인과 대비할 수 있는 도면을 첨부하여야 한다(§126③).

3) 통상실시권 허락의 심판의 청구서에는 상기 1)항의 사항 외에 다음 사항을 추가로 기재하여야 한다(§126④).

㈎ 실시하려는 자기의 등록디자인의 번호 및 명칭

㈏ 실시되어야 할 타인의 특허발명·등록실용신안이나 등록디자인의 번호·명칭 및 등록연월일

㈐ 특허발명·등록실용신안 또는 등록디자인의 통상실시권의 범위·기간 및 대가

4) 보정각하결정, 디자인등록거절결정 또는 디자인등록취소결정에 대한 심판을 청구하려는 자는 상기 1)항의 규정에 불구하고 다음 사항을 기재한 심판청구서를 특허심판원장에게 제출하여야 한다(§127①).

㈎ 청구인의 성명 및 주소(법인인 경우에는 그 명칭 및 영업소의 소재지)

㈏ 대리인이 있는 경우에는 그 대리인의 성명 및 주소나 영업소의 소재지

㈐ 출원일과 출원번호(디자인등록취소결정에 대한 불복인 경우에는 디자인등록일과 등록번호)

㈑ 디자인의 대상이 되는 물품 및 물품류

㈒ 디자인등록거절결정일 또는 디자인등록취소결정일 또는 보정각하결정일

㈓ 심판사건의 표시

㈔ 청구의 취지 및 그 이유

(2) 청구서의 보정과 요지변경

심판청구서를 보정하는 경우에는 그 요지를 변경할 수 없다. 다만, 당사자 중 디자인권자의 기재를 바로잡기 위하여 보정(추가하는 것을 포함)하는 경우, 청구의 이유를 보정하는 경우에는 그러하지 아니하다(§126②단).

3. 심 리

(1) 방식상의 심리

방식상의 심리란 심판청구서가 방식에 적합한가의 여부를 심리(형식적 기재사항의 심리)하는 것으로서 방식상의 심리권한은 심판장에게 있다. 심판장은 방식심리의 결과 심판청구서가 ⅰ) 심판청구방식(§126①, ③, ④ 또는 §127①)에 위반된 경우, ⅱ) 심판에 관한 절차가 ㉠ 제4조 제1항 또는 제7조에 위반된 경우, ㉡ 수수료를 납부하지 아니한 경우, ㉢ 법령에 정한 방식에 위반된 경우에는 기간을 정하여 보정을 명하여야 한다(§128①). 청구인이 이 기간 내에 보정을 하지 아니한 경우에는 심판장은 결정으로 그 심판청구서를 각하하게 된다(§128②). 각하결정은 서면으로 하며 이유를 붙여야 한다(§128③).

(2) 적법성의 심리

적법성의 심리란 심판청구 자체가 적법한 것인지의 여부를 심리하는 것을 말한다. 적법성 심리의 결과 심판청구가 부적법하고 그 흠결을 보정할 수 없는 것(예를 들면 결정계 심판의 심판청구기간이 경과한 후에 심판청구된 경우, 당사자의 절차능력 또는 권리능력의 흠결, 일사부재리의 원칙 위반 등)에 대해서는 피청구인에게 답변서 제출의 기회를 주지 아니하고 심결로써 각하할 수 있다(§129).

(3) 구술심리 또는 서면심리

1) 심판은 구술심리 또는 서면심리로 한다. 다만, 당사자가 구술심리를 신청한 때에는 서면심리만으로 결정할 수 있다고 인정되는 경우 외에는 구술심리를 하여야 한다(§142①). 구술심리는 이를 공개하여야 한다. 다만, 공공의 질서 또는 선량한 풍속을 문란하게 할 염려가 있는 때에는 예외로 한다(§142②). 구술심리방식은 당사자가 서로 서면만으로 주장하는 것보다는 구술로써 주장하는 편이 쟁점을

정리하는 데 용이하고 시간적으로 유리하나, 진술이 탈락되기 쉽고, 복잡한 사실 관계는 이해하기 어렵다. 이에 반해 서면심리방식은 서면에 세부까지 정확히 기술할 수 있으며 또한 나중에 재확인할 수 있어 편리하나 서류가 많아지고 시간도 많이 걸린다.

　　2) 디자인등록취소결정에 대한 심판, 디자인등록의 무효심판 또는 권리범위 확인심판이 제기된 경우에는 그 요지를 디자인등록원부에 등록(예고등록)한다(등령§6③). 이것은 디자인권에 관해 거래를 한 자가 후일에 불측의 손해를 입을 우려가 있으므로 그 거래를 하는 자에게 경고를 하는 것을 목적으로 한다.

　　(4) 직권주의

심판은 직권주의에 의한다. 직권주의는 직권진행주의와 직권탐지주의로 나뉜다.

　　1) 직권진행주의

심판에 있어서는 심판절차를 진행시키기 위하여 심판장에게 주도권을 주고 있다. 디자인보호법상에서는 심판장은 당사자 또는 참가인이 법정기간 또는 지정기간 내에 절차를 밟지 않고 또는 지정기일에 출두하지 않는 경우라도 심판절차를 진행시킬 수 있다(§146). 이것은 원고, 피고 사이에 개별적, 상대적으로 해결하는 것을 목적으로 한 민사소송의 경우와 다른 것이다. 즉 심판의 경우는 그 심결이 대세적 효력을 가지며, 또 디자인권이 그 성질상 일반적으로 넓게 영향을 미치므로 당사자간의 자유로운 진행에 맡기는 것은 적당하지 않으므로 직권진행주의를 채용하고 있는 것이다.

　　2) 직권탐지주의

민사소송법상에는 변론주의[12]가 채용되어 있는 것에 대해 심판에 있어서는 직권탐지주의가 채용되어 있다. 심판사건은 민사소송과는 달리 당사자뿐만 아니라 제3자의 이해에 관한 분쟁해결을 목적으로 하고 공익적, 산업정책적인 관점에서 대세적 해결을 도모할 필요성이 있기 때문이다. 디자인보호법상에는 심판에 있어 당사자 또는 참가인이 신청하지 않은 이유에 대해서도 심리할 수 있다. 이 경

---

12) 민사소송법상의 변론주의란 당사자가 주장하지 아니한 사실 및 증거자료에 의해서 판결할 수 없고 또 소송의 다툼이 없는 사실에 대해서는 법원은 그에 구속되고 그와 다른 판단을 할 수 없는 주의를 말한다.

우 당사자 및 참가인에게 기간을 정하여 그 이유에 대하여 의견을 진술할 기회를 주어야 한다(§147①), 증거조사 및 증거보전에 대해서도 당사자 또는 참가인의 신청에 의한 것 이외에 직권에 의해 행할 수 있다(§145①). 따라서 당사자가 신청하지 아니한 이유에 대해서도 적극적으로 심리할 수 있고, 당사자의 주장에 구속되지 않고 직권으로 필요한 증거조사를 할 수 있다. 그러나 이 직권탐지주의에도 제한요소가 규정되어 있다. 즉 청구인이 신청하지 아니한 청구의 취지에 대하여는 심리할 수 없다(§147②).

4. 심판참가

심판참가라고 하는 것은 심판의 계속 중에 제3자가 그 심판의 당사자로 참가하여 그 심판절차를 진행하는 것을 말한다. 심판참가제도는 심판의 결과에 이해관계를 가지는 제3자의 이익을 보호하기 위한 것이다. 참가하는 경우의 형태로서 디자인보호법에는 당사자참가(§143①)와 보조참가(§143③)가 규정되어 있다.[13] 이 참가는 심판의 성질로 보아서 결정계 심판에는 적용되지 않는다(§155).

(1) 당사자참가

디자인등록 무효심판 또는 권리범위 확인심판에 있어 공동심판청구인으로 되는 자격을 가진 자는 심리가 종결할 때까지는 청구인으로서 그 심판에 참가할 수 있다(§143①). 이 참가인은 공동무효심판청구인과 동등의 지위를 가지고 피참가인이 그 심판청구를 취하한 후에도 심판절차를 속행할 수 있다(§143②). 즉 디자인보호법 제125조 제1항의 규정에 의한 공동심판청구인과 같은 지위·권한을 가

---

13) 디자인보호법에서는 민사소송법상의 독립당사자 참가와 통상의 보조참가는 인정되지 않는다. 민사소송법상의 독립당사자 참가는 당사자 일방에 참가하는 것이 아니고 당사자 쌍방을 피고로 하는 것이나(3면 소송구조라고도 한다) 디자인보호법에 있어서는 참가의 대상이 되는 심판이 유·무효의 어느 것으로 판단되는 것이고 민사소송법에 있어서와 같은 제3자의 판단이 있을 수 없고 또 민사소송법의 보조참가 중 스스로는 청구에 대하여 독립적으로 원고 또는 피고로 되는 적격을 갖지 않으며 더구나 본 소송의 판결의 효력이 제3자에게도 미치는 것과 같은 것에 대해서는 특히 공동소송적 보조참가라고 말하나 디자인보호법에 있어서 참가가 인정되는 심판의 심결의 효력은 제3자에게도 미치므로 디자인보호법에 있어서의 보조참가는 항상 공동소송적 보조참가에 유사한 것이라고 보기 때문이다.

지고 모든 심판절차를 할 수 있다.

(2) 보조참가

심판의 결과에 대해 이해관계를 가진 자는 심리가 종결하기까지는 당사자의 한쪽을 보조하기 위해 심판에 참가할 수 있다(§143③). 예를 들면 디자인권에 무효심판이 청구되어 있는 경우에 그 디자인권에 대해 실시권(통상실시권, 전용실시권)을 가진 자가 참가하는 경우이다. 참가인에게도 심결이 효력이 미치므로 참가인도 모든 심판절차를 할 수 있는 요지의 규정(§143④)이 설치되어 있다(이 점이 통상의 보조참가인과 다르다).

5. 심판의 종료

(1) 심 결

심판은 원칙적으로 심결을 하는 것에 의해 종료한다(§150①). 단 제척·기피신청, 참가신청에 대해 하는 심판은 본안심판과는 다르므로 결정으로써 종료한다. 또 심판청구의 취하에 의해서도 종료하는 경우가 있다. 심결은 합의체로서의 심판관이 하는 최종적인 공권적인 판단이다. 민사소송에 있어서의 종국판결에 상응한다.

심판장은 사건이 심결을 함에 성숙한 것으로 판단되면 심리를 마치고 당사자 및 참가인에게 심리종결의 통지(결심통지)를 하여야 한다(§150③). 이는 심판의 지연을 피하려는 훈시규정에 불과하다. 심결은 일정한 사항을 기재한 서면(심결문)에 의하고, 심결한 심판관은 이에 기명날인하여야 한다(§150②).

(2) 확정심결의 효력

심결은 그것이 취소될 가능성이 없어진 때, 예를 들면 제소기간(심결등본송달일로부터 30일)(§160①)이 경과하면 확정된다. 확정된 심결은 당사자뿐만 아니라 제3자를 구속한다(대세적 효력). 디자인등록의 무효심판에 있어서는 법원도 구속한다.

또 확정심결은 일사부재리의 효력이 발생한다. 즉 동일한 증거에 의한 심판을 다시 청구할 수 없다(§151). 이는 무효를 하여 달라는 청구가 인용되지 않은 경우에 동일한 절차를 되풀이하는 번거로움을 피함과 함께 모순되는 심결의 발생을 피하기 위한 것으로 심판의 절차경제와 안정성을 목적으로 한다.

제2절 재심·심결취소소송·상고

Ⅰ. 재 심

1. 의 의

재심이란 확정심결에 대해 그 당사자 등이 청구할 수 있는 비상불복수단을 말한다. 심결이 확정되고 나서도 여전히 단지 그 판단이 부당하다는 등의 이유에 의해 일일이 불복을 인정하는 것은 현저히 법적 안정성을 해친다. 그러나 어떠한 하자가 있어도 불복을 인정하지 않는다면 정의에 반하고 당사자는 물론 제3자에게도 가혹하게 된다. 그래서 심판절차에 중대한 하자 등 일정한 이유가 있는 경우에는 민사소송법에 따라 재심을 인정하도록 하고 있다(§158). 민사소송법은 재심사유에 관하여 제451조에서 규정하고 있다.

2. 적격요건

(1) 재심당사자

1) 청 구 인

재심의 청구인은 심결을 받은 당사자가 된다(§158①). 결정계 심판의 경우에는 원심판의 청구인, 당사자계 심판의 경우에는 원심판의 청구인 또는 피청구인이다. 참가인은 당사자 참가인도, 보조참가인도 모두 재심청구인이 될 수 있다. 다만, 사해심결의 경우에는 그 심결에 의해 권리 또는 이익을 침해당한 제3자가 청구인이 된다(§159①).

2) 피청구인

재심의 피청구인은 대립하는 당사자이다. 다만, 사해심결의 경우에는 공모하여 제3자의 권리 또는 이익을 침해한 청구인 및 피청구인이다.

(2) 재심의 대상

재심의 대상은 확정심결이지만(§158①), 여기에는 재심의 확정심결도 포함된다. 재심은 확정심결에 대한 비상불복수단이므로 심결에서 심결확정되기까지 사이에 대하여는 재심청구를 할 수 없다. 만약 이 시기에 재심청구한 경우에는 심결각하의 대상이 된다(§129). 또한 재심은 당사자가 심결취소소송에 있어서 재심의 사유를 주장하였을 때 또는 그 사유를 알고 있으면서 주장하지 않았을 때(소송에 의해 주장할 수 있었음에도 불구하고 소송의 제기를 태만히 하였을 때를 포함)는 심결이 후에 확정되었다고 하여도 그 확정심결에 대해 재심의 청구를 할 수 없다(§158②준민소§451①본문).

3. 재심의 청구기간

(1) 원 칙

당사자는 심결확정 후 재심의 사유를 안 날부터 30일 이내에 재심을 청구하여야 하고(§160①), 심결확정 후 3년을 경과한 때에는 재심을 청구할 수 없다(§160③). 이것은 법적 안정성의 요청에 따른 것이다.

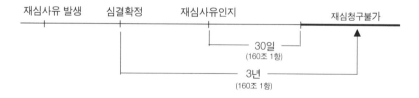

(2) 예 외

1) 디자인보호법 제160조 제1항의 예외

㉮ 추완규정   본인 불책사유로 인한 경우 그 사유가 소멸한 날부터 14일 이내에 추완할 수 있다(§19).

⑭ 기산일의 예외   대리권의 흠결을 이유로 하여 재심을 청구하는 경우에는 위 30일의 기간은 청구인 또는 법정대리인이 심결등본의 송달에 의하여 심결이 있는 것을 안 날의 다음 날부터 기산한다(§160②).

　2) 디자인보호법 제160조 제3항의 예외

⑭ 기산일의 예외   재심사유가 심결확정 후에 생긴 때에는 3년의 기간은 그 사유가 발생한 날의 다음 날부터 기산한다(§160④). 예를 들면 심결의 확정 후에 그 심판에 관여한 심판관에 대해 수뢰죄의 판결이 확정된 때이다.

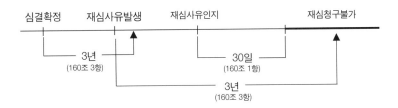

⑭ 전 확정심결과 저촉   당해 심결이전에 행하여진 확정심결과 저촉한다는 이유로 재심을 청구하는 경우에는 제160조 제1항 및 제3항의 적용이 없다(§160⑤). 모순, 저촉되는 심결을 방지하기 위해서이다.

4. 재심청구의 이유

(1) 재심사유

재심은 법적 안정성과 정의실현의 조화의 견지에서 확정심결에 의하여 종료된 사건에 대하여 심결을 취소하고 재심을 인정하는 것이므로 그 이유는 중대하고 명백한 불비 또는 위배 등이 존재하여야 한다. 재심사유에 관해서는 사해심결에 대한 것을 제외하고는 민사소송법의 규정을 준용한다(§158②준 민소§451①).

(2) 사해심결의 경우

심판의 당사자가 공모하여 제3자의 권리 또는 이익을 사해(詐害)할 목적으로 심결을 하게 한 때, 예컨대 디자인권자 갑이 그 디자인권에 대해 을을 위해 질권을 설정하고, 그 후 병이 청구한 무효심판에 있어서 을의 권리를 해칠 목적으로 갑이

병과 공모하여 허위의 진술·자료 등에 의해 심판관을 기만하여 디자인등록을 무효로 한다는 심결을 받고 심결이 확정된 경우를 말한다.

5. 재심심리의 주체

심판관의 합의체이고(§133) 제척·기피규정이 있다(§135내지§139).

6. 재심심리의 절차

직권주의가 채용되어 있지만(§147) 비상의 신청수단이기 때문에 협의의 직권탐지주의는 채용되어 있지 않다. 또한 당사자계 심판에 대한 재심에서는 참가제도(§143)가 채용되어 있다.

7. 재심심리의 종료

심결(§129, §150①) 또는 심판청구의 취하(§149)에 의해 종료한다.

8. 재심심결의 효과

(1) 청구인용심결(재심사유가 있을 때)

확정심결의 유지가 불가능한 때에는 원심결을 취소함과 함께 원심결과 상이한 결론의 심결을 하지만, 확정심결의 결론을 그대로 유지할 수 있을 때에는 원심결을 취소하고, 원심결과 동일한 결론의 심결을 한다. 원심결이 취소된 경우 회복된 디자인권의 효력이 제한되고(§161), 일정의 조건하에서 선의의 실시자에 대해 통상실시권이 인정된다(§162).

(2) 청구기각심결(재심사유가 없을 때)

확정에 의해 원심결이 확정된다.

II. 심결취소소송

1. 의 의

심결취소소송이란 특허청의 행정처분인 심결 등에 대해 불복이 있는 자가 법원에 대하여 그 취소를 구하는 행정소송을 말한다. 특허청에 있어 심결, 결정은 행정처분이고, 이것에 대한 소송은 행정소송법의 적용을 받는 것이 원칙이다. 그러나 디자인 사건은 전문·기술적이고 심판절차에 있어서도 준사법적 절차에 의해 이루어지기 때문에 행정소송법의 규정을 그대로 적용하는 것은 반드시 타당한 것은 아니다. 여기에서 이러한 디자인 사건의 특수성을 고려하여 행정소송법의 특칙으로서 심결 등에 대한 소송이 설치되어 있다(§166).

2. 재판의 관할

심결에 대한 소송 및 심판청구서나 재심청구서의 각하결정에 대한 소송은 특허법원의 전속관할이다(§166①). 특허심판원에서의 심판절차가 재판과 유사한 준사법적 절차에 의해 엄격히 행해지는 이상, 3급심(지법으로부터 대법원까지)을 중첩시키는 것은 쓸데없이 사건을 지연시킨다고 하는 사정과 사건의 내용이 극히 전문, 기술적이므로 특허관계의 전문가에 의해 진행되는 심판절차를 존중하여도 좋다고 하는 사정에 의해서 1급심을 생략하고, 고등법원급의 전문법원인 특허법원에 직접 제소하는 것으로 되어 있다. 다만, 특허심판원의 심결은 재판이 아닌 이상 특허법원이 제1심이 되고 특허법원의 소송절차와 특허심판원의 심판절차 사이에 심급관계가 있는 것은 아니다.

3. 당사자적격

(1) 원 고

원고는 당사자, 참가인 또는 심판 등에 참가를 신청하였으나 그 신청이 거부당한 자에 한정된다(§166②). 이들에 한정한 것은 재판의 지체를 방지하기 위한 것이다.

(2) 피 고

피고는 결정계 심판의 경우는 특허청장이다(§167). 통상의 행정소송에서는 처분 또는 재결을 한 행정청이 그 취소소송의 피고로 되지만(행소§13), 결정계 심판의 심결취소를 구하는 소송 및 청구서의 각하결정의 취소를 구하는 소송에 있어서는 심결을 한 심판관 또는 심판장을 피고로 하지 않고 특허청장에게 피고적격을 인정한다.

당사자계 심판(디자인등록 무효심판, 권리범위 확인심판 등)의 심결 또는 그 재심심판의 심결에 대한 취소소송의 피고는 심판 또는 재심의 청구인 또는 피청구인이다(§167단). 즉 당사자계의 심판에서는 불이익한 심결을 받은 측이 원고로 되고, 그 상대방이 피고로 된다는 취지를 정한 것으로 심판청구를 인용한 심결에 대한 취소소송의 피고는 심판청구인이고, 반대로 심판청구를 배척한 심결에 대한 취소소송의 피고는 피심판청구인(디자인권자)이다. 이와 같이 심결을 한 합의체를 피고로 하지 않고 심판의 청구인 또는 피청구인을 피고로 정한 이유는 이해 상반하는 당사자 사이의 문제로서 다투게 하는 것이 실정에 부합하는 것이라고 생각되기 때문이라고 설명된다.

4. 제소기간

심결 또는 결정의 등본을 송달받은 날부터 30일 이내이다(§166③). 처분을 조기에 확정시킬 필요가 있기 때문이다. 이 기간은 불변기간이나(§166④), 심판장은 원격 또는 교통이 불편한 지역에 있는 자를 위하여 직권으로 부가기간을 정할 수 있다고 되어 있다(§166⑤).

5. 소송의 심리

재판관의 합의체가 자유심증주의에 의해 판단을 한다.

6. 판결의 효력

법원은 심리 결과 그 청구가 이유 있다고 인정할 때에는 판결로써 해당 심결 또는 결정을 취소하여야 하고(§169①), 그 취소판결이 확정된 때에는 심판관은 다시 심리를 하여 심결 또는 결정을 하여야 하는데, 위 취소판결에서 취소의 기본이 된 이유는 그 사건에 대하여 특허심판원을 기속한다(§169②,③). 따라서 특허심판원은 확정판결의 취소이유와 저촉되는 심결을 할 수 없다. 이러한 효력을 취소판결의 기속력이라 한다. 그러나 법원은 삼권분립의 원칙에 의해 스스로 디자인등록을 허락하는 요지의 판결 혹은 디자인등록을 무효로 하는 요지의 판결을 내릴 수 없다. 법원은 위의 심결에 대한 소송 및 심판청구서나 재심청구서의 각하결정에 대한 소송이 제기되었을 때에는 지체 없이 그 취지를 특허심판원장에게 통지하여야 하고 법원은 소송절차가 완결되었을 때에는 지체 없이 그 사건에 대한 각 심급의 재판서 정본을 특허심판원장에게 보내야 한다(§168①,②).

Ⅲ. 상 고

특허법원의 판결에 불복이 있는 경우에는 대법원에 상고할 수 있다(§166⑧). 상고절차에 관하여는 디자인보호법 등에 특별한 규정이 없으므로 일반 민사소송의 상고절차가 준용된다고 볼 것이다. 상고할 수 있는 기간은 판결이 송달된 날부터 2주일 이내이며(민소§396①), 이 기간은 불변기간이고(민소§396②) 상고장은 원심법원인 특허법원에 제출하여야 한다(민소§397). 상고이유는 판결에 헌법의 해석에 오해가 있는 것 등 민사소송법 제423조에 규정된 이유 또는 동법 제424조에 규정된 절대적 상고이유에 한한다. 특허소송의 상고에 관하여도 1998.3.1.부터 상고심 절차에 관한 특례법이 적용된다(동법 부칙①). 따라서 원심판결에 헌법, 법령이나 대법원 판례에 위반되는 사항이 있고 그것이 원심판결에 영향을 미쳤을 경우에 한하여 상고를 할 수 있다. 대법원 판결에는 상고각하, 상고기각, 파기환송, 파기자판이 있다.

제9장

벌 칙

디자인권의 설정에 이르는 절차의 공정을 해치는 행위를 벌하고 또 법질서를 유지하기 위해 디자인보호법에는 형사상의 벌 및 행정상의 벌에 대해 규정하고 있다.

제1절 형사상의 벌

Ⅰ. 디자인권 침해죄

디자인권 또는 전용실시권이 침해된 경우 권리자는 그 침해자에 대하여 침해죄를 추궁할 수 있다(§220). 침해죄의 구체적 내용은 디자인권 침해에 대한 구제 부분에서 이미 설명하였으므로 여기서는 생략한다.

Ⅱ. 위 증 죄

위증죄란 디자인보호법의 규정에 의해 선서한 증인·감정인 또는 통역인이 특허심판원에 대하여 허위의 진술·감정 또는 통역을 한 때에 적용되는 죄이다

(§221①). 여기서 허위의 진술이란 증인의 기억에 반하는 진술을 말하며 진술의 내용이 객관적으로 합치되고 있는가의 여부는 문제로 하지 않는다. 또한 허위의 감정이란 감정인의 소신에 반하는 의사 내지 판단의 진술을 말하며 진실과의 일치·불일치는 문제로 하지 않는다. 위증죄는 국가의 심판작용의 적정을 기하기 위해서이다. 그러나 이 죄를 범한 자가 그 사건의 디자인등록여부결정·디자인일부심사등록 이의결정 또는 심결의 확정 전에 자수한 경우에는 그 형을 감경하거나 면제할 수 있다(§221②). 일반의 위증죄에 대하여는 형법에 규정하지만 본조의 규정도 이와 다르지 않다. 위증죄는 5년 이하의 징역 또는 1천만원 이하의 벌금에 처해진다(§221①).

Ⅲ. 허위표시의 죄

1. 의 의

허위표시란 디자인등록된 것이 아닌 물품, 디자인등록출원 중이 아닌 물품 등에 디자인등록표시 또는 디자인등록출원표시를 하거나 이와 유사한 표시를 하는 것을 말한다. 이러한 허위표시행위는 거래성 유리성 및 디자인에 대한 공중의 신뢰를 악용하여 공중을 오인케하는 행위이므로 금지시켜야 한다. 그러므로 허위표시죄는 처벌요건으로서 고소를 요하는 디자인권 침해죄와는 달리 비친고죄로 되어 있다. 허위표시죄는 3년 이하의 징역 또는 2천만원 이하의 벌금에 처해진다(§222). 그리고 이 죄에 대해서는 디자인권 침해죄와 같이 양벌규정이 있고 법인중과가 있다(§227).

2. 허위표시행위

디자인보호법은 다음에 해당하는 행위를 허위표시행위로 규정하고 있다.
ⅰ) 디자인등록된 것이 아닌 물품, 디자인등록출원 중이 아닌 물품 또는 그 물품의 용기나 포장에 디자인등록표시 또는 디자인등록출원표시를 하거나 이와 혼동하기 쉬운 표시를 하는 행위(§215ⅰ)

ⅱ) 위 ⅰ)의 표시를 한 것을 양도·대여 또는 전시하는 행위(§215ⅱ)

ⅲ) 디자인등록된 것이 아닌 물품·디자인등록출원 중이 아닌 물품을 생산·사용·양도 또는 대여하기 위하여 광고·간판 또는 표찰에 그 물품이 디자인등록 또는 디자인등록출원된 것으로 표시하거나 이와 혼동하기 쉬운 표시를 하는 행위(§215ⅲ)

Ⅳ. 거짓행위의 죄

거짓행위의 죄란 거짓이나 그 밖의 부정한 행위로써 디자인등록 또는 심결을 받음으로써 성립하는 죄를 말한다(§223). 이를테면 심사관을 속이고 허위의 자료를 제출하여 등록요건이 결여된 디자인에 대해 등록을 받은 경우 등이 이에 해당한다. 이 죄는 국가의 법익을 해치는 것이므로 비친고죄가 된다. 거짓행위의 죄는 3년 이하의 징역 또는 2천만원 이하의 벌금에 처해진다. 이 죄에 대해서도 디자인권 침해죄와 같이 양벌규정이 있고 법인중과가 있다(§227). 또한 거짓행위에 의해 중간처분을 받은 경우에는 본죄의 대상으로 되지 않는다. 죄형법정주의(헌§13)에 반하고, 당해 중간처분 이후 최종처분을 받으면 그 최종처분에 대해 형사벌의 대상으로 하면 족하기 때문이다.

Ⅴ. 비밀유지명령위반죄

비밀유지명령위반죄란 디자인권 또는 전용사용권의 침해에 관한 소송에 있어서 법원으로부터 그 당사자가 보유한 영업비밀에 대하여 비밀유지명령을 받은 자가 국내외에서 정당한 사유 없이 법 제217조 제1항에 따른 비밀유지명령을 위반한 경우에 적용되는 죄를 말한다[1](§224).

본 죄는 한·미간의 자유무역협정의 합의사항을 반영하기 위하여 2011년 법개정에서 도입한 법원의 비밀유지명령에 대해 이를 위반한 자를 처벌하기 위한 것

---

1) 본 죄는 외국에서 죄를 범한 자에 대해서도 적용된다.

이다. 비밀유지명령을 위반한 자는 5년 이하의 징역 또는 5천만원 이하의 벌금에 처한다고 되어 있다(§224①).

비밀유지명령위반죄는 직접적으로는 법원의 사법작용의 원활한 운용 내지 사법질서의 유지를 보호법익으로 하지만, 최종적으로는 비밀유지명령을 신청한 당사자의 영업비밀도 보호목적으로 하고 있으므로 본죄는 친고죄로 되어 있다(§224②). 따라서 공소제기에 고소를 요하며, 고소기간은 범인을 알게 된 날부터 6월 이내이다(형소§230①).

VI. 비밀누설죄

비밀누설죄란 특허청 직원·특허심판원 직원 또는 그 직에 있었던 자가 디자인등록출원 중인 디자인 또는 비밀디자인으로 청구한 디자인에 관하여 직무상 지득한 비밀을 누설하거나 도용한 경우에 적용되는 죄를 말한다(§225). 비밀누설죄는 5년 이하의 징역이나 5천만원 이하의 벌금에 처한다.

국가공무원이 공무상 알 수 있었던 비밀을 준수해야 하는 것은 국가공무원법 제60조 또는 형법 제127조에 규정하고 있으나 디자인보호법의 이 규정은 특수사무에 종사하는 자가 범한 죄로서 더욱 무거운 형벌을 가하도록 한 것이다. 또한 선행디자인의 조사 등을 위하여 지정한 전문기관 또는 디자인문서 전자화기관의 임직원 또는 그 직에 있었던 자는 본조를 적용할 때에 특허청 소속직원 또는 그 직에 있었던 자로 본다(§226).

제2절 행정상의 벌

디자인보호법은 디자인에 관한 심판 등의 절차에서 허위진술 등을 함으로써 심판절차의 적정을 저해하는 경우 등 일정행위를 한 자에게 행정상의 질서벌로서 과태료를 부과하도록 하고 있다.

Ⅰ. 과태료의 대상

다음에 해당하는 자는 50만원 이하의 과태료에 처한다(§229①).

ⅰ) 증거조사 및 증거보전에 관하여 선서를 한 자(민소§299②, §367)가 특허심판원에 대하여 거짓 진술을 한 자

ⅱ) 특허심판원으로부터 증거조사 또는 증거보전에 관하여 서류 그 밖의 물건의 제출 또는 제시의 명령을 받은 자로서 정당한 이유 없이 그 명령에 따르지 아니한 자

ⅲ) 특허심판원으로부터 증인·감정인 또는 통역인으로 출석요구된 사람으로서 정당한 이유 없이 출석요구에 응하지 아니하거나 선서·진술·증언·감정 또는 통역을 거부한 자.

Ⅱ. 과태료의 부과 등

1. 과태료의 부과

과태료는 대통령령이 정하는 바에 의해 특허청장이 부과한다(§229②).

특허청장이 질서위반행위에 대하여 과태료를 부과하고자 하는 때에는 미리 당사자에게 대통령령으로 정하는 사항을 통지하고 10일 이상의 기간을 정하여 의견을 제출할 기회를 주어야 한다. 이 경우 지정된 기간까지 의견제출이 없는 경우에는 의견이 없는 것으로 본다(질서§16①). 당사자는 의견제출 기한 이내에 특허청장에게 의견을 진술하거나 필요한 자료를 제출할 수 있다(질서§16②). 특허청장은 상기의 의견제출 절차를 마친 후에 서면으로 과태료를 부과하여야 한다(질서§17①). 법 제229조 제1항에 따른 과태료의 부과기준에 대해서는 디자인보호법 시행령 제12조에서 정해지고 있다.

2. 과태료 부과의 불복

특허청장의 과태료의 부과에 불복하는 당사자는 과태료 부과통지를 받은 날부터 60일 이내에 특허청장에게 서면으로 이의제기를 할 수 있다(질서§20①). 이의제기가 있는 경우에는 특허청장의 과태료 부과처분은 그 효력을 상실한다(질서§20②). 또한 과태료 부과에 이의가 제기된 때에는 이의제기를 받은 날부터 14일 이내에 이에 대한 의견 및 증빙서류를 첨부하여 관할법원에 통보하여야 한다(질서§21①). 과태료사건은 다른 법령에 특별한 규정이 있는 경우를 제외하고는 당사자의 주소지 지방법원 또는 그 지원의 관할로 한다(질서§25).

3. 가산금 징수 및 체납처분

특허청장은 당사자가 납부기한까지 과태료를 납부하지 아니한 때에는 납부기한을 경과한 날부터 체납된 과태료에 대하여 100분의 5에 상당하는 가산금을 징수하며(질서§24②), 행정청은 당사자가 이의제기기한 내에 이의를 제기하지 아니하고 상기 가산금을 납부하지 아니한 때에는 국세 또는 지방세 체납처분의 예에 따라 징수한다(질서§24③).

■ 찾아보기 ■

346

348

■ 저자소개 ■

盧 泰 政

- 특허청 심사관, 디자인심사과장, 심판관, 서울사무소장
- 연세대학교 법무대학원, 고려대학교 법무대학원 디자인보호법 강사
- 디자인보호법 개정추진반 위원, 특허청 디자인제도혁신 자문위원
- 대한변리사회 디자인제도위원회 위원장, 글자체디자인심사 자문위원 등 역임
- 현 유니테크특허법률사무소 변리사(☎ 02-553-7031)

[주요 저서 및 논문]
- 신의장법연구
- 의장도면작도법입문(역서)
- 디자인보호법 개정내용해설
- 디자인보호법(공저)
- 상표의 사용권제도 고찰
- 재외자의 특허관리인
- 등록신청의 불수리사유에 대한 고찰
- 객관식 디자인보호법(공저)
- 디자인제도 발전방안에 관한 소고
- 디자인 심사 · 심판실무

제3판 디자인보호법 개설

2005년   9월   1일   초판 발행
2017년   2월 20일   제3판 발행

저 자 노 태 정
발행인 이 방 원
발행처 세창출판사
        서울 서대문구 경기대로 88 냉천빌딩 4층
        전화 723-8660   팩스 720-4579
        E-mail: edit@sechangpub.co.kr
        Homepage: www.sechangpub.co.kr
        신고번호 제300-1990-63호

정가 27,000 원

ISBN 978-89-8411-662-7 93360